Guido Steinberg

Krieg am Golf

**Wie der Machtkampf
zwischen Iran und Saudi-Arabien
die Weltsicherheit bedroht**

Besuchen Sie uns im Internet:
www.droemer.de

Aus Verantwortung für die Umwelt hat sich die Verlagsgruppe
Droemer Knaur zu einer nachhaltigen Buchproduktion verpflichtet.
Der bewusste Umgang mit unseren Ressourcen, der Schutz unseres
Klimas und der Natur gehören zu unseren obersten Unternehmenszielen.
Gemeinsam mit unseren Partnern und Lieferanten setzen wir uns für eine
klimaneutrale Buchproduktion ein, die den Erwerb von Klimazertifikaten
zur Kompensation des CO_2-Ausstoßes einschließt.
Weitere Informationen finden Sie unter: www.klimaneutralerverlag.de

Originalausgabe Oktober 2020
Droemer Verlag
© 2020 Droemer Verlag
Ein Imprint der Verlagsgruppe
Droemer Knaur GmbH & Co. KG, München
Alle Rechte vorbehalten. Das Werk darf – auch teilweise – nur mit
Genehmigung des Verlags wiedergegeben werden.
Redaktion: Jan Strümpel
Covergestaltung: ZERO Werbeagentur, München
Coverabbildung: Kontributor / Getty Images und John Wollwerth /
shutterstock.com
Satz: Adobe InDesign im Verlag
Druck und Bindung: CPI books GmbH, Leck
ISBN 978-3-426-27840-6

5 4 3 2 1

*In Erinnerung an Ferdinand Steinberg
(erschossen auf dem »Todesmarsch« vom
KZ Flossenbürg, 22. April 1945)*

Inhalt

Einleitung:
Der zentrale Konflikt
im Nahen Osten

Der Angriff der Iraner begann im Morgengrauen des 14. September 2019 um kurz vor vier. Mindestens 19 Drohnen und Marschflugkörper trafen metergenau Lagertanks und Verteilertürme auf dem Ölfeld von Khurais und der Ölverarbeitungsanlage Abqaiq im Osten Saudi-Arabiens. Sofort brachen Feuer aus, die die beiden Anlagen zusätzlich beschädigten. Die Ölproduktion Saudi-Arabiens war für einige Wochen auf rund die Hälfte der üblichen Fördermenge verringert. Da das Königreich rund 10 Millionen Barrel pro Tag fördert, bedeutete dies einen Ausfall von etwas mehr als fünf Prozent der Welterdölproduktion. Die Preise stiegen innerhalb weniger Stunden um etwa 15 Prozent – der höchste Anstieg an einem Tag seit dreißig Jahren. Iran hatte mit der wichtigsten Einrichtung der saudi-arabischen Ölproduktion auch das Herz der weltweiten Ölversorgung getroffen.

Zu dem Angriff bekannten sich die Huthi-Rebellen aus dem Jemen, doch US-Nachrichtendienste fanden heraus, dass die Drohnen und Cruise-Missiles von iranischem Territorium gestartet waren. Um dies zu verbergen, hatten die Fluggeräte zunächst Kurs auf den Irak genommen, bevor sie in dessen Luftraum nach Süden in Richtung der saudi-arabischen Ölanlagen abbogen. Politik und Militär in den USA versprechen den Saudis seit Jahrzehnten Schutz für das Königreich und seine Ölanlagen und haben seit den 1980er-Jahren immer mehr Truppen in den Anrainerstaaten des Persischen Golfs stationiert, um Angriffe des Irak oder Irans auf die Ölinfrastruktur und die Transportwege zu verhindern. Im Jahr 2019 war die Reaktion aus

Washington jedoch zurückhaltend. Zwar sprach der amerikanische Außenminister von einem kriegerischen Akt (»act of war«), und auch Präsident Trump drohte kurz nach Bekanntwerden der Ereignisse mit einem Militärschlag. Eine unmittelbare Reaktion der Supermacht blieb jedoch aus.

Die Ereignisse von Abqaiq im Spätsommer 2019 waren ein direkter Angriff Irans auf Saudi-Arabien. Zwar stritt die iranische Führung ihre Beteiligung pflichtschuldig ab, doch es gab keinen anderen Akteur mit politischem Motiv, der die militärischen Fähigkeiten für eine solche Attacke gehabt hätte. Sie stellte den vorläufigen Höhepunkt im Konflikt zwischen Iran und Saudi-Arabien dar, der seit der Islamischen Revolution in Iran 1979 die Geschicke am Persischen Golf prägt. Die seitdem latenten Spannungen zwischen Teheran und Riad haben sich in den letzten Jahren dramatisch zugespitzt, die Rivalen bekämpften sich in Syrien, im Irak, im Libanon, in Bahrain und im Jemen. Seit 2017 ergreifen die USA unter Präsident Trump offen Partei für ihren saudi-arabischen Verbündeten und tragen so zur Verschärfung des Konflikts bei. Eine Folge war der Angriff von Abqaiq, die erste direkte Attacke des Iran auf Saudi-Arabien seit 1996. Der erbitterte Kampf der beiden regionalen Großmächte um die Vormachtstellung im Nahen Osten zwischen 2011 und 2020, seine Ursachen und seine Folgen für die Weltpolitik stehen im Mittelpunkt dieses Buches.

Der neue Kernkonflikt

Das Kräftemessen zwischen Iran und Saudi-Arabien wurde in seiner vierzigjährigen Geschichte zum Kernkonflikt des Nahen Ostens – also der Region zwischen der ostlibyschen Cyrenaika im Westen und Iran im Osten und zwischen der Südosttürkei im Norden und dem Jemen im Süden. Die einstmals so beherrschende Auseinandersetzung zwischen Israel und seinen Nachbarn prägt die Geschichte der Region und ihrer Bewohner immer weniger, seit sich der iranisch-saudi-arabische Gegensatz zu *dem* Konflikt des Nahen Ostens entwickelt hat. Er wirkt sich auf das gesamte politische und militärische Geschehen dort aus. Dies gilt für den Bürgerkrieg in Syrien ebenso wie für den im Jemen und den Kampf gegen die Terrororganisation Islamischer Staat (IS). Wie dominant die Auseinandersetzung geworden ist, zeigt sich am deutlichsten an ihrem Einfluss auf den Konflikt zwischen Israel und den Palästinensern. Hier stellte sich die saudi-arabische Führung seit den 2000er-Jahren mehrfach auf die Seite der Regierung in Tel Aviv/Jerusalem, während Iran die Führung unter den militanten Gegnern des jüdischen Staates übernommen hat. Riad und Teheran wirken so immer stärker auf die Politik rund um Israel und die palästinensischen Gebiete ein – nicht umgekehrt, wie es in der Vergangenheit so oft der Fall war.

Die Ursache dieser geopolitischen Machtverschiebung vom östlichen Mittelmeer zum Persischen Golf, von Kairo, Damaskus und Beirut nach Riad, Abu Dhabi und Teheran ist der Öl- und Gasreichtum der Golfanrainer. Diese profitierten seit den 1960er-Jahren von steigenden Einnahmen aus dem Export von Erdöl. Deutlich sichtbar wurde der Aufstieg Irans, Saudi-Arabiens und des Irak seit der Ölkrise von 1973, in deren Verlauf der Ölpreis von rund 3 US-Dollar Anfang Oktober 1973 auf 12 US-Dollar im Januar 1974 anstieg, sich also vervierfachte. Die Einnahmen der Ölexportnationen am Golf vervielfachten sich bis Ende der 1970er-Jahre. Das Bruttoinlandsprodukt Irans erhöhte sich von 17 Milliarden (1972) auf 94 Milliarden US-Dollar (1980) und das des Irak im selben Zeitraum von 4 Milliarden auf 53 Milliarden US-Dollar. Das mit Abstand größte Wirtschaftswachstum aber verzeichnete Saudi-Arabien: Sein Bruttoinlandsprodukt stieg in acht Jahren von knapp 10 Milliarden US-Dollar auf unglaubliche 164,5 Milliarden US-Dollar an.[1]

Iran, Irak und Saudi-Arabien profitierten massiv vom hohen Preisniveau und nutzten das Geld für groß angelegte Modernisierungs- und Rüstungsprogramme, die auch dazu führten, dass ihr regionaler Einfluss wuchs. Eine direkte Folge war der Versuch des Irak unter Saddam Hussein, durch Überfälle auf Iran und später Kuwait eine regionale Vormachtstellung zu erringen. Diese Politik mündete in den Iran-Irak-Krieg 1980 bis 1988, den Kuwait-Krieg 1990/91 und schließlich auch den Irak-Krieg 2003. Im Ergebnis wurde der Irak trotz seines Ölreichtums so sehr geschwächt, dass er aus dem ursprünglichen Dreikampf mit Iran und Saudi-Arabien ausschied. Die neue Stärke dieser beiden Länder geht denn auch auf die Schwäche von Staaten wie dem Irak, Syrien und Ägypten zurück, die früher Führungsrollen beanspruchten, heute aber keine wichtige Position mehr einzunehmen vermögen.

Besonders dramatisch ist der Niedergang des Landes am Nil, das seine Rolle als unbestrittene Führungsmacht der Araber unter anderem aufgrund seiner schwachen Wirtschaft, innenpolitischer Unruhen und wenig kompetenter Regierungen verlor. Der Trend verstärkte sich mit dem Arabischen Frühling von 2011, in dessen Folge es in Ägypten zu massiver Repression und in Syrien und im Irak sogar zu verheerenden Bürgerkriegen kam. An die Stelle der alten Regionalmächte traten kleine Golfstaaten wie die Vereinigten Arabischen Emirate (VAE) und Katar, die ihre während der langen Phase hoher Öl- und Gaspreise von 2002 bis 2014 erwirtschafteten Einnahmen nun ebenfalls zur regionalpolitischen Einflussnahme nutzten.

Machtpolitik und Ideologie

Die historischen Wurzeln des Konflikts zwischen Saudi-Arabien und dem Iran liegen in der iranischen Revolution von 1979, während der sich rasch Islamisten unter der Führung von Ayatollah Khomeini durchsetzten, die bis heute die Macht im Land innehaben. Schon Anfang der 1980er-Jahre zeigte sich, dass sie genau wie der gestürzte Schah, der frühere Herrscher Persiens, auf eine Vormachtstellung am Golf und im Nahen Osten abzielten. Khomeini und seine Anhänger unterfütterten diesen Anspruch mit einer schiitisch-islamistischen, antimonarchischen und revolutionär-antiimperialistischen Ideologie – mit dem Ergebnis, dass sie Regionalpolitik nicht wie der Schah im Bündnis mit den USA, sondern *gegen* die Amerikaner und deren Verbündete führten. Die neuen Herrscher in Teheran unternahmen Anstrengungen, die Revolution in die arabische Welt zu exportieren, indem sie im Irak das Regime der säkular-nationalistischen Baath-Partei Saddam Husseins zu stürzen versuchten, zur Einrichtung eines Brückenkopfs nahe der israelischen Grenze die eng mit Iran verbündete Hisbollah im Libanon aufbauten und in Bahrain einen Putschversuch schiitischer Islamisten unterstützten. Wenngleich sich der ideologische Furor in den späten 1980er-Jahren etwas legte, hat sich an der grundsätzlich expansiven Ausrichtung der Islamischen Republik seither nichts geändert. Teheran zielt auf eine iranische Hegemonie in der Golfregion und im Nahen Osten, wie seit 2011 immer deutlicher wurde. Die Führung begann eine bis dahin beispiellose Expansion in der arabischen Welt, indem sie ihre Revolutionsgarden und verbündete Milizen wie die libanesische Hisbollah in Syrien, im Irak und im Jemen einsetzte; sie arbeitete bis 2015 an einem zumindest teilweise militärisch motivierten Atomprogramm und trieb die Aufrüstung mit ballistischen Raketen voran. Diese Maßnahmen richten sich gegen die USA und ihre regionalen Verbündeten Israel und Saudi-Arabien.

Im Gegensatz zu den iranischen Revolutionären stand Saudi-Arabien für die Wahrung des Status quo. Das Königreich sah sich als Hegemon auf der Arabischen Halbinsel, eine Position, die es aufgrund seiner Größe seit Langem innehatte und die von den Nachbarstaaten Oman, Jemen und VAE seit den 1970er-Jahren weitgehend akzeptiert wurde. Die Bemühungen Irans um den Export der Revolution in die arabische Welt und seine aggressive Hegemonialpolitik in der Folgezeit machten aus Saudi-

Arabien jedoch einen erbitterten Gegner. Nachdem der Irak spätestens 2003 als dritte Macht am Golf ausfiel, stellte sich Saudi-Arabien Teheran immer aktiver entgegen, erneut verstärkt, nachdem die Iraner ab 2011 noch aggressiver expandierten. Je stärker Iran und Saudi-Arabien aufgrund der anhaltend hohen Ölpreise in den 2000er-Jahren wurden und je mehr Einfluss sie auf die Regionalpolitik nahmen, desto deutlicher zeigte sich die Konkurrenz der beiden Systeme. Aggressivität rief Paranoia hervor. Der Wunsch, das Regime des Gegners stürzen zu sehen, wuchs ebenso rasch wie die wechselseitige Furcht beider Führungen vor dunklen Machenschaften.

Die ideologische Prägung der Islamischen Republik machte die Auseinandersetzung mit Iran überdies zu einem Systemkonflikt. Revolutionsführer Khomeini und seine Anhänger nahmen für sich in Anspruch, für »den Islam« insgesamt zu sprechen, und provozierten damit die saudi-arabische Herrscherfamilie. Diese kontrolliert die heiligen Stätten von Mekka und Medina und suchte seit den frühen 1960er-Jahren ihre Position zu stärken, indem sie Saudi-Arabien als Führungsnation der islamischen Welt präsentierte. Die sunnitisch-islamische, monarchische und erzkonservative Gesellschaftsidee der saudischen Herrscherfamilie stand völlig konträr zur schiitisch-islamistischen, republikanischen und revolutionären iranischen Staatsideologie. Auch wenn seit den 1990er-Jahren die machtpolitische Dimension den Konflikt zu dominieren scheint, spielt die Ideologie weiterhin eine Rolle. Dies zeigt sich in aller Deutlichkeit, wenn besonders stark weltanschaulich motivierte »Hardliner« in der iranischen Politik die Oberhand haben, wie seit 2018 der Fall, oder wenn sie ihre Macht demonstrieren wollen. In solchen Phasen treten die Feindschaft gegen Israel, der Konflikt mit den USA und Anschläge auf saudi-arabische Ziele in den Vordergrund. Auch der eingangs genannte Angriff auf die Ölanlagen von Abqaiq im September 2019 ist dafür ein wichtiges Beispiel.

Dass der Konflikt nicht schon früher kriegerisch eskalierte, ist auf die Präsenz des US-Militärs in der Region zurückzuführen, das den Auftrag hat, Saudi-Arabien und die kleineren Golfstaaten zu schützen. Die USA sorgen für die Sicherheit des Landes, weil Saudi-Arabien bis heute der wichtigste Ölexporteur weltweit ist und die Amerikaner die Versorgung der Weltmärkte mit fossilen Energiequellen aus dem Persischen Golf sicherstellen wollen. So wird aus dem Konflikt der beiden Regionalmächte immer wieder ein weltpolitisches Thema, weil sich die USA an der Seite der Saudis zugleich gegen Iran stellen.

Eskalation und Entspannung, 1979–2011

Seit 1979 durchlief der Konflikt drei Phasen, in denen sich Eskalation und Entspannung abwechselten, ohne dass Saudi-Arabien und Iran ihre Beziehungen normalisierten. Grund dafür war, dass die iranische Führung ihr Vormachtstreben nie aufgab und iranische Geheimdienste selbst in der Entspannungsphase der 1990er-Jahre Anschläge verübten. Die seit 1979 gewachsene gegenseitige Abneigung der Eliten in Riad und Teheran tat ihr Übriges, um eine Beruhigung zu verhindern. Trotzdem dauerte es mehr als drei Jahrzehnte, bis der Konflikt seine heutige Bedeutung für die gesamte Region und darüber hinaus gewann.

Die erste Phase (»Export der Revolution«) dauerte von 1979 bis Ende der 1980er-Jahre. Khomeini und seine Anhänger zielten damals darauf ab, die Revolution in weitere Länder zu tragen. Ein wichtiges Ziel war der Irak, der zwar im September 1980 den Iran-Irak-Krieg begonnen hatte, aber früh Angebote für einen Waffenstillstand machte, die Iran allesamt ablehnte. Die Islamische Republik wollte den Krieg fortführen, um Saddam Hussein zu stürzen und die schiitischen heiligen Stätten in Najaf und Kerbela einzunehmen. So wurde sie ab Sommer 1982 zum Aggressor. Auch Saudi-Arabien sah Khomeini und sein Regime als Gefahr, denn dieser rief wiederholt zum Sturz der Monarchie in Riad auf und ließ iranische Pilger in Mekka und Medina zu

Protesten aufmarschieren, zudem unterstützte Teheran militante schiitische Gruppen in den kleinen Golfstaaten Bahrain und Kuwait. Saudi-Arabien revanchierte sich, indem es den Irak Saddam Husseins im Krieg gegen Iran unterstützte. So hoffte Riad, die Islamische Republik zumindest so weit zu schwächen, dass sie die Staaten der Arabischen Halbinsel nicht bedrohen könne.

Die zweite Phase (»Misstrauische Entspannung«) begann mit dem Tod Khomeinis 1989, als sich in Teheran eher gemäßigte Kräfte durchsetzten, und dauerte bis in die frühen 2000er-Jahre. Den Pragmatikern um Präsident Ali Akbar Hashemi-Rafsanjani (reg. 1989–1997) ging es darum, das durch den langen Krieg geschwächte Land wiederaufzubauen. Hierzu mussten sie die Beziehungen zum westlichen Ausland normalisieren, weshalb sie die Politik des Revolutionsexports beendeten. Dadurch verbesserten sich auch die Beziehungen zu Saudi-Arabien, insbesondere nachdem 1997 mit Mohammed Khatami ein moderater Reformer zum Präsidenten gewählt worden war. Das Misstrauen auf saudi-arabischer Seite blieb jedoch bestehen, denn iranische Geheimdienste verübten mit der libanesischen Hisbollah weiterhin Attentate. Besonders dramatisch war der große Anschlag auf einen Wohnkomplex der US-Luftwaffenbasis von Dhahran in Saudi-Arabien am 25. Juni 1996, bei dem 19 Amerikaner starben. Spätestens ab diesem Zeitpunkt war der saudi-arabischen Führung bewusst, dass in der iranischen Politik um den Obersten Führer Ali Khamenei ein mit dem Präsidenten konkurrierendes Machtzentrum bestand und dass dieses eine aggressivere Politik betrieb, als von Pragmatikern und Reformern proklamiert wurde.

In der dritten Phase (»Langsame Eskalation«) nahmen die Spannungen zwischen Teheran und Riad wieder zu. Auslöser waren drei Ereignisse der Jahre 2002 bis 2005, die zeigten, dass die iranische Führung zur aggressiven Hegemonialpolitik der 1980er-Jahre zurückgekehrt war. Erstens kamen im August 2002 Berichte über ein geheimes iranisches Atomprogramm an die

Öffentlichkeit. Schnell wurde deutlich, dass die iranische Führung parallel zur Entspannungspolitik am Aufbau einer atomaren Infrastruktur gearbeitet hatte, die aus saudi-arabischer Sicht ausschließlich militärischen Zwecken diente. Hinzu kam, zweitens, der Sturz Saddam Husseins und seines Regimes infolge der amerikanischen Intervention im Irak 2003. In der Folge wirkten die Iraner massiv auf die Politik des Nachbarlandes ein, sodass der Irak seine Funktion als Bollwerk gegen die iranische Expansion verlor. Bald war der iranische Einfluss auf die Politik in Bagdad so groß, dass kaum mehr wichtige Entscheidungen gegen Teherans Willen getroffen werden konnten. Als 2005 mit Mahmoud Ahmadinejad ein populistischer Hardliner die Präsidentschaftswahl in Iran gewann – das dritte wichtige Ereignis dieser Phase –, trat eine schwere Krise in den Beziehungen zu Saudi-Arabien ein, die seitdem andauert. Die Politik Teherans nach 2005 zielte erneut offen auf eine Vormachtstellung im Nahen Osten ab. Sie betrieb halb im Geheimen, halb öffentlich ein Atomprogramm, das zumindest teilweise militärischen Zwecken diente. Man ließ Raketen entwickeln, mit denen Iran seine Nachbarländer einschließlich Israel bedrohte, und baute das Netzwerk militanter Gruppen in der Region aus. Dass infolgedessen der neue Kernkonflikt im Nahen Osten entstand, zeigte sich erstmals im Sommer 2006 im Krieg zwischen der libanesischen Hisbollah und Israel. Die irantreue Schiitenorganisation konnte sich mit Unterstützung der iranischen Revolutionsgarden gegen das israelische Militär behaupten und wurde in den Folgejahren zur wichtigsten Kraft der libanesischen Innenpolitik. Saudi-Arabien griff die Hisbollah, die den Krieg durch einen Überfall auf israelische Soldaten begonnen hatte, medial scharf an und stellte sich in der libanesischen Innenpolitik auf die Seite ihrer Gegner. Damit hatte der Konflikt zwischen Iran und Saudi-Arabien erstmals den israelisch-arabischen Konflikt überlagert. Saudi-Arabien suchte zu dieser Zeit nach Wegen, die iranische Expansion in arabischen Ländern zu stoppen. Dies geschah durch die Unterstützung der Gegner Irans im Irak, im Libanon und den palästinensischen Gebieten und durch Vermittlungsversuche. Doch solange die meisten Staaten der Region stabil waren, blieben die Einflussmöglichkeiten der Saudis und der Iraner begrenzt. Dies änderte sich im Frühjahr 2011 durch Ereignisse, mit denen niemand gerechnet hatte.

Eskalation nach dem Arabischen Frühling, 2011–2019

Der Arabische Frühling war eine Serie von friedlichen Protesten, die zu Beginn des Jahres 2011 in Tunesien einsetzten und gegen die schlechten Lebensverhältnisse, die Korruption und die brutale Repression abweichender Meinungen durch die Regierenden gerichtet waren. Die Demonstrationen ergriffen weite Teile der arabischen Welt und stürzten unter anderem das Regime von Präsident Hosni Mubarak in Kairo. Von den Protagonisten ungewollt, haben die Ereignisse den seit mittlerweile vierzig Jahren bestehenden Gegensatz zwischen Riad und Teheran dramatisch verschärft. Die Proteste, Unruhen und Aufstände von 2011 schwächten die meisten Regierungen und Staaten des Nahen Ostens. Selbst wo sie nicht wie in Libyen, in Syrien, im Jemen und im Irak zu Bürgerkriegen führten, sorgten die Ereignisse für wachsende Instabilität. Diese verschaffte Iranern und Saudis die Gelegenheit für Interventionen und die Ausweitung ihres Einflusses. In den ersten Jahren nutzte die iranische Führung die sich bietenden Möglichkeiten zur Expansion in Syrien, im Irak und im Jemen, woraufhin Saudi-Arabien den Vormarsch der Iraner zu stoppen versuchte. Obwohl der Konflikt rasch eskalierte, bekämpften sich die beiden Kontrahenten vor 2019 nicht direkt, teils, weil ihnen die militärischen Fähigkeiten fehlten, teils aus Scheu vor den Konsequenzen. Iran fürchtete die Reaktion der amerikanischen Schutzmacht der Saudis, die im Persischen Golf unter anderem mit starken Marineeinheiten und Luftwaffe präsent ist. Die Saudis hingegen hatten seit den 1970er-Jahren auf die Sicherheitsgarantie der USA gesetzt und verfügten zwar über moderne Waffensysteme, aber über nur schwache Streitkräfte. Stattdessen bekämpften sich Iraner und Saudis in Syrien und im Jemen. In Syrien begann Mitte 2011 ein Aufstand sunnitischer Gruppierungen gegen das Regime von Präsident Bashar al-Assad, der in Teheran die Furcht weckte, seinen einzigen staatlichen Verbündeten verlieren zu können. Aus diesem Grund unterstützte die Islamische Republik gemeinsam mit Russland das Assad-Regime. Saudi-Arabien hingegen sah eine willkommene Gelegenheit, Iran zu schwächen, und half ebenso wie die USA, die Türkei, Katar und die VAE der Opposition, die aus Gegnern des Assad-Regimes ganz unterschiedlicher weltanschaulicher Ausrichtung bestand. Bis 2015/16 war der Bürgerkrieg in Syrien die wichtigste Front im Konflikt zwischen Iran und Saudi-Arabien. Erst als Russland im Sommer 2015 auf der Seite von Damaskus intervenierte und auch Iran seine Hilfen verstärkte, verloren die Aufständischen schnell an Boden, sodass sich Saudi-Arabien geschlagen geben musste. Für die iranische Führung war dies ein großer Erfolg. Sie hatte eine seit 2012 stetig wachsende Expeditionstruppe entsandt, die vom »Qods-Korps« der Revolutionsgarden befehligt wurde. Zusammen mit der libanesischen Hisbollah führte diese Streitkraft ein Bündnis schiitischer Milizen an, dem sich irakische, afghanische und pakistanische Kämpfer anschlossen. Diese »schiitische Internationale« war die Grundlage der iranischen Expansion in Syrien, spielte eine wichtige Rolle im Kampf gegen den IS im Irak und wurde zum bevorzugten Instrument Irans in der Auseinandersetzung mit den Saudis.

Während Saudi-Arabien in Syrien eine Niederlage erlitt, konzentrierte es sich auf den Jemen, der Syrien ab 2015/16 als wichtigstes Schlachtfeld des iranisch-saudi-arabischen Konflikts ablöste. In dem Nachbarland Saudi-Arabiens hatten die Proteste des Arabischen Frühlings das Regime des langjährigen Präsidenten Ali Abdallah Salih zu Fall gebracht; seine Nachfolger verloren daraufhin die Kontrolle über weite Teile des Landes. Im März 2015 intervenierte das saudi-arabische Militär, weil die von Iran unterstützten Huthi-Rebellen sechs Monate zuvor die Hauptstadt Sanaa eingenommen und anschließend weite Teile des Landes unter ihre Kontrolle gebracht hatten. Saudi-Arabien konnte nicht in dem Maße wie Iran auf verbündete Milizen zählen, seine Stärke lag aber in Bündnissen mit Staaten wie den USA und den VAE sowie in seinen enormen finanziellen Ressourcen, die ihm eine Ausrüstung seiner Armee mit modernen Waffensystemen erlaubten. Dies reichte aber nicht aus, um den Krieg im Jemen zu gewinnen. Vielmehr dauerte er bis 2020 an, ohne dass eine der beiden Seiten entscheidende Vorteile erringen konnte.

Der Jemen-Krieg war auch ein erstes Ergebnis innenpolitischer Veränderungen in Riad, nachdem im Januar 2015 der rasche Aufstieg des späteren Kronprinzen Muhammad Ibn Salman Al Saud zum starken Mann Saudi-Arabiens begann. Ab 2015 setzte sich Ibn Salman mit all seiner Führungsstärke und Entschlusskraft durch, die mit großer Unberechenbarkeit und Rücksichtslosigkeit einherging. Die einstige Status-quo-Macht Saudi-Arabien reagierte nun kämpferischer auf die iranischen Erfolge und versuchte, die USA und Israel an ihrer Seite in den Konflikt zu ziehen.

Parallel zum Aufstieg der beiden Mächte Iran und Saudi-Arabien schlossen sich nach 2011 fast alle Staaten und sonstigen politischen Akteure in der Region einer der beiden Seiten an. Zum iranischen Lager gehörten Syrien, die libanesische Hisbollah, schiitische Milizen im Irak, die jemenitischen Huthis, die palästinensische Terroristentruppe Islamischer Jihad und kleinere militante Gruppierungen in den Golfstaaten. Auch die irakische Regierung und die palästinensische Hamas tendierten ins iranische Lager, versuchten aber eine gewisse Distanz und Eigenständigkeit zu wahren. An der Seite Saudi-Arabiens standen die VAE, Ägypten, Bahrain, Kuwait, Jordanien, die international anerkannte jemenitische Regierung und prosaudische und proemiratische militante Gruppen in Syrien und im Jemen. Seit dem Amtsantritt von US-Präsident Donald Trump im Januar 2017 verbesserten sich auch die Beziehungen Saudi-Arabiens zu den USA und ließen Riad auf amerikanische und israelische Hilfe hoffen.

Das Atomabkommen und die Rolle der USA

Der Konflikt zwischen Iran und Saudi-Arabien ist weit mehr als der zwischen zwei Regionalmächten. Er hat eine weltpolitische Dimension, deren wichtigster Akteur die USA als Schutzmacht des Königreichs sind. Weil sich Riad des Schutzversprechens der Supermacht aber schon länger nicht mehr sicher ist, hat es sich entschieden, seine Gegner in der Region auch ohne die Zustimmung der USA zu bekämpfen. Dies zeigte sich besonders ab 2013, als die Verhandlungen zwischen Amerikanern und Iranern über das iranische Atomprogramm von teils wütenden Protesten der Saudis begleitet wurde. Die Führung in Riad fürchtete, dass die Obama-Administration sich gegenüber Iran zu nachgiebig zeigen werde, denn sie hatte den Eindruck gewonnen, dass sich die USA aus der Region zurückzogen und ihre Alliierten ihrem Schicksal – nämlich der iranischen Expansion – überließen. Als das Nuklearabkommen vom Juli 2015 diese Sorge zu bestätigen schien, bestärkte dies Riad in seinen Aktivitäten gegen Iran und seine Verbündeten. Gleichzeitig beruhigte es vorübergehend den Konflikt zwischen Iran und den USA, denn die Obama-Administration wollte primär eine nukleare Bewaffnung Irans verhindern, und da die iranische Seite sich in dieser Phase an das Abkommen hielt, war aus Sicht Washingtons das wichtigste Problem gelöst.

Mit der Amtsübernahme Trumps im Januar 2017 änderte sich das Kräfteverhältnis in diesem Konflikt zunächst wieder zugunsten Riads. Die saudi-arabische Führung hoffte nun, die Trump-

Administration für ein gemeinsames Vorgehen gegen Iran gewinnen zu können. Der neue US-Präsident dürfte die Erwartungen der Saudis zunächst sogar übertroffen haben, denn er
entschied sich für eine radikal antiiranische Politik, die in die
einseitige Aufkündigung des Atomabkommens durch die USA
im Mai 2018 mündete. Zudem bemühte sich Donald Trump um
die Bildung einer Allianz nahöstlicher Staaten gegen Iran, die
auch »arabische NATO« genannte »Strategische Nahostallianz«.
Den dafür wichtigsten Partner glaubte er in Saudi-Arabiens neuem Kronprinzen Muhammad Ibn Salman gefunden zu haben.
Trumps Schwiegersohn und Nahostberater Jared Kushner versuchte sogar, eine Annäherung zwischen Saudi-Arabien und Israel zu erreichen, die den Kern dieses Bündnisses bilden sollte.
Da Israel bereits ab Ende 2017 vermehrt iranische Ziele in Syrien
angriff, wuchsen die Spannungen in der Region weiter.

Ihren Höhepunkt erreichten sie ab dem Frühjahr 2019. Auf
neue Sanktionen der Trump-Administration im April reagierte
Iran ab Mai mit sechs Anschlägen auf Tankschiffe im Golf von
Oman und mit dem Abschuss einer dort eingesetzten US-Drohne. Am 14. September 2019 folgte der Angriff auf die Ölanlagen
von Abqaiq und Khurais. Die US-Regierung machte zwar Iran
dafür verantwortlich, entschied sich aber wie schon nach dem
Drohnenabschuss im Juni gegen einen Militärschlag. Das war
höchst erstaunlich, denn der Schutz der Ölinfrastruktur an der
Küste des Persischen Golfs galt seit Jahrzehnten als wichtigster
Grund für die militärische Präsenz der USA im und am Persischen Golf. Nun legte sich auch die anfängliche Freude der Saudis über die antiiranische Politik der USA; vielmehr setzte sich
die Überzeugung durch, Trump wolle keine weiteren Kriege im
Nahen Osten. Es wurde deshalb immer wahrscheinlicher, dass
der Angriff einen Wendepunkt in der Geschichte des iranisch-
saudischen Konflikts darstellte. Denn der ausgebliebene Gegen-
schlag der USA zeigte die iranische Stärke, die saudi-arabische
Schwäche und den Wunsch der USA, den Nahen Osten und die

Kriege im Irak und in Afghanistan hinter sich zu lassen und möglichst viel US-Militär zurückzuziehen. Saudi-Arabien setzte nun auf Entspannung, doch der Konflikt zwischen Iran und den USA eskalierte – insbesondere nach der gezielten Tötung des iranischen Generals Qassem Soleimani im Januar 2020. Der »Krieg am Golf« schien mehrfach kurz bevorzustehen.

Das Buch

Dieses Buch handelt in fünf Teilen von der Geschichte des iranisch-saudi-arabischen Konflikts zwischen 2011 und 2019, seiner zentralen Rolle für den Nahen Osten und seinen Folgen für die Weltpolitik und für Deutschland. In einem ersten Teil (Kapitel 1 bis 3) wird dargelegt, wie Iran und Saudi-Arabien so sehr erstarken konnten, dass ihre Dualität die Ereignisse im gesamten Nahen Osten zu prägen vermag. Beschrieben werden die Entscheidungsprozesse in den beiden politischen Systemen, die Grundlinien der Außenpolitik und die Einsatzfähigkeit der Streitkräfte beider Staaten. Besondere Aufmerksamkeit gilt den wichtigsten Politikern seit 2011, außerdem wird es um die interne Opposition in beiden Ländern gehen, so etwa die schiitische Minderheit in Saudi-Arabien, die in ihrem Heimatland im Ruf steht, eine potenzielle »fünfte Kolonne« Teherans zu sein.

Im zweiten Teil (Kapitel 4 bis 7) werden die Auswirkungen des iranisch-saudi-arabischen Konflikts auf die lokalen Unruhen, Aufstände und Bürgerkriege im Nahen Osten untersucht. Die Proteste und ihre Niederschlagung in Bahrain und der Aufstand und folgende Bürgerkrieg in Syrien prägten die Jahre ab 2011, während der Konflikt im Irak und der Jemen-Krieg ab 2014 und 2015 wichtiger wurden. Besonderes Augenmerk liegt hier auf den Verbündeten beider Staaten, die oft die Hauptlast in den Kämpfen tragen.

Im dritten Teil (Kapitel 8) geht es um Akteure, die der Lagerbildung unter iranischer oder saudi-arabischer Führung im Na-

hen Osten zu entkommen versuchen. Dies ist am Persischen
Golf vor allem Katar, dessen Politik, das Bündnis mit Saudi-Arabien und den VAE aufrechtzuerhalten und gleichzeitig enge Beziehungen zu Iran zu pflegen, in den letzten Jahren unter Druck
geraten ist. Das Buch handelt viertens (Kapitel 9) von der welt-
politischen Dimension des Konflikts mit den USA und Israel als
zentralen Akteuren. Die vielleicht wichtigste Beobachtung wird
sein, dass der Rückzug aus dem Nahen Osten seit mittlerweile
gut einem Jahrzehnt der Wunsch aller US-Regierungen ist. Dies
erklärt auch die wachsende Aggressivität der Iraner, die die aufgrund der amerikanischen »Schwäche« entstandene Chance
nutzen wollen, und das offensive Gebaren der Saudis, die nicht
mehr auf die Schutzgarantie der USA zählen und auch nicht zählen können.

Hieraus ergibt sich abschließend der Überblick zu den Folgen
des Konflikts für die Weltpolitik, Europa und Deutschland im
fünften Teil (Kapitel 10). Schon die Flüchtlingskrise von 2014 bis
2016 war zumindest teilweise ein Ergebnis des iranisch-saudi-
arabischen Konflikts, der in Syrien, im Irak und in Afghanistan
ausgetragen wurde. Eskaliert der Konflikt in den kommenden
Jahren erneut, muss Europa mit der Ankunft sehr vieler neuer
Flüchtlinge rechnen. Noch weitreichender sind aber die Folgen
für die weltweite Energieversorgung und die Verbreitung von
Nuklearwaffen, denn im Konfliktfall droht die Behinderung oder
gar der Stopp des Öl- und Gasexports aus Saudi-Arabien und anderen Golfstaaten – wie die Anschläge von Abqaiq mehr als deutlich zeigten. Außerdem mehren sich die Anzeichen, dass Saudi-Arabien ebenso wie Iran versuchen könnte, sich atomar zu
bewaffnen. Die Gefahren, die Europa aus der Nachbarregion
drohen, könnten sich deshalb in den kommenden Jahren dramatisch verschärfen.

1 Iran und Saudi-Arabien seit der Islamischen Revolution

Gerade erst hatten die iranischen Revolutionäre den scheinbar so mächtigen Schah Reza Pahlawi und sein Regime gestürzt, da teilte ihr Führer, Ayatollah Khomeini, der Welt unmissverständlich mit, die Sieger würden nicht an den Grenzen Irans haltmachen:»Wir werden unsere Revolution in alle Welt exportieren. Weil sie eine islamische ist. Der Kampf wird so lange fortgesetzt, bis überall der Ruf zu hören ist: ›Es gibt keinen Gott außer Gott und Mohammad ist sein Prophet.‹ Solange Menschen auf dieser Erde unterdrückt werden, wird unser Kampf fortgesetzt.«[1] Wie so viele Revolutionäre vor ihm verband Khomeini seine Islamische Revolution mit einer Mission, von der im Idealfall die gesamte Menschheit profitieren müsse. Da Iran jedoch nur eine Regionalmacht mit Einfluss am Persischen Golf und im Nahen Osten war, wirkte sich dieser Anspruch auf die unmittelbaren Nachbarn aus, darunter Saudi-Arabien. Mit dem Fall der Monarchie und dem Sieg der Islamisten war aus einem indirekt verbündeten Konkurrenten ein erbitterter Feind geworden, der auf den Sturz der Herrscherfamilie Saud abzielte. Weil im Verlauf des Jahres 1979 immer deutlicher wurde, dass sich die Kleriker um Ayatollah Khomeini in den Wirren nach der Revolution gegen alle ihre Konkurrenten durchsetzen würden, wuchs in Riad die Sorge vor den Auswirkungen der Ereignisse im eigenen Land. Unruhen unter den Schiiten im Osten Saudi-Arabiens im Dezember 1979 und Februar 1980 schienen den Befürchtungen recht zu geben, weshalb sich das Königreich gegen Iran in Position brachte und den Irak in seinem im September 1980 begonnenen Krieg gegen Iran unterstützte. Dies war der Beginn eines

Konfliktes zwischen Iran und Saudi-Arabien, der bis heute andauert. Bis 2011 hat er sich in drei klar voneinander abgrenzbaren Phasen entwickelt: eine erste von 1979 bis 1989, in der der
Konflikt entstand und einen ersten Höhepunkt erreichte, eine
zweite von 1990 bis 2003, in der Iran und Saudi-Arabien auf Entspannung setzten, und eine dritte von 2003 bis 2011, in der sich
die Auseinandersetzung wieder verschärfte.

Export der Revolution in den 1980er-Jahren

Die Islamische Revolution

1979 sollte sich als Epochenjahr für Saudi-Arabien, Iran und den
weiteren Nahen Osten erweisen. Drei große Ereignisse des Jahres
prägten die Geschichte der Region in den folgenden vier Jahrzehnten: der Einmarsch sowjetischer Truppen in Afghanistan,
die Besetzung der Großen Moschee von Mekka durch sunnitische Islamisten und der Sturz des Schahs in Iran. Sie alle hatten
großen Einfluss auf die Politik der Protagonisten dieses Buches,
doch die Islamische Revolution erwies sich als das mit Abstand
prägendste Ereignis für die Geschichte des Nahen Ostens.

Die unmittelbare Folge der Revolution für Saudi-Arabien war
die plötzliche Wandlung Irans von einem Konkurrenten im eigenen, proamerikanischen Lager zu einem unversöhnlichen Gegner und Feind. Seit Mitte der 1960er-Jahre hatte sich Iran unter
Schah Reza Pahlawi zur unbestrittenen Vormacht am Persischen
Golf entwickelt. Dabei halfen ihm die steigenden Einnahmen
durch den Verkauf von Erdöl, die zunächst langsam anwuchsen,
infolge der Ölkrise vom Oktober 1973 aber rasch in die Höhe
schnellten. Der Schah investierte das Geld nicht nur in die Modernisierung von Irans Infrastruktur, sondern auch in ein gigantisches Aufrüstungsprojekt, das er atemberaubend rasch in die
Tat umsetzte. 1978 war Iran das Land mit den achthöchsten Rüs-

tungsausgaben weltweit, die USA lieferten dem Verbündeten ihre modernsten Waffensysteme. Die iranische Armee erreichte kurz vor der Revolution eine Stärke von 400 000 Mann, was etwa einem Prozent der Bevölkerung entsprach. Sie verfügte über mehr als 500 teils hochmoderne Kampfflugzeuge, 1600 Kampfpanzer, Artillerie und Raketen aller Art.[2] Darüber hinaus arbeiteten 80 000 amerikanische »Militärberater« im Land, die sich um die Ausbildung und Führung der Iraner kümmerten, da diese eine wichtige Front zur Sowjetunion abdeckten. Wegen der Probleme in Vietnam hatte die Nixon-Administration nach Partnern gesucht, die die USA in strategisch wichtigen Weltregionen entlasten konnten. Am Persischen Golf waren dies Iran und Saudi-Arabien, die Pfeiler der »Zwei-Säulen-Politik« (engl. »twin pillars«).[3]

Die iranische Säule war für die USA ungleich wichtiger als die saudi-arabische, weshalb sich Teheran mit amerikanischer Hilfe zur Hegemonialmacht am Golf entwickelte. Für Riad, das wie Iran eine rasche Modernisierung des Landes und eine Aufrüstung mit amerikanischen Waffensystemen betrieb, war diese Situation unangenehm, doch vergleichsweise komfortabel, wie sich nach der Revolution in Iran herausstellte, als Teheran die Hegemonialpolitik des Schahs fortsetzte und darüber hinaus zum weltanschaulichen Gegner der Saudis wurde. Die Revolutionäre errichteten eine schiitisch-islamistische Republik, die sie als die einzig gottgewollte Staatsform und als Gegenmodell zu den konservativen Golfmonarchien darstellten. Zudem verlangten Khomeini und seine Anhänger den Rückzug der USA aus der Golfregion und versuchten, die Revolution in die arabische Welt zu exportieren.

Dabei war der Erfolg der Islamisten lange nicht gesichert, denn sie stellten nur einen Teil der revolutionären Bewegung, die durch die Ablehnung der autokratischen Politik des Schahs zusammengehalten wurde. Getragen wurde diese von einem breiten oppositionellen Bündnis, in dem sich eine lose Allianz

liberaler Nationalisten, Kleriker und linker Organisationen namens Nationale Front sowie die kommunistische Tudeh-Partei
und kleinere Gruppierungen mit den Religionsgelehrten unter
Führung Ayatollah Khomeinis zusammenschlossen. Die stärksten militanten Organisationen waren die marxistischen Volksfedayin (pers. Feda'iyan-e Khalq) und die marxistisch-islamisti-
schen Volksmojahedin (pers. Mojahedin-e Khalq). Nach der
Flucht des Schahs im Januar 1979 kehrte Ayatollah Khomeini am
1. Februar aus dem französischen Exil nach Teheran zurück, woraufhin die bis dahin dem Schah treue Armee ihre Neutralität
verkündete. Damit hatte die Revolution gesiegt, und die Geistlichen unter der Führung Khomeinis und seiner Gefolgsleute begannen mit dem zielgerichteten Ausbau ihres Einflusses in Teheran. Schon in Paris hatte Khomeini im Dezember 1978 den geheimen Revolutionsrat gegründet, in dem jüngere, dem Ayatollah
ergebene Kleriker wie Mohammad Beheshti, Ali Akbar Hashemi-Rafsanjani und Ali Khamenei den Ton angaben. Weil sie
über keinerlei Regierungs- und Verwaltungserfahrung verfügten, überließen sie die Regierung interimsweise der Nationalen
Front mit Ministerpräsident Mehdi Bazargan. Parallel schufen
die Geistlichen eigene Strukturen wie vor allem die Islamisch-Republikanische Partei, und sie übernahmen Stellvertreterposten
in wichtigen Ministerien.[4]

Am 1. April 1979 rief Ayatollah Khomeini die Islamische Republik Iran aus, nachdem dieser Schritt in einem Referendum
mit fast 100 Prozent der Stimmen angenommen worden war.
Seine Anhänger begannen, konservative Kleidungsvorschriften
und Verhaltensregeln einzuführen. Angeführt wurden sie von
»islamischen revolutionären Komitees«, lokalen Vigilantentrupps, die durch die Straßen der Städte patrouillierten und die
neuen Regeln teils mit Gewalt durchsetzten. Die im Mai gegründeten Revolutionsgarden übernahmen ähnliche Aufgaben. Die
Kleriker profitierten von der Zerstrittenheit der linken Gruppierungen und verstärkten sie, indem sie die Kommunisten vorerst

duldeten, die Volksfedayin, die Volksmojahedin und kurdische Gruppen jedoch ab Sommer bekämpften. Die endgültige Machtübernahme begann mit der Besetzung der amerikanischen Botschaft am 4. November und der Geiselnahme von 66 US-Diplomaten (von denen 52 volle 444 Tage festgehalten wurden) durch militante Anhänger Khomeinis. US-Präsident Carter ordnete im April 1980 eine Befreiungsaktion durch das US-Militär an, die aber kläglich scheiterte und mit dazu führte, dass er nicht wiedergewählt wurde. Die Geiseln wurden zwar am Tag der Amtsübernahme des neuen Präsidenten Ronald Reagan im Januar 1981 freigelassen, doch die Ereignisse belasten die Beziehungen zwischen den USA und dem Iran bis heute. Unmittelbare innenpolitische Folge in Teheran war, dass Bazargan zurücktrat und den Weg für den von Geistlichen dominierten Revolutionsrat frei machte. Im Dezember 1979 ratifizierte der im August gegründete und von den Geistlichen dominierte Expertenrat (pers. Majlis-e Khobregan) die erste Verfassung der Islamischen Republik, die auf Khomeinis politischen Ordnungsvorstellungen basierte. Iran wurde zur Theokratie, in der der oberste Rechtsgelehrte zur dominierenden Figur aufstieg. Ayatollah Khomeini wurde zum ersten »Obersten Führer« (pers. Rehber-e Mo'azzam) der Islamischen Republik – mit unbegrenzter Macht über die Menschen, verantwortlich nur gegenüber Gott.[5]

Revolutionsführer Khomeini und seine Ideologie

Als Revolutionsführer war Sayyid Ruhollah Mousawi Khomeini (1902–1989) Auslöser und erster Protagonist des iranisch-saudi-arabischen Konflikts. Er hatte in Qom studiert, dem großen Zentrum schiitischer Gelehrsamkeit, und sich seit Anfang der 1940er-Jahre einen Namen als Kleriker gemacht, der sich auch zu politischen und sozialen Themen äußerte. Ab 1962 stellte er sich offen gegen die Politik des Schahs und forderte schon bald seinen Sturz. Anlass für Khomeinis Opposition waren weitreichende wirtschaftliche und soziale Reformen wie eine Enteignung von Großgrundbesitzern zugunsten der landlosen Bauern und die Einführung des Frauenwahlrechts, vom Schah als »Weiße Revolution« beworben. Diese stießen auf den Widerstand vor allem der konservativen Händler und Gelehrten, die fürchteten, Einkünfte und gesellschaftlichen Einfluss zu verlieren. Anfang Juni 1963 kam es zu Unruhen, die mehrere Hundert Todesopfer forderten. Im Verlauf der Krise profilierte sich Khomeini als unbeugsamer Widersacher der säkularistischen, autoritären und prowestlichen Politik des Schahs und wurde damit zur unbestrittenen Führungsfigur der konservativ-religiösen Bevölkerungsteile. Alle Versuche des Regimes, den Gelehrten mundtot zu machen, misslangen. Nach Inhaftierung und monatelangem Hausarrest schob die Regierung Khomeini im November 1964 in die Türkei ab. Von dort zog er 1965 ins irakische Najaf um, eines der wichtigsten Heiligtümer des schiitischen Islam und das damals weltweit wichtigste Zentrum schiitischer Gelehrsamkeit. Hier verbrachte er die nächsten 13 Jahre und betrieb mit auf Audiokassetten aufgenommenen Reden und Predigten Anti-Schah-Propaganda. Nach Beginn der Unruhen 1978 wuchs der Druck Irans auf den Irak, den Gelehrten auszuweisen. Im Oktober fand Khomeini Zuflucht in Frankreich, wo er von seinem Hauptquartier in Neauphle-le-Château nahe Paris seine politischen Aktivitäten fortsetzen konnte. Als er nach der Flucht des Schahs, der nach Massenprotesten im Dezember und dem Verlust der Unterstützung durch die USA den Glauben an den Erhalt seiner Macht verlor, nach Teheran zurückkehrte, wurde er von Millionen begeisterten Anhängern empfangen. Der Ayatollah stand zu diesem Zeitpunkt an der Spitze einer breiten revolutionären Bewegung, die das alte Regime hinwegfegte, in der sich aber rasch die Islamisten durchsetzten, die die Monarchie durch einen schiitischen Gottesstaat ersetzen wollten.[6]

Die ideologische Grundlage für die Islamische Republik mit

der Lehre von der »Herrschaft des Rechtsgelehrten« (pers. We-
layat-e Faqih) hatte Khomeini selbst gelegt. In der schiitischen
Tradition gelten nur die als Imame bezeichneten direkten Nachfahren Ali Ibn Abi Talibs (Kalif 656–661) als legitime Herrscher
der Muslime. Die Schiiten sind der Meinung, dass Ali als Cousin
und Schwiegersohn des Propheten Muhammad diesem als erster
Kalif hätte folgen sollen. Stattdessen übernahmen nicht blutsver-
wandte enge Vertraute Muhammads seine Nachfolge, und als Ali
656 dann doch noch Kalif wurde, begann ein Bürgerkrieg, der
661 mit Alis Tod und der Machtübernahme der Umayyaden-Dy-
nastie endete. Alis Sohn und dritter Imam Husain scheiterte im
Jahr 680 mit dem Versuch, die Macht im arabischen Weltreich zu
erobern. Nach seinem Tod im irakischen Kerbela fügten sich die
folgenden Imame in ihr Schicksal und akzeptierten den Verlust
jeglicher politischer Macht, wurden aber dennoch verfolgt. Ihre
Linie endete mit dem zwölften Imam Muhammad al-Mahdi (dt.
der Rechtgeleitete), der im Jahr 941 endgültig verschwand und
nach Lehre der »Zwölferschiiten«, das heißt derjenigen Schiiten,
die den zwölf Imamen folgen und rund 70 bis 90 Prozent aller
Schiiten weltweit stellen, am Ende der Zeiten als Imam Mahdi
wieder auf die Erde zurückkehren wird. In den folgenden Jahr-
hunderten blieben Schiiten eine häufig unterdrückte und verfolgte Minderheit und entwickelten eine von Ohnmacht und
Verfolgung geprägte politische Theorie. Der unter Zwölferschiiten vorherrschenden Meinung zufolge ist politische Macht in
Abwesenheit des Imam Mahdi prinzipiell illegitim, und die Gelehrten und Gläubigen hätten sich von den politischen Herrschern ihrer Zeit fernzuhalten. Mit dieser Politikferne verband
sich die Hoffnung auf ein kommendes goldenes Zeitalter, das mit
der Wiederkehr des Imam Mahdi anbrechen werde.

　　Ayatollah Khomeini revolutionierte die schiitische politische
Theorie, indem er sich der Politikferne und dem Quietismus vie-
ler seiner gelehrten Kollegen entgegenstellte. Der führende
Rechtsgelehrte seiner Zeit müsse die Gläubigen bis zur ersehnten

Wiederkehr des Imam Mahdi nicht nur in religiösen Fragen, sondern auch politisch anführen. Khomeini forderte einen islamischen Staat, in dem die Kleriker alle Lebensbereiche beaufsichtigten. Die führenden schiitischen Geistlichen seiner Zeit lehnten diese Ideen ab, doch durch die Revolution erhielt Khomeini die Gelegenheit, die Theorie der »Herrschaft des Rechtsgelehrten« in die Praxis umzusetzen und sogar selbst als dieser Gelehrte zu fungieren. Die iranische Verfassung vom Dezember 1979 setzte den herrschenden Rechtsgelehrten (pers. Wali-ye Faqih) als Staatsoberhaupt mit weitreichenden Kontrollfunktionen ein und stellte ihn damit ins Zentrum des neuen politischen Systems.[7] Khomeini nahm diese Position bis zu seinem Tod 1989 ein.

Khomeinis Ideologie beruhte auf einem dualistischen Weltbild, das scharf zwischen Islam und Unglauben sowie Gut und Böse unterscheidet. Dies galt auch für seine Sicht der Welt außerhalb Irans, die »arrogante Unterdrücker« (pers. Mostakbarin) und »arme Unterdrückte« (pers. Mosta'zafin) wahrnahm. Zu den Unterdrückern zählte er insbesondere die USA, die Sowjetunion und weitere mächtige Staaten wie Großbritannien. Unterdrückte waren für ihn alle Länder der sogenannten Dritten Welt und die muslimischen Staaten. Als Ausweg aus der Unterdrückung und Mittel zur Befreiung bot er den Islam an.[8] Im Zentrum seiner Anschauung der Außenwelt standen ein rabiater Antiamerikanismus sowie eine ausgeprägte Feindseligkeit gegenüber den Verbündeten der USA im Nahen Osten, was neben Israel vor allem die arabischen Golfstaaten betraf. Insbesondere ihnen galten die Drohungen, in denen Khomeini und seine Anhänger wie eingangs zitiert vom »Export der Revolution« sprachen. Khomeini beteuerte zwar mehrfach, Export bedeute nicht, dass Iran militärisch interveniert, doch die Revolutionäre befürworteten und unterstützten den bewaffneten Kampf proiranischer islamistischer Gruppen in der arabischen Welt.[9] Staaten, in denen wie in Saudi-Arabien, Kuwait und Bahrain starke schiiti-

sche Minderheiten lebten, sahen in der Politik des Revolutionsexports zu Recht eine direkte Bedrohung.

Unruhen in Saudi-Arabien

Khomeini nahm für sich in Anspruch, nicht nur für die Schiiten,
sondern für den gesamten Islam zu sprechen. Dies war schon aus
praktischen Gründen notwendig, wollte er Einfluss auf die Politik der islamischen Welt nehmen, denn Schiiten stellen mit rund
zehn bis zwölf Prozent nur einen kleinen Teil der Muslime weltweit. Mit seiner ökumenischen Rhetorik gelang es ihm für eine
kurze Zeit, Islamisten auch jenseits der konfessionellen Trennli-
nie bei den Sunniten zu begeistern. Doch sie erkannten rasch,
dass Khomeinis Ideologie tief im Schiitentum verwurzelt war.

In den folgenden Jahren scheiterten fast alle Versuche der Revolutionäre, längerfristig mit sunnitischen Islamisten zusammenzuarbeiten. Ganz anders bei den Schiiten selbst, wo die Islamische Revolution Begeisterung auslöste und den Iranern zahlreiche Verbündete zuführte, die teils über Jahrzehnte hinweg loyal
blieben. Dies betraf den Libanon mit seinem großen Anteil an
schiitischer Bevölkerung und die arabischen Anrainerstaaten
des Persischen Golfs. Dort sind die Zahlenverhältnisse ganz anders gelagert: In den acht Golfstaaten stellen Schiiten insgesamt
bis zu 70 Prozent der Bevölkerung. (In Iran zwischen 75 und 80,
im Irak mehr als 60 Prozent, in Bahrain zwischen 50 und 70 Prozent, in Saudi-Arabien rund 10 Prozent, in Kuwait 20 bis 30 Prozent, in den VAE 10 Prozent, in Katar 10 Prozent und in Oman
rund 7 Prozent. Alle diese Angaben sind grobe Schätzungen.)
Khomeini und seine Gefolgsleute sahen überall dort, wo wie im
Irak, in der saudi-arabischen Ostprovinz, in Bahrain und Kuwait
Schiiten stark vertreten waren, die Möglichkeit zum Revolu-
tionsexport.

Die saudi-arabische Führung hatte den Sturz des Schahs und
die anhaltende Konsolidierung der Islamischen Republik mit

wachsender Sorge beobachtet. Zunächst verursachten jedoch sunnitische Islamisten im Land die größten Probleme. Am 20. November 1979 besetzten mindestens 500 Männer die Große Moschee von Mekka und nahmen mehrere Hundert, einigen Angaben zufolge Tausende Pilger als Geiseln. Ihr Anführer war der Saudi Juhaiman al-Utaibi. Seine Anhänger stammten mehrheitlich aus dem Königreich, aber auch aus Kuwait, dem Jemen und anderen arabischen Staaten. Ihre Anliegen waren politisch wie religiös motiviert. Sie protestierten gegen die rasche Modernisierung Saudi-Arabiens und die Korruption und Prunksucht in der Herrscherfamilie Saud ebenso wie gegen deren Bündnis mit den USA. Sie glaubten zudem, dass einer der saudischen Gefährten Utaibis der – auch von zahlreichen Sunniten erwartete – Mahdi sei und die Besetzung der Moschee die vom Propheten Muhammad prophezeite Apokalypse einleiten werde.[10]

Die Rebellion war für Saudi-Arabien so gefährlich, weil Utaibi und die überwiegende Mehrheit seiner Gefolgsleute überzeugte Wahhabiten aus Zentralarabien waren, also Anhänger der offiziellen Islaminterpretation im Königreich – und diese gelten eigentlich als die Hausmacht der Herrscherfamilie. Ihr Protest zielte auf die eklatanten Widersprüche zwischen der puristischen wahhabitischen Lehre und der prowestlichen Politik und immer moderneren Lebenswirklichkeit in Saudi-Arabien. Darin zeigte sich, wie weit sich die radikaleren Teile der wahhabitischen Bewegung von der Herrscherfamilie entfernt hatten. Diese reagierte zunächst zögerlich, sodass der Sturm auf die besetzte Moschee erst nach zwei Wochen erfolgte. Mit Unterstützung französischer Spezialisten nahmen saudische Truppen den Komplex ein. Hunderte Besetzer und Pilger wurden getötet, Utaibi und 63 seiner Anhänger festgesetzt und wenig später in verschiedenen Städten des Königreichs hingerichtet. Die Familie Saud nahm die Ereignisse zum Anlass für eine konservative Wende in der Innenpolitik, mit der sie die Wahhabiten beschwichtigen wollte. Deren strenge Kleiderregeln und Verhaltensvorschriften wurden nun sehr viel rigoroser durchgesetzt und das von den Gelehrten kontrollierte religiöse Erziehungssystem stark ausgebaut.

Im Dezember 1979, nur zwei Wochen nach der Moscheebesetzung in Mekka, brachen unter den Schiiten der saudi-arabischen Ostprovinz Unruhen aus. Die Herrscherfamilie machte Teheran dafür verantwortlich und fürchtete, Teheran könne die saudischen Schiiten benutzen, um das Königreich zu destabilisieren.[11] Diese Furcht prägt die Politik Riads bis heute, und seit Ende 1979 suchte die dortige Führung nach Möglichkeiten, Iran an der Expansion in die arabische Welt zu hindern.

Revolutionsexport und der Iranisch-Irakische Krieg

Die Möglichkeit bot sich schon bald, denn nach dem Erfolg der Revolution zeichnete sich ein Konflikt Irans mit dem Irak ab. Dieser wurde von der panarabischen Baath-Partei Saddam Husseins beherrscht, die Khomeini aufgrund ihres Atheismus besonders verhasst war. Die Spannungen nahmen rasch zu: Im April 1980 versuchten proiranische Schiiten, den stellvertretenden irakischen Ministerpräsidenten Tariq Aziz zu ermorden. Saddam Hussein ließ kurz darauf den prominenten schiitischen Gelehrten und Khomeini-Schüler Muhammad Baqir as-Sadr hinrichten, und im Juli scheiterte ein irakisch unterstützter Militärputsch in Iran. Nachdem es schon im Frühjahr immer wieder zu bewaffneten Zusammenstößen an der Grenze gekommen war, griffen irakische Truppen am 22. September 1980 das Nachbarland an. Saddam Hussein wollte die Schwäche Irans nach der Revolution ausnutzen, um die Kontrolle über die mehrheitlich von ethnischen Arabern bewohnte Provinz Khuzestan zu gewinnen, wo sich fast 80 Prozent der landseitigen iranischen Ölfelder befinden.[12]

Die Kämpfe in der ersten Phase des Krieges, die bis Juni 1982 andauerte, fanden ausschließlich auf iranischem Territorium statt. Die Iraker profitierten davon, dass die einst so starke iranische Armee nach der Revolution zum Opfer mehrerer Säuberungskampagnen geworden war (die sich in den ersten Kriegsjahren fortsetzten). Doch die revolutionären Militärs unter Führung der Revolutionsgarden wussten sich die numerische Überlegenheit Irans – 1980 hatte Iran 38,7 Millionen, der Irak nur 13,7 Millionen Einwohner – und die Opferbereitschaft vieler Soldaten zunutze zu machen. Ab November 1981 bedienten sie sich der Taktik der »menschlichen Wellen«, bei der große und dicht gestaffelte Infanterieeinheiten die gegnerische Front zu überrennen versuchen. Seit diesem Zeitpunkt bis zum Ende des Krieges waren Massenangriffe die wichtigste Waffe der Garden – mit der Folge, dass die iranischen Verluste die des irakischen Gegners um ein Vielfaches überstiegen. Im Mai 1982 gewann Iran die Stadt Khorramshahr am Shatt al-Arab (dem Zusammenfluss von Euphrat und Tigris im Irak, der weiter südlich die Grenze zwischen Irak und Iran bildet und in den Persischen Golf mündet) zurück, die zu Beginn des Krieges von den Irakern besetzt worden war. An diesem wichtigen Wendepunkt des Krieges gingen die iranischen Truppen in die Gegenoffensive.

Saddam Hussein bot in dieser nun beginnenden zweiten Phase einen Waffenstillstand an, doch angesichts der eigenen Erfolge setzten die iranischen Revolutionäre auf einen Sieg im Kampf. Iranische Politiker und Militärs forderten den Sturz Saddam Husseins, sprachen immer häufiger vom Export der Revolution und gaben die Eroberung Kerbelas und Jerusalems als Ziele aus. »Der Weg nach Jerusalem führt durch Kerbela« wurde zu einer beliebten Parole der iranischen Propaganda.[13] Militärisch gestaltete sich der Konflikt nun aber als Abnutzungskrieg, in dem Iran keine entscheidenden Vorteile erringen konnte. Das Patt hielt auch in der dritten Phase des Krieges von 1984 bis 1986 an. Zwar gelang es iranischen Truppen, die irakische Halbinsel Fao einzunehmen und damit die wichtige Millionenstadt Basra von Süden her zu bedrohen, doch es fehlte ihnen an Schlagkraft für ein weiteres Vorrücken. Als die Iraker immer mehr in die Defensive gerieten, griff ihre Luftwaffe ab Februar 1984 iranische Öltanker und Ölverladestationen an. Da der Irak über keine eigenen Tanker verfügte, vergalten die Iraner diese Angriffe mit Attacken auf Schiffe anderer Länder. Insbesondere kuwaitische und saudi-arabische Tanker wurden nun zum Ziel. Im November 1986 wandte sich Kuwait mit der Bitte um Schutz an die USA und die UdSSR.[14] Die Intervention der Vereinigten Staaten prägte die Endphase des Krieges von 1987 bis 1988. US-Kriegsschiffe eskortierten kuwaitische Öltanker im Persischen Golf, und es kam mehrfach zu Gefechten zwischen der amerikanischen und der iranischen Marine. Gleichzeitig wuchs der diplomatische Druck auf Iran. Im UNO-Sicherheitsrat hatten die konkurrierenden Supermächte Initiativen meist wechselseitig durch Vetos blockiert, nun, in der Phase des abklingenden Ost-West-Konflikts, konnte die US-Regierung dort Druck aufbauen. Die vor allem von den USA entworfene Resolution 598 vom 20. Juli 1987 forderte einen sofortigen Waffenstillstand. Khomeini sträubte sich, doch die Iraker konnten nun wieder Erfolge auf dem Schlachtfeld erzielen. Im Frühjahr 1988 starteten sie mehrere Offensiven, in denen sie rasch alle iranischen Erfolge seit 1985 zunichtemachten. Im Juli akzeptierte Iran die Resolution 598, woraufhin der Krieg im August endete.[15]

Obwohl der Irak der Aggressor war, stellten sich Saudi-Arabien und Kuwait an die Seite Saddam Husseins, um die Islamische Republik zu schwächen. Ab 1980 galt ihnen der Irak als Puffer gegen den Expansionsdrang Irans in die arabische Welt. Der Schulterschluss hatte sich angekündigt, denn noch 1978 hatte der saudi-arabische König Khalid (reg. 1975–1982) offen für den Schah Partei ergriffen, wofür sich Revolutionsführer Khomeini und seine Gefolgsleute mit einem Aufruf zum Export der Revolution in die Golfstaaten revanchierten.[16] Die Sorge der Führungen in Riad und Kuwait wuchs infolge der Wende im Krieg im Frühjahr 1982, aufgrund der militärischen Erfolge der Iraner Anfang 1986 und wegen der 1987 verstärkten Angriffe auf saudi-arabische und kuwaitische Öltanker. Dass die USA im »Tankerkrieg« 1987 und 1988 so entschlossen in den Konflikt intervenierten, ging auch auf die Bitte der bedrohten Golfstaaten zurück. Ihr wichtigstes Instrument war jedoch die finanzielle Unterstützung für den Irak. Zwischen 1980 und 1988 halfen Saudi-Arabien und Kuwait, aber auch die VAE und Katar mit Krediten und direkten und indirekten Zahlungen von insgesamt etwa 80 Milliarden US-Dollar.[17] Mit diesem Geld der Golfstaaten bezahlte Saddam Hussein massive Lieferungen sowjetischer und französischer Waffen, die die irakischen Erfolge möglich machten, die 1988 zum Einlenken Irans führten.

Unruhen während der Pilgerfahrt (Mekka 1987)

Die offene Parteinahme der Saudis und Kuwaitis für den Irak ließ die iranische Führung nach Möglichkeiten suchen, beide Staaten zu bestrafen und sie zur Einstellung ihrer Unterstützung zu zwingen. Meist traf es Kuwait, das aufgrund seiner geografischen Nähe zur irakisch-iranischen Front besonders verwundbar war. Das Land wurde zum Ziel von iranischen Luftangriffen, Sabotageakten und terroristischen Anschlägen, die jedoch nur dazu führten, dass sich das Emirat erst recht entschlossen auf die Seite Bagdads stellte.

Auch in Saudi-Arabien unterstützte Iran schiitisch-islamistische Oppositionsgruppen, was in den 1980er-Jahren jedoch nicht zu größeren Anschlägen führte. Der Konflikt zwischen Riad und Teheran entlud sich vielmehr während der alljährlichen Pilgerfahrt (arab./pers. Hajj) nach Mekka und Medina. Der saudische König nannte sich seit 1986 »Hüter der heiligen Stätten«; aufgrund ihrer zentralen Bedeutung beanspruchte er eine Führungsposition unter den muslimischen Nationen weltweit. Da Khomeini und seine Anhänger selbst eine solche Stellung für die Islamische Republik einforderten und ein Ende der saudischen Herrschaft über Mekka und Medina verlangten, zeichnete sich bereits ab, dass es während der Hajj zu Auseinandersetzungen kommen würde. Während der Pilgersaison starteten iranische Pilger im Juli 1987 einen Demonstrationsmarsch in Mekka. Als ihnen der Weg Richtung Große Moschee durch Sicherheitskräfte versperrt wurde, kam es zu Zusammenstößen, die nach offiziellen saudi-arabischen Angaben 402 Todesopfer forderten. Es folgte eine heftige Kontroverse zwischen beiden Regierungen, in deren Verlauf Khomeini die saudische Herrscherfamilie als »eine Bande von Ketzern« und »abscheuliche und gottlose Wahhabiten« beschimpfte.[18] Die saudi-arabische Führung reagierte, indem sie die Zahl iranischer Pilger für die nächste Saison massiv einschränkte. Sie machte zudem deutlich, dass fortan keine Demonstrationen mehr geduldet würden. Teheran weigerte sich, die Vorgaben zu akzeptieren, und sollte die Pilgerfahrt in den folgenden drei Jahren boykottieren. Im April 1988 brach Riad dann die diplomatischen Beziehungen zu Iran ab[19] – der Tiefpunkt in den frühen Beziehungen zwischen Saudi-Arabien und der Islamischen Republik.

Misstrauische Entspannung in den 1990er-Jahren

Der Sieg der Pragmatiker in Iran

Schon während der Krise von 1987 und 1988 veränderten sich die politischen Kräfteverhältnisse in Teheran, was später eine Entspannung in den saudisch-iranischen Beziehungen ermöglichte. Als sich ab 1987 immer deutlicher abzeichnete, dass der Krieg nicht zu gewinnen war, und die Wirtschaft kurz vor dem Zusammenbruch stand, setzten sich pragmatische Realpolitiker in Teheran durch. Unter der Führung des damaligen Parlamentspräsidenten Rafsanjani überzeugten sie Khomeini von der Notwendigkeit eines raschen Kriegsendes.

Nach dem Tod Khomeinis 1989 wurde Rafsanjani Präsident und für einige Jahre der starke Mann in Teheran. Sein wichtigstes Ziel war der Wiederaufbau Irans, denn die wirtschaftliche Situation war so schlecht, dass sie die Stabilität des Regimes bedrohte. Der Krieg hatte etwa 680 000 Todesopfer und Vermisste gefordert, 500 000 von ihnen iranische junge Männer; die Zahl der Kriegsversehrten lag noch viel höher. Die Kosten auf iranischer Seite lagen bei etwa 645 Milliarden US-Dollar.[20] Ganze Landstriche nahe der Front waren zerstört. Dies galt besonders für die Provinz Khuzestan und die dortige Ölindustrie, die unter den jahrelangen irakischen Angriffen gelitten hatte. Da der Ölpreis nach Kriegsende weiterhin niedrig blieb, konnte nur eine neue Wirtschaftspolitik Besserung bringen.

Für Rafsanjani hatte die wirtschaftliche Erholung des Landes folglich absolute Priorität. Um rasches Wachstum und eine Verbesserung des Lebensstandards der Bevölkerung zu erreichen, setzte er auf mehr Marktwirtschaft, die Stärkung der Privatwirtschaft und die Privatisierung von bisher staatlich kontrollierten Industrien und Auslandsinvestitionen.[21] Dies war eine radikale Veränderung gegenüber den 1980er-Jahren, als die Führung auf möglichst weitgehende staatliche Kontrolle des Wirtschaftslebens gesetzt hatte. Parallel bemühte sich Rafsanjani um die Wiedereingliederung der Kriegsveteranen. Dies war aus Sicht der Regierung dringend notwendig, denn nach einem langen Krieg ist nichts so gefährlich für den gesellschaftlichen Frieden wie massenhaft heimkehrende Soldaten ohne Aussicht, ihren Lebensunterhalt zu verdienen. Die katastrophale Wirtschafts- und Finanzlage setzte diesem Projekt enge Grenzen, sodass der Präsident die Revolutionsgarden – die im Laufe des Krieges viel mächtiger geworden waren als die konventionelle Armee – ermutigte, sich in Eigenregie am Wiederaufbau zu beteiligen, damit zumindest ein Teil der demobilisierten Kämpfer beschäftigt wurde. Die Garden folgten der Aufforderung des Präsidenten nur zu gern und bauten in den 1990er-Jahren ein milliardenschweres Industriekonglomerat auf, in dessen Zentrum die Bau- und Ingenieursdienstleistungsfirma Khatam al-Anbia (dt. das Siegel der Propheten) stand, die seither die meisten Industrie-, Infrastruktur- und Landwirtschaftsprojekte steuert.[22] Auf diese Weise konnte die iranische Führung zwar Stabilität im Land wahren, doch die wirtschaftliche Lage blieb schwierig. Bis Mitte der 1990er-Jahre kam es immer wieder zu Protesten der Bevölkerung.[23] Der Machtzuwachs der Revolutionsgarden wirkte sich auch auf die politischen Kräfteverhältnisse aus. Nachdem sich 1995 das von dem Obersten Führer Ali Khamenei geführte konservativ-rechte Lager herausgebildet hatte, ignorierten die Anführer der Garden die Förderung durch Präsident Rafsanjani und schlossen sich dem Khamenei-Lager an. In den kommenden Jahrzehnten wurden sie zum Motor einer Militarisierung des politischen Systems in Iran. In den 2000er-Jahren lösten die Revolutionsgarden die Kleriker als mächtigste politische und wirtschaftliche Interessengruppe in der Islamischen Republik ab.

Bis 1997 behielt Rafsanjani noch das Heft in der Hand. Seine Wirtschaftsstrategie wirkte sich zunächst in der Außenpolitik aus, denn nennenswerte Investitionen konnten damals nur aus dem westlichen Ausland kommen. Dies war aber nur möglich, wenn Iran auf die Politik des Revolutionsexports verzichtete und seine Beziehungen zu Europa normalisierte. Rafsanjani setzte sich mit dieser Linie durch, sodass sich auch die Beziehungen zu Saudi-Arabien und den Golfstaaten verbesserten.

Der Kuwait-Krieg und die Politik der »doppelten Eindämmung«

Der Kuwait-Krieg von 1990/91 gab der neuen Führung unter Präsident Rafsanjani die erste Gelegenheit, zu beweisen, dass sie eine friedlichere Außenpolitik führen wollte als in den 1980er-Jahren. Grund für den Konflikt war die katastrophale wirtschaftliche Situation im Irak unmittelbar nach dem Krieg. Bagdad benötigte viel Geld für den Wiederaufbau des Landes und seines

Militärs, doch der seit 1986 fast konstant sehr niedrige Ölpreis von 14 bis 19 US-Dollar pro Barrel ließ kaum staatliche Initiativen zu. Saddam Hussein warf nun der kuwaitischen Führung vor, durch eine Förderung weit über den OPEC-Quoten des Landes den Ölpreis niedrig zu halten und durch Schrägbohrungen irakisches Öl aus dem nahe der Grenze gelegenen Rumaila-Feld zu stehlen. Er forderte, dass Kuwait die irakischen Schulden aus dem Golfkrieg abschreibe, und verlangte die Abtretung kuwaitischen Territoriums. Kuwait lehnte diese Forderungen ab und beharrte darauf, dass der Irak seine während des Iran-Irak-Krieges aufgelaufenen Schulden von rund 15 Milliarden US-Dollar zurückzahle. Daraufhin erneuerte der irakische Diktator kurzerhand einen alten Anspruch auf Kuwait – der darauf zurückging, dass das Emirat Ende des 19. Jahrhunderts Teil der osmanischen Provinz Basra gewesen war – und ließ seine Armee am 2. August 1990 in das wehrlose Golfemirat einmarschieren.

Teile der saudischen Führung befürchteten damals, die irakischen Truppen könnten weiter bis in die saudi-arabische Ostprovinz vorrücken, und riefen die USA zu Hilfe. Bereits am 7. August 1990 betraten erste amerikanische Truppen saudi-arabischen Boden und konnten eine genau zu diesem Zweck ausgebaute militärische Infrastruktur nutzen. Ihre Zahl wuchs in den nächsten Monaten auf nahezu 500 000 Militärangehörige an, die gemeinsam mit zahlreichen Verbündeten im Februar und März 1991 der irakischen Armee eine vernichtende Niederlage bereiteten und Kuwait befreiten. Iran wartete ab, zufrieden damit, dass sein Erzfeind Saddam Hussein geschwächt wurde. Es intervenierte auch dann noch nicht, als sich die Schiiten des Südirak im Frühjahr gegen die irakische Regierung erhoben und ihr Aufstand brutal niedergeschlagen wurde. Offenbar wollte Teheran unbedingt den Eindruck vermeiden, die Schwäche Saddam Husseins zur revolutionären Expansion nutzen zu wollen.[24] Diese so neue Zurückhaltung beruhigte das Verhältnis zu Riad und leitete die lange Entspannungsphase der 1990er-Jahre ein.

Iran musste sich auch deshalb mäßigen, weil die USA ihre Präsenz in der Golfregion nach 1991 aufrechterhielten. Ein Grund dafür war, dass Saddam Hussein weiter an der Macht blieb. Präsident George Bush senior hatte entschieden, nach der Befreiung Kuwaits auf einen Vormarsch auf Bagdad und einen Sturz des Diktators zu verzichten. Stattdessen entwickelte die US-Regierung ab 1993/94 die neue Strategie der »doppelten Eindämmung« (engl. »dual containment«) des Irak und Irans. Dies bedeutete, dass die USA beide Länder durch internationale Diplomatie isolierten, mit Sanktionen schwächten und die gegnerischen Nachbarstaaten durch gezielte Aufrüstung und die Präsenz eigener Truppen schützten, um so die Regime in Bagdad und Teheran zu einer Änderung ihrer Politik zu bewegen. Der Irak wurde einem von den Vereinten Nationen verhängten drakonischen Sanktionsregime unterworfen, und die amerikanische Luftwaffe überwachte die für den Norden und Süden des Irak eingerichteten Flugverbotszonen. Gegen Iran verhängten die USA 1995 Sanktionen.

Diese Politik entsprach weitgehend den Vorstellungen Riads. Die saudi-arabische Regierung hatte schon seit Ende der 1970er-Jahre begonnen, sich sicherheitspolitisch so eng wie möglich an die Amerikaner zu binden, mit denen es seit 1945 verbündet war. Das US-Militär hatte seitdem AWACS-Flugzeuge im Land stationiert, die Saudis mit modernen Waffensystemen ausgerüstet und ab 1987 in den Tankerkrieg interveniert. Nach dem Kuwait-Krieg wurde Saudi-Arabien zum wichtigsten Stützpfeiler amerikanischer Politik am Golf. Trotz wirtschaftlicher Probleme und der hohen Kosten des Kuwait-Krieges bemühte sich Riad in den frühen 1990er-Jahren, diese Allianz durch die Bestellung von noch mehr Waffen aus den USA zu festigen. Hatte in den 1970er- und 1980er-Jahren der Widerstand im Kongress noch einige Geschäfte verhindert, erhielten die Saudis nun die gewünschten Kampfflugzeuge, Panzer und Boden-Luft-Raketen zur Raketenabwehr. Darüber hinaus duldete die Führung in

Riad erstmals seit den frühen 1960er-Jahren wieder die Präsenz amerikanischer Truppen auf saudischem Boden. In den 1980er-Jahren hatte sie darauf bestanden, dass amerikanisches Militär »hinter dem Horizont« bereitstehen solle, um den arabischen Golfstaaten gegebenenfalls zu Hilfe zu kommen. Der Kuwait-Krieg hatte den Saudis jedoch die Gefahr vor Augen geführt, die ihnen von seinen aggressiven Nachbarn drohte, sodass auch der Nutzen einer US-Präsenz deutlicher wurde. Während der 1990er-Jahre befanden sich deshalb zu jedem Zeitpunkt rund 20 000 amerikanische Soldaten, 200 Kampfflugzeuge und 20 größere Kriegsschiffe einschließlich eines Flugzeugträgers in der Golfregion.[25] Eine wichtige Rolle spielte ab 1996 die Prince-Sultan-Airbase südlich von Riad, wo die US-Luftwaffe bis 2003 ihre regionale Kommandozentrale unterhielt und rund 100 US-Kampfflugzeuge stationiert waren.[26]

Die »Regionalisten« in Saudi-Arabien und der Anschlag von Khobar

Die iranische Führung kritisierte die Anwesenheit der Amerikaner in der Golfregion heftig, trennte aber zwischen den Beziehungen zu den USA – die durchweg feindselig blieben – und denen zu Saudi-Arabien. Sie schien eine Doppelstrategie zu verfolgen, denn während Präsident Rafsanjani auf führende saudische Politiker zuging und bessere Beziehungen anstrebte, übernahm Revolutionsführer Khamenei die Rolle des Kritikers der Saudis.

Für Riad waren dies widersprüchliche Signale, die zum anhaltenden Misstrauen gegenüber Iran beitrugen. Dass die Beziehungen sich trotzdem verbesserten, lag auch an einer Machtverschiebung in Riad. Dort gewannen die »Regionalisten« um Kronprinz Abdallah an Einfluss, der seit 1995 die Regierungsgeschäfte für seinen schwer kranken Bruder König Fahd führte. Fahd hatte bis zu seinem Schlaganfall die »Amerikanisten« in

Riad angeführt, die auf eine enge sicherheitspolitische Bindung an die USA setzten und als besonders irankritisch galten.

Abdallah war in religiösen und sozialen Fragen deutlich konservativer als sein prowestlich eingestellter Halbbruder und galt lange als ausgesprochen prosyrisch. Als der Kronprinz 1995 die Amtsgeschäfte übernahm, herrschte in Washington die Sorge, er könnte den USA den Rücken kehren und sich verstärkt den arabischen Nachbarstaaten zuwenden, womöglich sogar Iran. Obwohl sich diese Befürchtungen insgesamt als unbegründet erwiesen – auch für die Regionalisten blieb das Bündnis mit den USA ein zentraler Stützpfeiler saudi-arabischer Außenpolitik –, drängten Abdallah und sein Außenminister Saud al-Faisal auf gute Beziehungen zu Iran.[27]

Der Anschlag von Khobar am 25. Juni 1996 warf sie in ihrem Wunsch nach Entspannung jedoch erheblich zurück. Eine schiitische Terrorgruppe verübte einen großen Autobombenanschlag auf einen Wohnkomplex der US-Luftwaffenbasis von Dhahran, der Nachbarstadt von Khobar im Osten Saudi-Arabiens. 19 Amerikaner wurden getötet, Hunderte verletzt. Schnell zeigte sich, dass die proiranische, schiitische »saudische Hisbollah« für ihn verantwortlich war und die libanesische Hisbollah daran beteiligt sowie die iranischen Revolutionsgarden in die Organisation eingebunden waren. Es ist bis heute umstritten, warum Teheran in einer Entspannungsphase einen Anschlag anordnete, der das Potenzial hatte, die Beziehungen zum Westen massiv zu schädigen. Die einzige schlüssige Erklärung ist, dass nicht die gesamte iranische Führung eingeweiht war und die Revolutionsgarden ohne Wissen der Regierung und nur mit Billigung Khameneis handelten. Rafsanjani soll gegenüber König Abdallah bei einem Treffen 1997 beteuert haben, nichts von den Planungen gewusst zu haben. Wenn aber ein Iraner beteiligt gewesen sei, so der Präsident, dann Khamenei.[28]

Trotz der schon früh klaren Beweislage wollte Riad die verbesserten Beziehungen zu Teheran nicht gefährden, sodass eine Re-

aktion ausblieb. Die Saudis wollten vor allem einen amerikanischen Militärschlag vermeiden, mit dem die Clinton-Adminis-
tration kurz nach dem Anschlag gedroht hatte, sollte sich
herausstellen, dass eine ausländische Regierung für ihn verantwortlich war. Auch die USA machten Iran nicht öffentlich verantwortlich, sondern entschieden sich vor dem Hintergrund der
Wahl des Reformers Mohammad Khatami zum Präsidenten im
Mai 1997, auf Entspannung zu setzen und die Verbrechen Khameneis und seines Apparats vorerst zu ignorieren. Der Nationale
Sicherheitsberater Sandy Berger fasste die US-Politik zusammen:
»Es gibt zwei Regierungen in Iran, und unsere grundsätzliche
Politik war es, zu versuchen die Reformer zu unterstützen und
zu stärken ... damit es keine Khobars mehr geben würde.«[29]

Der Aufstieg Khameneis

Der Anschlag von Khobar spiegelte eine Machtverschiebung in
Teheran wider, wo der Oberste Führer Ali Khamenei den Präsidenten Rafsanjani schon 1995 als starken Mann der Islamischen
Republik ablöste, obwohl beide noch in der zweiten Hälfte der
1980er-Jahre gemeinsam für eine pragmatische Politik gewor-
ben hatten. Der Zwist war das Ergebnis einer Fragmentierung
von Khomeinis Anhängerschaft nach dem Ende des Irak-Krie-
ges und dem Tod des Revolutionsführers. Seine starke Persönlichkeit und der äußere Druck hatten dafür gesorgt, dass viele
politische Meinungsverschiedenheiten und persönliche Rivalitäten überdeckt wurden. Nach 1989 zeigten sich die ideologischen
Unterschiede immer deutlicher und führten zur Spaltung des
konservativen Lagers.

Rafsanjani wurde der wichtigste Vertreter der »modernen
Rechten«, die zur Modernisierung der Wirtschaft begrenzte
wirtschaftliche und soziale Reformen zuließ und außenpolitisch
eine Entspannung mit den USA und gute Beziehungen zu Saudi-Arabien anstrebte. Eine Ausweitung politischer Freiheiten

lehnte sie jedoch ab, worin ihre Politik deutlich der der Volksrepublik China ähnelte. Khamenei hingegen wurde zur Führungsfigur der »konservativen Rechten«, die politische und soziale Liberalisierungsschritte vehement ablehnte. Er und seine Gefolgsleute forderten eine zwar realistische, aber an den Prinzipien Khomeinis orientierte Außenpolitik, sodass sie eine Entspannung mit den USA ablehnten und gegenüber Saudi-Arabien feindselig blieben.[30] Khamenei hatte seine ersten Jahre im Amt zur Bildung einer loyalen Hausmacht genutzt. Dies fiel ihm aufgrund seiner weitreichenden Vollmachten als Oberbefehlshaber der Streitkräfte leicht. Schon in den 1980er-Jahren hatte Khamenei exzellente Beziehungen zur Armee aufgebaut und weitete seine Kontrolle nun über die Revolutionsgarden und die nichtmilitärischen Teile des Sicherheitsapparates aus. Außerdem konnte er auf die Unterstützung der »konservativen Rechten« im Klerus insgesamt, im Wächterrat und in der Justiz bauen. Während der zweiten Amtsperiode Rafsanjanis (1993–1997) wurde Khamenei so zum neuen starken Mann Irans. Der Anschlag in Khobar dürfte ihm als außenpolitischer Nachweis seiner neuen Rolle gedient haben. Dass es keine Gegenreaktion der USA oder Saudi-Arabiens gab, bestätigte ihn in seinem Kurs.

Dass Khamenei trotzdem nicht allmächtig war, zeigte sich am haushohen Sieg der iranischen Reformer um Mohammad Khatami bei den Parlamentswahlen im Mai 1997. Der Kleriker Khatami war zwar ein Mann des Regimes – von 1981 bis 1992 amtierte er als iranischer Kulturminister –, doch setzte er auf mehr soziale und politische Liberalisierung und eine besonders versöhnliche Außenpolitik. Sein Erfolg war ein Schock für viele Anhänger Khameneis, die wie die meisten Beobachter einen klaren Sieg des vom Obersten Führer unterstützten Parlamentspräsidenten Ali Akbar Nateq Nuri erwartet hatten. Wie stark die konservative Rechte trotzdem blieb, zeigte sie schon im Juli 1999, als Sicherheitskräfte und Vigilantentrupps Studentenproteste brutal niederschlugen.[31] Da viele Studenten der Reformbewe-

gung nahestanden und einige 1997 noch Wahlkampf für Khatami betrieben hatten, zeigten die Ereignisse, dass die Regierung
Khatami selbst treue Anhänger nicht schützen konnte. Viele Iraner wandten sich enttäuscht ab. An grundlegende politische Reformen war erst recht nicht zu denken, sodass die Ära Khatami
im Endeffekt nicht zu einer Mäßigung iranischer Politik führte.
Damit war unausweichlich, dass die iranisch-saudi-arabische
Konfrontation in eine nächste Phase eintrat.

Langsame Eskalation, 2003–2011

Der Irak-Krieg und der Sturz Saddam Husseins 2003

Der Irak-Krieg von 2003 war ein wichtiger Auslöser der neuen
Krise in den iranisch-saudi-arabischen Beziehungen. Als sich
2002 immer deutlicher abzeichnete, dass die US-Regierung unter George Bush junior einen Angriff auf den Irak plante, reagierte die saudische Führung zunächst bestürzt. Sie hegte zwar
keine Sympathien für Saddam Hussein, doch er galt ihr als Garant für den Zusammenhalt des irakischen Staates und ein ge-
einter und starker (nur nicht zu starker) Irak als wichtiger Puffer
gegen Iran. Dass George Bush, sein Vize Dick Cheney und Verteidigungsminister Donald Rumsfeld ihre Warnungen vor einem
Bürgerkrieg und wachsendem iranischem Einfluss im Irak in
den Wind schlugen, machte die saudischen Prinzen fassungslos.
Ihr Unmut verstärkte sich 2005, als nach freien Wahlen erstmals
eine von schiitischen Islamisten dominierte Regierung die Macht
in Bagdad übernahm. Das Innenministerium und die Sicherheitskräfte wurden von schiitischen Milizen übernommen, die
von da an die sunnitischen Aufständischen und häufig auch sunnitische Zivilisten bekämpften. Damit wurden die schlimmsten
saudi-arabischen Befürchtungen Realität.
Aller Kritik an dem Krieg und der Irak-Politik der Bush-Ad-

ministration zum Trotz erkannte die saudische Führung schon bald nach der amerikanischen Invasion, dass nur die US-Truppen verhinderten, dass der Irak vollends auseinanderfiel oder die Iraner die Macht im Land übernahmen. Mitte der 2000er-Jahre wiederholten saudi-arabische Politiker deshalb gebetsmühlenartig ihre Warnungen vor einem verfrühten Abzug des US-Militärs. Das Thema wurde besonders 2006 wichtig, weil sich die Situation im Irak so dramatisch verschlechterte, dass der von den Saudis schon 2002 befürchtete Bürgerkrieg ausbrach und die US-Truppen jegliche Kontrolle über die Situation zu verlieren drohten. Als die vom US-Kongress mit der Untersuchung der Lage im Irak beauftragte Baker-Hamilton-Kommission im Dezember 2006 einen raschen Truppenabzug empfahl, protestierte Riad. Die saudische Regierung versuchte der Bush-Administration die möglicherweise katastrophalen Folgen eines raschen Abzugs bewusst zu machen und drohte für diesen Fall damit, selbst zu intervenieren. Damit wollte Riad die USA zum Bleiben bewegen und gleichzeitig dem wachsenden Druck der öffentlichen Meinung in Saudi-Arabien entgegentreten. Denn nachdem der Bürgerkrieg im Irak ab Februar 2006 eskalierte und Berichte über grauenvolle Gewalttaten schiitischer Milizen gegen Sunniten publik wurden, forderten viele sunnitische Saudis ein Eingreifen zugunsten ihrer Glaubensbrüder. Zunächst blieben die Amerikaner im Irak und schickten ab Anfang 2007 zusätzliche Truppen, mit deren Hilfe sie die Lage bis 2008 wieder stabilisierten. Damit war die größte Sorge der Saudis beschwichtigt, und von einer Unterstützung sunnitischer Gruppen – die vielleicht ohnehin nie geplant gewesen war – war fortan nicht mehr die Rede.

In den Jahren bis 2010 blieb die saudi-arabische Politik gegenüber dem Irak abwartend, aber latent feindselig. Wichtigstes Objekt der Abneigung wurde der irakische Ministerpräsident Nuri al-Maliki. Der hatte sein Amt im Mai 2006 übernommen und war nach Meinung der Prinzen in Riad ein schlimmer Sektierer

und eine iranische Marionette. Trotzdem gelang es den Saudis
nach 2003 nicht mehr, maßgeblichen Einfluss auf die irakische
Politik zu nehmen; der wachsende Einfluss Irans in Bagdad bedeutete die vielleicht schwerste Niederlage, die Saudi-Arabien im
Konflikt mit Teheran je erlitt.

Vorboten der Konfrontation

Die Sorge wuchs in Riad, nachdem im August 2002 Nachrichten
westlicher Geheimdienste über ein geheimes iranisches Atomprogramm an die Öffentlichkeit gelangten. Sie bestätigten entsprechende Befürchtungen aus den 1990er-Jahren. Schon die
Tatsache, dass der Bau der Anlagen geheim gehalten wurde, genügte Riad als Beweis, dass es sich um ein militärisches Projekt
handelte. Die seit 2002 stetig wiederholten Beteuerungen der
iranischen Führung, keinen Bau von Nuklearwaffen zu planen,
sah Riad dementsprechend als durchsichtige Schutzbehauptun-
gen. Als im Juni 2005 der populistische Hardliner Mahmoud
Ahmadinejad die Präsidentschaftswahlen gewann, verschärfte
sich der Konflikt rasch. Denn Ahmadinejad brach mit dem Prag-
matismus der Ära Rafsanjani und dem Reformwillen Khatamis
und setzte auf außenpolitische Konfrontation und ein erneut beschleunigtes Atomprogramm. Dies wirkte in Riad wie ein Weck-
ruf. Seit 2005 erschien der saudischen Führung die Situation im
Nahen Osten so bedrohlich, dass sie seitdem eine aktivere Außenpolitik betrieb. Ab spätestens 2007 sprach die arabische Presse von einer »aggressiven Politik« oder »aggressiven Diplomatie«
(arab. »Siyasa Hujumiya« oder »Diblumasiya Hujumiya«) der
Saudis, die sie immer mehr in eine regionale Führungsrolle kata-
pultierte und die Konfrontation mit Iran anheizte.[32]
   Wie sehr der Konflikt zwischen Iran und Saudi-Arabien die
Politik der gesamten Region zu prägen begann, zeigte sich erstmals anlässlich des Kriegs zwischen Israel und der Hisbollah im
Sommer 2006. Am 12. Juli entführte die libanesische Organisa-

tion zwei israelische Soldaten, die sich auf einer Patrouille entlang der libanesisch-israelischen Grenze befunden hatten. Mit einem groß angelegten Angriff auf die Hisbollah im Südlibanon bemühte sich die israelische Armee erfolglos, die Geiseln zu befreien und die Organisation zu zerschlagen. Daraufhin begann diese, Nordisrael mit Raketen zu beschießen. Dass es der Gruppierung gelang, sich gegen die weit überlegene israelische Armee zu behaupten, sorgte in weiten Teilen der arabischen Welt für große Begeisterung. Nur die saudi-arabische Führung reagierte ablehnend auf die Erfolge der irantreuen Miliz und kritisierte deren Aktionen als »verantwortungsloses Abenteurertum«.[33] Außenminister Saud al-Faisal sagte sogar, dass diese »Aktivitäten die ganze Region um Jahre zurückwerfen werden und [Saudi-Arabien] sie einfach nicht akzeptieren« könne.[34] Dass Riad in diesem Krieg Position gegen die arabische Organisation und implizit für Israel bezog, lag daran, dass die saudi-arabische Führung die Hisbollah als Instrument iranischer Außenpolitik sah. Dies entsprach den Tatsachen, auch weil deren Raketen direkt aus Iran und aus Waffenfabriken stammten, die mit iranischer Hilfe im Libanon aufgebaut worden waren.

In den folgenden Jahren versuchte die saudi-arabische Regierung mit großem diplomatischem Aufwand, den iranischen Einfluss im Libanon, in den palästinensischen Gebieten, Syrien und im Irak zu verringern. Die Hisbollah, die palästinensische Hamas, das Assad-Regime in Damaskus und – wenn auch mit Abstrichen – die irakische Regierung Maliki blieben im iranischen Lager. Noch war Saudi-Arabien nicht bereit, von seiner traditionellen Präferenz für stille Diplomatie abzurücken. Hinter den Kulissen forderten saudische Politiker von ihren amerikanischen Verbündeten aber sogar Militärschläge zur Vernichtung des iranischen Atomprogramms. Riad war fest überzeugt, dass Iran auf die Produktion von Atomwaffen abzielte und dass der damit verbundene Machtzuwachs für Saudi-Arabien gefährlich werden würde. Dass die Saudis ihr Anliegen nie in der Öffentlichkeit vortrugen, zeigte, dass sie sich nicht stark genug fühlten, dem iranischen Vormachtstreben direkt entgegenzutreten. Anstelle der Saudis übernahmen dies Spezialisten der NSA und der CIA gemeinsam mit israelischen Kollegen. Mit der Operation »Olympic Games« starteten sie die erste große Cyberattacke der Weltgeschichte, indem sie den Computervirus »Stuxnet« gegen das iranische Atomprogramm einsetzten. Die Existenz des Virus wurde im Herbst 2010 öffentlich bekannt, unter Experten erregte er aufgrund seiner technischen Perfektion großes Aufsehen. Stuxnet nutzte mehrere bis dahin unbekannte Sicherheitslücken von Windows und veränderte die Arbeitsweise von Steuerungscomputern, die in Kraftwerken, bei Fertigungsketten und in der Schwerindustrie genutzt werden. Ziel des Virus war es, die Kontrolle über die von ihm infizierten Systeme in der Aufbereitungsanlage in Natanz zu übernehmen, ohne dass die Betreiber dies merkten. Mit seiner Hilfe gelang es, die Geschwindigkeit der Zentrifugen drastisch zu verändern, damit bis zur Explosion zu bringen oder anderweitig irreparabel zu beschädigen und so das iranische Urananreicherungsprogramm um ein bis zwei Jahre zurückzuwerfen.[35] So wie der Virus programmiert war, verstanden die Iraner nicht, dass sie einem Cyberangriff zum Opfer gefallen waren – selbst als 2009 die ersten Zentrifugen ausfielen. Erst als der Virus im Frühsommer 2010 auf Computern außerhalb Irans auftauchte, schlussfolgerten westliche Fachleute, dass Natanz sein Ziel gewesen war.[36]

Den Iranern fehlte es damals an Expertise oder Entschlossenheit, um zur Vergeltung einen Cyberangriff auf amerikanische oder israelische Ziele auszuführen. Deshalb wählten sie mit der staatlichen saudi-arabischen Ölfirma Aramco ein leichteres, aber symbolträchtiges Ziel. Am 15. August 2012 griffen Hacker die Computer des Ölkonzerns an. Ein Virus, der nach einem Wort im Quellcode »Shamoon« genannt wurde, legte 30 000 Computer lahm und befiel auch die Rechner anderer Energiefirmen, darunter die katarische RasGas. Er löschte einen Großteil der

Daten auf den befallenen Computern und zeigte stattdessen das Bild einer brennenden US-Flagge. Shamoon war weniger komplex als Stuxnet, sodass er nur Computer befiel, auf denen die interne Kommunikation und allgemeinen Geschäfte der Aramco abgewickelt wurden, nicht aber die industriellen Steuerungsanlagen für die Produktion, Pipelines und Weiterverarbeitung. Deshalb blieb der Schaden begrenzt, auch wenn die Aramco schließlich fast zwei Wochen zur Beseitigung aller Schäden benötigte. Obwohl ein stichhaltiger Beweis fehlt, dürfte der Virus von staatlichen iranischen Stellen stammen, die allein ein Motiv und die Fähigkeiten zu einer solchen Operation hatten.[37] Es dürfte Iran vor allem um eine Reaktion auf die Stuxnet-Attacke gegangen sein, doch auch die saudi-arabische Ölpolitik könnte eine wichtige Rolle gespielt haben. Im Lauf des Jahres 2012 hatte die Aramco nämlich nicht nur ihre Ölproduktion erhöht, um die aufgrund verschärfter Sanktionen sinkenden iranischen Exporte auszugleichen. Saudi-Arabien war auch auf wichtige Kunden der Iraner in Asien zugegangen mit dem Ziel, dass sie ihr Öl nicht mehr aus Iran, sondern von Aramco bezogen.[38]

Ähnlich reagierte Iran auf mehrere Anschläge, die eigenen Nuklearexperten galten. Sie werden gemeinhin dem israelischen Auslandsgeheimdienst Mossad zugeschrieben. Zwischen Januar 2007 und Januar 2012 töteten Unbekannte fünf iranische Wissenschaftler, die alle für das Atomprogramm arbeiteten.[39] Auch hier schlugen die Iraner zurück, indem sie 2011 mehrfach israelische, aber auch saudi-arabische Diplomaten angriffen – bezeichnenderweise Personen, die in enger Verbindung zu Prinz Bandar Ibn Sultan standen, damals saudischer Nationaler Sicherheitsberater, der für seine Feindseligkeit gegenüber Iran bekannt war. Im Mai erschossen Unbekannte einen Angehörigen der saudi-arabischen Botschaft in Karatschi in seinem Auto. Im Oktober berichteten saudi-arabische Medien, der Botschafter in Kairo, Ahmad Qattan, sei vergiftet worden, habe aber im Krankenhaus gerettet werden können. Den Höhepunkt der Kampagne bildete ein vereitelter Mordanschlag auf Adel al-Jubair, den saudi-arabischen Botschafter in Washington, von dem die US-Regierung die Öffentlichkeit im Oktober 2011 unterrichtete. Der Plan der federführenden Revolutionsgarden war es, in einem Restaurant im Washingtoner Stadtteil Georgetown, in dem der Diplomat verkehrte, eine Bombe zur Explosion zu bringen. Der mit der Umsetzung beauftragte iranischstämmige US-Amerikaner wurde jedoch während der Vorbereitungen gefasst.[40] Nach Bekanntwerden des Attentatsplans nahmen die Spannungen zwischen Iran und Saudi-Arabien deutlich zu.[41]

2 Iran: Revisionistische Macht im Nahen Osten

Am 22. September 2018 eröffneten vier Bewaffnete das Feuer auf eine Parade der iranischen Revolutionsgarden in der Stadt Ahwaz in der südwestlichen Provinz Khuzestan. Sie töteten mehr als 25 Personen und verwundeten rund 60, etwas mehr als die Hälfte von ihnen Zuschauer und Zivilisten. Die Parade war eine von vielen in Iran, die anlässlich des Jahrestags des irakischen Überfalls auf das Land regelmäßig stattfinden. Zwei der Attentäter wurden getötet und zwei gefasst. Obwohl sich auch der Islamische Staat (IS) zum Anschlag bekannte, waren die iranischen Behörden rasch davon überzeugt, dass die arabische Separatistengruppe »Nationaler Widerstand Ahwaz« ihn verübt hatte.[1] Kurz darauf machten Revolutionsführer Khamenei und andere führende Politiker und Militärs Saudi-Arabien, die Vereinigten Arabischen Emirate (VAE) und die USA für ihn verantwortlich. Khamenei sagte, die Regime Saudi-Arabiens und der VAE hätten den Anschlag finanziert, und drohte: »Wir werden die feigen Hintermänner ... hart bestrafen.«[2]

Hier zeigte sich nicht nur, wie erregt der Ton zwischen Teheran und Riad nach Jahren des verschärften Konflikts 2018 war. Erkennbar wurde zudem, für wie bedrohlich die iranische Führung die Zwischenfälle hielt, die sich seit 2016 in den Randgebieten des Staates häuften und im Anschlag in Khuzestan nahe der irakischen Grenze einen vorläufigen Höhepunkt fanden. Khamenei und seine Gefolgsleute waren tatsächlich überzeugt, dass die Feinde Irans, angeführt von den USA, Israel und Saudi-Arabien, auf den Sturz des Regimes abzielten und zu diesem Zweck die ethnischen und religiösen Minderheiten in Khuzestan (wo sunnitische und schiitische Araber leben), im nordwestlichen Kurdistan (sunnitische Kurden) und in Belutschistan im Osten (sunnitische Belutschen) gegen die Zentralregierung aufwiegelten. Sie fürchteten, dass sich einzelne Anschläge zu Aufständen ausweiten und den Bestand der Islamischen Republik Iran gefährden konnten.

Irans weicher Unterbauch

Wie der Anschlag von Ahwaz und die Reaktion der iranischen Führung zeigte, liegt die vorderste Frontlinie im Konflikt mit Saudi-Arabien in Iran selbst. Wenn es denn stimmte, dass derlei Ereignisse in Iran auf die Politik Riads, Washingtons oder Tel Avivs/Jerusalems zurückgingen, musste der von Revolutionsführer Khamenei wiederholt geforderte »Widerstand« im Inland beginnen. Die von den Revolutionsgarden angeführten Sicherheitskräfte machten sich deshalb sofort nach dem Anschlag in Khuzestan daran, mögliche Verbündete der Attentäter zu finden und ihre Repression in der Provinz zu verschärfen. Die Kontrolle der seit der Revolution häufig unruhigen Landesteile Khuzestan, Belutschistan und Kurdistan ist aus Sicht des Regimes überlebenswichtig.

In der Propaganda der Islamischen Republik betonen Khamenei und seine Gefolgsleute stets die Einheit der Nation. Dabei ist Iran ein multiethnischer Staat, in dem die Perser – entgegen offiziellen Angaben von mehr als 60 Prozent – wahrscheinlich nur wenig mehr als die Hälfte der 80 Millionen Einwohner stellen. Die größten ethnischen Minderheiten sind die Aseris, Kurden, Luren, Araber und Belutschen. Bis auf die Aseris (die bis zu 25 Prozent der Bevölkerung stellen) und die Luren (etwa 6 Prozent) leiden diese unter zahlreichen Benachteiligungen, die in ihren Heimatprovinzen für große Unzufriedenheit und Unruhe sorgen. Auch die Zahl der Schiiten im Land liegt eher bei 70 bis 80 Prozent als bei den von offizieller Seite gern genannten 90 Prozent.[3] Sunniten werden ebenfalls massiv benachteiligt, was sich unter anderem daran zeigt, dass es in der Hauptstadt Teheran mit ihren weit über acht Millionen Einwohnern keine einzige sunnitische Moschee gibt.

Daraus wird auch eine sicherheitspolitische Frage, denn die ethnischen und religiösen Minderheiten leben mehrheitlich nahe den Außengrenzen Irans und haben teils enge Verbindungen zu ihren Verwandten und Glaubensbrüdern jenseits der Grenzen. Da im iranischen Kurdistan, in Khuzestan und Belutschistan immer wieder gegen die staatlich gelenkte Benachteiligung protestiert wird, Forderungen nach Autonomie aufkommen und militante Gruppen den bewaffneten Kampf gegen die Zentralregierung aufnehmen, besteht in Teheran eine latente Furcht vor der Abspaltung einzelner Gebiete.[4] Öffentlich wird die Verantwortung dafür gerne Golfarabern und Amerikanern zugeschoben, Ursache ist aber eher die schlechte Regierungsführung in Teheran und die Bevorzugung des Kernlandes.

In Khuzestan ist die Lage besonders schlecht, obwohl die meisten der dort ansässigen Araber Schiiten sind. Die Zahl der Araber in Iran liegt bei bis zu zwei Millionen, und in Khuzestan stellen sie rund die Hälfte der Bevölkerung. Nach der Revolution 1979 forderten einige Araber Autonomie, doch die Revolutionsgarden stellten die Kontrolle über die Provinz rasch wieder her. Seitdem wird sie in Teheran mit großem Misstrauen beobachtet. Den Arabern von Khuzestan hilft nicht einmal, dass sie während des Iran-Irak-Krieges loyal zu ihrem Land standen. Die Führung in Teheran reagiert auf Unruhen in dieser Provinz besonders nervös, weil dort die meisten iranischen Ölfelder und die wichtigsten Einrichtungen der Ölindustrie liegen. Proteste richteten sich in den letzten Jahren immer wieder gegen schlechte Lebensbedingungen wie die überdurchschnittlich hohe Arbeitslosigkeit, Wassermangel und eine dramatische Umweltverschmutzung.[5] Die arabischen Bewohner Khuzestans bemängeln, dass Iran seinen Reichtum vor allem ihrer Heimat verdankt, diese aber nicht ausreichend an den Einnahmen beteiligt wird. Die meisten Arbeitsplätze in der Ölindustrie gehen denn auch an Nichtaraber.[6] Separatistische Gruppen sind trotzdem eher schwach, was auch der scharfen Kontrolle durch Sicherheitskräfte geschuldet sein dürfte. Anschläge wie der von Ahwaz im September 2018 sind selten.

In Kurdistan ist die Situation für die Islamische Republik gefährlicher, denn die Kurden sind in der überwiegenden Mehrheit Sunniten und deshalb oft doppelt diskriminiert. Zudem stellen sie mit maximal acht Millionen Menschen bis zu 10 Prozent der iranischen Bevölkerung. Nach der Revolution 1979 erhoben sie sich gegen das neue Regime, das mit brutaler Repression reagierte. Die ehemals wichtigste kurdische Oppositionspartei, die Demokratische Partei Kurdistans-Iran (KDP-I), floh ins irakisch-kurdische und europäische Exil, wo sie heute ein Schattendasein führt. Viele iranische Kurden schlossen sich in den 2000er-Jahren der PKK an; sie gründete mit der PEJAK einen iranischen Ableger, der von 2004 bis 2011 in Iran operierte. Einige Kurden entschieden sich auch für sunnitisch-islamistische Gruppierungen. Besonders große Sorge bereitete der iranischen Führung ein Doppelanschlag auf das Parlament und das Mausoleum des Revolutionsführers Khomeini in Teheran am 7. Juni 2017, bei dem 17 Menschen getötet und rund 50 verwundet wurden. Die sechs Attentäter waren allesamt iranische Kurden, die vom Islamischen Staat (IS) geschickt worden waren.[7]

Sunnitische Terrorgruppen sind in Belutschistan besonders aktiv. Die bis zu zwei Millionen Belutschen in Iran leben überwiegend in der dünn besiedelten östlichen Provinz Sistan-Belutschistan an der Grenze zu Afghanistan und Pakistan. Belutschistan gilt als Armenhaus Irans, wie keine andere Region wird es von der Zentralregierung derart ignoriert, dass es seit Jahrzehnten keine wirtschaftliche Entwicklung gibt. Eine der wenigen

Einkommensquellen ist der Drogentransport über Routen, die in Afghanistan ihren Ursprung haben. Die iranischen Sicherheitsbehörden versuchen seit Langem erfolglos, den Handel mit Opium und seinen Derivaten zu unterbinden – ohne Erfolg und mit hohen Verlusten. Außerdem gibt es nirgendwo in Iran so aktive sunnitische Terrorgruppen. Sie profitieren von einem großen Rückzugsgebiet im ebenfalls unruhigen pakistanischen Belutschistan. In den Jahren 2003 bis 2010 operierte Jundullah (dt. Armee Gottes) in Belutschistan und verübte zahlreiche Anschläge, bevor ihr Anführer Abdolmalek Rigi gefasst und in Teheran gehängt wurde. Nachdem sich die Lage anschließend etwas beruhigt hatte, bildeten sich neue Organisationen, die ab 2016 deutlich aktiver wurden. Großes Aufsehen erregte ein Anschlag vom 13. Februar 2019, bei dem 27 Revolutionsgardisten getötet wurden. Zu ihm bekannte sich die belutschische Gruppe Jaish al-Adl (dt. Armee der Gerechtigkeit), die laut eigener Aussage »die unterdrückten Menschen in Belutschistan und andere Landsleute« aus den Fängen des iranischen Regimes befreien will.[8]

Seit 2016 finden sich immer mehr Hinweise auf eine Mobilisierung insbesondere von Sunniten gegen die Regierung. Dies entspricht zwar dem Zeitgeist in der islamischen Welt, wo der Konflikt zwischen den Konfessionen spätestens seit dem Irak-Krieg 2003 eine wichtige Konstante geblieben ist. Die Politik der Islamischen Republik ist an der Entwicklung aber maßgeblich beteiligt, denn der schiitische Islam ist laut Verfassung Staatsreligion, Sunniten sind in der Politik des Landes nicht vertreten, und der Kampf Irans gegen seine kurdischen und belutschischen Minderheiten richtete sich auch stets gegen die Sunniten. Dies bietet auswärtigen Akteuren viele Möglichkeiten, sunnitische militante Gruppierungen in ihrem Kampf zu unterstützten, um Iran zu schwächen. Bei den Belutschen von Jundullah gab es nach 2003 Anzeichen für eine Unterstützung seitens der USA, bei den Separatistengruppen in Ahwaz scheint Saudi-Arabien eine Rolle zu spielen.[9] Die iranische Führung ist überzeugt, dass es sich bei den zunehmenden Attacken seit 2016 um eine Kampagne der USA, Saudi-Arabiens und anderer Gegner handelt.

Ein duales politisches System

Ali Khamenei ist Staatsoberhaupt, Oberbefehlshaber der Streitkräfte und der Chefideologe der Islamischen Republik. Der Oberste Führer trifft somit die Richtungsentscheidungen für die iranische Außen- und Sicherheitspolitik. Der außenpolitische Entscheidungsprozess ist Teil eines politischen Systems, das aus einem »theokratischen« Teil unter der Leitung des Revolutionsführers und einem »republikanischen« Teil besteht, in dem der jeweilige Präsident die wichtigste Figur ist. Dieser kann die praktische Ausgestaltung der Außenpolitik je nach Situation mitbestimmen.

Die häufig komplizierte Dualität dieses Systems geht auf die Frühzeit der Islamischen Revolution zurück, als Khomeini und seine Gefolgsleute in den Jahren 1979 bis 1981 die Macht noch mit ihren Verbündeten der Nationalen Front teilen mussten. Der Revolutionsführer, der Revolutionsrat und die Islamisch-Republikanische Partei (IRP) bauten damals den theokratischen Teil des Systems auf, der seine Macht schrittweise erweiterte, bis er sich 1981 durchsetzte. Khomeinis Gefolgsleute waren mehrheitlich revolutionäre Kleriker ohne jede Verwaltungserfahrung, weshalb sie die Regierungsgeschäfte zunächst ihren Verbündeten überließen. Zuerst führte sie der islamisch-liberale Interims-Ministerpräsident Mehdi Bazargan, der aus Protest gegen die Besetzung der US-Botschaft am 4. November 1979 zurücktrat. Auf ihn folgte mit dem im Januar 1980 gewählten Präsidenten Abolhassan Banisadr ein links-islamistischer Nationalist, der im Juni 1981 von Khomeini entlassen wurde und ins französische Exil floh. Im Oktober 1981 wurde mit Ali Khamenei ein enger Gefolgsmann Khomeinis Präsident und mit Mohammad Jawad Bahonar im August 1981 ein weiterer Vertreter der IRP Ministerpräsident. Damit hatten die Islamisten auch die Kontrolle über den republikanischen Teil des Systems übernommen, behielten seine duale Struktur jedoch bei.[10] Zum theokratischen Teil gehören vor allem die nichtgewählten Institutionen, in denen bis heute die Religionsgelehrten dominieren. Der Oberste Führer (pers. Rahbar) oder Revolutionsführer (pers. Rahbar-e Enqelab) ist getreu der Doktrin von der »Herrschaft des Rechtsgelehrten« die dominierende Persönlichkeit. Gewählt wird er im sogenannten Expertenrat aus Klerikern, die alle acht Jahre vom Volk gewählt werden. Der Oberste Führer bestimmt die Richtlinien der iranischen Innen- und Außenpolitik, die er in zahlreichen Predigten, Reden und sonstigen öffentlichen Äußerungen festlegt. Entscheidend ist, dass er als Oberbefehlshaber der Armee und der Revolutionsgarden fungiert; innenpolitisch wirkt er durch die Ernennung des Chefs der Justiz, aber auch durch seine Kontrolle über Polizei und Geheimdienste, paramilitärische Milizen und die staatlichen Medien. Er verfügt über eine eigene Behörde mit mehreren Hundert Beamten, das »Büro des Obersten Führers«. Hinzu kommen Repräsentanten in fast jedem wichtigen Ministerium, jeder Institution und in allen revolutionären und religiösen Organisationen des Landes. Sie wachen darüber, dass der gesamte Staatsapparat und die religiöse Infrastruktur gemäß den ideologischen Vorgaben des Führers und seinen machtpolitischen Präferenzen sprechen und handeln.[11] Mit dem Wächterrat, der zur Hälfte vom Obersten Führer und zur Hälfte vom Chef der Justiz ernannt wird, beeinflusst der Oberste Führer die personelle Zusammensetzung der gewählten Teile des Systems. Denn der Wächterrat prüft alle Kandidaten für den Expertenrat, die Präsidentschafts- und Parlamentswahlen auf ihre weltanschauliche Eignung und schließt missliebige Kandidaten aus.

Zum republikanischen Teil des Systems gehören der Präsident, die Regierung und das Parlament. Der Präsident wird alle vier Jahre vom Volk gewählt und gilt meist als die zweitmächtigste politische Persönlichkeit in der Islamischen Republik. Seine Macht ist jedoch beschränkt: In der Sozial-, Wirtschafts- und Kulturpolitik ist er einflussreich, doch in der Außen- und Sicherheitspolitik muss er sich in einem eng gesteckten Rahmen bewegen, der ihm vom Obersten Führer vorgegeben wird. Hier ist er eher ausführendes Organ und kann vor allem dann initiativ werden, wenn er mit der Zustimmung Khameneis handelt. Präsident Rouhani selbst sagte einmal etwas überspitzt, der Präsident habe »keine Autorität in der Außenpolitik«.[12]

Trotz der enormen Machtfülle des Obersten Führers und des von ihm beherrschten theokratischen Teils des Systems haben sich seit den 1980er-Jahren konkurrierende politische Lager herausgebildet, die um Macht und Einfluss wetteifern und dabei auch unterschiedliche außenpolitische Ansätze vertreten. Im ersten Jahrzehnt der Islamischen Republik zeigten sich Brüche zwischen einem rechtskonservativen Lager, angeführt von Parlamentspräsident Rafsanjani und Präsident Khamenei, und einem linksislamistischen Lager, in dem innenpolitisch Ministerpräsident Mir Hossein Mousawi und außenpolitisch Ayatollah Hossein Ali Montazeri dominierten. In der Innenpolitik stritten sich vor allem Khamenei und Mousawi, weil der Ministerpräsident auf eine staatliche Kontrolle der Wirtschaft abzielte, während der Präsident Privateigentum bewahren wollte. In der Außenpolitik, wo Rafsanjani und Montazeri die wichtigsten Antagonisten waren, ging es um die Frage, wie aggressiv die Islamische Republik auf einen Export der Revolution abzielen sollte.

In der Öffentlichkeit repräsentierte Ayatollah Montazeri eine starke Strömung, die einen kompromisslosen Kampf gegen die USA und Israel und den Export der Revolution in möglichst weite Teile der islamischen Welt forderte. In der Praxis wurde sie aber von dem prominenten Revolutionsgardisten und engen

Vertrauten Montazeris Mehdi Hashemi angeführt. Er leitete das »Büro für Befreiungsbewegungen«, das für die praktischen Aspekte des Revolutionsexports insbesondere im Libanon verantwortlich zeichnete.[13] Rafsanjani hingegen war der Hauptverantwortliche für den Krieg gegen den Irak und wollte, dass Teheran alle Energien auf den Kampf im Nachbarland konzentrierte. Wie pragmatisch Rafsanjani vorging, zeigte sich, als er den »Iran-Contra-Deal« einfädelte, der dazu führte, dass die USA und Israel unter äußerst dubiosen Umständen zwischen September 1985 und Oktober 1986 sogar Waffen an den Iran lieferten.[14] Der Parlamentspräsident profitierte davon, dass Revolutionsführer Khomeini sich in außenpolitischen Fragen meist auf seine Seite stellte. Dies zeigte sich in aller Deutlichkeit 1987, als Mehdi Hashemi hingerichtet wurde – vermutlich aufgrund seines Widerstands gegen die geheimen Waffengeschäfte mit den USA und Israel. Schon im Folgejahr setzte sich Rafsanjani endgültig durch, weil Ayatollah Montazeri bei Khomeini in Ungnade fiel und die Vertreter des Revolutionsexports ihren mächtigsten Fürsprecher verloren. 1989 verlor auch Mir Hossein Mousawi sein Amt als Ministerpräsident und die von ihm angeführte islamische Linke daraufhin ihren Einfluss auf die Politik. Der wohl wichtigste Unterschied zwischen der Frühzeit und den kommenden Jahrzehnten war aber die starke Persönlichkeit von Revolutionsführer Khomeini. Dieser wirkte als Schiedsrichter und Vermittler zwischen den zwei großen Lagern der iranischen Politik, ohne sich grundsätzlich für eines zu entscheiden. Dies änderte sich mit der Machtübernahme von Khamenei ab 1989, der zum wichtigsten Vertreter der konservativen Rechten wurde.

Ursache dieser Entwicklung war die Spaltung des rechten Lagers Anfang der 1990er-Jahre, die zur Entstehung zweier Strömungen führte. Konservative Rechte unter den Klerikern, in den Revolutionsgarden und in der Justiz sahen die vorsichtige soziale Liberalisierung durch Präsident Rafsanjani als Gefahr für die Werteordnung der Islamischen Republik. Viele lehnten auch die mit dem neuen Wirtschaftskurs verbundene außenpolitische Entspannung ab. Davon profitierte der Oberste Führer Khamenei, der sich in der konservativen Rechten eine eigene Machtbasis aufbaute. Zu seinen Unterstützern gehörten konservative Kleriker, die traditionell an der Geistlichkeit orientierten Basarhändler und Anführer der Revolutionsgarden.[15] Das neue Bündnis erlaubte es ihm schon ab 1993, den Kurs Rafsanjanis zu behindern. Zudem baute Khamenei schrittweise seine Machtbasis aus, sodass er rasch zur dominierenden Gestalt der iranischen Politik wurde. Nirgendwo wurde dies so sichtbar wie in der Außen- und Sicherheitspolitik, die seit der zweiten Hälfte der 1990er-Jahre den Stempel Khameneis und seiner Gefolgsleute trug.

Dass Khamenei trotzdem mit Widerständen zu kämpfen hat, liegt vor allem an der dualen Struktur des Systems, die der Bevölkerung Einfluss auf die Besetzung des Präsidentenamts und des Parlaments gibt. Besonders deutlich zeigte sich dies anlässlich der Wahl des Reformers Mohammad Khatami zum Präsidenten im Mai 1997. Die Reformer waren in den 1980er-Jahren Teil der islamischen Linken Hossein Mousavis gewesen; Khatami gehörte dem liberalen Flügel dieses Lagers an.[16] Obwohl auch Teil des Establishments und Anhänger des Khomeinismus, wollten die Reformer nicht nur soziale Liberalisierung, sondern auch mehr politische Freiräume schaffen. Mit der Wahl Khatamis von 1997 entstand so ein drittes Lager, das die Geschichte Irans seitdem mitprägt. Der erdrutschartige Wahlsieg Khatamis (er gewann bei einer hohen Wahlbeteiligung knapp 70 Prozent der Stimmen) weckte bei vielen konservativen Rechten die Befürchtung, Rafsanjani, Khatami und ihre jeweiligen Gefolgsleute könnten den Charakter des Systems grundlegend ändern. Aus diesem Grund setzten Khamenei und seine Anhänger alles daran, die Regierung Khatami zu behindern und erneute Wahlerfolge von Reformern oder auch modernen Rechten zu vereiteln. Angehörige der Sicherheitskräfte und besonders radikale Vigilantentrupps verübten sogar Mordanschläge auf Anhänger der Reformbewegung.[17] Auf die Außenpolitik Irans hatten die Erfolge der Reformer Ende der 1990er-Jahre deshalb kaum Auswirkungen. Sie sorgten zwar kurzzeitig für eine oberflächliche Entspannung. Doch Ereignisse wie der Anschlag von Khobar 1996 oder die Aufnahme eines geheimen militärischen Atomprogramms Ende der 1990er-Jahre machten allzu deutlich, dass Khamenei und der von ihm kontrollierte militärisch-geheimdienstliche Komplex in der Außen- und Sicherheitspolitik den Ton angaben.

Revolutionsführer Khamenei bestimmt die Außenpolitik

Revolutionsführer Khamenei

Ali Khameneis Außen- und Sicherheitspolitik ist von brutaler Rücksichtslosigkeit und weltanschaulicher Unerbittlichkeit, aber auch von der Wirklichkeitsnähe des Obersten Führers geprägt. Wie stark hier sein Einfluss ist, zeigt sich daran, dass er die Leitlinien festgelegt hat, an denen sich diese Politik seit mehr als zwei Jahrzehnten orientiert.

Als Khamenei sein Amt als Oberster Führer 1989 antrat, war nicht vorauszusehen, dass aus ihm einmal der mächtigste Mann des Nahen Ostens werden würde. Vielmehr galt er als Kompromisskandidat. Der 1939 in Mashhad geborene Ali Khamenei hatte einige Jahre bei Khomeini in Qom studiert und sich der revolutionären Bewegung angeschlossen. Er war immer mehr Intellektueller als Kleriker, neben den Religionswissenschaften befasste er sich mit persischer Literatur und besuchte literarische Salons. Als Khomeini 1964 ins Exil gehen musste, blieb Khamenei im Land und verbreitete die Ideen seines Lehrers. In den 1960er- und 1970er-Jahren befand er sich wegen seiner oppositionellen Umtriebe sechs Mal im Gefängnis. Dort übersetzte er Schriften des Vordenkers des militanten Flügels der ägyptischen Muslimbruderschaft, Sayyid Qutb, ins Persische. Seine sehr breit gefächerten Interessen, die politischen Aktivitäten und die Haft verhinderten ein zielgerichtetes theologisches Studium, sodass er es nur zum Hojjatoleslam brachte, einem mittleren Rang in der Hierarchie des schiitischen Klerus.[18]

Khameneis Karriere nahm 1979 Fahrt auf, als ihn Khomeini in den gerade gegründeten Revolutionsrat aufnahm. Er wurde zum stellvertretenden Verteidigungsminister ernannt, amtierte einige Monate als persönlicher Vertreter Khomeinis bei den Revolutionsgarden und entwickelte schnell ein Faible für alles Militärische. Im Oktober 1981 wurde er zwar zum Präsidenten gewählt, das Amt war aber noch eher repräsentativer Natur, sodass Khamenei im Schatten von Rafsanjani stand, der als rechte Hand Khomeinis galt. In den 1980er-Jahren gehörte Khamenei zu den Pragmatikern aus dem Umfeld von Rafsanjani, der auch besseren Beziehungen zu den USA nicht abgeneigt war.[19] Er profitierte aber wie kein anderer vom tiefen Fall Ayatollah Ali Montazeris, der seit 1985 als Nachfolger Khomeinis vorgesehen war, im März 1989 jedoch abgesetzt wurde. Anlass war Montazeris harsche Kritik an Hinrichtungen Tausender linksgerichteter Gefangener im Juli und August 1988, die Khomeini persönlich angeordnet hatte.[20] Rafsanjani und Khamenei äußerten sich zustimmend zu den Massenmorden und setzten so ihren Aufstieg in der iranischen Politik fort.

Die Nachfolge Khameneis war problematisch, denn Khomeinis Lehre von der Herrschaft des Rechtsgelehrten besagte, dass nur ein »Großayatollah« – also ein Kleriker höchsten Ranges – die Führung im islamischen Staat übernehmen könne. Montazeri war ein solcher Großayatollah, Khamenei jedoch nicht einmal Ayatollah. Trotzdem scheint sich Khomeini noch zu Lebzeiten für Khamenei entschieden zu haben, und am 5. Juni 1989 wählte der Expertenrat den Präsidenten zum Obersten Führer. Khamenei nutzte die starke Stellung, die diesem Amt auch durch die neue iranische Verfassung verliehen wurde, und baute seine Position aus. Er positionierte sich als Anführer des konservativ-rechten Spektrums und profitierte von Fehlern Rafsanjanis, der sein Amt als Oberkommandierender der Streitkräfte Ende 1989 aufgab. Khamenei konnte seinen Einfluss in der Armee und bei den Revolutionsgarden nun ungehindert ausbauen. Auch in der Justiz, dem Geheimdienstministerium, den Staatsmedien und den religiösen Stiftungen zeigte sich sein Machtzuwachs. In der zweiten Amtszeit Rafsanjanis ab 1993 etablierte sich Khamenei vollends als neuer starker Mann Irans.

Dies galt insbesondere in der Außen- und Sicherheitspolitik, wo er einen Kurs durchsetzte, der auf einer iranisch-nationalistischen, schiitisch-islamistischen und antiimperialistischen Ideologie beruhte. Khameneis politisches Denken wird durch seine Furcht vor den USA, Israel und Saudi-Arabien bestimmt, denen er vorwirft, seit 1979 mit allen Mitteln einen Regimewechsel herbeizwingen zu wollen: zunächst durch Unterstützung des Irak in seinem Krieg gegen Iran, ab 1995 durch Wirtschaftssanktionen. Die Gegner der Islamischen Republik stifteten laut Khamenei die Reformbewegung 2009 zu Protesten an und unterstützten seit den 2000er-Jahren sunnitische Terroristen wie in Ahwaz oder Belutschistan. Seit Mitte der 2000er-Jahre fürchtete Khamenei ein Übergreifen der »Farbrevolutionen« in Georgien, der Ukraine und Kirgisien, für die er den Westen verantwortlich machte. Seine schlimmsten Befürchtungen sah er 2009 bestätigt, als die »Grüne Bewegung« in Iran seine Herrschaft in den Grundfesten erschütterte.

Von der iranischen Bevölkerung fordert Khamenei »Widerstand« gegen die imperialistischen Projekte seiner Gegner. Widerstand wurde zum Schlüsselwort in Khameneis Weltbild, das der Revolutionsführer auf den Kampf gegen innere Feinde, die Verteidigung des Atomprogramms, den Kampf gegen Israel und viele weitere Fragen anwendet. Nur kompromissloser, unbeugsamer und wenn nötig gewaltsamer »Widerstand … führt zum Rückzug des Gegners«, ist Khamenei überzeugt.[21] Das übergeordnete Ziel dieses Konzepts ist der Schutz des von ihm angeführten Regimes. Idealerweise gelingt dies, wenn der Kampf gegen die internationale Ordnung zu deren Zerstörung führt und dazu, dass die USA sich aus dem Nahen und Mittleren Osten zurückziehen. Das gibt dem Widerstand Khamenei'scher Prägung eine stark offensive Note.

Khamenei und die Präsidenten

Die Geschichte der iranischen Außenpolitik seit 1989 ist auch eine des Verhältnisses zwischen dem Obersten Führer und dem jeweiligen Präsidenten. Dieser wird vom Volk gewählt und besitzt dadurch eine ganz eigene Legitimität. Im Gegensatz zum Obersten Führer, der auf Lebenszeit berufen wird, ist er vier Jahre im Amt und kann nur einmal wiedergewählt werden. Trotz der starken Stellung Khameneis versuchten alle Präsidenten seit Rafsanjani, auch die Außenpolitik Irans zu prägen. Dies gelang nur ansatzweise, doch die Politik der Präsidenten Mohammad Khatami (1997–2005), Mahmoud Ahmadinejad (2005–2013) und Hassan Rouhani (2013–heute) trug jeweils zu Neuausrichtungen bei.

Als im Juni 2005 Mahmoud Ahmadinejad zum Präsidenten gewählt wurde, schien dies ein Erfolg Khameneis, weil der neue Amtsinhaber dem rechten Spektrum angehörte und Khamenei seine Kandidatur vorsichtig unterstützt hatte. Es zeigte sich aber, dass Ahmadinejad vor allem ein Populist war, der sich den Kampf gegen die grassierende Arbeitslosigkeit, die Armut im Land und die Korruption auf die Fahnen schrieb und deshalb bei den Bauern, Landarbeitern und den urbanen Unterschichten Popularität genoss. Seine Wirtschaftspolitik erwies sich bald als Fiasko, denn trotz hoher Öleinnahmen reichte das Geld nicht, um die rasch wachsenden Ausgaben zu finanzieren. Hinzu kamen hohe Inflation und Arbeitslosigkeit. Trotzdem hielt Khamenei einige Jahre an dem Präsidenten fest, möglicherweise, weil Ahmadinejad das iranische Atomprogramm so entschlossen verteidigte.

Ein Wendepunkt waren die Präsidentschaftswahlen vom Juni 2009, als Ahmadinejad sich gegen den ehemaligen Ministerpräsidenten Mousawi durchsetzte, um den sich eine Koalition aus Reformern gebildet hatte. Dies gelang aber nur durch massive Wahlfälschung. Darauf reagierte die Opposition mit Protesten, die sich rasch zur »Grünen Bewegung« entwickelten – sie ging einher mit den größten Demonstrationen seit der Revolution von 1979 und der schwersten Krise der Islamischen Republik unter Khamenei. Der Führer verurteilte die Proteste und schickte Revolutionsgarden, Basij-Milizen und zivile Schlägertrupps auf die Straßen, die die Demonstrationen niederschlugen.[22] Es folgte eine so brutale wie wohldurchdachte Verfolgungswelle, die dafür sorgte, dass die Demonstrationen immer kleiner wurden, bis sie nach einigen Monaten ganz endeten. Dutzende Menschen starben, viele Hunderte wurden verletzt und mehr als tausend verhaftet.

In der zweiten Amtszeit Ahmadinejads nahmen Konflikte zwischen Khamenei und dem Präsidenten zu, als Ahmadinejad Kompetenzen des Obersten Führers zu beschneiden versuchte. Dies zeigte sich im Frühjahr 2011, als er Geheimdienstminister Haidar Moslehi gegen den Willen des Obersten Führers entließ. Khamenei legte Einspruch ein, woraufhin Ahmadinejad knapp zwei Wochen lang nicht mehr zur Arbeit erschien. Erst als der Oberste Führer darauf hinwies, dass auch ein Präsident seines Amtes enthoben werden könne, kehrte er zurück.[23] Khamenei reagierte auf die Aufsässigkeit, indem er der ihm loyalen Justiz, den Geheimdiensten und den Medien erlaubte, Personen aus Ahmadinejads Umgebung der Korruption und Kontakten zur Opposition oder zu westlichen Regierungen zu beschuldigen.[24] In den letzten Jahren der Präsidentschaft Ahmadinejads galt sein

Verhältnis zu Khamenei deshalb als zerrüttet. Zwar konnte er seine Amtszeit 2013 regulär beenden, doch vier Jahre später wurde ihm verboten, ein weiteres Mal zu kandidieren.

Als im Juni 2013 mit Hassan Rouhani ein Vertreter der modernen Rechten die Wahl gewann, deutete sich eine Entspannung im Verhältnis zwischen Führer und Präsident an. Denn Rouhani hatte in dem von Khamenei so geschätzten Militär und im Sicherheitssektor Karriere gemacht und von 1989 bis 2005 als Sekretär des Nationalen Sicherheitsrates und Vertreter des Obersten Führers in diesem Gremium amtiert. Trotz seiner Nähe zu Rafsanjani stand er den konservativen Rechten immer deutlich näher als den Reformern. Rouhanis Wahlprogramm beruhte auf dem Versprechen, die jahrelange Isolation des Landes zu beenden und zur Verbesserung der wirtschaftlichen Lage auf eine Aufhebung der Sanktionen hinzuarbeiten. Dies war dringend notwendig, denn die katastrophale Wirtschaftspolitik Ahmadinejads und die Strafmaßnahmen der internationalen Gemeinschaft hatten eine Krise hervorgerufen, die jener direkt nach dem Iran-Irak-Krieg ähnelte.[25] Um Investitionen aus dem Ausland möglich zu machen, setzte Rouhani auf eine Übereinkunft mit den USA zum iranischen Atomprogramm; schon wenige Monate nach seinem Amtsantritt begannen die Verhandlungen. Khamenei unterstützte den Kurs des Präsidenten, denn auch ihm erschien die wirtschaftliche Lage bedrohlich. Um diese Abkehr vom »Widerstand« gegen die USA zu rechtfertigen, sprach der Revolutionsführer von einer Politik der »heroischen Flexibilität«. Die Islamische Republik wende sich nicht von ihren hergebrachten Prinzipien ab, so Khamenei, sie zeige sich aus politischer und wirtschaftlicher Notwendigkeit jedoch flexibel.[26] Für den Fall eines Misserfolgs beugte Khamenei vor, indem er sich immer mal wieder skeptisch zu Details der Gespräche äußerte.

Im Juli 2015 endeten die Verhandlungen mit dem – auch von Khamenei gebilligten – Atomabkommen zwischen Iran und den fünf ständigen Mitgliedern des UNO-Sicherheitsrats sowie Deutschland. Teheran sagte zu, Uran nur so weit anzureichern, dass die Nutzung für eine Bombe unmöglich war, und ließ internationale Kontrollen seiner Anlagen zu; die sechs weiteren Vertragsstaaten versprachen ein Ende der Sanktionen. In den folgenden drei Jahren profitierte Iran zwar von der Aufhebung der Strafmaßnahmen, weil die Erholung der Wirtschaft aber in erster Linie auf wiedereinsetzende Ölexporte zurückging, kam davon nur bei einem kleinen Teil der Bevölkerung etwas an. Ausländische Investitionen in großem Stil wären erforderlich gewesen. Die großen Banken weltweit finanzierten aber keine Irangeschäfte, und auch viele internationale Firmen warteten ab, jeweils aus Sorge, dass das Abkommen nicht halten werde. Hassan Rouhani wurde im Mai 2017 wiedergewählt, doch schon im Dezember kam es wegen der schlechten Lebensbedingungen, Korruption und stark gestiegener Preise zu Demonstrationen gegen die Regierung. Mehr als 4000 Demonstranten wurden verhaftet und mindestens 25 getötet. Die Lage verschlechterte sich rapide, nachdem US-Präsident Donald Trump im Mai 2018 den Rückzug der USA aus dem Atomabkommen verkündete und ab August nicht nur alte Sanktionen erneut einführte, sondern auch neue verhängte. In den folgenden Monaten verschlimmerte sich die Situation dramatisch; Rouhani selbst sprach im Januar 2019 von der schwersten Wirtschaftskrise seit der Revolution.[27]

Die Politik des Präsidenten war damit gescheitert, und Khamenei wandte sich von ihm ab. Obwohl selbst Herr über die Außen- und Sicherheitspolitik, sagte der Revolutionsführer, er habe die Verhandlungen über das Atomabkommen erlaubt, weil Rouhani und sein Team darauf bestanden hätten. Die Verhandler hätten sich aber zu nachgiebig gezeigt und »rote Linien überschritten«. Wäre er, Khamenei, nicht gewesen, »hätten wir noch mehr aufgegeben«.[28] Diese Aussagen waren ein deutliches Signal, dass Rouhani und seine Politik die Unterstützung des Führers verloren hatten. Die Außenpolitik bestimmten nun Vertreter eines militanten Kurses gegenüber den USA, Israel und den Golfstaaten, und sie betrieben die Wiederaufnahme von Teilen des Atomprogramms, auf die Iran im Abkommen vom Juli 2015 verzichtet hatte. Außerdem griffen die Revolutionsgarden Öltanker nahe der Straße von Hormuz an und attackierten im September 2019 Ölanlagen in Saudi-Arabien.

Der Nationale Sicherheitsrat

Im Obersten Nationalen Sicherheitsrat werden die Entscheidungen der Sicherheitspolitik vorbereitet. Seine Mitglieder befassen sich nicht nur mit Außenpolitik, sondern mit allen Fragen der inneren und äußeren Sicherheit Irans. Nominell sitzt der Präsident dem Rat vor, der sich aus zwölf Mitgliedern zusammensetzt. Der Sekretär des Nationalen Sicherheitsrates, der für die Abwicklung der Geschäfte verantwortlich ist, gilt jedoch als die stärkere Person, denn er ist in Personalunion auch einer der zwei Vertreter des Revolutionsführers in diesem Gremium. Seine starke Position zeigt sich etwa darin, dass er phasenweise der Chefunterhändler in den Gesprächen zum iranischen Atomprogramm war.

Der überragende Einfluss Khameneis im Nationalen Sicherheitsrat wird auch an dessen Zusammensetzung deutlich. Gewählt ist neben dem Präsidenten nur der Parlamentspräsident. Vertreten ist auch der für Planung und Etat zuständige Vizepräsident Irans. Aber schon die wichtigsten Minister im Rat – der Außen-, Innen- und Geheimdienstminister – sind dem Präsidenten gegenüber nicht notwendigerweise loyal, denn die sicherheitspolitisch relevanten Posten in der Regierung werden nicht ohne Zustimmung des Revolutionsführers besetzt. Hinzu kommen Persönlichkeiten, die ihre Posten ausschließlich Khamenei verdanken, wie der Chef der Justiz, der Kommandeur der Revolutionsgarden, der Armeechef und der Generalstabschef der Armee. Ein zweiter Vertreter des Revolutionsführers vervollständigt die Runde. Bei zentralen Themen formuliert der Nationale Sicherheitsrat Empfehlungen, die der Zustimmung des Obersten Führers bedürfen. Es handelt sich also eher um ein beratendes Gremium als um einen Ort, an dem Entscheidungen gefällt werden.[29] Nur weil der Revolutionsführer bekannt dafür ist, dass er sich gerne und ausführlich beraten lässt, haben Präsident und Regierung in Einzelfällen die Möglichkeit, ihn mit guten Argumenten von der Richtigkeit ihres Vorgehens zu überzeugen. Dies war offenkundig der Fall, als Rouhani und sein Außenminister 2013 den Auftrag erhielten, die Atomverhandlungen mit den USA und den weiteren Weltmächten zu führen. Dieses Atomprogramm war das wichtigste Thema der iranischen Sicherheitspolitik seit Ende der 1990er-Jahre.

Zentrales Thema Atomprogramm

Das Atomprogramm war seit Ende der 1990er-Jahre ein Kernbestandteil der iranischen Sicherheitspolitik und verfolgte das Ziel, alle für den Bau einer Atombombe notwendigen Fähigkeiten zu entwickeln. Einmal im Besitz eigener Nuklearwaffen, hätten Khamenei und die Machtelite in Teheran nicht mehr befürchten müssen, dass etwa die USA ihr Regime stürzen könnten. Zudem hätte Iran auf diese Weise seinen Anspruch auf eine Führungsposition im Nahen Osten untermauern können.

Die iranischen Ingenieure griffen ein älteres Programm auf, das noch der Schah Anfang der 1970er-Jahre begonnen hatte und nach 1979 eingestellt worden war. Schon 1987 hatte die iranische Führung erneut mit Vorbereitungen begonnen, als der damalige Revolutionsgarden-Admiral (und heutige Sekretär des Nationalen Sicherheitsrates) Ali Shamkhani in Pakistan Teile für Zentrifugen, Anleitungen zum Bau einer Bombe und eine Liste von Ausrüsterfirmen beschaffte.[30] Teheran reagierte damit nicht nur auf den wiederholten Einsatz von Chemiewaffen durch die irakische Armee. Es dürfte auch eine Rolle gespielt haben, dass Saddam Hussein einige Jahre zuvor ein militärisches Nuklearprogramm vorangetrieben hatte, das erst durch den israelischen Luftangriff auf den Atomreaktor von Osirak im Juni 1981 gestoppt worden war. Teheran konnte sich trotzdem nicht sicher sein, ob der große Rivale nicht doch eines Tages in den Besitz von Atomwaffen kommen würde. Hinzu kam, dass mit Russland, Pakistan, Indien und Israel vier weitere Mächte in der Nachbarschaft Irans über Atomwaffen verfügten. Es war deshalb nachvollziehbar, dass Teheran auf eine nukleare Bewaffnung abzielte und seine Bemühungen geheim hielt.

Ende der 1990er-Jahre stellte die iranische Führung die entscheidenden Weichen. Dies fiel in die Amtszeit von Präsident Khatami. Dessen Entspannungspolitik verdeckte also eine Entwicklung, die die Nachbarn als bedrohlich wahrnehmen mussten, sobald sie davon erfuhren. Das iranische Atomprogramm der frühen Jahre trug den Codenamen »Projekt Amad« (dt. [militärische] Logistik) und wurde vom Physiker und General der Revolutionsgarden Mohsen Fakhrizadeh geleitet, der bis heute die zentrale Figur des Atomprogramms geblieben ist.[31] In dem Projekt ging es um die Anreicherung von Uran in Zentrifugen. Dabei wird die Konzentration des spaltbaren Isotops U-235, das in natürlichem Uran nur zu 0,7 Prozent vorkommt, in Tausenden rasend schnell rotierenden und miteinander verbundenen Zentrifugen auf mindestens drei Prozent erhöht. Während auf gut drei Prozent angereichertes U-235 zum Betrieb eines Atomreaktors ausreicht, benötigt man für die Herstellung einer Bombe jedoch einen Anreicherungsgrad von rund 90 Prozent.[32] Ein alternativer Ausgangsstoff für die Nuklearwaffenproduktion ist Plutonium, das aus dem nuklearen Abfall von Kernreaktoren extrahiert werden kann. Die iranische Führung entschied sich Ende der 1990er-Jahre für die Urananreicherung, die den Vorteil hat, dass sie auf verschiedene Anlagen im Land verteilt, besser versteckt und geschützt werden kann als ein Atomreaktor. Die Planer in Teheran dürften sich an den zerstörten Meiler von Osirak erinnert haben, der ihnen die Verwundbarkeit solcher Anlagen verdeutlicht hatte.[33] Wie richtig sie mit dieser Einschätzung lagen, zeigte ein späterer israelischer Angriff auf einen Reaktor nahe Deir ez-Zor in Syrien, der 2007 den Versuch des Assad-Regimes beendete, an Atomwaffen zu kommen.[34]

Die ersten Baupläne für Zentrifugen und wichtige Bauteile sowie Lieferantenlisten beschafften sich die Iraner mithilfe des pakistanischen Atomwissenschaftlers Abdul Qadir Khan, dem »Vater der pakistanischen Atombombe«. Er hatte im Auftrag des Militärs seit den 1980er-Jahren an der Produktion von hoch angereichertem Uran gearbeitet, bis 1998 der erste pakistanische Atomwaffentest stattfinden konnte. Parallel betrieb Khan einen schwunghaften Handel mit militärischer Nukleartechnologie, die er neben Iran auch an Libyen und Nordkorea lieferte. Was Khan und die ebenfalls eingeweihten Militärs in Islamabad bewog, einem möglichen Gegner wie Iran beim Bau der Bombe zu assistieren, bleibt bis heute unklar. Möglicherweise sahen sie eine Möglichkeit, das eigene Programm zu finanzieren; Geldgier könnte eine Rolle gespielt haben, doch auch ideologische Gründe sind nicht auszuschließen. Mit ihrem Handel halfen sie dabei, ein aus ihrer Sicht höchst ungerechtes, weil von den traditionellen Atommächten ausgesprochenes Verbot nuklearer Bewaffnung zu untergraben – denn sie unterstützten drei revisionistische Mächte, die die internationale Ordnung mehr oder weniger offen bekämpften.[35]

In jedem Fall konnten die iranischen Ingenieure mit dem Know-how und den gelieferten Komponenten arbeiten, denn sie begannen mit der Anreicherung von Uran. Ihr Ende der 1990er-Jahre intensiviertes Programm wurde im August 2002 bekannt, nachdem westliche Nachrichtendienste von den geheimen Aktivitäten in der Anlage in Natanz erfahren hatten. Iran verstieß mit der Urananreicherung dort gegen den 1970 von der Regie-

rung des Schahs unterzeichneten Nuklearen Nichtverbreitungs-
vertrag, der geheime Anlagen verbietet.

Aus iranischer Sicht war die Situation so gefährlich, weil
US-Präsident George Bush in seiner Rede zur Lage der Nation
im Januar 2002 Iran gemeinsam mit dem Irak und Nordkorea als
»Achse des Bösen« bezeichnet hatte. Als im Laufe des Jahres ein
Angriff der USA auf den Irak immer wahrscheinlicher wurde,
befürchtete die iranische Führung, dass auch sie zum Ziel eines
amerikanischen Angriffs werden könnte. Die Lage verschärfte
sich im Februar 2003, als die Internationale Atomenergiebehör-
de (IAEA) erstmals Zweifel daran äußerte, dass das iranische
Atomprogramm tatsächlich ziviler Natur sei, wie Teheran wiederholt beteuerte. Deshalb griff die iranische Führung zu einer
Doppelstrategie: Zum einen willigte sie in Verhandlungen mit
Großbritannien, Frankreich und Deutschland (den »EU-3«) ein,
die einen weiteren Waffengang der USA im Nahen Osten verhindern wollten und unter anderem deshalb Gespräche anboten.
Iran unterzeichnete daraufhin im Dezember 2003 das Zusatzprotokoll zum Atomwaffensperrvertrag, das intensivere Inspektionen durch die IAEA erlaubt, und erklärte sich bereit, vorläufig
auf Urananreicherung zu verzichten. Im Gegenzug verhinderten
die Europäer, dass der Fall Iran an den Sicherheitsrat übergeben
wurde.[36] Wichtiger aber war der zweite Teil der Strategie. Teheran teilte das Nuklearprogramm ab Sommer 2003 in zwei Teile,
einen offenen, über den mit den Europäern verhandelt wurde,
und einen geheimen, in den all diejenigen Teile des Programms
überführt wurden, die nicht plausibel mit einem zivil ausgerich-
teten Atomprogramm vereinbar waren. Die Täuschung funktionierte; noch 2007 schrieben die amerikanischen Geheimdienste
in einer gemeinsamen Einschätzung (dem »National Intelligence
Estimate«), die Iraner hätten ihr Atomwaffenprogramm im
Herbst 2003 eingestellt.[37]

Zum Zeitpunkt, als diese Einschätzung veröffentlicht wurde,
hatte sich der Konflikt um das Atomprogramm erneut verschärft.

Verantwortlich war Präsident Mahmoud Ahmadinejad, der – nicht ohne die Zustimmung Khameneis – bereits kurz nach Amtsantritt eine Wiederaufnahme der Urananreicherung und ein Ende der Inspektionen ankündigte. Als die Iraner im Februar 2006 in Natanz wieder Uran anzureichern begannen und die im Zusatzprotokoll vorgesehenen Inspektionen verweigerten, wandte sich die IAEA an den UNO-Sicherheitsrat. Gemeinsam mit den EU-3 machten die USA, China und Russland als P5+1 (P steht für die permanenten, ständigen Mitglieder des Sicherheitsrates) weitere Verhandlungsangebote, denen sich die neue iranische Führung jedoch verweigerte. Daraufhin verabschiedete der Sicherheitsrat im Juli 2006 Resolution 1696, die ein Ende der Urananreicherung verlangte. Bis 2008 folgten drei weitere Resolutionen zum iranischen Atomprogramm, die mit stetig verschärften Sanktionen einhergingen.[38]

Der Konflikt spitzte sich 2009/10 zu, nachdem ein britischer Nachrichtendienst im April 2008 auf dem Revolutionsgarden-Stützpunkt Fordo nahe der Stadt Qom eine tief in den Berg eingelassene geheime Urananreicherungsanlage entdeckt hatte.[39] Schon 2003 hatten westliche Dienste die Sorge geäußert, Iran könnte einen geheimen Ort zur Herstellung waffenfähigen Urans nutzen. Als Präsident Ahmadinejad auf erste Nachrichten mit der Ankündigung reagierte, zehn weitere Anlagen zur Urananreicherung zu bauen, leitete der Sicherheitsrat eine neue Sanktionsrunde ein, die weit über die bisherigen Strafmaßnahmen hinausging. Ziel war nun vor allem die iranische Erdölindustrie, die damals rund 60 Prozent der Staatseinnahmen Irans ausmachte. Die Ölexporte sanken von 2,5 Millionen Barrel pro Tag im Jahr 2011 auf nur noch eine Million Barrel pro Tag im August 2013.[40] Die Wirtschaftskrise war so dramatisch, dass die iranische Führung einlenkte. Auch die Zerstörung von Zentrifugen durch den Computervirus Stuxnet dürfte eine Rolle gespielt haben. Hinzu kam die Gefahr eines von Israel angedrohten Angriffs. Zwischen 2008 und 2012 schienen solche Militäraktionen

mehrfach kurz bevorzustehen. Sie wurden erst abgewendet, als
2013 die Verhandlungen zwischen Iran und den P5+1 begannen,
die zum Atomabkommen vom Juli 2015 führten.

Der militärisch-geheimdienstliche Komplex der Revolutionsgarden

Khameneis Widerstandsgedanke fand – ausgearbeitet von den
Revolutionsgarden – sein strategisches Äquivalent in einer Ab-
schreckungsdoktrin. Um die USA, Israel und regionale Verbündete von Angriffen auf Iran abzuhalten, wurden ballistische Raketen entwickelt, mit denen Ziele im gesamten Nahen Osten erreicht werden konnten (und die idealerweise eines Tages
atomare Sprengköpfe tragen würden). Man richtete die Marine
auf eine Art »Guerillakrieg zur See« (Michael Connell) gegen
US-Verbände und die zivile Schifffahrt im und um den Persischen Golf aus. Zudem installierte man die »Achse des Widerstands«, ein Bündnis, dem das Syrien des Assad-Clans, die libanesische Hisbollah, schiitische Milizen im Irak, die Huthis im
Jemen, die palästinensische Hamas und der Islamische Jihad in
Gaza angehörten. Ab 2011 nutzte Iran die Gelegenheit, die ihm
die Bürgerkriege, Unruhen und Proteste in der arabischen Welt
boten, um immer häufiger in die Offensive zu gehen.

Armee und Revolutionsgarden

Die Revolutionsgarden sind die politisch-ideologische Armee
Irans und das wichtigste Instrument des Revolutionsführers in
der Außen- und Sicherheitspolitik, denn sie sind stärker als das
konventionelle Militär. Beide Streitkräfte unterstehen Revolutionsführer Khamenei, sind aber weitgehend voneinander
getrennt. Der Grund war, dass Ayatollah Khomeini die von den

USA ausgerüstete und ausgebildete Armee des Schahs nach der Revolution fortbestehen ließ, obwohl er ihr misstraute. Um einen Staatsstreich von vornherein unmöglich zu machen, beschränkte er sich nicht auf Säuberungen des Militärs, sondern gründete schon im Mai 1979 eine Parallelarmee, die offiziell »Armee der Wächter der Islamischen Revolution« (pers. Sepah-e Pasdaran-e Enqelab-e Islami) heißt und kurz »Revolutionsgarden« genannt wird. Sie stehen loyal zum Revolutionsführer – einst Khomeini, heute Khamenei – wie auch zur Lehre von der Herrschaft des Rechtsgelehrten und zur Islamischen Republik.

Die konventionelle Armee Irans (pers. Artesh) ist heute nur noch ein Schatten ihrer selbst im Vergleich zu den 1970er-Jahren, als sie rund 400 000 Mann unter Waffen hatte und hervorragend ausgestattet war. Besonders die Luftwaffe galt als stark, denn sie verfügte seit 1974 sogar über die F-14 Tomcat, das damals modernste Kampfflugzeug der Welt, das die USA nur nach Iran exportierten. Nach der Revolution bestand die Armee zwar fort, litt aber unter der Flucht vieler Offiziere und gnadenlosen Säuberungswellen des neuen Regimes. Rund 12 000 Militärangehörige aller Ränge wurden nach 1979 entlassen, inhaftiert oder hingerichtet.[41] Obwohl die Armee aufgrund ihrer hohen Professionalität und anfangs noch guten Bewaffnung die effektivere Streitmacht war, nutzte das Regime den Iran-Irak-Krieg, um die Revolutionsgarden auf Kosten des Militärs auszubauen.

Diese Entwicklung hält bis heute an, sodass die immer noch 350 000 Mann zählende Armee mehr als die Garden unter hoffnungslos veralteter Bewaffnung und Ausrüstung leidet. Das einzige militärische Szenario, in dem die Armee eine nennenswerte Rolle spielt, ist das einer Bodeninvasion, bei der die konventionellen Streitkräfte die erste Verteidigungslinie an den Grenzen des Landes bilden würden. Da auch die iranische Militärführung für diesen Fall einen raschen Durchbruch des Gegners erwartet, würden die Revolutionsgarden und die ihnen unterstehenden Basij (dt. Mobilisierung) genannten Milizen einen Guerillakrieg gegen die Verbindungslinien des vorrückenden Feindes beginnen, um ihn mittelfristig zum Rückzug zu zwingen.[42] Es ist bezeichnend für die Machtverteilung zwischen Armee und Revolutionsgarden, dass diese »Mosaik-Verteidigung« genannte Militärdoktrin im Jahr 2005 vom Gardengeneral Mohammad Ali Jafari vorgestellt wurde – der die Hauptrolle im Kampf gegen die Invasoren seiner eigenen Truppe zudachte. Diese wurde in 31 regionale Kommandos (Teheran und die 30 Provinzen des Landes) aufgeteilt, deren Befehlshaber erweiterte Kompetenzen erhielten. Durch Schaffung dieses »Mosaiks« aus dezentralisierten Kommandostrukturen sollten die US-Streitkräfte daran gehindert werden, das iranische Militär durch die Zerstörung seiner Befehlsketten außer Gefecht zu setzen.[43]

Vor Beginn des Iran-Irak-Kriegs im September 1980 hatten die Revolutionsgarden vor allem die Aufgabe, die entstehende Islamische Republik vor ihren internen Gegnern zu schützen. Nach den Royalisten bekriegten sie die Volksmojahedin, Volksfedayin und Kommunisten. In Kurdistan schlugen sie 1980 einen Aufstand separatistischer Kurden nieder, der für die weitere Geschichte der Garden besonders wichtig war. Dies zeigte sich vor allem daran, dass Veteranen der Kämpfe wie Qassem Soleimani und Mohammad Ali Jafari in höchste Positionen vorrückten. Bis heute scheint die Teilnahme an diesem äußerst brutal geführten Einsatz fast eine Voraussetzung für den Aufstieg in die Spitze der Organisation zu sein.

Während des Iran-Irak-Kriegs liefen die Revolutionsgarden dem Militär schnell den Rang ab. Dies zeigte sich schon an ihrer Personalstärke, die Ende 1979 auf bescheidene 10 000 Mann geschätzt wurde, 1981 aber schon 50 000 und 1986 bis zu 350 000 betrug. Hinzu kamen die Basij-Milizen, deren Zahl 1986 bei drei Millionen lag; sie unterstanden den Garden und wurden von ihnen militärisch und ideologisch ausgebildet.[44] Die effektivste taktische Neuerung der Garden war der Einsatz »menschlicher Wellen«, mit denen sie seit Ende 1981 durch den Einsatz möglichst zahlreicher Angreifer die waffentechnische Überlegenheit der Iraker auszugleichen versuchten. Für den Rest des Krieges nutzten die Garden diese Vorgehensweise, die aufgrund der immensen Opferbereitschaft der Basijis möglich wurde und für einen großen Teil der iranischen Kriegsopfer verantwortlich war. Entschiedenster Verfechter dieser Taktik war Mohsen Rezai, der die Garden zwischen 1981 und 1997 kommandierte und der während des Krieges einflussreichste Militär Irans war.[45]

Seitdem ist der Einfluss führender Kommandeure der Revolutionsgarden gestiegen – ein Ergebnis ihres Bündnisses mit dem Obersten Führer Khamenei, dem sie loyal ergeben sind und der sich seit den frühen 1990er-Jahren auf seine Machtbasis in den Streitkräften und Sicherheitsbehörden stützt. Seit dieser Zeit gehören die Anführer der Garden – Yahya Rahim Safawi von 1997 bis 2007, Mohammad Ali Jafari von 2007 bis April 2019 und Hossein Salami seitdem – zu den wichtigsten Persönlichkeiten des öffentlichen Lebens und in der Politik zu den führenden Vertretern des konservativ-rechten Lagers. Dies zeigte sich während der Proteste 2009, als die Garden gemeinsam mit den Basij-Milizen die »Grüne Bewegung« zerschlugen. Die Ereignisse zeigten in aller Deutlichkeit, dass die Wahrung der Sicherheit des Regimes die vielleicht wichtigste Aufgabe der Garden ist – was sich auch in der Stärke ihres Geheimdienstes zeigt, der seit 2009 auf einer hierarchischen Stufe mit dem mächtigen Geheimdienstministerium steht.[46]

Asymmetrische Kriegführung

Die Personalstärke der Revolutionsgarden liegt heute bei 125 000 Mann, die Basij-Milizen zählen etwa 600 000 Kämpfer.[47] Die Garden sind ein attraktiver Arbeitgeber, denn ihr Sold ist höher als der des konventionellen Militärs. Außerdem bieten sie nach dem Ausscheiden aus dem aktiven Dienst eine Beschäftigung in ihrem Wirtschaftsimperium, das sie seit Beginn der 1990er-Jahre stetig ausgebaut haben. Diese Aktivitäten stärken die Garden zwar als Akteur der Innenpolitik, sie lassen aber Zweifel an ihrer militärischen Schlagkraft zu, denn Armeen, die sich nicht auf ihr Kerngeschäft konzentrieren, sind selten bereit und in der Lage, im Konfliktfall zu ihrer eigentlichen Aufgabe zurückzukehren.

Im Bewusstsein der eigenen technologischen Schwäche konzentrieren sich die Garden vollständig auf die asymmetrische Kriegführung: Sie vermeiden eine konventionelle Auseinandersetzung mit dem waffentechnisch überlegenen Gegner und setzen stattdessen auf möglichst häufig wiederholte kleinere Angriffe. Ein besonders wichtiger Teil dieser Strategie ist das iranische Raketenprogramm, das wie das Nuklearprogramm den Revolutionsgarden untersteht. Die Islamische Republik setzte schon seit 1985 ballistische Raketen aus sowjetischen Beständen im Krieg gegen den Irak ein. In den folgenden Jahren weitete Iran sein Raketenprogramm systematisch aus, indem es nordkoreanische Nodong-Mittelstreckenraketen importierte, umbaute und ihre Reichweite erhöhte. Lange dominierten diese Raketen der Shahab-Familie die iranische Raketenrüstung.[48]

Iran arbeitete am Bau von Raketen mit immer größerer Reichweite und höherer Traglast. Gegner vermuteten dahinter die Absicht, Trägersysteme für Atomsprengköpfe zu entwickeln. Sie schlossen dies unter anderem aus den hohen Kosten für die Raketen und ihrer mangelnden Zielgenauigkeit, die es lange unmöglich machte, sie zum präzisen Einsatz gegen militärische Ziele zu verwenden. Als die Vereinten Nationen im Jahr 2006 erste Sanktionen gegen Iran verhängten, war auch das Raketenprogramm betroffen. Kurz darauf begann die Bush-Administration eine groß angelegte Sabotagekampagne gegen dieses Programm; Iran musste viele Teile importieren, die durch die CIA ausgetauscht werden konnten. In den Folgejahren scheiterten zahlreiche Tests, die das iranische Programm zurückwarfen, aber nicht stoppen konnten.[49]

Höhepunkt der Fehlschläge war am 12. November 2011 eine

Explosion im Raketenstützpunkt Bidganeh bei Teheran, auf dem Langstreckenraketen entwickelt wurden. Die Detonation tötete 17 Revolutionsgardisten, unter denen mit General Hassan Tehrani Moqaddam auch der Chef des iranischen Raketenprogramms war. Die Regierung erklärte, es habe sich um einen Unfall gehandelt, doch das ist vor dem Hintergrund der lange anhaltenden Sabotagekampagne und paralleler Mordanschläge auf iranische Atomforscher nur schwer zu glauben.[50] Unabhängig davon wurden die Zerstörung von Bidganeh und der Tod von Moqaddam damals als schwerer Rückschlag gewertet. Gleichwohl wurde das Raketenprogramm unter Hochdruck fortgesetzt, und 2018 stellte sich heraus, dass die Garden im Nordosten des Landes nahe dem Ort Shahrud eine geheime Anlage gebaut hatten, auf der ebenfalls Langstreckenraketen entwickelt wurden. Besonders aufmerksam verfolgte die Fachwelt, dass die Revolutionsgarden ausweislich der Satellitenbilder schon seit Jahren an der Entwicklung von Festbrennstoff arbeiteten, der gegenüber Flüssigbrennstoff den Vorteil hat, dass die Rakete sehr viel besser versteckt und viel schneller – wenn nötig, innerhalb von Minuten – gestartet werden kann.[51]

Das Raketenprogramm ist aus Sicht der iranischen Führung ein probates Mittel, um einen israelischen Angriff abzuschrecken. Deshalb wehrte sie sich in den Atomverhandlungen mit den USA gegen eine Einbeziehung des Themas, bis die Obama-Administration nachgab und Teheran seine Raketenrüstung weiter vorantreiben konnte. Zwischen 2015 und 2019 fanden mindestens siebzehn Raketentests statt, die von Irans Ambitionen zeugen. Heute besitzt Iran das größte Arsenal ballistischer Raketen im Nahen Osten. Die Reichweiten liegen bei bis zu 2000 Kilometer, sodass sie ganz Saudi-Arabien und Israel ohne Mühe erreichen können. Die Treffgenauigkeit reicht bei vielen Modellen noch nicht für die Zerstörung militärischer Ziele, doch größere Städte können die Revolutionsgarden verlässlich erreichen. Wie die Anschläge auf die Ölanlagen von Abqaiq und Khurais am 14. September 2019 zeigten, ist das iranische Militär außerdem in der Lage, näher liegende Ziele mit Drohnen und Marschflugkörpern anzugreifen.

Diese neuen militärischen Fähigkeiten wirken sich auch auf die Lage an der Straße von Hormuz aus, wo sich die Marine der Revolutionsgarden auf eine Art »Guerillakrieg zur See« vorbereitet.[52] Ihre enorme Bedeutung hat diese Meerenge, die an ihrer engsten Stelle nur 39 Kilometer breit ist, weil etwa ein Fünftel des Erdöls weltweit und auch ein Drittel des verflüssigten Gases durch sie transportiert werden. Jede längere Störung des Schiffsverkehrs dort hätte dramatische Folgen für die Öl- und Gaspreise und könnte die Weltwirtschaft in eine Rezession ziehen. Schon während des Tankerkrieges der 1980er-Jahre bekämpfte die iranische Marine zivile Tankschiffe im Persischen Golf, doch im April 1988 erlitt sie eine vernichtende Niederlage gegen die US-Marine. Seitdem entwickelten Revolutionsgarden eine Strategie zur Vermeidung einer direkten Konfrontation mit den weit überlegenen Seestreitkräften der USA. Stattdessen würden die Garden im Konfliktfall versuchen, dem Gegner mit nadelstichartigem Beschuss, überraschenden Überfällen und Hinterhalten über einen längeren Zeitraum Verluste zuzufügen. Zu diesem Zweck stellte die Marine der Garden zusätzlich zu zahlreichen ballistischen Raketen – mit denen Schiffe ebenso wie die Häfen und Militärbasen an der Gegenküste des Persischen Golfs beschossen werden können – ein umfangreiches Arsenal an Waffen zusammen. Hierzu gehören Seeminen, land- und seegestützte Marschflugkörper zum Einsatz gegen Schiffe, Kampfdrohnen, Schnellboote, unbemannte Sprengboote und zahlreiche meist kleinere U-Boote. Die iranische Flotte wäre zwar nie in der Lage, der US-Marine eine Niederlage beizubringen, doch sie könnte ihr empfindliche Verluste zufügen.

Die iranische Führung, Revolutionsgarden und Militär haben in den letzten Jahren wiederholt mit einer Sperrung der Meerenge von Hormuz gedroht. Tatsächlich dürfte Iran nicht stark genug sein, eine solche Blockade mehr als einige Stunden aufrecht-zuerhalten. Doch die zivile Schifffahrt könnte es stark behindern. Ein solches Szenario war lange nicht plausibel, weil die Iraner als Exportnation von Öl und Gas selbst stark darunter gelitten hätten. Die Kosten-Nutzen-Rechnung in Teheran veränderte sich jedoch, nachdem die US-Regierung 2018 das Atomabkommen aufgekündigt und Sanktionen gegen die iranische Ölindustrie verhängt hatte. Bis Sommer 2019 gingen die iranischen Ölexporte auf nur noch rund 300 000 Barrel pro Tag zurück. Das Interesse Teherans an freien Schifffahrtswegen nahm deshalb deutlich ab, wie sich schon im Frühjahr und Sommer 2019 zeigte, als die Revolutionsgarden Tankschiffe im Golf von Oman nahe der Straße von Hormuz beschädigten und die Ölanlagen von Abqaiq und Khurais angriffen.

Das »Qods-Korps«

Neben dem ballistischen Raketenprogramm und der Marine-guerilla setzen die Revolutionsgarden auf Verbündete wie Hisbollah, schiitische Milizen im Irak und die Huthis im Jemen. Die Iraner bilden und rüsten ihre Verbündeten so aus, dass sie in die Lage versetzt werden, Gegner weit vor der iranischen Grenze anzugreifen – »Vorneverteidigung« nennen sie es. So soll eine Attacke auf Iran durch Abschreckung verhindert werden. Die iranischen Raketenlieferungen an die libanesische Hisbollah waren lange Zeit das wichtigste Beispiel. Sie sollten Israel davon überzeugen, dass jeder Angriff auf Iran einen Beschuss Israels aus dem Nachbarland und damit hohe Verluste nach sich ziehen würde. Seit 2014 verfolgen die Iraner eine ganz ähnliche Strategie im Jemen, von wo aus die Huthis Saudi-Arabien bedrohen.

Wie wichtig diese Dimension der Militärdoktrin ist, zeigt sich daran, dass zu diesem Zweck eine eigene Teilstreitkraft unterhalten wird. Das »Qods-Korps« (pers. Niru-ye Qods) ist eine Eliteeinheit der Revolutionsgarden. Es erfüllt heute den Auftrag, den

früher das »Büro für Befreiungsbewegungen« von Mehdi Hashemi innehatte, das bis 1987 auf den Export der Revolution in
die arabischen Nachbarstaaten hinarbeitete. Das Qods-Korps
soll in der arabischen Welt und in Afghanistan, vereinzelt auch
darüber hinaus, militärische, geheimdienstliche und politische
Verbündete gewinnen, aufbauen und langfristig unterstützen.
Die Einheit übernahm ab Anfang der 1990er-Jahre auch die
Kontakte zur Hisbollah, die damals schon der wichtigste sub-
staatliche Verbündete Irans war. In der Praxis müssen die Alliierten ähnliche machtpolitische und/oder weltanschauliche Ziele
verfolgen wie die Islamische Republik. Meist handelt es sich deshalb um schiitische Islamisten wie die libanesische Hisbollah,
doch für eine Zusammenarbeit genügt auch die gemeinsame
Feindschaft zu Saudi-Arabien, Israel und den USA – wie zum
Beispiel die Unterstützung der sunnitischen palästinensischen
Hamas zeigt.

Das Qods-Korps besteht aus 5000 bis 20 000 Mann und wird
meist als militärischer Akteur dargestellt, ist aber vielmehr eine
hybride Struktur, die militärische, geheimdienstliche und politische Charakteristika vereint. Wie die Spezialkräfte vieler Arme-
en und Geheimdienste trainiert und berät sie Kämpfer verbündeter Organisationen und führt sie im Kampf an, wie ein Geheimdienst versorgt sie diese mit Geld, Waffen und Informationen,
und wie eine Regierung entsendet sie diplomatisches Personal.
Die Bedeutung des Qods-Korps als politischer Akteur zeigt sich
daran, dass die iranischen Botschafter im Irak seit Langem Offiziere dieser Einheit sind.[53] Militärisch gilt die Einheit für sich
gesehen als wenig schlagkräftig; ihre Stärke liegt im Management verbündeter Gruppierungen (engl. »proxy forces«) wie der
libanesischen Hisbollah, der sie im Krieg gegen Israel 2006 und
im syrischen Bürgerkrieg ab 2012 beistand. Viele Staaten, die
sich solcher Stellvertretergruppen bedienen, machen irgendwann die Erfahrung, dass sie sich auf Dauer nur schwer kontrollieren lassen. Nicht so das Qods-Korps, das über zahlreiche lang-

fristig loyale »proxies« verfügt. Die wichtigste Erklärung dafür dürfte die gemeinsame Ideologie und die Loyalität gegenüber dem Revolutionsführer Khamenei und der Islamischen Republik sein.

Das Qods-Korps begann als untergeordneter Teil der Landstreitkräfte der Revolutionsgarden, gewann aber seit Ende der 1990er-Jahre an Bedeutung, bis es 2009 zur eigenständigen Teilstreitkraft wurde, die direkt dem Obersten Führer Ali Khamenei unterstellt ist. Ein Grund dafür war die Instabilität der Nachbarstaaten, wie zunächst Afghanistan (seit der Machtübernahme der Taliban 1996) und Irak (seit der US-Invasion 2003), wo zur Durchsetzung iranischer Interessen eine im Verborgenen operierende Einheit gebraucht wurde. Ein weiterer Grund war die Person ihres Kommandeurs, General Qassem Soleimani, der sein Amt 1998 antrat und zum unbestrittenen Anführer der »schiitischen Internationale« militanter Gruppen im Nahen Osten aufstieg.

Bis zu seinem Tod infolge eines von US-Präsident Trump angeordneten Drohnenangriffs im Januar 2020 (der beinahe einen Krieg auslöste und von dem noch zu sprechen sein wird) war Soleimani Militär, Geheimdienstler und Politiker in einem und seit mehr als einem Jahrzehnt der mächtigste Befehlshaber der Region. Er selbst beschrieb seine Rolle 2008 in einer SMS an den damaligen Oberbefehlshaber der multinationalen Truppen im Irak so: »General Petraeus, Sie sollten wissen, dass ich, Qassem Soleimani, die iranische Politik im Irak, Libanon, Gaza und Afghanistan kontrolliere. Tatsächlich ist der Botschafter in Bagdad ein Mitglied des Qods-Korps. Und die Person, die ihn ersetzen wird, ist ebenfalls ein Mitglied des Qods-Korps.«[54] Soleimani dürfte nicht übertrieben haben, denn Ali Khamenei protegierte ihn. Dies wurde erstmals 2005 einer breiteren Öffentlichkeit bekannt, als der Revolutionsführer, der höchstes Lob normalerweise für gefallene Soldaten aufspart, Soleimani einen »lebenden Märtyrer der Revolution« nannte.[55]

Ab 2003 wurde der Irak zum Haupteinsatzgebiet Soleimanis. Dort finanzierte, trainierte und bewaffnete das Qods-Korps einheimische schiitische Gruppen, die die amerikanischen Besatzungstruppen bekämpften. Ihr Ziel war es, die USA zu einem möglichst baldigen Rückzug zu zwingen. Das US-Militär fand nie ein Mittel gegen die professionell ausgebildeten, gut bewaffneten und hoch motivierten kleinen Trupps, die Anschläge verübten und sich rasch auf iranisches Territorium zurückzogen. Gleichzeitig baute Soleimani Irans Einfluss auf die irakische Politik aus, was 2010 darin gipfelte, dass er eine zweite Amtszeit des Ministerpräsidenten Nuri al-Maliki durchsetzte. Schon in den Jahren vor dem Abzug der US-Truppen 2011 galt Soleimani als »der ohne Zweifel mächtigste Mann des Irak«, so der ehemalige Nationale Sicherheitsberater Muwaffaq ar-Rubai'i.[56] Der Erfolg im Irak wirkte sich auch auf die Stellung Soleimanis und des Qods-Korps in Iran aus: 2009 (einigen Quellen zufolge erst im Frühjahr 2011) wurde Soleimani zum Generalmajor befördert, dem Rang des Oberkommandierenden der Revolutionsgarden. Khamenei stellte damit beide Militärführer auf eine Stufe, was das Qods-Korps und auch Soleimani stark aufwertete. Der Kommandeur, einer der wichtigsten sicherheitspolitischen Berater des Obersten Führers, galt nunmehr als Schlüsselfigur der iranischen Sicherheitspolitik.

Die ab 2011 ausbrechenden Bürgerkriege in Syrien und im Irak gaben der Karriere Soleimanis einen erneuten Schub. Er führte das iranisch kontrollierte Expeditionskorps schiitischer Milizen in Syrien an, das maßgeblich dazu beitrug, dass Regierungstruppen die Rebellen im Dezember 2016 aus Aleppo vertreiben konnten. Im Irak leitete Soleimani die »Volksmobilisierungseinheiten« (arab. Quwwat al-Hashd ash-Sha'bi), die an der Seite der Regierungstruppen im Juli 2017 die IS-Hauptstadt Mossul und ihre Umgebung einnahmen. Parallel baute das Qods-Korps gemeinsam mit der Hisbollah die Unterstützung für die jemenitischen Huthis aus, die sich immer enger an ihre iranischen Helfer banden und zu einer großen Gefahr für Saudi-Arabien wurden. Das Qods-Korps wurde immer mehr zur Speerspitze des Schattenkrieges gegen die Gegner Irans und Soleimani so populär, dass ihm wiederholt Ambitionen auf das Präsidentenamt nachgesagt wurden.

3 Saudi-Arabien: Aggressiver Hüter des Status quo

Am 2. Januar 2016 ließ die saudi-arabische Regierung 47 angebliche Terroristen hinrichten – die meisten wurden mit dem Schwert enthauptet. Neben 43 al-Qaida-Anhängern handelte es sich um vier Schiiten, unter ihnen mit dem Prediger Nimr Baqir an-Nimr der bekannteste Anführer der schiitischen Gemeinde in Saudi-Arabien. Nimr hatte die Herrscherfamilie Saud mehrfach als »Tyrannen« beschimpft und angedeutet, dass die Schiiten des Landes einen eigenen Staat gründen könnten, sollte ihnen die Gleichberechtigung weiter vorenthalten werden. Während des Arabischen Frühlings 2011 hatte er zu Demonstrationen im Osten des Königreichs aufgerufen, wodurch er zur Symbolfigur der jugendlichen Protestbewegung gegen die Herrschaft der Familie Saud aufstieg. Ob er darüber hinaus zu Gewalt aufrief, ist umstritten, aber nichts belegt, dass er in militante Strukturen eingebunden war. Nach der Hinrichtung Nimrs flackerten die Proteste erneut auf.

Zum Zeitpunkt der Hinrichtungen hatten sich die Beziehungen zwischen Riad und Teheran bereits seit fünf Jahren dramatisch verschlechtert. Noch am Abend des 2. Januar bewarfen Demonstranten in Teheran die saudi-arabische Botschaft mit Brandbomben, bevor sie sie stürmten und mit dem Schlachtruf »Tod der Familie Saud« teilweise verwüsteten. Da die Hauptstadt und alle ausländischen Einrichtungen streng von Sicherheitskräften überwacht werden, kann es sich dabei nicht um einen spontanen Ausbruch gehandelt haben. Die iranische Führung protestierte auf diese Weise gegen die Ermordung Nimrs, der in den Staatsmedien seit einigen Jahren als Vorkämpfer schiitischer

Rechte in Saudi-Arabien gefeiert worden war. Riad brach die diplomatischen Beziehungen zu Iran ab.

Die Ereignisse vom Januar 2016 zeigten ein Königreich, das viel aggressiver auftrat als noch wenige Jahre zuvor. Dies hatte mit dem eskalierenden Konflikt mit Iran in Bahrain, Syrien und im Jemen zu tun, aber auch mit der Sorge um die Loyalität der schiitischen Minderheit, die – ganz ähnlich wie die Sunniten in Iran – massiv benachteiligt wird und in Riad als potenzielle »fünfte Kolonne« Irans gilt. Außerdem herrschte in Riad neuerdings nicht mehr die gealterte Gruppe führender Prinzen, die die saudi-arabische Politik seit den 1990er-Jahren so schwerfällig gemacht hatten. An ihre Stelle war der junge, dynamische und ebenso rücksichtslose Muhammad Ibn Salman Al Saud getreten. Der Sohn von König Salman, der im Januar 2015 Verteidigungsminister wurde, gewann immer mehr an Macht, bevor er 2017 zum Kronprinzen ernannt wurde und fortan die Politik des Königreichs bestimmte.

Politisches System und Herrscherfamilie

Saudi-Arabien ist neben dem Haschemitischen Königreich Jordanien einer von nur zwei Staaten weltweit, die nach ihrer Herrscherfamilie benannt sind. In dem Namen spiegelt sich die überragende Rolle der Familie Saud (arab. Al Saud) bei der Staatsgründung ebenso wie ihr Selbstbewusstsein, in besonderer Weise für die Zukunft dieses Staats verantwortlich zu sein. Kritiker argumentieren, dass die Sauds das Königreich als ihr Privateigentum betrachten und entsprechend autoritär mit ihren Untertanen umgehen.

Das heutige Saudi-Arabien wird auch der »dritte saudische Staat« genannt, weil ihm zwei frühere Staaten – der erste bestand von 1744/45 bis 1818, der zweite von 1824 bis 1891 – vorangingen, die aber scheiterten. Als der Gründer des modernen Saudi-Arabien, König Abd al-Aziz Ibn Abd ar-Rahman, genannt Ibn Saud, im Januar 1902 die Hauptstadt Riad von der konkurrierenden Al-Rashid-Dynastie zurückeroberte, tat er dies in dem festen Glauben, einen historischen und religiösen Anspruch auf die Herrschaft in Zentralarabien zu haben. Religiös begründet war der Anspruch, weil einer seiner Vorfahren Mitte des 18. Jahrhunderts ein Bündnis mit einem sunnitischen Reformgelehrten geschlossen hatte; die Herrscherfamilie hatte seine religiösen Ideen im ganzen Land verbreitet, während der Gelehrte und seine Nachkommen den entstehenden Staat mit einer religiösen Ideologie versahen. Es handelte sich um Muhammad Ibn Abd al-Wahhab (1703/04–1792), den Begründer des Wahhabismus – einer puristischen Lehre, die bis heute eine Art Staatsreligion Saudi-Arabiens geblieben ist. Ibn Abd al-Wahhabs Nachfahren halfen Ibn Saud auch im 20. Jahrhundert beim Aufbau seines Staates und stellten die führenden Religionsgelehrten. Innerhalb von nur drei Jahrzehnten gelang es dem Herrscher, weite Teile der Arabischen Halbinsel zu erobern. Am 23. September 1932 ließ er das »Königreich Saudi-Arabien« ausrufen.

Ibn Saud hatte 43 Söhne, die nach seinem Tod 1953 die Macht unter sich aufteilten. Jeweils der älteste fähige Sohn folgte seinem verstorbenen Bruder auf den Königsthron, zunächst Saud (reg. 1953–1964), dann Faisal (1964–1975), Khalid (1975–1982), Fahd (1982–2005), Abdallah (2005–2015) und seit 2015 Salman. Da die meisten Brüder ebenfalls viele Kinder hatten, bildete sich eine Herrscherfamilie, die heute aus Tausenden Prinzen besteht.[1] Das politische System wurde stark auf einige dominierende Persönlichkeiten zugeschnitten, die bis 2015 fast alle wichtigen Entscheidungen trafen. Zwar steht der König im Zentrum dieses Systems, doch seine Macht variierte stark – andere Mitglieder der Herrscherfamilie hatten ebenfalls großen Einfluss. Während Ibn Saud noch als absoluter Monarch herrschte, konnte keiner seiner Söhne die Macht im Land monopolisieren. Dies traf bereits auf Faisal zu, der gemeinhin als der bedeutendste Nachfolger seines Vaters gilt, mehr aber noch auf seine Nachfolger. Deren Macht nahm insgesamt ab, sodass seit den 1970er-Jahren in Riad oligarchisch geherrscht wurde. Die wichtigsten Entscheidungen fällte ein kleiner Kreis aus rund einem Dutzend führender Prinzen, die um Konsens bemüht waren. Diese Entscheidungsprozesse waren von der Furcht vor Konflikten untereinander geprägt und dauerten oft sehr lange, was die saudi-arabische Politik insgesamt verlangsamte. Mit dem zunehmenden Alter und gesundheitlichen Problemen der wichtigsten Persönlichkeiten verschärfte sich dieses Problem seit den 2000er-Jahren.

Politische Institutionen spielten in diesem System eine untergeordnete Rolle. Die wichtigsten waren das Kabinett und die Ministerien, die eine gewisse Bedeutung hatten, ohne den informellen Führungszirkel je zu ersetzen. Zentrale Ressorts wie das Innen-, Verteidigungs- und Außenministerium – genannt die »Souveränitätsministerien« (arab. Wizarat as-Siyada) – wurden seit ihrer Gründung ausnahmslos mit führenden Prinzen besetzt. Seit den 1960er-Jahren begannen diese, ihren Zuständigkeitsbereich immer mehr als persönliche Pfründe zu betrachten, die sie zur Versorgung von Familienangehörigen und Gefolgsleuten nutzten und sogar vererbten.

Faisal etwa leitete das Außenministerium von seiner Gründung 1931 bis 1975 und gab es auch nicht ab, als er 1958 Ministerpräsident und 1964 König wurde. Nach seinem Tod ging das Amt an seinen ältesten Sohn Saud al-Faisal über, der es erst kurz vor seinem Ableben 2015 aufgab.[2] Ähnlich war es im Verteidigungsministerium, das seit 1962 bis zu seinem Tod 2011 von Prinz Sultan geleitet wurde. Noch zu seinen Lebzeiten ernannte Sultan 2001 seinen Sohn Khalid zum Vizeminister, der lange als der starke Mann im Ministerium galt.[3] Entsprechend ging der langjährige Innenminister und spätere Kronprinz Nayif vor. Er wurde 1977 Innenminister und baute seinen Sohn Muhammad zum Nachfolger auf. Der wurde 1999 Vizeminister und galt als der starke Mann im Ministerium, das er ab 2003 faktisch führte, bevor er im November 2012 seine Leitung auch offiziell übernahm.

Seit den 1960er-Jahren gab es immer wieder Versuche zur Reform des politischen Systems. Diese waren nicht der Einsicht geschuldet, dass sich das Königreich grundlegend wandeln müsse. Vielmehr machte die Herrscherfamilie in Krisenzeiten wiederholt Reformversprechen, um entsprechenden Forderungen aus dem Ausland – vor allem den USA – nachzukommen und innenpolitischer Opposition den Wind aus den Segeln zu nehmen. Waren die Krisen vorüber, wurden die Versprechungen häufig ignoriert. Oberstes Ziel war immer, die führende Stellung der Herrscherfamilie nicht zu gefährden.

Dies war beispielsweise kurz nach dem Kuwait-Krieg 1990/91 der Fall. Die USA hatten 500 000 Soldaten in die Region geschickt, um Kuwait nach dem irakischen Überfall vom August 1990 zu befreien und Saudi-Arabien vor einem weiteren Vormarsch der irakischen Armee zu schützen. Parallel wurden in Washington Stimmen laut, die von den Saudis und Kuwaitis innenpolitische Reformen forderten. Die saudi-arabische Führung stand aber auch innenpolitisch unter Druck, eine islamistische und eine liberale Opposition forderten ebenfalls Veränderungen. Um die Erwartungen aus den USA aufzufangen und in der Auseinandersetzung mit den Islamisten die liberaleren Elemente zu gewinnen, setzte das Regime nun Versprechen um, die der spätere König Faisal schon 1962 gemacht hatte. Das wichtigste Reformdokument war das 1992 verkündete Grundgesetz (arab. Nizam Asasi). Es legte die Strukturen eines politischen Systems fest, das um einen parlamentsähnlichen Konsultativrat (arab. Majlis ash-Shura) erweitert wurde. Dessen Einfluss blieb jedoch stark beschränkt, da er nie legislative Kompetenzen erhielt. Die Reformen von 1992 waren zwar die theoretisch weitreichendsten Neuerungen seit Gründung des saudi-arabischen Staates, sie änderten faktisch jedoch nichts an der grundsätzlichen Struktur seines politischen Systems.[4]

So blieb es auch während der nächsten Phase von Reformversuchen, angestoßen von König Abdallah, als er noch Kronprinz war. Infolge der Anschläge in New York und Washington vom 11. September 2001 geriet Saudi-Arabien erneut unter Druck, Änderungen vorzunehmen, denn schon die Tatsache, dass 15 der 19 Attentäter saudi-arabische Staatsbürger waren, weckte die Aufmerksamkeit der Weltöffentlichkeit. Die Terrororganisation al-Qaida war insgesamt stark von Saudis geprägt, zudem war ihr Anführer Usama Bin Laden bis 1994 saudi-arabischer Staatsbürger gewesen, und reiche Unterstützer aus Saudi-Arabien finanzierten mit ihren Spenden die Organisation. Deshalb wuchs der Druck auf Riad, nicht nur in der Bekämpfung des Terrorismus und seiner Finanzierung mit den USA zusammenzuarbeiten, sondern auch innenpolitische Reformen zu beginnen.

Auch der von 9/11 ausgelöste Irak-Krieg wirkte sich aus. Ein Grund für den Waffengang war, dass die Bush-Administration den Terrorismus für die Folge eines Konflikts zwischen autoritären Regimen und islamistischen Oppositionsgruppen hielt. Weil die Regime in Ägypten oder Saudi-Arabien ihre Opposition so brutal unterdrückten, so die Argumentation, entschieden sich die Islamisten für den bewaffneten Kampf gegen die eigene Regierung und deren Verbündeten, die USA. Logische Folge musste aus Sicht einiger führender Politiker in Washington der Sturz von Saddam Hussein und die Schaffung einer liberalen Demokratie sein, die dann auf die Region ausstrahlen würde. Ein Grund für diese abenteuerliche Verkettung dürfte gewesen sein, dass diese Politiker glaubten, die USA hätten Hussein schon 1991 stürzen sollen. Ab 2003 waren die Führungen in Kairo und Riad auf jeden Fall mit amerikanischen Forderungen nach Reformen konfrontiert.[5]

Hinzu kam, dass die »al-Qaida auf der Arabischen Halbinsel« genannte saudi-arabische Filiale der damals in Pakistan beheimateten Organisation im Mai 2003 eine beispiellose Terrorkampagne begann, die sich gegen westliche Ausländer im Land und den saudi-arabischen Staat richtete und bis 2006 andauerte (erst ab Mitte 2004 zeichnete sich ab, dass die anfangs überforderten Sicherheitsbehörden die Oberhand gewinnen würden). Die Regierung war bemüht, die Unterstützung möglichst breiter Bevölkerungsteile zu gewinnen und zu verhindern, dass andere Oppositionelle ihre Schwäche ausnutzten. Bereits im Januar 2003 veröffentlichte Kronprinz Abdallah den Text einer Initiative, in dem er interne Reformen und ausgeweitete politische Partizipation versprach.[6] Viele reformorientierte Saudis hofften damals, die Regierung würde vielleicht sogar Wahlen zum Konsultativrat oder zu den bereits Anfang der 1990er-Jahre eingerichteten Regionalräten zulassen. Doch konkrete Maßnahmen blieben selten. Eine war der Nationale Dialog, eine unregelmäßige Serie von Treffen, zu denen seit 2003 verschiedene gesellschaftliche Gruppen zusammenkamen, um kontroverse Themen wie die Stellung religiöser Minderheiten zu erörtern.[7] Im Februar 2005 folgten die ersten Kommunalwahlen. Deren Wirkung war jedoch stark beschränkt, da die aus ihnen hervorgegangenen Regionalräte keine nennenswerten Kompetenzen erhielten, außerdem wurde die Hälfte der Mitglieder ebenso wie der jeweilige Vorsitzende von der Regierung ernannt. Nicht überraschend war, dass nur Männer wählen und gewählt werden durften.[8]

Zu diesem Zeitpunkt ließ der Reformeifer der Regierung jedoch bereits nach. 2005 wurde immer deutlicher, dass die Sicherheitsbehörden den Kampf gegen al-Qaida gewinnen würden, und die US-Regierung drängte aufgrund ihrer Probleme im Irak nicht mehr auf Reformen, sodass auch der äußere Druck nachließ. Nachdem Abdallah im August 2005 König geworden war, ließ sich immer klarer erkennen, dass die Regierung die Beteiligung breiterer Schichten an der Politik des Landes nicht zulassen würde. Ein deutliches Zeichen dafür war, dass die für 2009 vorgesehenen Kommunalwahlen nicht stattfanden. König Abdallah blieb trotzdem populär. Viele Saudis glaubten nämlich, er wolle tatsächlich Veränderungen, habe aber mit Widerstand in der Herrscherfamilie zu kämpfen. Andere wiederum fürchteten ganz schlicht, dass einer seiner konservativeren Brüder – Innenminister Nayif oder Verteidigungsminister Sultan – Thronfolger werden würde. Deren Ruf war so schlecht, dass Abdallah als die beste Alternative erschien. Doch sein hohes Alter und seine angeschlagene Gesundheit ließen nicht erwarten, dass der König das Land noch lange führen konnte. Die Frage, wer auf Abdallah folgte, beschäftigte die saudi-arabische Politik und Öffentlichkeit deshalb seit 2005 wie kaum ein anderes Thema.

Nachfolgefragen und Lagerbildung

Thronfolge

Die Thronfolge in Saudi-Arabien ist bis heute nur informell geregelt und verbindet zwei sich widersprechende Prinzipien, nämlich das der Seniorität und das der Primogenitur. Wird nach dem Tod des Königs das älteste Familienmitglied zu seinem Nachfolger, spricht man vom Senioritätsprinzip. Folgt auf den verstorbenen König sein ältester direkter Nachkomme, dann gilt die Primogenitur. Diese ist in den Monarchien zwar weltweit verbreitet, doch ältere Traditionen in Saudi-Arabien und den anderen Golfstaaten haben verhindert, dass sie sich dort vollständig durchsetzen konnte. Vielmehr haben ältere Familienmitglieder wie Brüder oder Onkel immer wieder die Nachfolge des Erstgeborenen eines Königs zu verhindern gewusst. In Saudi-Arabien setzte sich, wie bereits erwähnt, seit 1953 die Regel durch, dass dem verstorbenen König der älteste fähige Bruder auf den Thron folgte.

Dieses System erreichte im 21. Jahrhundert eine biologische Grenze, denn die Söhne des Staatsgründers Ibn Saud waren zwischen 1900 und 1945 geboren. Im November 2011 starb Kronprinz Sultan mit 86 Jahren, im Juni 2012 sein Nachfolger Nayif, der 79 Jahre alt wurde. Damit endete eine mehr als ein Jahrzehnt anhaltende Phase, in der der Gesundheitszustand der drei bis vier Greise an der Spitze des Staates ein Dauerthema im Land war. Zwar regierte mit König Abdallah ein Mann, der fast 90 Jahre alt war und gerade seinen damals 76-jährigen Bruder Salman zum Verteidigungsminister und Thronfolger ernannt hatte. Doch durch die Ernennung des jüngsten Bruders Muqrin zum Stellvertreter Salmans im Februar 2013 wurde rund ein Dutzend noch lebender Söhne Ibn Sauds übergangen, und es war klar, dass ihre Berufung an die Spitze Saudi-Arabiens bald endgültig Geschichte sein würde. Spätestens auf Muqrin würde ein Vertreter der nächsten Generation folgen müssen.

Die hergebrachte Regelung war immer schwerer tragbar geworden. In Riad saßen Personen an den Schaltstellen der Macht, die nur noch phasenweise zum Führen ihrer Amtsgeschäfte in der Lage waren. Trotzdem klammerten sie sich an die vage Hoffnung, eines Tages König zu werden und in diesem Fall eigene Söhne in eine gute Position für die Nachfolge bringen zu können. Zumindest einzelne Familienmitglieder sahen, wie problematisch die Überalterung der Elite und die daraus resultierende Lähmung der saudi-arabischen Politik sowie die wachsende Gefahr von Konflikten innerhalb der Herrscherfamilie waren. Es war vor allem König Abdallah, der auf eine Neuregelung hinarbeitete. Nach seiner Thronbesteigung im Jahr 2005 machte er Sultan zum Kronprinzen und stellvertretenden Ministerpräsidenten. Er unterließ es jedoch, einen zweiten stellvertretenden Ministerpräsidenten zu ernennen, ein Amt, das Sultan bis 2005 selbst innegehabt hatte und das als Sprungbrett für den nächsten Kronprinzen galt. Statt die alte Regelung fortzuführen, richtete der neue König 2007 eine Nachfolgekommission (arab. Hai'at al-Bay'a) ein, die im Fall von Tod, Krankheit oder Unzurechnungsfähigkeit des Königs und des Kronprinzen deren Nachfolge regeln sollte. Sie bestand bei ihrer Gründung aus den 15 noch lebenden Söhnen Ibn Sauds und den prominentesten Vertretern der nächsten Generation, insgesamt 35 Mitgliedern, von denen jedes eine Stimme hatte. Der neue Kronprinz sollte mit einfacher Mehrheit in geheimer Wahl bestimmt werden.[9]

Mit dieser klaren Regelung sollte Streit vorgebeugt werden. Doch schon im März 2009 schienen sich die traditionellen Auswahlkriterien wieder durchzusetzen, als Abdallah Innenminister Nayif zum zweiten stellvertretenden Ministerpräsidenten berief. Grund war, dass der schlechte Gesundheitszustand des Kronprinzen Sultan die zeitige Benennung seines Nachfolgers ratsam erscheinen ließ. Damit war auch Nayifs Thronfolge gesichert, und das herkömmliche Verfahren wurde beibehalten. Da König Abdallah in den Jahren 2009 bis 2012 mehrfach zur medizinischen Behandlung ins Ausland reisen musste und Kronprinz Sultan ohnehin schwer krank war, stieg Nayif zum neuen starken Mann in Riad auf. In Saudi-Arabien wurde heftig diskutiert, ob und in welcher Konstellation es einem Sohn Sultans oder Nayifs gelingen konnte, seinem Vater auf den Thron nachzufolgen. Falls der Verteidigungs- und der Innenminister tatsächlich entsprechende Vorhaben verfolgten, beendete ihr Tod die Spekulationen. Trotzdem war im Jahr 2012 vollkommen offen, wie die Thronfolge in den Jahren nach Abdallah gestaltet werden würde. Besonders stark schien die Position des Kronprinzen Salman, doch aufgrund seines hohen Alters war seine Thronbesteigung keineswegs gesichert.

Lagerbildung

Mit dem Anwachsen der Herrscherfamilie im 20. Jahrhundert hatten sich Koalitionen gebildet, die um Macht und Einfluss rangen. Der mit Abstand wichtigste Familienzweig wurden die sogenannten Sudairi-Sieben, die auch die Familie Fahd (arab. Al Fahd) genannt wurde. Dabei handelt es sich um die sieben Söhne aus der Ehe Ibn Sauds mit Hazza Bint Ahmad as-Sudairi, der Tochter eines prominenten Gefolgsmannes des Staatsgründers. Ihr erster Anführer war der 2005 verstorbene König Fahd; zum Zweig gehörten auch die späteren Kronprinzen Sultan (1925–2011), Nayif (1933–2012) und Salman (geb. 1936) sowie drei weitere Brüder. Diese Sieben bildeten eine starke Interessengruppe, die seit den 1970er-Jahren die gesamte Macht in Familie und Staat in ihren Händen zu vereinigen versuchte. Die Gegner der Sudairis wurden seit den 1980er-Jahren vom Kronprinzen und späteren König Abdallah angeführt, der jedoch nicht viele mächtige Verbündete um sich scharen konnte. Zu ihnen gehörten die Söhne des ehemaligen Königs Faisal, unter ihnen der langjährige Außenminister Saud al-Faisal und der ehemalige Geheimdienstchef Turki al-Faisal. Hinzu kam mit Muqrin Ibn Abd al-Aziz ein Halbbruder Abdallahs, der ebenfalls den Geheimdienst geleitet hatte und 2014 zum zweiten Kronprinzen aufstieg.

Der Konflikt zwischen den Sudairis und dem Abdallah-Lager hatte eine außenpolitische Dimension, denn König Fahd und seine Brüder setzten auf eine ausgesprochen proamerikanische Politik und suchten das Bündnis mit den USA durch große Waffenkäufe zu festigen. Neben Fahd war Verteidigungsminister Sultan der wichtigste Vertreter dieser Politik. Die Beschaffungswünsche Riads führten in den USA anfangs mehrfach zu heftigen Auseinandersetzungen zwischen Regierung und Kongress, die die saudi-arabische Führung stark verunsicherten. Jede Anfrage nach Lieferung moderner Waffensysteme aus Saudi-Arabien rief heftigen Widerstand proisraelischer Lobbyisten hervor, die auf die potenzielle militärische Bedrohung für Israel hinwiesen.[10] Dies war aus Sicht Riads unverständlich, da es diese Geschäfte weniger aus militärischen Erwägungen betrieb denn zur Bekräftigung des Bündnisses mit den USA. Trotzdem sahen die Sudairis keine Alternative. Sie waren den USA auch deshalb verbunden, weil sie mit der (republikanischen) Elite in Washington eine stark antiiranische Ausrichtung teilten.

Abdallah und seine Verbündeten vertraten dagegen eine eigenständigere Regionalpolitik, setzten auf etwas mehr Distanz zu den USA und versuchten, Konflikte in der Region durch die Einbindung von Kontrahenten wie Iran zu entschärfen. Abdallah galt als religiös und sozial deutlich konservativer als sein Vorgänger Fahd, und den USA begegnete er mit mehr Misstrauen als sein Bruder. Dies zeigte sich nach der irakischen Invasion in Kuwait am 2. August 1990, als er bei Gesprächen im inneren Führungszirkel um König Fahd gegen einen Aufmarsch amerikanischer Truppen im Königreich argumentierte.[11] Außerdem galt Abdallah lange als besonders prosyrisch, weil er enge persönliche und familiäre Beziehungen zum Regime von Hafiz und Bashar al-Assad unterhielt. Schon bevor Abdallah im November 1995 die Amtsgeschäfte von seinem kranken Bruder Fahd übernahm, herrschte deshalb in Washington die Sorge, er könnte sich von den USA ab- und den arabischen Nachbarstaaten und sogar Iran vermehrt zuwenden.

Während sich dies als insgesamt unbegründet erwies, distanzierte sich Abdallah in den 2000er-Jahren mehrfach von der Politik der USA in der Region. Der saudische Kronprinz glaubte, die US-Regierung versage im israelisch-palästinensischen Konflikt und in der Auseinandersetzung mit Iran. In Israel und Palästina brach im Jahr 2000 die zweite Intifada aus, die zu einer beispiellosen Eskalation der Gewalt führte. Nach Ansicht Abdallahs und der saudi-arabischen Führung insgesamt hätte die Bush-Administration damals eine aktivere Rolle spielen müssen, um den Konflikt zwischen Israelis und Palästinensern einzudämmen.[12]

Im Konflikt am Golf warf die saudi-arabische Führung Washington vor, durch den Sturz Saddam Husseins die regionalen Ambitionen Teherans ungewollt befördert zu haben. Abdallah schien jedoch vor allem von der konkreten Politik des Verbündeten enttäuscht gewesen zu sein und seine Distanzierung weniger prinzipiellen und strategischen Überlegungen zu gelten – das

Bündnis mit den USA blieb der wichtigste Stützpfeiler saudi-arabischer Außenpolitik.

Nach 2005 und verstärkt ab 2011 gab es in der Regionalpolitik einen Schulterschluss zwischen beiden Lagern. Grund war die iranische Expansion, die die saudi-arabische Führung bewog, aggressiver gegen Iran und seine Verbündeten aufzutreten. Es wurde zum Grundkonsens, dass Irans Einfluss in der Region eingedämmt werden und die saudi-arabische Politik koordinierter auftreten müsse. Hinzu kamen institutionelle Verschiebungen. Abdallah bemühte sich nach seiner Thronbesteigung, die außenpolitischen Entscheidungsprozesse im königlichen Diwan (dt. Kanzlei) stärker zu zentralisieren. Er weitete die Kontrollbefugnisse der Regierungszentrale über die Fachministerien – insbesondere Innen- und Verteidigungsressort – aus.[13] Dies geschah auch durch die Schaffung eines Nationalen Sicherheitsrates im Oktober 2005 als Koordinierungsorgan für alle Aspekte der inneren und äußeren Sicherheit. Die US-Regierung soll auf die Schaffung eines solchen Gremiums hingewirkt haben, um die seit 2003 unübersehbaren schweren Mängel der saudi-arabischen Sicherheitsbehörden insbesondere in der Terrorismusbekämpfung anzugehen. Nach seiner Gründung war zunächst König Abdallah Vorsitzender des Nationalen Sicherheitsrates und Kronprinz Sultan sein Stellvertreter. Der Innenminister, der Außenminister Saud al-Faisal und der Chef des Auslandsgeheimdienstes gehörten ihm ebenfalls an.[14] Prinz Bandar Ibn Sultan wurde Generalsekretär und im Juli 2012 zusätzlich Chef des Geheimdienstes mit dem sperrigen Namen Präsidentschaft (oder Direktion) der allgemeinen Nachrichtendienste (arab. Ri'asat/ Mudiriyat al-Istikhbarat al-'Amma, kurz GID). Bandar, 1983 bis 2005 Botschafter in den USA, galt als Hardliner gegenüber Iran und seinen Verbündeten in der arabischen Welt.[15] Deshalb war seine Ernennung 2005 und erneut 2012 ein Signal, dass die Führung in der Politik gegenüber Iran auf Eskalation setzte. Tatsächlich machten diese Maßnahmen die saudi-arabische Politik insgesamt zielgerichteter und entschlossener, wie sich etwa am Eingreifen in Bahrain 2011 und an der Unterstützung für die syrische Opposition zeigte. Trotzdem blieb der Prozess der Entscheidungsfindung in Riad langsam, denn die wichtigsten Politiker wurden immer älter und wehrten sich gegen die Versuche Abdallahs, ihre Ressorts besser zu kontrollieren.

Der Aufstieg Muhammad Ibn Salmans

Im Jahr 2012 wurde mit Salman wieder ein Bruder zum Kronprinzen ernannt, sein späterer Stellvertreter Muqrin gehörte ebenfalls der Generation der Söhne Ibn Sauds an. Seit 2009 hatten vor allem Verteidigungsminister Sultan und Innenminister Nayif konkurriert, die beide die Karrieren ihrer Söhne beförderten, um sie als Thronkandidaten zu präsentieren. Sultan unterstützte seinen Sohn Khalid (geb. 1949), der im Kuwait-Krieg 1991 die saudi-arabischen Truppen kommandierte und seit 2001 Vizeminister im Verteidigungsministerium war. Nayif übertrug seinem Sohn Muhammad (geb. 1959), der als Vizeminister im Innenministerium und rechte Hand seines Vaters arbeitete, 2003 die Terrorismusbekämpfung im Land. Die Rivalität beider Ministerien wurde insbesondere in der Jemen-Politik ausgetragen. Seit den 1960er-Jahren war der Verteidigungsminister für die Beziehungen zum südlichen Nachbarn zuständig, weil Riad seit dem jemenitischen Bürgerkrieg 1962 bis 1967 vor allem eine militärische Bedrohung aus dem Süden fürchtete. Dies änderte sich ab 2009, als die saudi-arabische Regierung nunmehr in der jemenitischen Filiale von al-Qaida die größte Bedrohung für das Königreich sah. Da das Innenministerium in der Terrorismusbekämpfung federführend ist, beanspruchte es eigenständige Kompetenzen, sodass sich die Ministerien mehrfach gegenseitig blockierten.

Während die Konkurrenz der beiden Ressorts in der Jemen-Politik fortbestand, machte Muhammad Ibn Nayif nach dem Tod seines Vaters einen Karrieresprung. Im November 2013 wurde er Innenminister – damit übernahm zum ersten Mal seit drei Jahrzehnten wieder ein Enkel Ibn Sauds ein »Souveränitätsministerium«. Gleichzeitig stagnierte die Karriere seines Cousins Khalid Ibn Sultan, denn Nachfolger seines Vaters Sultan als Verteidigungsminister wurde nicht er, sondern sein Onkel Salman. Ibn Nayif hatte sich die Beförderung verdient; ab 2003 hatte er die damals mit der Bekämpfung von al-Qaida vollkommen überforderten Sicherheitskräfte des Landes reformiert und mit amerikanischer Hilfe neu organisiert. Es überraschte deshalb nicht, als Ibn Nayif nach dem Tod von König Abdallah im Januar 2015 zunächst zum Stellvertreter des Kronprinzen Muqrin und schon im April zum Kronprinzen ernannt wurde. Damit schien der Übergang der Macht auf die nächste Generation geregelt.[16]

Mit der Thronbesteigung Salmans im Januar 2015 und der Ernennung Ibn Nayifs zu seinem designierten Nachfolger hatten sich die Sudairis durchgesetzt. Doch zeigte sich schnell, dass Salman die ganze Macht für seine eigenen Nachkommen wollte. Dies deutete sich an, als er seinen Lieblingssohn Muhammad Ibn Salman – damals erst 29 Jahre alt – zum Verteidigungsminister und im April zum stellvertretenden Kronprinzen ernannte. Offenbar empfand der König die eigene Position im Frühjahr 2015 noch nicht als gefestigt genug, um seinen Sohn direkt zum Nachfolger ernennen zu können. Doch seit dieser Maßnahme wurde in Saudi-Arabien kaum mehr diskutiert, ob, sondern nur noch, wann Ibn Nayif durch Ibn Salman ersetzt werde. Der Sohn des Königs dominierte in fast allen Politikfeldern. Im Juli 2017 fühlten sich Salman und sein Sohn schließlich stark genug, Muhammad Ibn Nayif zu verdrängen. Der Kronprinz wurde zu König Salman zitiert, stundenlang festgehalten und angeblich auch misshandelt, bis er sich bereit erklärte, zugunsten Muhammad Ibn Salmans auf die Thronfolge zu verzichten und auch das Innenministerium aufzugeben.[17] Anschließend wurde er unter Hausarrest gestellt und spielte fortan in der Politik keine Rolle mehr.

Muhammad Ibn Salman schaltete nun mit Mitab Ibn Abdallah die letzte Person aus, die ihm noch gefährlich werden konnte. Der damals 55-jährige Mitab war der Sohn des verstorbenen Königs Abdallah, von dem er das Kommando über die wichtige Nationalgarde übernommen hatte. Gemeinsam mit rund 200 Unternehmern, Geschäftsleuten, Beamten und Offizieren wurde er Anfang November 2017 verhaftet und im Ritz-Carlton Hotel am Rand von Riad unter Hausarrest gestellt. Die saudi-arabischen Medien stellten die Festnahmen als Teil einer großen Antikorruptionskampagne dar. In den folgenden Wochen wurden die Inhaftierten gezwungen, unrechtmäßig erworbenes Geld – angeblich rund 100 Milliarden Dollar – und Besitztümer dem Staat zu überschreiben, bevor sie wieder freigelassen wurden. Zeugen berichteten sogar von Folter und Gewalt, sodass einer der Inhaftierten – ein Generalmajor der Nationalgarde – während seiner Zeit im Hotel starb. Der Fall Mitab Ibn Abdallah zeigte aber, dass es auch um die Entmachtung der verbliebenen Mitglieder der Familie Saud ging.[18] Da Ibn Abdallah kurz zuvor bereits seines Amtes enthoben worden war, kontrollierte Ibn Salman mit der Armee, der Polizei und der Nationalgarde alle bewaffneten Kräfte des Landes. Damit war die Alleinherrschaft des Kronprinzen gesichert.

Saudi-Arabien wurde nun von einem jungen Mann regiert, der das gesamte politische System veränderte. Sein Ziel waren rasche und umfassende Reformen, die Saudi-Arabien auf die Zeit nach dem Öl vorbereiten sollten. Ein Grund waren die 2014 dramatisch gefallenen Ölpreise, die dem Königreich erneut die Abhängigkeit von diesem Rohstoff verdeutlichten. Saudi-Arabien leidet zudem schon länger an einer hohen Arbeitslosigkeit, insbesondere unter jungen Saudis, die jedes Jahr zu Hunderttausenden auf einen Arbeitsmarkt drängen, der sie nicht absorbieren kann. Vor diesem Hintergrund kündigte der Kronprinz im April 2016 unter dem Titel »Vision 2030« eine große Wirtschaftsreform an, die die Abhängigkeit vom Ölhandel beenden soll. Kernstück war die Teilprivatisierung des staatlichen Ölkonzerns Aramco – immerhin die bedeutendste Ölfirma der Welt. Der zunächst erwartete Erlös von mehr als 100 Milliarden Dollar sollte in einen Fonds fließen, der etwa die Hälfte im Ausland investiert, um Dividenden zu erwirtschaften, während die andere Hälfte für den industriellen Umbau des Landes und die Förderung der Privatwirtschaft bereitgestellt würde. Ibn Salman sicherte zu, auf diese Weise über eine Million Arbeitsplätze im Privatsektor zu schaffen.[19]

Der Kronprinz versprach außerdem die Modernisierung der Gesellschaft, indem er das liberalere Saudi-Arabien der 1960er und 1970er-Jahre wiederauferstehen ließ. In Interviews nannte er mehrfach das Jahr 1979 als Wendepunkt. Damals hatte die Königsfamilie nach der Besetzung der Großen Moschee von Mekka eine Restauration eingeleitet. Die Moscheebesetzer hatten gegen den raschen Wandel der 1970er-Jahre protestiert – der etwa dazu geführt hatte, dass viele Frauen in den Städten unverschleiert in der Öffentlichkeit zu sehen waren –, sodass die Regierung beschloss, die konservativen Teile der Bevölkerung zu beschwichtigen. Ab 1980 erhielten die wahhabitischen Religionsgelehrten viel Geld, um das islamische Erziehungswesen auszubauen, und die von ihnen kontrollierte Religionspolizei bekam freie Hand, striktere Kleidungs- und Verhaltensvorschriften durchzusetzen. Mehr als dreißig Jahre später ließ der Kronprinz tatsächlich Taten folgen, indem er das Verbot für Kinos und Musikveranstaltungen aufhob und den Handlungsspielraum der Religionspolizei einschränkte. Sein vielleicht sichtbarstes Projekt war die Aufhebung des Autofahrverbots für Frauen, das im Juni 2018 in Kraft trat.[20]

Die Reformen waren revolutionär, doch änderten sie nichts an den autoritären Grundstrukturen des Staates, sie verstärkten diese sogar. Dies betraf sogar die Frauen und ihre Unterstützer, die seit Jahren ein Ende des Autofahrverbotes gefordert hatten. Mit den Festnahmen der Aktivistin Loujain al-Hathloul und anderen wollte der Kronprinz offenbar klarstellen, dass Reformen in Saudi-Arabien von oben angeordnet werden und einfache Untertanen ihre Erfolge nicht für sich zu reklamieren haben. Die Maßnahmen gegen die Frauenrechtlerinnen gingen mit einer anhaltenden Kampagne gegen Dissidenten einher. Bis 2015 wurden Oppositionelle häufig durch eine Mischung aus Überredung, finanziellen Anreizen und mehr oder weniger sanftem Druck zur Aufgabe ihrer Aktivitäten bewogen. Damit machte Muhammad Ibn Salman Schluss, wie sich nach Beginn der Krise mit dem Emirat Katar im Juni 2017 zeigte, als Saudi-Arabien und andere Golfstaaten das Nachbarland mit einem Boykott belegten. Es folgte eine Verhaftungswelle, die einige Dutzend saudi-arabische Intellektuelle, Religionsgelehrte und sonstige Personen des öffentlichen Lebens traf, deren größter Fehler darin bestand, die Katar-Politik des Kronprinzen nicht vorbehaltlos unterstützt zu haben.[21] Dass Häscher des Kronprinzen den liberalen Journalisten und Regimekritiker Jamal Khashoggi im Oktober 2018 in Istanbul brutal ermordeten, durfte vor diesem Hintergrund nicht mehr groß überraschen.

Der unberechenbare und rücksichtslose Charakter des Kronprinzen zeigte sich auch in der Außenpolitik. Er machte aus seiner Abneigung gegen Iran und seine Repräsentanten keinen Hehl und setzte Revolutionsführer Khamenei wiederholt mit Adolf Hitler gleich. Im Interview mit *The Atlantic* im April 2018 sagte er gar: »Ich meine, dass der iranische Oberste Führer Hitler gut aussehen lässt. Hitler tat nicht, was der Oberste Führer zu tun versucht. Hitler versuchte Europa zu erobern. … [Ali Khamenei] versucht die Welt zu erobern.«[22] Bei anderer Gelegenheit sagte er, Irans Ziel sei die Eroberung Mekkas. Saudi-Arabien, fügte er an, werde aber nicht warten, bis der Krieg auf seinen Boden getragen sei.[23] Dies waren offene Kriegsdrohungen, auf die iranische Politiker und Militärs gerne mit ähnlichen Tiraden antworteten. Empörung lösten in Riad Äußerungen wie die von Parlamentarier Ali Reza Zakani vom September 2014 aus, Iran kontrolliere mit Beirut, Damaskus, Bagdad und Sanaa nunmehr vier arabische Hauptstädte. Die rhetorische Eskalation spiegelte einen Konflikt wider, der nicht nur indirekt im Libanon, in Bahrain und Syrien, im Jemen und im Irak ausgetragen wurde, sondern sich auch direkt im Verhältnis Irans und Saudi-Arabiens auswirkte. Dies zeigte sich schon am 24. September 2015, als es während der jährlichen Pilgerfahrt in Mekka zu einer Massenpanik kam, bei der mehr als 2000 Gläubige zu Tode kamen, unter ihnen 464 Iraner. Es war die mit Abstand opferreichste Katastrophe in der Geschichte der Hajj, doch bis heute ist unklar, wer oder was die Stampede auslöste. Saudi-arabische Offizielle versuchten die Opferzahlen zu beschönigen und machten die mangelnde Disziplin iranischer Pilger für die Ereignisse verantwortlich. Politiker und Kleriker in Teheran reagierten mit Drohungen und der Forderung, der Familie Saud die Herrschaft über die heiligen Stätten zu entziehen.[24] Die Ereignisse erinnerten stark an die Zusammenstöße zwischen iranischen Pilgern und Sicherheitskräften in Mekka während der Pilgerfahrt von 1987, Höhepunkt des »kalten Krieges« zwischen Saudi-Arabien und Iran in den 1980er-Jahren. Auch diesmal führte die Auseinandersetzung über die Pilgerfahrt im Januar 2016 zu einem Abbruch der Beziehungen – auch wenn es mit der Hinrichtung des Predigers Nimr an-Nimr und der Stürmung der saudi-arabischen Botschaft zwei weitere Gründe gab.

Schwaches Militär, Bündnis mit den USA und Raketenrüstung

Dass es trotz der Zunahme der iranisch-saudischen Spannungen vor Abqaiq 2019 nicht zu kriegerischen Zusammenstößen kam, dürfte weniger an der mangelnden Entschlossenheit Muhammad Ibn Salmans gelegen haben, sondern eher am Fehlen eines Militärs, das es mit den Iranern aufnehmen konnte. Die saudi-arabische Armee war vor 2015 trotz moderner Ausrüstung kaum in der Lage, gegen Iran Krieg zu führen.

Seit den 1950er-Jahren hatte die Königsfamilie die größten Gefahren für den Fortbestand ihrer Herrschaft nicht im Ausland, sondern im Inland gesehen. Die führenden Prinzen – Fahd, Abdallah, Nayif, Sultan, Salman und andere mehr – hatten erleben müssen, wie nationalistische Offiziere ihre Monarchenkollegen in Ägypten (1952), im Irak (1958), im Jemen (1962) und in Libyen (1969) stürzten. Auch in Saudi-Arabien gab es zwischen 1955 und 1969 mehrere Putschversuche, die jedoch allesamt scheiterten. Deshalb entschied sich das Königreich, zwar weiter am Aufbau einer modernen Armee zu arbeiten, gleichzeitig aber die von einer solchen Formation ausgehende Gefahr für ihr Regime zu begrenzen. Dies geschah, indem sie große Teile der Armee in weit von der Hauptstadt entfernten Militärstädten an den Grenzen zu Jordanien, zum Jemen und Irak stationierte, vor allem aber, indem sie gleichzeitig die seit den 1930er-Jahren als tribale Miliz und seit 1962 offiziell bestehende Nationalgarde ausbaute. Diese ist in erster Linie für den Schutz der Herrscherfamilie und wichtiger Einrichtungen im Land zuständig und deshalb in und um Riad und in der für das Überleben des Landes so wichtigen, weil ölreichen Ostprovinz stationiert. Im Fall eines Putschversuchs sollte sie ein Gegengewicht zur Armee bilden, was sich auch in der Truppenstärke widerspiegelt: Heute stehen den 75 000 Heeressoldaten insgesamt 100 000 Nationalgardisten gegenüber.[25]

Saudi-Arabien nutzte seine hohen Öleinnahmen seit den 1970er-Jahren für eine beispiellose Aufrüstung mit modernen Waffensystemen, doch das Militär hatte gar nicht das Personal zum Bedienen all dieser Kampfflugzeuge, Panzer und sonstigen Gerätschaften. Allein die Luftwaffe verfügt über mehr als 300 moderne amerikanische und britische Kampfflugzeuge, leidet jedoch unter einem Mangel an gut ausgebildeten Piloten. Trotzdem ist sie derjenige Teil des Militärs, der im Kampf gegen die Huthi-Rebellen im Jemen bevorzugt eingesetzt und durch stetige Zukäufe modernisiert wird. 2015 zeigte sich erstmals auch der Einfluss der neuen, unangefochtenen Führung. Muhammad Ibn Salman war als Verteidigungsminister entschlossen, das Militär neu aufzustellen, fortan sollte Effektivität gegen den äußeren Feind an erster Stelle stehen. Im Februar 2018 entließ er führende Offiziere einschließlich des Generalstabs- und des Armeechefs. Er strebt eine komplette Neuorganisation an, die jedoch Jahre dauern wird.[26]

So lange wird Saudi-Arabien weiterhin von den USA abhängig sein. Die gigantischen Waffenkäufe der Saudis – deren Volumen in Presseberichten mit mehr als 150 Milliarden Dollar in den letzten fünf Jahrzehnten angegeben wird – waren bis vor wenigen Jahren vor allem bündnispolitisch motiviert und nicht darauf ausgelegt, die Streitkräfte für einen militärischen Konflikt zu rüsten. US-Truppen sorgten für den Schutz des Königreichs vor äußeren Feinden. Dies war während des Tankerkrieges gegen Iran 1987 und 1988 der Fall und erneut 1990/91 gegen den Irak. Anschließend stellte die saudi-arabische Führung der US-Luftwaffe die Prinz-Sultan-Luftwaffenbasis südlich von Riad zur Verfügung, wo die Amerikaner ihre regionale Kommandozentrale einrichteten – ein großer Schritt für das Königreich, das seinen Verbündeten bislang immer gebeten hatte, »hinter dem Horizont« zu bleiben. Erst als Saddam Hussein 2003 gestürzt war und die saudi-arabische Regierung den unmittelbaren Schutz der USA nicht mehr zu benötigen glaubte, forderte sie den Verbündeten auf, seine Truppen abzuziehen. Dieser verlegte seine Kampfflieger in die Basis al-Udaid in Katar, die seitdem auch die Kommandozentrale für die amerikanischen Luftoperationen in der Region beherbergt. Den Saudis genügte es, dass US-Truppen in der Umgebung stationiert waren.

An der überragenden Bedeutung der amerikanischen Sicherheitsgarantie für das Königreich änderte sich auch in den nächsten Jahren nichts, doch nahmen die Meinungsverschiedenheiten zu. Diese betrafen den Krieg im Irak, die damit verbundene Stärkung Irans und dessen beschleunigtes Nuklearprogramm. Die saudi-arabische Führung forderte sogar einen Militärschlag gegen Iran. In einem von Wikileaks veröffentlichten Drahtbericht vom 20. April 2008 hieß es, der saudi-arabische Botschafter in den USA, Adel al-Jubeir, habe bei einem Treffen von König Abdallah mit dem damaligen Oberbefehlshaber im Irak, General David Petraeus, und dem amerikanischen Botschafter in Bagdad, Ryan Crocker, »an die häufigen Mahnungen des Königs, Iran anzugreifen und sein Nuklearwaffenprogramm zu beenden«, erinnert. Dann fügte er hinzu: »Er hat Ihnen gesagt, Sie sollten den Kopf der Schlange abschlagen.«[27]

Doch weder die Bush-Administration noch die Regierung von Präsident Obama wollten einen weiteren Krieg im Nahen Osten. Vielmehr plante Obama, die amerikanische Außenpolitik mehr auf China und Ostasien (engl. »pivot to Asia«) auszurichten, Truppen aus dem Nahen Osten abzuziehen und verstärkt nach einer friedlichen Übereinkunft mit Iran zu suchen. Saudi-Arabien tat, was sich zur Bündnispflege seit Jahrzehnten bewährt hatte, und bestellte amerikanische Rüstungsgüter. Ergebnis war im Oktober 2010 das teuerste Waffengeschäft, das beide Staaten je miteinander verabredeten: Es hatte einen Auftragswert von 60 Milliarden US-Dollar und umfasste die Lieferung von 84 hochmodernen F-15-Kampfflugzeugen und von Kampfhubschraubern.[28] Neben der Luftwaffe lag der Schwerpunkt der Geschäfte auf dem Aufbau einer moderneren Raketenabwehr.

Die saudi-arabische Führung betrieb nunmehr eine aktivere Regionalpolitik, für die sie die eigene Armee benötigte. Die Intervention in Bahrain war das erste Anzeichen für diese Politikänderung, doch erst der Krieg im Jemen verdeutlichte den Paradigmenwechsel in Riad. Das Königreich führte erstmals seit 1934 einen groß angelegten Krieg in einem Nachbarland, ohne dabei Juniorpartner der USA zu sein. Zwar zeigte sich schnell, dass das saudi-arabische Militär ohne die Hilfe der USA außerstande gewesen wäre, seine Operationen fortzuführen, denn das US-Militär betankte die saudi-arabischen Kampfflugzeuge in der Luft, lieferte Zielinformationen und stemmte die Logistik am Boden. Dennoch demonstrierte Riad mit dem Krieg seinen Willen, in der Region als eigenständige Militärmacht aufzutreten. Dies zeigte auch die Gründung des saudisch geführten »Islamischen Militärbündnisses für die Bekämpfung des Terrorismus«, das im Dezember 2015 in Riad ins Leben gerufen wurde.

Die neue Selbstbehauptung kam möglicherweise etwas voreilig, denn außer seiner weiterhin stark von den USA abhängigen Luftwaffe hatte das Königreich immer noch keine konkurrenzfähige Armee. Es verfügte jedoch als einziger arabischer Staat über moderne ballistische Raketen, deren Bedeutung mit der Verschärfung des Konflikts am Golf wuchs – und für deren Bedienung und Wartung es kein amerikanisches Personal benötigte. Anlass für die Beschaffung dieser Waffen war die Eskalation des Irakisch-Iranischen Kriegs nach 1985, als sich beide Seiten mit ballistischen Raketen beschossen. Als die US-Regierung ablehnte, Saudi-Arabien Lance Boden-Boden-Raketen zu verkaufen, wandte sich Riad an China. Im März 1988 wurden die ersten Mittelstreckenraketen des Typs Dongfeng DF-3 (CSS-2) in Saudi-Arabien stationiert; es handelte sich um 8 bis 12 Abschussrampen und zwischen 30 und 60 Raketen.[29] Sie waren den eher primitiven iranischen und irakischen Modellen an Reichweite, Zielgenauigkeit und Sprengkraft weit überlegen. Die Dongfeng DF-3 ist im Original für den Transport nuklearer Sprengköpfe konzipiert und wurde von den chinesischen Streitkräften auch nur in dieser Version genutzt. Als das ursprünglich geheime Geschäft mit der Stationierung 1988 öffentlich wurde, versicherten beide Seiten, dass die ausgelieferten Raketen nur konventionelle Sprengköpfe tragen würden. Die DF-3 wurde vor dem Export modifiziert, wodurch sich das Ladegewicht erhöhte und die Reichweite verringerte. Diese liegt trotzdem zwischen 2650 und 4000 Kilometern, sodass die Raketen von ihren Basen aus ganz Iran erreichen können.[30]

2007 wurde bekannt, dass Saudi-Arabien neben dem alten Modell auch die moderneren Dongfeng DF-21 (CSS-5) erworben hatte. Diese haben mit rund 1500 Kilometern zwar eine geringere Reichweite (die je nach Gewicht des Sprengkopfs variiert), sind aber deutlich zielgenauer.[31] Nachdem es in den späten 1980er-Jahren nur eine Basis für die Raketen in al-Jufair etwa 90 Kilometer südwestlich von Riad gegeben hatte, dürfte Saudi-Arabien heute über mindestens drei, wahrscheinlich aber mehr solcher Einrichtungen verfügen. 2013 berichtete das Fachmagazin *Jane's Defence Weekly* erstmals von dem Stützpunkt al-Watah rund 150 Kilometer westlich von Riad. Dieser wurde ab Januar 2019 Gegenstand einer Debatte über die saudi-arabische Militärstrategie. Zahlreiche Experten waren nach der Auswertung von Satellitenbildern zu dem Schluss gekommen, dass es sich um eine Produktionsstätte für Raketenmotoren mit angeschlossenem Testgelände handele. Die US-Regierung bestätigte diese Lesart im Juni 2019 und teilte auch mit, dass China die Saudis mit der nötigen Hardware ausrüstet.[32]

Offenkundig war Saudi-Arabien bemüht, Iran in der Raketenrüstung keinen allzu großen Vorsprung zu lassen. Die Produktionsanlage in al-Watah ähnelte denn auch der 2018 entdeckten geheimen Anlage in Shahrud. Da ein militärisches Nuklearprogramm neben dem Sprengkopf insbesondere auch die Trägerrakete umfassen muss, weckten die Meldungen zur saudi-arabischen Raketenrüstung den Verdacht, das Königreich könnte auch an Atomwaffen interessiert sein. Dabei konzentrierte sich das Interesse lange Zeit auf Pakistan, denn älteren Berichten zufolge hatte die saudi-arabische Regierung maßgeblich zur Finanzierung des pakistanischen Atomprogramms in den 1980er- und 1990er-Jahren beigetragen.

Deshalb lag die Vermutung nahe, dass die saudi-arabische Führung damals Gegenleistungen verabredete, die einen nuklearen Schutz für das Königreich umfassten – schließlich bestand zwischen Riad und Islamabad eine enge militärische Kooperation. Die Fachwelt horchte auch auf, als der saudi-arabische Verteidigungsminister Prinz Sultan im Mai 1999 den notorischen Atomdealer Abdul Qadir Khan traf und die für ausländische Besucher ansonsten nicht geöffnete Urananreicherungsanlage im pakistanischen Kahuta besuchte, die als die Herzkammer des pakistanischen Atomprogramms gilt.[33]

Wichtige Hinweise gaben auch Äußerungen führender saudi-arabischer Politiker, die seit den 2000er-Jahren wiederholt mit atomarer Bewaffnung drohten, sollten die USA nicht gegen Iran vorgehen. Laut einem im Frühjahr 2011 über Wikileaks bekannt gewordenen Drahtbericht hatte König Abdallah gegenüber amerikanischen Diplomaten gesagt, dass »jeder in der Region dasselbe tun werde, einschließlich Saudi-Arabien«, wenn sich Iran Nuklearwaffen verschaffe.[34] Später sagte Kronprinz Muhammad Ibn Salman im Interview mit dem Fernsehsender CBS, das Königreich wolle keine Nuklearwaffen, dass es aber »so bald wie möglich folgen werde, wenn Iran eine Atombombe entwickele«.[35]

In den letzten Jahren beschleunigte Saudi-Arabien auch sein ziviles Nuklearprogramm, das seit 2010 betrieben wird. Seit Sommer 2011 wurde mehrfach berichtet, Saudi-Arabien wolle bis 2020 einen ersten Forschungsreaktor in Betrieb nehmen, der tatsächlich fristgerecht fertiggestellt wurde.[36] Die Saudis handelten unter anderem mit den USA ein Kooperationsabkommen aus, um an die erforderliche Technologie und Material für Reaktoren zu kommen. Dabei weigerten sich die Saudis – ähnlich wie die Iraner in früheren Jahren –, auf die Urananreicherung und die Wiederaufbereitung von Plutonium zu verzichten und strengere Inspektionen zuzulassen.[37] Dies lässt darauf schließen, dass die Führung zumindest die Fähigkeit zum Bau einer Atombombe erwerben will. Das Königreich versucht zunächst, technologisch mit Iran mitzuhalten und gleichzeitig Expertise und Infrastruktur aufzubauen. Falls dann irgendwann die Entscheidung fallen sollte, selbst ein Waffenprogramm aufzulegen, wären notwendige Voraussetzungen gegeben.

Die schiitische Minderheit

Die saudi-arabische Führung befürchtet weniger den Einsatz einmal entwickelter iranischer Atomraketen gegen Saudi-Arabien, sondern vielmehr, dass Teheran seinen nuklearen Schutzschild nutzen könnte, um schiitische Minderheiten in den Golfstaaten aufzuwiegeln. Die saudi-arabischen Schiiten stellen rund 10 Prozent der Bevölkerung und leben mehrheitlich in der Ostprovinz, wo sich die großen Ölfelder und die dazugehörige Infrastruktur befinden.

Die Schiiten unterliegen im Königreich seit jeher massiven Diskriminierungen, die durch die wahhabitische Islaminterpretation des Staates begründet sind. Für die (sunnitischen) Wahhabiten sind Schiiten keine Muslime, sondern »Ungläubige«, die bekämpft und zur »Konversion« gezwungen werden müssen. Deshalb erdulden die Schiiten nicht nur seit Jahrzehnten, dass wahhabitische Gelehrte sie als »rawafid« (dt. Abtrünnige) beschimpfen und besonders radikale Wahhabiten immer wieder ungestraft ihre Tötung fordern. Schiiten dürfen auch ihre religiösen Zeremonien nur sporadisch und unter strengen Auflagen öffentlich feiern. Das für alle Schiiten zentrale Ashura-Fest –

Passionsspiele anlässlich des Todestages von Imam Husain – durfte jahrzehntelang überhaupt nicht öffentlich begangen werden. Auch schiitische Moscheen durften bis 2001 gar nicht und anschließend nur vereinzelt neu gebaut werden. Hinzu kamen soziale und wirtschaftliche Benachteiligungen. Seit der Ölkonzern Aramco – neben dem Staat der wichtigste Arbeitgeber in der Ostprovinz – 1980 vollständig verstaatlicht wurde, reduzierte sich die Zahl der schiitischen Beschäftigten, die von Führungspositionen zumeist ohnehin ausgeschlossen sind. Ähnliches gilt für den öffentlichen Sektor im engeren Sinne, in dem Schiiten stark unterrepräsentiert sind. Die Sicherheitskräfte stellen Schiiten überhaupt nicht ein. Der schwache schiitische Privatsektor kann aber nicht ausreichend Arbeitsplätze schaffen, sodass die Arbeitslosenquote in den schiitischen Gegenden sehr viel höher ist als im Landesdurchschnitt.[38]

Nachdem jahrzehntelang Stillstand geherrscht hatte, ermutigte die Islamische Revolution in Iran 1979 die Schiiten in Saudi-Arabien, Veränderungen zu fordern. Ende November begannen Proteste in Safwa, einem nördlichen Vorort von Qatif – Hochburg der oppositionellen Schiiten im Land –, wo einige Tausend Menschen Ashura mit einer Prozession begingen. In den nächsten Tagen weiteten sich die Proteste auf umliegende Ortschaften aus. Als Demonstranten zum Sturz des Regimes aufriefen, kam es zu Zusammenstößen mit der Nationalgarde, die insgesamt etwa zwei Dutzend Demonstranten tötete. Das Vorgehen der Sicherheitskräfte ließ die Zahl der Protestierenden schnell auf mehrere Zehntausend anschwellen, bevor sich die Lage im Dezember beruhigte. Nach friedlichen Protesten im Januar eskalierten die Auseinandersetzungen zum Jahrestag der Rückkehr Ayatollah Khomeinis nach Iran am 1. Februar 1980 erneut. In Qatif griffen Demonstranten sogar Regierungsgebäude an, worauf die Regierung den Ausnahmezustand über den östlichen Landesteil verhängte und die Sicherheitskräfte massiv verstärkte. Diese gingen erneut gewaltsam gegen die Demonstranten vor und verhafteten Hunderte.[39] In den nächsten Jahren beruhigte sich die Situation, weil die Regierung auf eine Doppelstrategie setzte: Der Unzufriedenheit unter den Schiiten versuchte sie durch Infrastrukturmaßnahmen in ihren Wohngebieten entgegenzuwirken, außerdem ließ sie im Laufe des Jahres 1980 einige der zuvor verhafteten Demonstranten frei. Parallel setzte sie dennoch vor allem auf Repression: Die Führung duldete keinerlei Proteste mehr und stationierte mehr Sicherheitskräfte in der Ostprovinz.

Die Proteste wurden von einer Gruppe schiitischer Islamisten angeführt, die Shirazis (arab. Shiraziyun) genannt werden, weil sie sich ideologisch an dem irakischen Gelehrten Sayyid Muhammad ash-Shirazi (1926/28–2001) orientieren. Dieser propagierte wie Ayatollah Khomeini die »Herrschaft des Rechtsgelehrten«, die seiner Ansicht nach aber nicht von einem einzelnen Geistlichen, sondern von einem Gremium mehrerer Gelehrter ausgeübt werden solle. Die Shirazis wurden in den 1980er-Jahren zum wichtigsten Instrument des iranischen Revolutionsexports in die arabischen Staaten der Golfregion.[40] Die saudi-arabischen Shirazis nannten sich »Organisation der Islamischen Revolution auf der Arabischen Halbinsel« (arab. Munazzama ath-Thawra al-Islamiya fi al-Jazira al-Arabiya) und wurden vom Gelehrten Hassan as-Saffar (geb. 1958) angeführt. Sie hielten den bewaffneten Kampf zwar für aussichtslos, setzten aber auf einen Regimewechsel und lehnten sich eng an Iran an. Ab 1987 verlor die Organisation die iranische Unterstützung, insbesondere weil die von Montazeri und Hashemi angeführten Vertreter des Exports der Islamischen Revolution ihre Macht einbüßten. Die damals siegreichen Pragmatiker um Parlamentspräsident Rafsanjani setzten auf leichter zu kontrollierende Gruppen, die sich nicht an dem Iraker Shirazi, sondern an Khomeini und später Khamenei orientierten. Die Weigerung der Shirazis, Attentate zu verüben, dürfte ebenfalls eine Rolle gespielt haben.

Die Saffar-Gruppe gab sich nun deutlich gemäßigter und stellte sich während des Kuwait-Kriegs auf die Seite der saudi-arabischen Regierung. Dies führte zu Entspannung, und beide Seiten trafen im Oktober 1993 eine Übereinkunft: Saffar und seine Anhänger stellten ihre politischen Aktivitäten ein, während die Regierung eine umfassende Amnestie für inhaftierte und im Exil befindliche Mitglieder der Organisation zusagte. Unter ihnen war auch der Prediger Nimr an-Nimr, der den Handel ablehnte, aber in sein Heimatland zurückkehrte. Zwar sind die Shirazis bis heute die dominierende Kraft unter den saudi-arabischen Schiiten, doch in den 1990er-Jahren gerieten sie unter den Druck einer konkurrierenden Gruppe, die beinahe ein Ende des Abkommens mit dem Regime herbeiführte. Die »saudische Hisbollah«, eine kleine irantreue Gruppe, verübte gemeinsam mit den iranischen Revolutionsgarden und der libanesischen Hisbollah am 26. Juni 1996 den verheerenden Anschlag von Khobar auf Angehörige einer US-Luftwaffenbasis. Gegründet im Mai 1987, orientierte sie sich an Ayatollah Khomeinis Ideologie von der Herrschaft des einen Rechtsgelehrten und zielte auf die Errichtung einer islamischen Republik nach iranischem Vorbild auf der Arabischen Halbinsel ab. Sie unterhielt enge Beziehungen zu den Pragmatikern um Rafsanjani, die Attentate gegen saudi-arabische Ziele in Auftrag gaben. Die saudische Hisbollah verübte sofort eine Reihe von Anschlägen auf Einrichtungen der Ölindustrie in der Ostprovinz sowie Mordanschläge auf saudi-arabische Diplomaten in Thailand, der Türkei und Pakistan. Die Organisation war ein so loyales Instrument der iranischen Führung, dass sie sich auch beugte, als die neue Führung nach Khomeinis Tod 1989 die Politik des Revolutionsexports stark einschränkte. Sie musste sich auf Propaganda beschränken; ganz im Sinne Teherans verurteilte sie den amerikanischen Truppenaufmarsch in Saudi-Arabien und rief zum bewaffneten Kampf gegen die US-Truppen auf.[41]

Nach dem Anschlag von Khobar – der vor allem zeigte, dass die saudische Hisbollah jetzt zur Einflusssphäre des Revolutionsführers Khamenei gehörte – endete die Phase der Entspannung zwischen dem Regime und der schiitischen Opposition. Die saudi-arabischen Behörden ließen neben den unmittelbar Verdächtigen zahlreiche Aktivisten verhaften, die lediglich zur Unterstützerszene der saudischen Hisbollah gezählt wurden.[42] Nach deren Freilassung einige Jahre später gewannen sie in den 2000er-Jahren erneut an Einfluss, denn die Shirazis gerieten unter Druck jüngerer Aktivisten, weil ihr Abkommen kein Ende der Diskriminierung und keine substanzielle Verbesserung der Lebensverhältnisse bewirkt hatte. Daran änderten auch Reformen nichts, die die saudi-arabische Führung ab 2001 und vermehrt ab 2003 ankündigte. So ließ sie in diesen Jahren erstmals seit der saudiarabischen Eroberung 1913 den Bau neuer schiitischer Moscheen zu, und Schiiten durften in mehrheitlich schiitisch besiedelten Orten wie Qatif ab 2003 öffentliche Ashura-Feiern abhalten. Diese Neuerungen waren eher kosmetischer Natur, sodass die Kritiker einer Kooperation mit dem Regime weiter Zulauf hatten. Heute ist die saudische Hisbollah als Organisation nicht mehr nachzuweisen, doch sie überlebt als ideologischer Trend, dessen wichtigstes Merkmal die Orientierung am iranischen Revolutionsführer Ali Khamenei ist.

Wie groß die Unzufriedenheit unter den Schiiten der saudiarabischen Ostprovinz ist, zeigte sich schlaglichtartig im Februar 2009. In Medina kam es zu Auseinandersetzungen zwischen schiitischen Pilgern aus dem Osten des Landes und den Sicherheitskräften. Anlass war, dass ein Mann – die Pilger hielten ihn für einen Angehörigen der Religionspolizei – schiitische Frauen filmte, die sich nahe dem berühmten Friedhof al-Baqi' aufhielten. Dort hatten die Wahhabiten im Anschluss an die Eroberung Medinas im Dezember 1925 unter anderem alle Aufbauten auf den Gräbern der vier dort begrabenen schiitischen Imame zerstört. Bis heute beklagen Schiiten weltweit und in Saudi-Arabien diese Zerstörungen und protestieren immer wieder gegen die behördlich verfügte Absperrung des Friedhofs, durch die die schiitischen Besucher nicht entsprechend ihrer Traditionen an den Gräbern ihrer Imame beten können. In den folgenden Wochen kam es vereinzelt zu Unruhen in der Ostprovinz. Anschließend meldeten sich verschiedene Gruppierungen – angeblich auch die saudische Hisbollah – zu Wort und forderten ein Ende der Kooperation mit dem saudi-arabischen Staat.[43] Damals wurde Nimr an-Nimr einer breiteren Öffentlichkeit bekannt, weil er mit der Gründung eines eigenen Staates der Schiiten im Osten Saudi-Arabiens drohte, sollte die Regierung ihre Diskriminierung nicht beenden. In einer Freitagspredigt sagte er: »Unsere Würde ist verpfändet worden, und wenn sie nicht wiederhergestellt wird, werden wir zur Abspaltung aufrufen. Unsere Würde ist wertvoller als die Einheit dieses Landes.«[44] Die Rede verbreitete sich wie ein Lauffeuer im Internet, und die saudi-arabischen Sicherheitsbehörden begannen, nach Nimr zu fahnden, der sich fortan im Untergrund aufhielt.

Der Arabische Frühling erfasste die Ostprovinz kurz nach Beginn der Proteste im benachbarten Bahrain im Februar 2011. Die Regierung hatte frühzeitig weitere Sicherheitskräfte in den Osten des Landes geschickt, sodass es nur vereinzelt zu kleineren Demonstrationen kam. Dass es in der Folgezeit ruhiger blieb als in Bahrain, hatte auch mit dem Versprechen der Regierung zu tun, die Lebensverhältnisse der Schiiten zu verbessern, sofern große Unruhen ausblieben. Doch statt diese Zusagen einzuhalten, ließ man die Anführer der frühen Proteste verhaften. Anfang Oktober 2011 kam es in Awamiya zu einem Zusammenstoß zwischen schiitischen Jugendlichen und der Polizei, bei dem nach Darstellung der Regierung elf Polizisten verletzt wurden. Diese »Ereignisse von Awamiya« bildeten den Auftakt einer Serie von Protesten, die in den folgenden drei Monaten eskalierten, vor allem nachdem am 20. November die ersten schiitischen Jugendlichen erschossen worden waren. Die Begräbnisse der jungen Männer – insgesamt starben 2011 und 2012 etwa zwanzig junge Saudis – mündeten in die größten Kundgebungen, die die

Ostprovinz seit 1979/80 erlebt hatte. Die Demonstranten verlangten die Freilassung politischer Gefangener und ein Ende der Diskriminierung der Schiiten. Auch die Ereignisse im nahen Bahrain wurden wiederholt zum Thema; die saudi-arabischen Schiiten forderten ein Ende der dortigen saudi-arabischen Militärpräsenz und der Unterdrückung der bahrainischen Schiiten. Als Rufe nach einem Sturz des mächtigen Gouverneurs der Ostprovinz und der Familie Saud laut wurden, hatten die Demonstranten eine rote Linie überschritten.[45]

Riad reagierte mit Härte. Schon im Oktober warf die Regierung Iran und der libanesischen Hisbollah vor, hinter den Protesten zu stehen und »Sicherheit und Stabilität des Landes zu unterminieren«.[46] Dies erregte besonderes Aufsehen, weil die Führung in den Jahren zuvor weitgehend darauf verzichtet hatte, die heimischen Schiiten als Anhänger Teherans zu diffamieren. Und sie forderte die Schiiten zu einem Loyalitätsbekenntnis auf: entweder für den saudi-arabischen Staat oder für Iran und den führenden schiitischen Gelehrten dort. Sollten sie die zweite Alternative wählen, drohte die Herrscherfamilie, dass sie die Opposition mit »eiserner Faust« bekämpfen werde.[47] Im Januar 2012 veröffentlichte sie eine Liste von 23 mit Haftbefehl gesuchten Rädelsführern der schiitischen Proteste, von denen sich anschließend einige den Behörden stellten, andere in den Untergrund gingen.

Die Regierung hatte die Kontrolle bereits wiederhergestellt, als die Verhaftung Nimrs zu einer neuen Protestwelle führte. Im Juli 2012 erlebte die Ostprovinz die größten Demonstrationen seit Ende 2011. Tausende Schiiten demonstrierten auf den Straßen von Qatif und Awamiya und riefen Parolen gegen die Herrscherfamilie. Zwei Demonstranten starben, und rund zwei Dutzend wurden verletzt, als Sicherheitskräfte sie mit scharfer Munition beschossen. Zu der Zeit war Nimr längst zu einer wichtigen Symbolfigur der schiitischen Opposition geworden. Man sah ihn immer wieder auf Videos seiner Freitagspredigten, in denen er die Politik scharf kritisierte und Reformen verlangte. Im Juni 2012 rief er anlässlich des Todes des Innenministers und Kronprinzen Nayif sogar dazu auf, dieses Ereignis zu feiern, weil Nayif ein Hauptverantwortlicher für die Unterdrückung der Schiiten sei.[48] Die neue Popularität des Predigers war ein Indiz dafür, dass etablierte und moderate Führer der schiitischen Gemeinden in der Ostprovinz ihren Einfluss auf die Jugendlichen verloren. Viele glaubten wie Nimr, dass die Regierung ihre Diskriminierung nicht freiwillig beenden werde. Ab Juli 2012 folgten schiitische Jugendliche vermehrt dem Beispiel ihrer Gesinnungsgenossen in Bahrain, attackierten Regierungsgebäude und Polizeipatrouillen und zündeten nachts auf belebten Straßen Reifen an.[49]

Die Situation beruhigte sich, als die Regierung mit Härte reagierte, und verstärkt, seitdem Muhammad Ibn Salman ab 2015 die Politik bestimmte. Die Hinrichtung Nimr an-Nimrs im Januar 2016 durfte denn auch als Signal an die Schiiten gelten, dass die neue Führung keine Opposition der Minderheit dulden werde. Trotzdem regte sich 2017 erneut Widerstand. Rund 200 teils bewaffnete Jugendliche lieferten sich in Awamiya – Hochburg der Demonstrationen – Straßenschlachten mit den Sicherheitskräften des Regimes. Die Führung reagierte, indem sie im Sommer ein ganzes historisches Viertel niederreißen ließ.[50] Die verwinkelte Altstadt wurde durch großzügige Neubauviertel ersetzt, die von breiten Straßen und Plätzen durchzogen und so viel leichter zu kontrollieren waren.

Im April 2019 setzte die Regierung ihren Abschreckungskurs fort, indem sie an einem Tag 37 Schiiten hinrichten ließ – die meisten wegen terroristischer Aktivitäten, ein in Saudi-Arabien sehr breit ausgelegtes Delikt. Ein Oppositioneller sprach von »der größten Massenhinrichtung von Schiiten in der Geschichte des Königreichs«. Der Kronprinz forderte die verbliebenen Aktivisten auf, sich zu ergeben, und ließ sie gnadenlos jagen. Viele jugendliche Demonstranten von 2011, 2012 und 2016 wurden zum Tode verurteilt, unter ihnen im August 2018 auch die erste Frau. Parallel sandte Ibn Salman die Botschaft aus, er habe ein Problem mit politischer Opposition, nicht aber mit religiösen Unterschieden. Er beschränkte deshalb den Einfluss der besonders schiitenfeindlichen Religionspolizei und berief einige Schiiten in Regierungsämter, darunter den ersten Minister in der Geschichte des Königreichs.[51] An eine vollständige Gleichberechtigung der Schiiten glaubt aber kaum jemand in Saudi-Arabien.

4 Bahrain: Kein Frühling am Persischen Golf

Am Morgen des 14. März 2011 rollten lange Kolonnen gepanzerter Fahrzeuge, 20 Kampfpanzer und weitere Vehikel der saudi-arabischen Nationalgarde über die König-Fahd-Dammstraße Richtung Bahrain. Seit dem Jahr 1986 verbindet diese 25 Kilometer lange Brücke am Persischen Golf die Küste mit dem Inselstaat Bahrain. Rund 1200 saudi-arabische Nationalgardisten und 600 Polizisten aus den VAE folgten einem Hilferuf des bahrainischen Königshauses, dem die Kontrolle über im Februar ausgebrochene Proteste zu entgleiten drohte. In den folgenden Stunden übernahmen die saudi-arabischen und emiratischen Truppen Stellungen in der Hauptstadt Manama, sicherten Schlüsselpositionen, Ministerien und sonstige Behörden. So ermöglichten sie es den einheimischen Sicherheitskräften und regimetreuen Schlägertrupps, die Proteste rasch niederzuschlagen.

Die Intervention im Inselkönigreich war die Eröffnungssalve der Saudis in einem neuen »kalten Krieg« mit Iran. Bahrain war der einzige arabische Golfstaat, in dem Massenproteste stattfanden, und die Führung in Riad zeigte mit ihrem entschlossenen Schritt, dass sie einen Sturz der eng mit ihr verbündeten Monarchie in Bahrain nicht dulden werde – und wie sehr sie ein Übergreifen der Unruhen auf seine Ostprovinz direkt am anderen Ende der Dammstraße fürchtete. Der Einmarsch war auch der erste Hinweis darauf, dass Saudi-Arabien fortan mit aller Macht versuchen würde, in den von den Protesten des Arabischen Frühlings bedrohten prosaudischen und prowestlichen Staaten der Region den Status quo zu bewahren oder wiederherzustellen. Die Intervention war mit einem Fingerzeig Richtung Teheran verbunden, denn die politischen Eliten in Riad und Manama glaubten nicht, dass es sich um Proteste der Bevölkerung für mehr Freiheiten handelte. Vielmehr waren sie überzeugt, dass sie von Teheran angestoßen worden waren, weil die Islamische Republik auf den Sturz der bahrainischen Herrscherfamilie Khalifa abzielte, um sie durch ein iranfreundliches Regime der schiitischen Bevölkerungsmehrheit zu ersetzen. Vielleicht nirgendwo sonst wurde so deutlich, wie sich in der Sicht der Saudis und ihrer Verbündeten der Arabische Frühling und der Konflikt mit Iran verbanden. Riad ging es vor allem darum, eine mögliche Expansion Irans infolge der Proteste zu verhindern.

Mikrokosmos Bahrain

In dem sehr kleinen und stark von Saudi-Arabien abhängigen Land zeigen sich viele Probleme der Golfregion im Miniaturformat. In Bahrain gab es schon seit 1979 konfessionelle Spannungen, die sich nach 2011 verschärften. Die Sunniten werfen ihren schiitischen Landsleuten vor, gemeinsame Sache mit dem schiitischen Nachbarn Iran zu machen und revolutionäre Umstürze nach iranischem Vorbild vorzubereiten. Dabei waren es 2011 anfangs nicht nur Schiiten, die Reformen forderten, vielmehr gingen wie in Nordafrika und Syrien junge liberale Demokraten, Internetaktivisten und Menschen- und Frauenrechtler auf die Straßen, ohne dass konfessionelle Unterschiede zu spüren waren. Diese Gruppen wurden in Bahrain jedoch schnell an den Rand gedrängt, sodass sich in Manama schon nach wenigen Tagen vor allem schiitische Islamisten unterschiedlicher Radikalität einerseits und sunnitische Hardliner und Vertreter des autoritären Sicherheitsstaates andererseits unversöhnlich gegenüberstanden. Bahrain ist mit knapp 1,4 Millionen Einwohnern der kleinste arabische Golfstaat. Die einheimische Bevölkerung besteht aus nicht mehr als etwa 700 000 Personen, die weiteren rund 650 000 Einwohner sind Arbeitsmigranten. Schiiten stellen mit wahrscheinlich mehr als 50 Prozent der Bevölkerung die Mehrheit, doch sind die Zahlen umstritten. Die Regierung spricht auch schon einmal von einer sunnitischen Mehrheit und hat durch die stetige Einbürgerung von Sunniten dafür gesorgt, dass die einst deutliche Überzahl an Schiiten stark geschrumpft ist. Während die schiitischen Bewohner Bahrains von sich behaupten, bereits in vorislamischer Zeit im Land gelebt zu haben, eroberte die aus Innerarabien stammende und damals aus Katar übersetzende sunnitische Herrscherfamilie Khalifa die Insel im Jahr 1783 von den Iranern. Nach ihrer Ankunft änderte sich das Verhältnis zwischen den Konfessionen. Die Eroberer enteigneten das Land der ortsansässigen Schiiten, die fortan Pacht zahlen mussten und einer häufig willkürlichen Gerichtsbarkeit der neuen Herrscher unterworfen wurden.

Bahrain war seit jeher reich an Süßwasserquellen und deshalb wohlhabender als die meisten Länder der Umgebung. Die Bewohner lebten bis in die 1930er-Jahre von der Landwirtschaft in Palmengärten, deren wichtigstes Produkt Datteln waren, vom Fischfang und von der Ausfuhr von Perlen, nach denen die Bahrainis in den Seegebieten rund um die Insel tauchten. Doch auch in der Perlenfischerei herrschte eine konfessionelle Arbeitsteilung. Die Taucher waren meist Schiiten, während die Kapitäne und die Händler in Manama (die gleichzeitig häufig die Boote besaßen) mehrheitlich Sunniten waren. Die wirtschaftliche Ungleichheit bestand fort, nachdem zu Beginn der 1930er-Jahre der Ölexport den Perlenhandel als wichtigste Einnahmequelle des Landes abgelöst hatte.

Im Jahr 1932 stieß man auf Öl, das seit 1934 exportiert wird. Die führenden Positionen in der neuen Ölindustrie wurden wiederum von Sunniten eingenommen, während die meisten Arbeiter einheimische Schiiten waren. Von ihnen gingen denn auch die in den nächsten Jahrzehnten häufigen Streiks der Ölarbeiter aus, die aber nicht zu einer Verbesserung ihrer Lebensbedingungen führten. Vielmehr bemühte sich die Regierung, die einheimischen Schiiten durch aus arabischen und asiatischen Ländern angeworbene Arbeitskräfte zu ersetzen, ebenso wie sie seit den 1920er-Jahren die demografische Ungleichverteilung durch Zuwanderung von Sunniten aus Saudi-Arabien und anderen Staaten zu korrigieren versuchte. Die Regierung forcierte diese Politik seit den 2000er-Jahren und wird von der schiitischen Opposition deshalb massiv kritisiert. Diese fordert ein Ende der Diskriminierung der Schiiten, die mehr als die anderen Bevölkerungsteile unter der grassierenden Arbeitslosigkeit leiden, weil sie im öffentlichen Dienst – dem wie in allen Golfstaaten größten Arbeitgeber – massiv benachteiligt werden.

Dabei ist es fraglich, inwieweit der Staat unabhängig agieren kann, denn das bahrainische Öl ist fast vollständig aufgebraucht und das Land wirtschaftlich stark von Saudi-Arabien abhängig. Inzwischen liegt die Ölproduktion bei nur noch rund 45 000 Barrel pro Tag. Zur Unterstützung teilt Saudi-Arabien die 300 000 Barrel pro Tag, die aus dem Ölfeld Abu Safah gefördert werden, zur Hälfte mit Bahrain und versorgt die Raffinerie im bahrainischen Sitra mit saudi-arabischem Öl zu stark subventionierten Preisen. Auf diese Weise finanziert es einen Großteil des Haushalts seines kleinen Nachbarn. Im April 2018 verkündete die bahrainische Regierung zwar, ein großes Ölfeld mit geschätzten Reserven von 80 Milliarden Barrel entdeckt zu haben, doch es ist unklar, ob damit tatsächlich eine wirtschaftliche Trendwende einhergehen wird, wie die Regierung gerne beteuert.[1] Schon seit den 1970er-Jahren bemühte sich Bahrain, sinkende Öleinnahmen durch den Ausbau des Landes zu einem Finanz- und Dienstleistungszentrum wettzumachen und den Tourismus zu fördern. Dies gelang jedoch schon wegen des Aufstiegs von Dubai nie in einem Ausmaß, dass Bahrain auf saudi-arabische Unterstützung hätte verzichten können. Die 2011 einsetzende Krise schädigte die einheimische Wirtschaft zusätzlich – Touris-

ten blieben aus, und einige Banken zogen Personal aus Bahrain
ab –, sodass Bahrain immer mehr auf Riad angewiesen war. Ab
2014 wirkten sich auch stark sinkende Ölpreise aus. Wie schlecht
es um die Finanzen des Inselkönigreichs gestellt ist, zeigte sich
im Oktober 2018, als Saudi-Arabien, die VAE und Kuwait ein
Rettungspaket von 10 Milliarden US-Dollar ankündigten, um
eine Schuldenkrise abzuwenden – nachdem die Nachbarn schon
2011 mit einer Hilfszahlung von ebenfalls 10 Milliarden geholfen hatten.[2]

Die Probleme von heute haben ihren Ursprung Ende der
1970er-Jahre, als sich der innenpolitische Konflikt zwischen Regierung und schiitischer Opposition zuspitzte. Die Islamische
Revolution in Iran hatte die Schiiten in den arabischen Golfstaaten zu Protesten ermutigt, die in Saudi-Arabien, Kuwait und
in Bahrain gewaltsam eskalierten. Schiitische Islamisten übernahmen die Führung der Opposition in Bahrain, die in den
Jahrzehnten zuvor von linksnationalistischen, säkularistischen
Gruppen dominiert worden war. Anhänger der Shirazi-Bewe-
gung planten im Dezember 1981 sogar einen iranisch unterstützten Staatsstreich gegen die Herrscherfamilie in Bahrain, der
allerdings vereitelt wurde.[3] Außerdem verübten schiitische
Gruppen unter iranischer Führung in den frühen 1980er-Jahren
Anschläge in Bahrain und Kuwait. Die bahrainische Regierung
und ihre Verbündeten begannen die Schiiten nun offen als »fünfte Kolonne« Irans zu bezeichnen und unterwarfen die Opposition einer strikteren Kontrolle. Diese Politik führte immer wieder zu Unruhen und mündete in die »bahrainische Intifada«,
eine von 1994 bis 1998 andauernde Serie von Protesten. Die Regierung antwortete mit teils harter Repression, indem sie die
Führer exilierte und Tausende inhaftierte.

Erst 1999 kam Bewegung in die festgefahrenen Fronten. Nach
dem Tod des seit 1961 herrschenden Emirs Issa Ibn Salman Al
Khalifa (1933–1999) gelangte sein Sohn Hamad Ibn Issa (geb.
1950) auf den Thron, der sofort Reformen einleitete. Das Regime

ließ politische Gefangene frei, Exilanten in ihr Heimatland zurückkehren und kündigte demokratische Neuerungen an. Erstmals wurden politische Vereinigungen zugelassen, die zwar nicht Parteien genannt werden durften, aber doch welche waren. Die Begeisterung für die Ankündigungen – die in einer »National-charta« festgehalten waren – ließ aber schon 2002 wieder nach, da die Familie Khalifa keineswegs bereit war, die Macht zu teilen und die Diskriminierung der Schiiten zu beenden. Die 2002 verkündete neue Verfassung sah zwar die Einrichtung einer zweiten Parlamentskammer vor, deren Mitglieder vom Volk gewählt werden würden. Doch der bereits existierende Konsultativrat, dessen Mitglieder vom Herrscher ernannt wurden, sollte als Oberhaus parallel fortbestehen – mit der Kompetenz, alle Gesetzesinitiativen der gewählten Parlamentskammer blockieren zu können. Auf diese Weise sicherte sich der fortan König genannte Emir von Bahrain ein faktisches Vetorecht über die Gesetzgebung.[4]

Die Reformen waren insgesamt eng begrenzt, doch sie erlaubten der Opposition immerhin, sich zu organisieren und offen aufzutreten. Die mit Abstand wichtigste »Vereinigung« (arab. Jam'iya) wurden die schiitischen Islamisten von al-Wifaq (dt. Eintracht), die aus Protest nicht an den für Oktober 2002 angesetzten Parlamentswahlen teilnahmen. Generalsekretär von al-Wifaq war der charismatische und noch junge Geistliche Ali Salman (geb. 1965), der im iranischen Qom studiert hatte und zu einem Führer der »bahrainischen Intifada« in den 1990er-Jahren aufgestiegen war. Schon kurz nach ihrem Ausbruch musste er Bahrain 1995 verlassen und verbrachte die nächsten Jahre im Exil in London. Seit seiner Rückkehr 2001 gilt er als Führer der im November gegründeten Organisation und als kompromissbereiter Pragmatiker, der sich für politische Reformen, Dialog zwischen Regime und Opposition und strikte Gewaltlosigkeit ausspricht. Spiritueller Führer von al-Wifaq ist jedoch Ayatollah Issa Qassim (geb. 1937), der bedeutendste schiitische Gelehrte des Landes.[5]

Die nächsten Wahlen fanden im November 2006 statt. Diesmal nahm al-Wifaq teil und gewann auf Anhieb 17 der 40 Sitze, war mit dem Ergebnis aber nicht zufrieden. Die schiitische Opposition behauptete, die Regierung habe die Wahlkreise so zugeschnitten, dass sunnitische Kandidaten bevorteilt würden, sodass es al-Wifaq unmöglich gemacht werde, eine Mehrheit zu gewinnen. Die Regierung bürgere zudem Sunniten aus Pakistan, Jordanien, Syrien, dem Irak und dem Jemen ein, um die demografische Balance zuungunsten der Schiiten zu beeinflussen – ein bis heute virulenter Vorwurf. Da weiter gehende Reformen ausblieben, wuchs der Unmut in der schiitischen Opposition, die unter den Druck zunehmend unzufriedener Jugendlicher geriet. Dies wurde schon 2005 deutlich, als sich al-Haqq (dt. Die Wahrheit) unter der Führung von Shaikh Hassan Mushaima (geb. 1948) von al-Wifaq abspaltete, weil sie die Mutterorganisation für zu kompromissbereit hielt und eine Teilnahme an Wahlen ablehnte.[6]

In den nächsten Jahren kam es immer wieder zu kleineren Unruhen, die im August/September 2010 eskalierten, als die Regierung im Vorfeld der nächsten Wahlen rund 160 Schiiten verhaften ließ, unter ihnen rund zwei Dutzend Führer der Opposition. Das Regime warf ihnen vor, einen gewaltsamen Umsturz geplant zu haben. Jugendliche demonstrierten in den folgenden Wochen in den schiitischen Dörfern rund um Manama; vereinzelt kam es auch zu Angriffen auf die Polizei. Trotzdem fanden im Oktober die Parlamentswahlen statt, bei denen al-Wifaq 18 Sitze gewann. Zu diesem Zeitpunkt lief aber schon alles auf die große Konfrontation von Februar und März 2011 zu.

Arabischer Frühling in Bahrain

Die Proteste in Bahrain begannen am 14. Februar 2011 als unmittelbare Reaktion auf den Erfolg der Revolutionäre in Ägypten, die nur wenige Tage zuvor ihren Präsidenten Hosni Mubarak
gestürzt hatten. Die mehrheitlich schiitischen Demonstranten
forderten eine Verbesserung ihrer wirtschaftlichen Lebensverhältnisse und mehr Arbeitsplätze, aber auch eine Ausweitung der
legislativen Kompetenzen der zweiten Parlamentskammer sowie
ein Ende des taktischen Zuschnitts der Wahlkreise und der Einbürgerung von Sunniten. Einige Oppositionelle forderten auch
den Rücktritt des Premierministers Khalifa Ibn Salman Al Khalifa, der als Hardliner galt und den Schiiten besonders verhasst
war.[7]

Nach wenigen Tagen setzten sich die Demonstranten auf einem großen Verkehrskreisel nahe dem Zentrum von Manama
fest, der als Perlenplatz (engl. Pearl Roundabout) bekannt ist. In
seiner Mitte stand damals noch ein großes Denkmal aus sechs in
den Himmel zeigenden stilisierten Dhow-Segeln, die in ihrer
Mitte eine riesige Perle trugen. Die Perle und die Segel verwiesen
auf die lange Geschichte des Perlentauchens und -handels in
Bahrain; die Anzahl symbolisierte die sechs Mitgliedsstaaten des
Golfkooperationsrates. Das Monument wurde 1982 anlässlich
des dritten Gipfels dieser Organisation errichtet, die ein Jahr zuvor gegründet worden war und zu deren Mitgliedern neben
Saudi-Arabien und Bahrain auch Kuwait, Katar, die VAE und
Oman gehören. Mit der Besetzung des Perlenplatzes hatten die
Demonstranten sich eines Ortes von hoher Symbolkraft be-
mächtigt. Prompt erklärten sie ihn zum bahrainischen Gegen-
stück des Kairoer Tahrir-Platzes, der als Versammlungsort der
ägyptischen Demonstranten seit Anfang 2011 weltweit bekannt
geworden war.

Die Herrscherfamilie reagierte schnell. Am frühen Morgen
des 17. Februar umstellten Sicherheitskräfte den Perlenplatz, auf

dem Tausende Demonstranten die Nacht verbracht hatten, und räumten ihn mit Gewalt – vier Demonstranten starben.[8] In den nächsten Tagen hielten die Massenproteste an, die Sicherheitskräfte erschossen wiederum mehrere Teilnehmer. Angesichts dieser Eskalation änderte das Regime seinen Kurs. Der König amnestierte über 300 politische Gefangene und Exilanten, was unter anderem Hassan Mushaima die Rückkehr in sein Heimatland erlaubte. Parallel lud Kronprinz Salman Ibn Hamad die Demonstranten am 13. März zu einem Dialog über mehrere Forderungen der Opposition. Sein Angebot wurde als »die sieben Prinzipien« bekannt und umfasste unter anderem ein gewähltes Parlament mit vollen legislativen Kompetenzen, neue und faire Wahlkreiszuschnitte und Änderungen in der Einbürgerungspraxis.[9]

Obwohl Teile von al-Wifaq das Gesprächsangebot positiv aufnahmen, begann kein geordneter Dialog; die Demonstranten wollten den Perlenplatz nicht verlassen und erhoben unter der Führung von al-Haqq jetzt weitergehende Forderungen nach einem Sturz der Herrscherfamilie und dem Ende der Monarchie. Als sie auch noch das nahe gelegene Bankenviertel von Manama blockierten, mit dem Marsch auf den Palast des Königs drohten und die Sicherheitskräfte von alldem überfordert schienen, reagierte die Herrscherfamilie und rief Saudi-Arabien und den Golfkooperationsrat zu Hilfe. Schon am Morgen nach dem Dialogangebot des Kronprinzen marschierten die Truppen der Nachbarstaaten in Bahrain ein.

Am 15. März verhängte Emir Hamad einen dreimonatigen Ausnahmezustand, während Sicherheitskräfte den Perlenplatz räumten und erneut mehrere Demonstranten töteten. Anschließend ließ die Regierung das Denkmal zerstören und sperrte den Platz und seine Umgebung weitläufig ab. Wie religiös aufgeladen der Konflikt war, zeigte sich, als die Regierung den Platz noch im März in »Faruq-Kreuzung« umbenannte. Der zweite Kalif Umar Ibn al-Khattab, genannt al-Faruq (reg. 634–644), gilt den Schiiten als Usurpator und ist ihnen besonders verhasst. Mit dieser demonstrativen Demütigung der schiitischen Bevölkerung ließ die Herrscherfamilie keinen Zweifel daran, dass ihr an einem Ausgleich nicht mehr gelegen war. Die religiöse Dimension des Konflikts zeigte sich auch daran, dass die Regierung seit Anfang 2011 Dutzende schiitische Moscheen zerstören ließ, immer mit dem Hinweis auf deren angeblich illegale Errichtung. Nach der saudi-arabischen Intervention setzte zudem sofort eine Verhaftungswelle ein, der sieben schiitische Führer zum Opfer fielen, die später zu langen Haftstrafen verurteilt wurden. Der Vorsitzende von al-Haqq, Hassan Mushaima, war einer von ihnen. Insgesamt waren mindestens 30 Demonstranten getötet worden, und mehr als 1500 Schiiten verloren zumindest für die nächsten Monate ihre Arbeitsplätze.[10]

Mit dem vorläufigen Ende der Proteste begann auch der Kampf um die Deutungshoheit über die Ereignisse. Für die bahrainische Führung war dies keine Protestbewegung wie in Nordafrika oder Syrien, sondern ein Umsturzversuch. Die Herrscherfamilie ebenso wie die Regierungen Saudi-Arabiens und der VAE sahen in den Ereignissen von Manama einen von Iran und der libanesischen Hisbollah gesteuerten Versuch, ein legitimes Herrscherhaus zu stürzen und anschließend auch die Nachbarstaaten zu destabilisieren. Diese Sicht krankte daran, dass nie schlüssige Beweise für eine iranische Einflussnahme bekannt wurden. Die Opposition dagegen stellte die Ereignisse als legitimen Protest gegen ein autoritäres Regime dar, dem sie den Tod zahlreicher friedlicher Demonstranten und verbreitete Folter in Polizeigewahrsam anlastet. Die Schiiten werteten die Proteste als Bestandteil der Freiheitsbewegungen, die 2011 und 2012 zahlreiche Länder in der arabischen Welt ergriffen. Viele liberale Bahrainis beider Konfessionen, die sich in den ersten Tagen teils noch an den Demonstrationen beteiligt hatten, bestritten dies und sahen auf beiden Seiten die Extremisten die Überhand gewinnen. Tatsächlich war die Radikalisierung der schiitischen

Opposition ebenso wenig zu übersehen wie die der Herrscherfamilie und ihrer sunnitischen Hausmacht.

Die Unruhen führten zu heftigen Kontroversen innerhalb der Familie Khalifa und letzten Endes zu einer Machtverschiebung zugunsten der Hardliner. Der heutige König Hamad Ibn Issa Al Khalifa war 1999 als Reformer angetreten, der eine neue und weniger repressive Politik anstrebte, als sein Vater sie seit der Islamischen Revolution 1979 geführt hatte. Zwar scheiterten seine Reformversuche spätestens mit den Unruhen 2011, doch blieb er in dem Ruf, dialog- und kompromissbereiter, aber auch unentschlossener und schwächer als viele seiner Verwandten zu sein. Als Kopf des Reformflügels galt jedoch schon lange nicht mehr der König, sondern sein ältester Sohn Salman Ibn Hamad (geb. 1969). Der Kronprinz hatte in den USA und England studiert und galt vielen als der moderateste Vertreter der Herrscherfamilie. Dies hatte nicht nur mit seiner offenkundigen Weltläufigkeit, dem geschliffenen Englisch und seinen einnehmenden Umgangsformen zu tun, sondern auch mit inhaltlichen Initiativen wie den »sieben Prinzipien« vom März 2011. Kritiker sahen ihn hingegen nur als liberales Aushängeschild einer Herrscherfamilie, die fest entschlossen ist, mit allen Mitteln an ihrer Macht festzuhalten.[11] Obwohl er Kronprinz blieb, verlor Salman während der Krise an Einfluss. Zwar war er immer wieder in den Hauptstädten der westlichen Welt anzutreffen, wo er anfangs noch für eine Kompromisslösung warb und sich beklagte, dass al-Wifaq nicht auf seine Vorschläge eingegangen war. Doch in Manama gewannen die Vertreter eines kompromisslosen Kurses gegenüber der Opposition die Oberhand, die dem Kronprinzen seine versöhnliche Haltung von 2011 bis heute übel nehmen.

Die Hardliner innerhalb der Familie werden vom Onkel des Königs Khalifa Ibn Salman angeführt. Der 1935 geborene Premierminister leitet seit 1971 die Regierungsgeschäfte und galt bereits zu Zeiten des Vaters des jetzigen Königs, Emir Issa Ibn Salman, als Vertreter eines autoritären Sicherheitsstaates.[12] Zu diesem Flügel gehören neben dem Premierminister – der aufgrund seines hohen Alters das Tagesgeschäft immer häufiger abgibt – der »Minister des Königlichen Hofes« (eine Art Chef des Kanzleramtes) Khalid Ibn Ahmad Al Khalifa und dessen Bruder und Oberbefehlshaber des Militärs »Feldmarschall« Khalifa Ibn Ahmad – die allerdings beide auch schon weit über 70 Jahre alt sind. Im Land werden sie nach einem ihrer Vorfahren »die Khalids« (arab. al-Khawalid) genannt.[13] Einige Quellen zählen auch den Innenminister Rashid Ibn Abdallah Al Khalifa zu diesem Lager.[14]

Diese Hardliner haben die Unterstützung der saudi-arabischen Regierung, die wie sie das Streben nach einem politischen Ausgleich mit der schiitischen Opposition als gefährliches Zeichen der Schwäche ansieht. Hinter ihnen stehen zahlreiche regimetreue Sunniten, bei denen in den letzten Jahren und insbesondere seit Frühjahr 2011 ebenfalls eine Verhärtung der Positionen zu beobachten ist.[15] Zwar schienen in den Folgejahren alle wichtigen Mitglieder der Familie den harten Kurs gegenüber der Opposition mitzutragen, doch wenn die Spannungen ab 2011 tatsächlich so gravierend waren wie häufig wahrgenommen, könnte dies Konsequenzen für die Nachfolge haben. Schon 2012 redete ein Oppositioneller im Gespräch mit dem Autor von einer möglichen Nachfolge Nasir Ibn Hamads, eines jüngeren Sohns des Königs, der die Königliche Garde kommandiert. Die Gerüchte, dass es Widerstände gegen die Thronfolge des liberalen Kronprinzen Salman gibt, sind seitdem nicht mehr verstummt.

Das bahrainische Dilemma der USA

Bahrain ist ein Spiegel der Situation in den anderen arabischen Golfstaaten, denn das Land hat sich zum Schutz vor seinen mächtigen Nachbarn so eng wie möglich an die USA gebunden. Dieses Verhältnis zur Supermacht hat eine lange Tradition, auch wenn Bahrain sich zunächst an Großbritannien anlehnte, den Vorgänger der USA als Vormacht am Persischen Golf. Ohne den Schutz der Briten hätte sich Bahrain im 19. und 20. Jahrhundert wahrscheinlich ebenso wenig als souveräner Staat halten können wie Kuwait, Katar oder die VAE.

Von 1820 bis zum Rückzug Großbritanniens »jenseits von Suez« 1971 war Bahrain ein Protektorat. Zu dieser Zeit hatten die USA den Verbündeten bereits als Schutzmacht der arabischen Golfstaaten abgelöst. In Bahrain unterhält die US-Marine seit 1948 eine Kommandozentrale und übernahm 1971 die dortige britische Marinebasis. Diese ist bis heute der größte amerikanische Flottenstützpunkt in der gesamten Region und beherbergt das Hauptquartier der Marine des Central Command. Ohne den Hafen in Manama wäre die ständige Präsenz von in der Regel einem Flugzeugträger und der dazugehörigen Flotte im Persischen Golf unmöglich. Für die Kriege im Irak und in Afghanistan, aber auch für die Eindämmung Irans und den Schutz der Öl- und Gasvorkommen hat Bahrain so große Bedeutung, dass die US-Marine die Basis 2010 bis 2017 auf das Doppelte ihrer vorherigen Größe ausbaute. Zudem stellt das Inselkönigreich den Amerikanern mit der Shaikh Issa Air Base im Südosten einen Luftwaffenstützpunkt zur Verfügung, der in den Kriegen der letzten Jahre immer wieder intensiv genutzt wurde. 1991 unterzeichneten Bahrain und die USA ein Verteidigungsabkommen, mit dem der kleine Staat noch einmal verdeutlichte, dass er voll auf den Schutz durch die Supermacht setzte.[16]

Die strategische Bedeutung Bahrains stellte die USA seit den Unruhen 2011 vor ein Dilemma. Einerseits benötigten sie die bahrainischen Basen und waren deshalb auf gute Beziehungen zum Regime der Al Khalifa angewiesen. Andererseits gerieten sie als wichtigster Verbündeter ebenfalls in den Blickpunkt, wenn die Herrscherfamilie friedliche Proteste mit Gewalt niederschlagen ließ. So hielt sich die US-Regierung mit öffentlichen Reaktionen zunächst zurück, was ihr teils heftige Kritik seitens der bahrainischen Opposition einbrachte – die gerne darauf hinwies, dass al-Wifaq nicht antiamerikanisch argumentierte. Vertreter der Obama-Administration versuchten das Dilemma aufzulösen, indem sie umso dringlicher Reformen einforderten und versuchten, die Erneuerer innerhalb der Herrscherfamilie zu fördern. Mehrfach machten sie deutlich, dass sie in Kronprinz Salman – der sich häufig in Washington aufhält – jene Person sehen, die die Probleme lösen kann, indem er das Land auf den Weg zu einer konstitutionellen Monarchie führt.[17] Um dieser Position noch mehr Gewicht zu verleihen, stoppte die US-Regierung 2012 Waffenverkäufe an und Kooperation mit dem bahrainischen Innenministerium, das maßgeblich an der Niederschlagung der Proteste beteiligt war. 2016 kündigte sie an, dass sie den Verkauf neuer F-16-Kampfflugzeuge von einer Verbesserung der Menschenrechtslage abhängig machte.[18] Zwar zeigte sich die bahrainische Führung nach der Niederschlagung der Proteste im März 2011 auf Druck der Obama-Administration etwas kompromissbereiter, doch in der Herrscherfamilie wuchs der Unmut über die Einmischung Washingtons.

Auch das Atomabkommen mit Iran sorgte 2015 für Missstimmung, ohne dass Manama diese offen äußerte. In Hintergrundgesprächen machten bahrainische Offizielle aber deutlich, dass sie es für einen schweren Fehler hielten. Letzten Endes entschloss sich Bahrain wie Saudi-Arabien und die VAE, das Abkommen zu begrüßen, aber wiederholt vor der ungebremsten Expansion Irans in der Region zu warnen. Die wahre Position der bahrainischen Führung zeigte sich erst, als Präsident Trump das Abkommen im Mai 2018 aufkündigte und Manama diesen Schritt freudig begrüßte.[19] Insgesamt verbesserten sich die Beziehungen zwischen Bahrain und den USA mit dem Amtsantritt des neuen US-Präsidenten schlagartig. Dies zeigte sich schon im März 2017, als die neue Administration ankündigte, den Verkauf von Kampfflugzeugen zu genehmigen, den die Obama-Regierung im Vorjahr noch gestoppt hatte.[20] Trump wollte die Unterstützung der Golfstaaten und sagte während eines Treffens mit König Hamad Ibn Issa im Mai: »Unsere Länder haben eine wunderbare gemeinsame Beziehung. Es gab kleine Belastungen, aber es wird keine Belastung mit dieser Regierung geben.«[21] Die Beschränkungen für Waffenverkäufe an die bahrainischen Innenbehörden blieben zwar bestehen, aber Kritik war aus Washington nur noch selten zu hören. Die US-Regierung sah in Bahrain einen wichtigen Verbündeten für ihren antiiranischen Kurs und zeigte deshalb viel Verständnis für das harte Vorgehen gegen schiitische Oppositionelle. Im Juli 2018 setzte sie die irantreue bahrainische Terroristengruppe Saraya al-Ashtar auf ihre Terrorliste.[22] Damit machte sie sich – anders als die Vorgängerregierung unter Obama – die bahrainische Sicht auf die militante Opposition zu eigen.

Die insgesamt schwierigen Beziehungen zur Obama-Administration und die Furcht vor den Iranern hatten Bahrain schon 2011 und 2012 bewogen, sich noch enger an Riad anzulehnen, als dies ohnehin schon lange der Fall gewesen war. Der saudiarabische König Abdallah schlug im Dezember 2011 vor, dass die Mitgliedsstaaten des Golfkooperationsrats sich in einer »Union« politisch und wirtschaftlich enger als bisher zusammenschließen sollten. Obwohl dieses Projekt in der prosaudischen Presse als visionärer Schritt und wichtige Maßnahme gegen die iranische »Einmischung« gefeiert wurde, handelte es sich doch eher um einen politischen Schnellschuss des Monarchen. Keinem Beobachter konnte entgangen sein, dass die Zusammenarbeit im Golfkooperationsrat in den Jahren zuvor schon an weniger kontroversen Projekten wie einer Währungsunion gescheitert war. Nur die bahrainische Führung reagierte positiv und vertrat die Idee eines engeren Zusammenschlusses auch noch 2012 und 2013. Der Grund war, dass Bahrain wie Saudi-Arabien eine direkte iranische Bedrohung für seine Sicherheit sah und nach dem März 2011 noch abhängiger von seinem Nachbarn geworden war. Die finanziellen Zuwendungen, die militärische Intervention und die politische Unterstützung aus Riad machten Bahrain faktisch zu einem saudi-arabischen Protektorat, sodass die Regierung in Manama die Union der Golfstaaten eher als erneutes Schutzversprechen des großen Nachbarn denn als Beeinträchtigung ihrer ohnehin weitgehend theoretischen Souveränität verstand.[23]

Aus der Union wurde dennoch nichts, weil die übrigen Golfstaaten kein Interesse daran hatten, dass Riad in ihrem Verbund noch stärker wurde. Bahrain jedoch schloss sich in den nächsten Jahren jedem Bündnisprojekt und jeder größeren Kampagne an, die von Saudi-Arabien vorgeschlagen wurde. Dies betraf vor allem das von Saudi-Arabien im Dezember 2015 mit viel Pomp ins Leben gerufene »Islamische Militärbündnis für die Bekämpfung des Terrorismus«, in dem 34 Staaten vertreten waren, das anschließend aber keine Rolle mehr spielte. Bahrain war auch mit dabei, als die Trump-Administration ab 2017 versuchte, ein Bündnis prowestlicher arabischer Staaten zu schmieden, das auch die »arabische NATO« genannt wurde, aber ebenfalls große Startprobleme hatte. Bahrain schickte sogar Kampfflugzeuge und Spezialkräfte, die sich ab 2015 am Krieg der Saudis im Jemen beteiligten, und nahm ab Juni 2017 an der Blockade Katars teil. Dieser letzte Schritt zeigte den bestimmenden Einfluss Riads besonders deutlich, denn Bahrain unterhielt bis dahin enge Wirtschaftsbeziehungen zu seinem Nachbarn. Obwohl bahrainische Politiker sich mehrfach mit der Blockade unzufrieden zeigten, blieben sie auf Linie Riads.[24] Die Nibelungentreue ließ Manama aber ebenso wie Riad nach den Angriffen der Iraner auf die Ölanlagen von Abqaiq und Khurais im September 2019 ratlos zurück. Jahrelang hatte Bahrain im Schatten Saudi-Arabiens auf einen harten antiiranischen Kurs gesetzt, musste jetzt jedoch einsehen, dass die ferne Schutzmacht nicht bereit war, militärisch zu reagieren, und die nahe Schutzmacht allein machtlos war.

Repression und Radikalisierung

Am 1. Juni 2011 beendete die Regierung den Ausnahmezustand und kündigte einige Wochen später die Aufarbeitung der Ereignisse vom Februar und März durch eine unabhängige Expertenkommission an. Tatsächlich beauftragte Manama international anerkannte Völkerstrafrechtler unter der Führung des ägyptischen Juristen Cherif Bassiouni, der für die UNO unter anderem Untersuchungen von Kriegsverbrechen in Bosnien und Libyen geleitet hatte. Der am 23. November 2011 vorgelegte Abschlussbericht kritisierte die bahrainische Regierung scharf, indem er den Sicherheitsbehörden systematische Folter und übertriebene Gewaltanwendung bei der Niederschlagung der Proteste vorwarf. Auch für die von der Regierung behauptete Rolle Irans fand er keine Belege. Gleichzeitig verwies die Bassiouni-Kommission auf Gewaltakte der Demonstranten, sodass beide Seiten sich zumindest teilweise in ihrer Argumentation bestätigt fühlten.[25] Deshalb führte der Bericht auch nicht zu einer Annäherung der Positionen. Al-Wifaq lehnte Dialogangebote der Herrscherfamilie ab, während diese neben einigen oberflächlichen Reformschritten in erster Linie auf Repression setzte. All dies ließ den Schluss zu, dass es dem Regime vor allem darum ging, den Druck der USA abzuwehren, die auf einen Kompromiss mit der Opposition drängten.

Dass die Regierung nicht an eine Verhandlungslösung glaubte, zeigte sich vor allem in Prozessen gegen Oppositionelle, Men-

schenrechtler und medizinisches Personal, gegen die ein eigens
für die Aburteilung von Teilnehmern an den Protesten gebilde-
ter Sondergerichtshof teils drakonische Strafen verhängte. Zwischen März und April waren mehrere führende Oppositionelle
verhaftet worden, die im Juni 2011 schuldig gesprochen wurden,
weil sie angeblich »Terrorgruppen gegründet hatten, um die Monarchie zu stürzen und die Verfassung zu ändern«. Es handelte
sich mit einer Ausnahme um Schiiten, die als »die Bahrain-13«
bekannt wurden. Zu ihnen gehörte der al-Haqq-Führer Hassan
Mushaima, der zu einer lebenslangen Gefängnisstrafe verurteilt
wurde. Mehr Bekanntheit erlangte der schiitische Oppositionelle
und Menschenrechtler Abd al-Hadi Khawaja, der 2012 mit
einem 110-tägigen Hungerstreik auf sich aufmerksam machte.
Ein Berufungsgericht hielt im September 2012 die harten Strafen
aufrecht.[26] Anfang 2020 waren die Bahrain-13 immer noch in
Haft.

Ähnlich, wenn auch nicht ganz so schlimm erging es schiitischen Ärzten und Krankenschwestern, die während der Proteste
im Februar und März im Salmaniya-Krankenhaus verletzte Demonstranten behandelt hatten. Ein Gericht verurteilte sie zu
Haftstrafen von bis zu fünf Jahren, weil sie angeblich Waffen versteckt, zum Sturz der Herrscherfamilie aufgerufen und falsche
Nachrichten verbreitet hatten.[27] Der wahre Grund für dieses
Vorgehen dürfte jedoch gewesen sein, dass die Ereignisse im Salmaniya-Krankenhaus in der teils schockierenden Dokumenta-
tion *Shouting in the Dark* zu sehen waren, die Anfang Mai 2011
im englischen Programm des katarischen Fernsehsenders al-Jazeera erschien und in der die bahrainische Regierung und ihre
Sicherheitskräfte aufgrund der Brutalität ihres Vorgehens scharf
kritisiert wurden. Obwohl die Strafen der Ärzte und Krankenschwestern im Berufungsverfahren stark reduziert wurden, rief
ihre Verurteilung besondere Empörung hervor.

Im Anschluss an die Verkündung der Berufungsurteile im
September 2012 eskalierten die Auseinandersetzungen daher er-

neut. Schon in den Monaten zuvor hatten schiitische Jugendliche immer wieder demonstriert, worauf es zu Zusammenstößen mit den Sicherheitskräften kam. Letztere riegelten vorwiegend von Schiiten besiedelte Dörfer rund um Manama ab und gingen mit Tränengas, Blendgranaten und Gummigeschossen gegen die Protestierenden vor. Diese wehrten sich mit immer gewalttätigeren Angriffen gegen die Polizei. Schon im Oktober und November 2012 nahm die Frequenz der Angriffe rasch zu, und Mitte Oktober starb ein Polizist, als Demonstranten eine Polizeipatrouille mit Molotowcocktails und einem selbst gebauten Sprengsatz attackierten.[28]

Die zunehmende Gewalt ging auch auf die nunmehr vollendete Spaltung der Opposition zurück. Die militanten Proteste wurden vor allem von einigen Tausend Jugendlichen getragen, die sich von den etablierten politischen Vereinigungen abwandten, weil sie sie für zu kompromissbereit hielten. Sie agierten als »Bewegung des 14. Februar«, waren aber nur lose untereinander verbunden und koordinierten ihre Aktionen über soziale Netzwerke wie vor allem Twitter. In einigen Gegenden sperrten sie in den ersten Jahren nach 2011 fast jede Nacht schiitische Dörfer mit Palmenstämmen und Steinen ab und griffen die Sicherheitskräfte mit Molotowcocktails, selbst gebastelten Benzinbomben und Steinen an, sobald diese sich Zugang zu verschaffen versuchten. Die Regierung hingegen riegelte diese Gegenden immer wieder ab und ging gewaltsam gegen die jungen Leute vor. Oft rückte die Polizei des Nachts an, jagte die Demonstranten und durchsuchte Häuser, was den besonderen Unwillen der überwiegend sehr konservativen schiitischen Bevölkerung hervorrief.[29] Mehrfach wurden Jugendliche bei den Krawallen getötet. Da all diese Maßnahmen die Lage nicht beruhigten, wählte die Regierung im Oktober 2012 noch drastischere Methoden: Sie verhängte ein generelles Demonstrations- und Versammlungsverbot, das aber immer wieder missachtet wurde.[30] In der zweiten Jahreshälfte 2012 verdichteten sich die Hinweise, dass die

Regierung beschlossen hatte, mit verschärfter Repression auf die Unruhen zu reagieren. So begann sie im November 2012, oppositionellen Schiiten die Staatsangehörigkeit zu entziehen, um ihnen so das Leben im Land möglichst schwer zu machen oder sie an der Wiedereinreise hindern zu können. Viele der fast 1000 Bahrainis, die von dieser Maßnahme seitdem betroffen waren (und sich noch im Land befanden), verließen ihre Heimat Richtung Iran, Libanon oder gingen nach Europa.[31] Da es auch mehrere kompromissbereite und unpolitische Religionsgelehrte traf, wurden die Stimmen immer seltener, die zur Mäßigung aufriefen.

Die vielleicht dramatischste Folge der Unruhen aber war die Zuspitzung der religiösen Dimension des Konfliktes und die Verhärtung der Positionen auf beiden Seiten. Die Regierung heizte die Spannungen vor allem dadurch an, dass sie immer wieder behauptete, hinter den Protesten stünden auswärtige Mächte wie Iran oder die libanesische Hisbollah. Führende Politiker und regierungsnahe Medien bezeichneten al-Wifaq in der ersten Zeit nach 2011 auch oft als »bahrainische Hisbollah«.

Dies und die tatsächliche Eskalation führten zu einer Radikalisierung auch der sunnitischen Bevölkerung, die mehrheitlich loyal hinter dem Regime der Familie Khalifa steht. Hier verwandelte sich die anfängliche Furcht vor den Schiiten rasch zu einer oft bis zu blindem Hass reichenden Abneigung. Zu den regimetreuen sunnitischen Schiitenfeinden gehören Vereinigungen wie das zur Muslimbruderschaft zählende Islamische Forum (arab. al-Minbar al-Islami) und die salafistische Islamische Ursprünglichkeit (arab. al-Asala al-Islamiya). Außerdem bildete sich im Februar 2011 eine außerparlamentarische Bewegung namens Versammlung der Nationalen Einheit (arab. Tajammu' al-Wahda al-Wataniya) unter der Führung des Predigers Abd al-Latif Al Mahmud, die erst politische Reformen forderte, später unter dem Druck der Regierung aber immer regimetreuer auftrat. Durch die Aktivitäten dieser Gruppen wuchs der Druck auf die Regierung, keine Zugeständnisse an die Opposition zu machen.[32]

Während die Muslimbrüder in späteren Jahren an Einfluss verloren (und seit 2018 nicht einmal mehr im Parlament vertreten sind), zeigte sich ab spätestens 2013 ein Trend hin zu salafistischen Positionen, die sich durch ihren radikalen Schiitenhass und die Forderung nach einem stark an der Frühzeit im 7. Jahrhundert orientierten islamischen Staat von denen anderer Islamisten unterscheiden. Dies wurde erstmals 2012/13 spürbar, als unter den bahrainischen Sunniten eine große Begeisterung für den bewaffneten Kampf der Aufständischen in Syrien entstand, unter denen Salafisten und Jihadisten rasch erstarkten. Mehrere Dutzend Bahrainis schlossen sich Rebellengruppen an, darunter vor allem den Jihadisten der Nusra-Front und ab 2013 auch dem Islamischen Staat (IS). Einige von ihnen waren in Bahrain Polizisten oder Soldaten, die in Videos nun auch zum Sturz des Regimes in ihrem Heimatland aufriefen, weil dieses ihnen bei Weitem nicht islamisch und antischiitisch genug war. Besonders problematisch war, dass mit Turki al-Binali (alias Abu Sufian as-Sulami) sogar ein Mitglied einer einflussreichen bahrainischen Familie zum religiösen Cheftheoretiker des IS aufstieg. Zwar führten die Aufrufe nicht zu Anschlägen in Bahrain, doch konnte dies nicht darüber hinwegtäuschen, dass es in den Sicherheitsbehörden ein (sunnitisches) Islamistenproblem gab – und die Regierung dies ignorierte, solange nur die Unterdrückung der Schiiten funktionierte.[33]

In den folgenden Jahren setzte die Führung immer kompromissloser auf Repression. Dies zeigte sich bereits nach den Parlamentswahlen vom November 2014, die al-Wifaq boykottierte. Kronprinz Salman hatte zuvor noch ein letztes Dialogangebot unterbreitet, das die Vereinigung jedoch zurückwies. Kurz darauf wurde ihr Führer Ali Salman – immerhin der prominenteste schiitische Politiker im Land – zu vier Jahren Haft verurteilt, weil er seine Anhänger angeblich zur Gewalt gegen die Regierung

aufgestachelt habe. Die Verhaftungen, Ausbürgerungen und De-
portationen gingen weiter, sodass 2019 weit über 3000 Personen
in Haft waren. Eine zweite Repressionswelle begann im Juni
2016, als al-Wifaq vollständig verboten wurde, nachdem kurz
zuvor die Gefängnisstrafe von Ali Salman um fünf Jahre verlän-
gert worden war. Fast gleichzeitig wurde Ayatollah Issa Qassim
im Juni 2016 die Staatsbürgerschaft entzogen. In einem anschließenden Gerichtsverfahren gegen den Religionsgelehrten ging es
um ähnliche Vorwürfe wie gegen Ali Salman, doch Qassim kam
mit einem Jahr Haft auf Bewährung und einer sehr hohen Geld-
strafe davon. Außerdem wurden Millionenbeträge von Konten
des geistigen Führers der bahrainischen Schiiten beschlagnahmt,
die bis dahin auch zur Finanzierung von al-Wifaq eingesetzt
worden waren. Im Dezember 2018 ging Qassim ins Exil in den
Irak und kurz darauf nach Iran. Kurz zuvor, im November 2018,
wurde Ali Salman wegen angeblicher Spionage für Katar – die
bahrainische Justiz wird kaum je wieder eine absurdere Urteils-
begründung finden – zu lebenslanger Haft verurteilt. Manama
hatte sich offenbar entschlossen, die politischen und religiösen
Strukturen der Schiiten im Land vollständig zu zerschlagen. Teheran reagierte mit rhetorischen Attacken: Der damalige Kommandeur des Qods-Korps der Revolutionsgarden, Qassem Soleimani, drohte Bahrain mit einer »blutigen Intifada«.[34]

Die »bahrainische Hisbollah«

Die gnadenlose Verfolgung der gesamten schiitischen Opposition führte dazu, dass deren Aktivitäten fast vollständig zum Erlie-
gen kamen. Nun schlug die Stunde der Iraner, die Bahrain bereits
seit Langem als möglichen Schwachpunkt unter den arabischen
Golfstaaten ausgemacht hatten. Geopolitische Interessen, Ideologie und ein in der Außenpolitik immer wieder erkennbarer

Opportunismus prägten die Vorgehensweise Teherans. Dort meinten viele Politiker, Bahrain gehöre ohnehin zu Iran, weil es im 17. und 18. Jahrhundert unter persischer Oberhoheit gestanden hatte. Bereits der Schah hatte kurz vor dem Abzug der Briten von der Insel 1971 Ansprüche angemeldet, auf die er jedoch verzichtete, nachdem eine Erhebung der Vereinten Nationen festgestellt hatte, dass eine Mehrheit der Inselbewohner unabhängig werden wollte. Dieses Thema kam auch nach 1979 immer wieder auf, zuletzt besonders prominent im Jahr 2009, als der ehemalige Parlamentspräsident Ali Akbar Nateq Nuri Bahrain als die vierzehnte Provinz Irans bezeichnete und damit in der arabischen Welt einen Proteststurm auslöste.[35]

In den frühen 1980er-Jahren unterstützte Iran die islamistischen Shirazis in Bahrain bei ihrem Versuch eines Staatsstreichs; nach dem Ende des Büros für Befreiungsbewegungen in Teheran, dem Tod Mehdi Hashemis und der Entmachtung Montazeris scheint es jedoch nicht mehr zielgerichtet mit bahrainischen Islamisten zusammengearbeitet zu haben. Erst ab 2011 nutzte die iranische Führung die Gelegenheit, erneut auf die Ereignisse in Bahrain Einfluss zu nehmen. Dies geschah zunächst durch massive Kritik am Vorgehen der Familie Khalifa: Khamenei beispielsweise beschrieb Bahrain als das repressivste Land überhaupt und war überzeugt, dass die harsche Reaktion des Regimes auf die Proteste ein »schwerer Fehler« sei.[36] Die politische Elite der Islamischen Republik begrüßte die Proteste in der arabischen Welt – mit Ausnahme derjenigen in Syrien – und sprach von einem »Islamischen Erwachen« statt vom »Arabischen Frühling«. So sagte Khamenei in einer Ansprache im März 2011, die jüngsten Ereignisse seien Ausdruck eines bevorstehenden fundamentalen Wandels und ein Zeichen, dass die Region dem Beispiel des »Islamischen Erwachens« in Iran folge.[37] Der Einfluss Teherans auf die Geschehnisse war jedoch geringer, als Khamenei hier glauben machen wollte. Es gab zwar Kontakte zu schiitischen Oppositionsgruppen wie al-Haqq, doch weder Khamenei noch die Revolutionsgarden hatten maßgeblichen Einfluss auf die sehr viel stärkere al-Wifaq. Teile der politischen und militärischen Führung in Teheran sollen sehr unzufrieden gewesen sein, dass sie während der Proteste in Bahrain 2011 keine loyalen Partner vor Ort hatten – in einer Situation, in der das Regime in Manama besonders schwach schien.[38] Deshalb entschlossen sie sich wahrscheinlich schon 2011, in Bahrain mehr Präsenz zu zeigen. Sie profitierten von der Politik der bahrainischen Regierung, die durch ihr hartes Vorgehen gegen die gemäßigte schiitische Opposition die Freiräume für militante Gruppen schaffen half, die bereits ab 2013 immer stärker wurden.

Al-Wifaq und Ali Salman lehnten Gewalt ab und eigneten sich schon deshalb nicht gut als Instrument iranischer Politik in Bahrain. Außerdem folgen die Anhänger der Organisation nicht einer einzigen religiösen Autorität, sondern verschiedenen Gelehrten. Zwar zählt der iranische Revolutionsführer Ali Khamenei zu diesen, doch der quietistische Gelehrte Ali Sistani aus dem irakischen Najaf verfügt über weit mehr Gefolgsleute unter den bahrainischen Schiiten allgemein und unter den al-Wifaq-Anhängern im Besonderen.[39] Der Khomeinismus und die Lehre von der Herrschaft des Rechtsgelehrten sind bei ihnen einfach nicht mehrheitsfähig. Erst die scharfe Repression ab 2011, das Verbot von al-Wifaq und al-Haqq und die Maßnahmen gegen Issa Qassim und Ali Salman machten den Weg für militante proiranische Kräfte frei. Die Regierung bezeichnet diese oft als »bahrainische Hisbollah«, doch treten sie selbst unter Namen wie Saraya al-Ashtar (dt. Ashtar-Kompanien) und Saraya al-Mukhtar (dt. Mukhtar-Kompanien) auf. Bei ihnen handelt es sich um willfährige und linientreue Instrumente der iranischen Politik, die vom Qods-Korps geführt werden. Zwar neigt die bahrainische Führung dazu, die von diesen Gruppen ausgehende Gefahr zu übertreiben, doch sie wurden tatsächlich zu einer Bedrohung für die innere Sicherheit des Landes.

Die ersten militanten Kleingruppen bildeten sich 2012 aus der

»Bewegung des 14. Februar«. Sie »kämpften« vor allem mit Molotowcocktails, mit denen sie Polizisten bewarfen, ohne größeren Schaden anzurichten. Damals haben die iranischen Revolutionsgarden und ihre arabischen Verbündeten begonnen, vermehrt junge Bahrainis zu rekrutieren. Dies geschah in der Regel, wenn sich diese zum Studium oder zum Besuch von Pilgerstätten im Irak, in Libanon oder Iran befanden. Die Ausbildung in terroristischen Praktiken fand dann in einem dieser drei Länder statt, woraufhin die Rekruten nach Bahrain zurückgeschickt wurden. Ab 2013 verlegten sich die schiitischen Straßenkämpfer immer häufiger auf improvisierte Sprengfallen (Improvised Explosive Devices, IEDs), die Garden schickten Waffen und Materialien für deren Bau. Seither starben mehrfach Polizisten bei Anschlägen, etwa im März 2014, als bei der Detonation eines solchen Sprengkörpers in einem schiitischen Dorf drei Polizisten getötet wurden, einer davon ein Emirati, der für die gemeinsame Mission des Golfkooperationsrats nach Manama abgeordnet war.[40] Zu diesem Anschlag bekannte sich die damals noch junge Organisation Saraya al-Ashtar. Bis 2018 hatten die bahrainischen Sicherheitskräfte nach offiziellen Angaben 22 Tote und mehrere Tausend Verletzte zu beklagen.[41]

Saraya al-Ashtar und Saraya al-Mukhtar wurden seit 2013 sichtbar. Sie setzten immer häufiger ferngesteuerte Sprengsätze ein, was auf verbesserte Technik, Erfahrung im bewaffneten Kampf und professionellere iranische Unterstützung hinwies. Waffen, Munition, Sprengstoff und weiteres Material scheinen vielfach auf dem Seeweg geschickt worden zu sein, wie mehrere abgefangene Lieferungen zeigten. Besorgnis erregten neben den großen Mengen an militärischem Sprengstoff besonders die »projektilbildenden Ladungen« (Explosively Formed Projectiles oder EFPs), eine Weiterentwicklung herkömmlicher improvisierter Sprengfallen, mit der auch schwere Panzerungen durchschlagen werden können. Die Hisbollah verwendete diese EFPs schon seit 1998, bekannt wurden sie jedoch vor allem seit 2004, als das Qods-Korps irakische Terrorgruppen mit ihnen ausrüstete und diese den US-Truppen mithilfe dieser neuen Waffe empfindliche Verluste beibrachten. Wie groß die Gefahr auch in Bahrain war, zeigte sich erstmals in aller Deutlichkeit im November 2015, als die Sicherheitskräfte eine Bombenwerkstatt aushoben. Sie fanden nicht nur militärischen Sprengstoff in großen Mengen, sondern auch fertige EFPs und Werkzeug und Material zu deren Herstellung.[42] Zwar wurden die EFPs bis Anfang 2020 nicht eingesetzt, doch ihre Existenz zeigte, dass die Iraner ehrgeizige Pläne verfolgten. Ihr Einsatz macht nur Sinn im Zusammenhang mit Terroraktionen gegen Militär und sonstige Sicherheitskräfte in gepanzerten Fahrzeugen.

Zum Zeitpunkt der Entdeckung der Werkstatt hatte sich Saraya al-Ashtar als die wichtigste Gruppe im Kampf gegen die Familie Khalifa und ihre saudi-arabischen und emiratischen Verbündeten etabliert. Die Terrorgruppe ist nach Malik al-Ashtar benannt, der als besonders treuer und kriegerischer Gefolgsmann des vierten Kalifen und ersten Imam der Schiiten Ali Ibn Abi Talib bekannt wurde. Ihre enge Bindung an Iran ist mittlerweile erwiesen, 2018 veröffentlichte sie ein neues Logo mit Weltkugel, einem Arm, der eine Kalaschnikow hält, und einer Kornähre, das wie das der libanesischen Hisbollah und anderer Gruppen dem der Revolutionsgarden nachempfunden ist. Ihr voller Name auf dem Logo lautete »Saraya al-Ashtar – Der islamische Widerstand in Bahrain«. Damit verkündete die Gruppe für alle, die es wissen wollten, dass sie zur »Achse des Widerstands« gehört, die in der arabischen Welt für die Iraner im Einsatz ist.[43] Zumindest ein Teil ihrer Führung lebte damals bereits in Iran. Als religiöser Führer von Saraya al-Ashtar gilt der junge Gelehrte Murtada as-Sanadi, der sich seit 2012 in Qom aufhält und von dort zum Sturz des Regimes der Familie Khalifa und zum Kampf gegen die »saudische Besatzung« seiner Heimat aufruft. Den Revolutionsführer Khamenei nennt er gerne einmal den »Führer aller Muslime«.[44] Eine besonders enge Bindung baute Saraya al-Ashtar überdies zur irakischen Miliz Hisbollah-Bataillone (arab. Kata'ib Hizbullah) auf, die Kämpfer aus Bahrain ausbildete. Dennoch ist die Gruppierung klein; sie verfügt wahrscheinlich über nicht mehr als wenige Dutzend Mitglieder, von denen einige noch dazu im iranischen Exil leben. Trotzdem gelang es ihr, zahlreiche Attentate mit etlichen Todesopfern zu verüben.[45]

Die zweite bekannte bahrainische Gruppierung nennt sich Saraya al-Mukhtar nach Mukhtar Ibn Abi Ubaid, einem Anhänger des 680 getöteten dritten Imam Husain Ibn Ali, der 686/87 eine kurzlebige schiitische Revolte im irakischen Kufa anführte. Auch diese Gruppierung zeigte durch ihre Logos die Orientierung an den Revolutionsgarden. Ein zunächst genutztes Symbol enthielt Faust und Kalaschnikow, später veröffentlichte sie eines, das in Form, Farbe und Inhalten fast identisch war mit dem der Saraya al-Ashtar von 2018. Die Gruppe nannte sich nun »Saraya al-Mukhtar – Der islamische Widerstand in Bahrain« und bekannte sich zudem zum religiösen Führer Khomeini.[46] Es gab auch Hinweise auf Kontakte zu irakischen Schiitenmilizen, die eng mit den Revolutionsgarden zusammenarbeiten. In dieses Bild passte es, dass Kämpfer der Organisation ausweislich von Bildmaterial in den Jahren 2015 und 2016 am Kampf des Assad-Regimes gegen sunnitische Aufständische in Syrien teilnahmen. In Bahrain selbst war Saraya al-Mukhtar vor allem zwischen 2013 und 2015 aktiv.[47]

Ab Ende 2016 intensivierten die schiitischen Rebellen den bewaffneten Kampf erneut. Am 31. Dezember 2016 stürmten Kämpfer von Saraya al-Ashtar in einer äußerst anspruchsvollen Operation das berüchtigte al-Jau-Gefängnis im Südosten der Insel und befreiten zehn Insassen. Diese versuchten Anfang Februar 2017 mit einem Schnellboot nach Iran zu fliehen, wobei sie von Sicherheitskräften abgefangen wurden. Außerdem verübte Saraya al-Ashtar einen Mordanschlag auf einen Polizisten. Im Januar ließ die Regierung die angeblichen Mörder der drei Polizisten vom März 2014 hinrichten – die ersten Exekutionen von

Gegnern des Regimes seit 1996 –, worauf es wieder zu Unruhen und Angriffen auf die Polizei kam. In den nächsten Monaten setzten die kleinen Gruppen ihre Anschlagsserie gegen Sicherheitskräfte fort. Im November 2017 verübten Terroristen erstmals einen Anschlag auf die Pipeline, die Öl vom saudi-arabischen Festland in die Raffinerie von Sitra bringt. Mit dieser deutlichen Warnung zeigte Iran, dass es in der Lage ist, die Lebensadern der Wirtschaft Bahrains zu treffen.[48]

Die Entstehung einer militanten schiitischen Szene mit enger Bindung an Iran war ein großer Erfolg für die Revolutionsgarden und eine Demonstration ihrer Macht. Sie zeigten, dass sie auch in einem Land wie Bahrain, in dem die Sicherheitskräfte stark und gewalterprobt sind und den Handlungsspielraum ihrer Gegner massiv einschränken, irantreue Gruppen aufbauen und über Jahre hinweg effektiv unterstützen können. Ihr Ziel war es wohl nicht einfach nur, den Staat zu destabilisieren. Den Militärplanern in Teheran ist bewusst, dass das Regime der Familie Khalifa stabil ist und sehr weit gehen würde, um den eigenen Sturz zu verhindern. Außerdem wissen sie, dass Bahrain für Saudi-Arabien ebenso wie die USA ein wichtiger Verbündeter ist und beide viel dafür tun würden, das Regime vor dem Fall zu bewahren. Wahrscheinlich ging es den Garden eher darum, für den Fall neuer Unruhen über loyal ergebene terroristische Gruppen Einfluss auf die Geschehnisse nehmen zu können.

Dabei ist schon heute nicht zu übersehen, dass sich die Situation in Bahrain zuungunsten des großen Gegners in Saudi-Arabien entwickelt hat. Zwar gibt es keine Anzeichen dafür, dass das bahrainische Regime und damit Saudi-Arabien die Kontrolle verlieren könnte. Doch mit Saraya al-Ashtar und weiteren Kleingruppen sind zum ersten Mal seit den 1980er-Jahren wieder proiranische Terroristen in Bahrain aktiv, die über einige Unterstützung unter den bahrainischen Schiiten verfügen und in den letzten Jahren Kampferfahrung gesammelt haben. Dies ist aufgrund der Nähe der saudi-arabischen Ostprovinz und der engen politischen, religiösen und kulturellen Verbindungen zwischen den schiitischen Gemeinschaften auf der Insel und im Königreich bedrohlich. Die Iraner und ihre lokalen Verbündeten drohen auch unverhohlen damit, den bewaffneten Kampf auf das Festland auszuweiten. Die vielleicht wichtigste Stimme war der Saraya-al-Ashtar-Anführer Sanadi, der in einem Fernsehinterview vom Januar 2019 die Befürchtungen der Saudis ansprach, dass auch ihr Land angriffen werden könnte, und anfügte: »Ich glaube, dass es das Recht des bahrainischen Volkes ist, an geeignetem Ort und zu gegebener Zeit in ganz Saudi-Arabien zu reagieren, das nach Bahrain kam und geschützte Orte entweihte und Verbrechen gegen das Volk Bahrains verübte.« Auf die Bemerkung des Moderators, dies könne als Drohung interpretiert werden, antwortete Sanadi: »Sie [die Saudis] werden dies als Drohung betrachten, wir hingegen betrachten es als unser Recht, zu jeder Zeit mit Aktionen auf die Verbrechen zu reagieren, die gegen das bahrainische Volk verübt wurden.«[49] Die Geschichte der letzten Jahre zeigt, dass dies keine leere Drohung bleiben muss.

5 Syrien:
Iran rettet das Assad-Regime

Auf den Fotos im Internet sah man den iranischen General-major Qassem Soleimani auf einem Spaziergang durch das winterliche Aleppo. Sie zeigten den Führer des Qods-Korps, wie er im Dezember 2016 an der Seite eines syrischen Armeeobers-ten Teile der kurz zuvor noch heiß umkämpften Front mitten in der Stadt rund um die historische Zitadelle inspizierte. Mehr als vier Jahre lang hatten die Rebellen den Ostteil der Stadt halten können, doch nun waren sie geschlagen. Was auf den ersten Blick so harmlos aussah, war eine Art Siegesparade der irani-schen Revolutionsgarden in der Stadt, aus der die letzten Auf-ständischen erst wenige Tage zuvor evakuiert worden waren.

Seit 2014 tauchten wiederholt Bilder von Soleimani auf, wie er in Syrien und im Irak irantreue Milizen an der Front oder in ih-ren Quartieren besuchte. Sie zeigten ihn mit den wichtigsten Kommandeuren ebenso wie mit vielen einfachen Kämpfern. Meist kleidete er sich halb zivil, halb militärisch ohne Rangab-zeichen, wobei er zuweilen auch die Kafiya (vulgo »Palästinen-sertuch«) um den Hals oder als Kopftuch trug – ein beliebtes Accessoire in einer Organisation, die sich die Befreiung Jerusa-lems und die Zerstörung Israels zur Aufgabe gemacht hat. Die Bilder entstanden nicht zufällig, denn Soleimani und seine Trup-pe operierten grundsätzlich im Verborgenen und kontrollierten genau, welche Aufnahmen von ihren Kommandeuren veröffent-licht wurden. Mit ihnen wurde dem gesamten Nahen Osten auf mehr oder weniger subtile Weise demonstriert, dass die Revolu-tionsgarden weit jenseits der iranischen Grenzen auf dem Vor-marsch waren.

Die Bilder von Aleppo zeigten der nahöstlichen Öffentlichkeit (in der westlichen Welt wurden sie wenig wahrgenommen) außerdem, dass die Iraner und ihr Expeditionskorps schiitischer Milizen maßgeblichen Anteil an der Eroberung des Ostteils der Stadt hatten und damit den vielleicht entscheidenden Sieg im Bürgerkrieg errungen hatten. Dass es nur bei wenigen Fotos blieb, dürfte vor allem der um Diskretion bemühten Behördenkultur des Qods-Korps und dem Wunsch Teherans geschuldet gewesen sein, das Assad-Regime nicht bloßzustellen – immerhin herrscht der syrische Diktator über einen souveränen Staat. Trotzdem vermittelten die Bilder von Soleimani die klare Botschaft, dass die Iraner und ihre Verbündeten den vielleicht wichtigsten Teilkonflikt der Auseinandersetzung mit Saudi-Arabien für sich entschieden hatten.

Die Freude war umso größer, als es lange nicht nach einem solchen Triumph ausgesehen hatte. Das Assad-Regime litt seit 2011 unter großem Mangel an Soldaten, sodass Iran immer mehr Militär und Milizen entsenden musste. Trotzdem schien im Frühjahr 2015 der Sieg der von den USA, Saudi-Arabien, der Türkei und Katar unterstützten Aufständischen kurz bevorzustehen. Nur die russische Intervention und eine deutliche Aufstockung des iranischen Expeditionskorps verhinderten den Zusammenbruch und leiteten die Wende im Bürgerkrieg ein. Mit der Einnahme von Aleppo war dieser zwar nicht beendet, doch das Ergebnis war klar: Assad blieb an der Macht, Iran hatte gesiegt und Saudi-Arabien verloren.

Riad unterstützt die Aufständischen

Der Bürgerkrieg in Syrien ist seit 2011 der folgenreichste und prägendste Teilkonflikt im Nahen und Mittleren Osten. Mit deutlich mehr als 500 000 Opfern bis 2020 ist er auch die blutigste Auseinandersetzung in der Region seit dem Iran-Irak-Krieg der 1980er-Jahre. Die Ereignisse begannen im Februar 2011 mit friedlichen Demonstrationen gegen das Assad-Regime, die sich rasch auf große Teile des Landes ausweiteten. Besonders betroffen waren in den ersten Monaten die ländlichen Gebiete und kleinen Städte im vorwiegend sunnitisch besiedelten Zentrum, Norden und Osten des Landes. Das Regime setzte rasch auf brutale Repression, ohne die Proteste eindämmen zu können. Vielmehr bildeten sich bewaffnete Gruppen, die meist aus desertierten Soldaten bestanden und die Sicherheitskräfte des Regimes bekämpften.

Die Rebellen waren vor allem dort stark, wo sunnitische Araber ländlicher Herkunft leben. Eine große Mehrheit unter den sunnitischen Arabern, die damals mehr als 60 Prozent der syrischen Bevölkerung von rund 24 Millionen Einwohnern stellten, lehnte das stark alawitisch geprägte Regime der Familie Assad ab. Dies galt aber nicht für die städtischen Mittelschichten, die – ganz gleich welcher Ethnie oder Religion sie angehörten – die Aufständischen mehr fürchteten als das Regime. Nur auf dem Land und unter den in den letzten Jahrzehnten in die Städte gezogenen Syrern aus ländlichen Regionen konnten die Rebellen massenhaft rekrutieren. Dies führte dazu, dass der Aufstand auch nur in den ländlichen Gebieten und in den rural geprägten und ärmeren Vierteln der großen Städte Damaskus, Homs, Hama und Aleppo an Boden gewann. Mitte 2011 bildeten sich die ersten größeren Rebellengruppen und mit der Freien Syrischen Armee (FSA) ein Dachverband, der die Kämpfe gegen das Regime zu koordinieren versuchte.

Die syrische Armee bestand bis 2011 mehrheitlich aus sunnitischen Arabern und schrumpfte schnell, weil Zehntausende junge Männer desertierten, die die Gelegenheit zum Sturz des verhassten Assad-Regimes gekommen sahen. Zwar blieben die vorwiegend alawitischen Teile der Streitkräfte, die paramilitärischen Kräfte der Geheimdienste und neu aufgestellte Freiwilligenmilizen loyal, doch anhaltende Verluste und die insgesamt niedrige Zahl der Alawiten im Land (rund zwei Millionen Menschen gehörten im Jahr 2011 dieser aus dem Schiitentum hervorgegangenen häretischen Sekte in Syrien an) wirkten sich rasch auf die Kampffähigkeit aus. Dem Assad-Regime fehlte es an Personal, und immer wenn es Truppen für eine größere militärische Aktion versammelte, fehlten diese an anderem Ort, sodass die Rebellen dort vorrücken konnten. Zu Beginn des Konflikts standen in der syrischen Armee etwa 200 000 Mann unter Waffen. Hinzu kamen etwa 100 000 Paramilitärs. Schon nach einem Jahr hatte sich die Zahl der regulären Truppen auf wenig mehr als 100 000 Mann reduziert, die mehrheitlich die Hauptstadt Damaskus sicherten, sodass wahrscheinlich nur ein Fünftel noch für offensive Operationen einsetzbar war. Ab 2013 übernahmen von den Iranern geführte syrische Milizen gemeinsam mit diesen Resten der Armee die Hauptlast des Kampfes. Bis 2020 schwankte die Größe der regulären syrischen Armee zwischen 90 000 und 105 000 Soldaten, während die Paramilitärs stets etwa 150 000 zählten.[1]

Die saudi-arabische Führung fand zunächst nur zögerlich zu einer politischen Linie gegenüber Syrien. Einerseits vertrat das Königreich seit Jahrzehnten den autoritären Status quo in der Region und lehnte die Proteste des Arabischen Frühlings vehement ab – wie sich in Bahrain gezeigt hatte und in Ägypten etwas später zeigen sollte. Außerdem hatte König Abdallah jahrelang viel Mühe darauf verwandt, Syrien aus seinem Bündnis mit Iran zu lösen. Zu diesem Zweck war er wiederholt auf Assad zugegangen und hatte versucht, Damaskus in diplomatische Initiativen vor allem für den Libanon einzubinden. Andererseits waren die

Beziehungen zwischen den beiden Regierungen seit dem Mord am ehemaligen libanesischen Ministerpräsidenten Rafik al-Hariri im Februar 2005 denkbar schlecht, weil Saudi-Arabien das Assad-Regime und die Hisbollah für den Tod dieses Verbündeten verantwortlich machte. Mit dem Beginn des Aufstands bot sich in Syrien die unerwartete Gelegenheit, den einzigen staatlichen Verbündeten Irans zu stürzen und idealerweise durch eine sunnitische und prosaudische Regierung zu ersetzen. Doch wie so oft in diesen Jahren traf Riad erst einmal gar keine Entscheidung und reagierte mit monatelangem Schweigen auf die Eskalation der Gewalt.

Dies änderte sich im August 2011, als König Abdallah sich abrupt gegen das syrische Regime stellte und damit eine neue Runde im Konflikt mit Iran einläutete. Präsident Bashar al-Assad hatte die wiederholten Mahnungen Abdallahs ignoriert, seine Sicherheitskräfte zur Zurückhaltung gegenüber den Demonstranten anzuhalten. In einer viel beachteten Rede kritisierte der sonst so diskrete, dialogorientierte und versöhnliche Monarch die Gewalt des syrischen Regimes scharf und forderte einen »Stopp der Tötungsmaschine«.[2] Etwa zeitgleich zog Saudi-Arabien seinen Botschafter aus Damaskus ab. Auf Druck des Königreichs suspendierte die Arabische Liga im November die Mitgliedschaft Syriens und verhängte Sanktionen gegen das Land.[3] In der Arabischen Liga stand Saudi-Arabien jedoch im Schatten des kleinen Emirats Katar, das im Jahr 2011 den turnusmäßigen Vorsitz in der Organisation innehatte. Katar stellte sich auf die Seite der syrischen Opposition und war dabei öffentlich sehr viel sichtbarer als Saudi-Arabien. Da die saudische Führung die neue Prominenz des Verbündeten nicht akzeptierte, entwickelte sich aus dieser Situation eine lang anhaltende Rivalität beider Golfstaaten in der Syrien-Politik. Sie prägte auch die Entwicklung der syrischen Opposition im Ausland, die sich immer wieder in Machtkämpfen zwischen dem prokatarischen und dem prosaudischen Lager verstrickte. Zunächst behielten die Kataris die

Oberhand und installierten viele ihrer Verbündeten in der Führung des im Oktober 2011 in Istanbul gegründeten »Syrischen
Nationalrats« und der im November 2012 gegründeten »Nationalen Koalition«. Sie förderten die Vertreter der syrischen Muslimbruderschaft, während die Saudis eher auf deren säkularisti-
sche Gegner setzten. Nach monatelangen Machtkämpfen wählte
die Nationale Koalition im Juli 2013 mit Ahmad Jarba (geb.
1969) einen Verbündeten der Saudis zu ihrem Vorsitzenden.[4]
Damals hatte die Opposition im Ausland jedoch an Bedeutung
verloren; die kämpfenden Gruppen vor Ort und ihre ausländischen Unterstützer dominierten das Geschehen.

Deshalb begann auch die saudi-arabische Führung, die syrischen Aufständischen militärisch zu unterstützen. Das Start-
signal war eine Personalie in Riad. Prinz Bandar Ibn Sultan,
der schon Generalsekretär des Nationalen Sicherheitsrates war,
wurde zusätzlich zum Direktor des saudi-arabischen Geheimdienstes GID ernannt. Die Ernennung war Programm, denn
Bandar gilt in Saudi-Arabien als ebenso amerikafreundlich wie
iranfeindlich. Als Botschafter in den USA in den Jahren 1983 bis
2005 hatte er für seinen proamerikanischen König Fahd die so
wichtigen Beziehungen zur US-Regierung gemanagt und schon
damals eine harte Linie gegenüber Iran vertreten. Die Entscheidung signalisierte nach außen wie nach innen, dass Saudi-Arabi-
en dazu entschlossen war, das Assad-Regime zu stürzen und die
Iraner aus Syrien zu vertreiben. Unterstützt wurde er durch seinen jüngeren Bruder Salman Ibn Sultan (»Mini-Bandar«), der
im August 2013 zum stellvertretenden Verteidigungsminister
ernannt wurde.[5]

Als Bandar Mitte 2012 übernahm, hatte seine Regierung bereits die ersten Waffen nach Syrien geschickt, doch Katar war in
dieser Frühphase sehr viel aktiver. Die verstärkte Hilfe für die
Rebellen zeigte schon im Juli 2012 einen ersten spektakulären
Erfolg, als diese in den Ostteil der Millionenstadt Aleppo einmarschierten und dort für die folgenden vier Jahre die Kontrolle

übernahmen. Bandar und sein Bruder machten sich nun daran, den katarischen Vorsprung aufzuholen. In der zweiten Jahreshälfte 2012 übte die saudi-arabische Führung Druck auf Jordanien aus, die Unterstützung der Aufständischen im Süden Syriens über sein Territorium zuzulassen. Das kleine Königreich weigerte sich zunächst, weil es syrische Racheakte und eine Stärkung der Islamisten an seiner Nordgrenze fürchtete, doch schließlich beugte es sich dem Druck der Saudis – die das Regime König Abdallahs von Jordanien seit 2011 mit Milliardenbeträgen unterstützten.[6] Dies wurde erstmals im Dezember 2012 deutlich, als Saudi-Arabien über Jordanien große Mengen Waffen und Ausrüstung aus Kroatien nach Syrien schaffte. Gleichzeitig weiteten auch Katar und die Türkei ihre Lieferungen an die Rebellen im Norden Syriens massiv aus.[7]

Saudi-Arabien ging seitdem immer zweigleisig vor: Zum einen unterstützten Bandar Ibn Sultan und sein Stab die Aufständischen in Abstimmung mit Ankara und Doha von der Türkei aus. Dabei traten immer wieder Probleme auf, weil die Türkei und Katar besonders mit der Muslimbruderschaft in Verbindung stehende Gruppen förderten und auch salafistische und jihadistische Organisationen unterstützten. Die saudi-arabische Führung setzte im Gegensatz dazu im Norden auf nichtislamistische Aufständische. Zum anderen bemühte sich Saudi-Arabien, von Jordanien aus eine Front im Süden aufzubauen, um ein Gegengewicht zu dem immer deutlicher von Islamisten dominierten Aufstand im Norden zu schaffen. Auch im Süden setzten die Saudis primär auf nichtislamistische Kräfte, doch scheinen sich Bandar und Salman (der speziell für die jordanische »Front« zuständig war) nicht darum gekümmert zu haben, wer genau die einmal nach Syrien gelieferten Waffen erhielt.[8] Gleichzeitig forderten die Saudis ein entschlosseneres Vorgehen der US-Regierung. Diese zögerte und verhinderte die von Bandar wiederholt geforderte Lieferung tragbarer Luftabwehrraketen – aus Furcht, sie könnten in die Hände islamistischer Terroristen geraten, die

die Waffen gegen die US-Luftwaffe und den zivilen Luftverkehr hätten einsetzen können.[9]

Ab Frühjahr 2013 wurde die saudi-arabische Führung immer ungeduldiger und forderte öffentlich eine entschlossenere Unterstützung der Aufständischen. Diese Unzufriedenheit erreichte ihren Höhepunkt im September 2013. Am 21. August hatte die syrische Armee einen östlichen Vorort von Damaskus mit Chemiewaffen angegriffen, wobei etwa 1400 Zivilisten und Rebellen starben. Daraufhin kündigte die US-Regierung einen Militärschlag an, den sie wieder absagte, nachdem man sich mit Russland und Syrien auf die Zerstörung sämtlicher syrischer Chemiewaffen geeinigt hatte. Die saudi-arabische Führung hielt diesen Rückzieher für einen schweren Fehler, weil Syrien und Iran dies als Zeichen der Schwäche deuten würden.[10] Riad beschloss, auch ohne die Zustimmung und Hilfe der USA ausgewählte syrische Rebellengruppen zu unterstützen. Der wichtigste Empfänger wurde eine im Raum Damaskus operierende Organisation namens Jaish al-Islam (dt. Armee des Islam) unter der Führung des Salafisten Zahran Alloush. Zwar hatten Vorläufergruppen von Jaish al-Islam schon früher saudi-arabische Hilfe erhalten, doch deren Intensivierung ermöglichte im September 2013 den Zusammenschluss mehrerer Gruppierungen unter dem Kommando von Alloush. Die so entstandene Organisation, der den meisten Quellen zufolge mindestens 20 000 Mann angehört haben sollen, war damals eine der mächtigsten und am besten ausgerüsteten Kampfeinheiten in ganz Syrien.[11] Gemeinsam mit der von Katar und der Türkei unterstützten Salafistentruppe Ahrar ash-Sham (dt. die freien Männer Syriens) dominierte Jaish al-Islam die Islamische Front, das zahlenmäßig stärkste Rebellenbündnis des gesamten syrischen Bürgerkrieges.

Anfang 2014 kam es in Riad jedoch zu einem Umdenken und kurz darauf zu einem Kurswechsel. Dabei dürfte das chaotische Management des Syrien-Einsatzes durch Prinz Bandar eine Rolle gespielt haben. Auch die Unzufriedenheit der US-Regierung mit der Unterstützung für Jaish al-Islam könnte ein Beweggrund gewesen sein. Unmittelbarer Anlass war aber der rasante Aufstieg der Organisation Islamischer Staat im Irak und Syrien (ISIS), die zu Beginn des Jahres konkurrierende Rebellen aus großen Teilen Ostsyriens vertrieb; schon damals hatten sich ihr Hunderte saudi-arabische Jihadisten angeschlossen. Im Frühjahr 2014 präsentierten sich einige in einem ersten Drohvideo, das zeigte, wie sie ihre Pässe verbrannten und Riad mit Anschlägen drohten. Damit wurde der Aufstand in Syrien zu einem Problem der inneren Sicherheit Saudi-Arabiens. Der damalige Innenminister Prinz Muhammad Ibn Nayif sorgte zunächst dafür, dass Bandar als Geheimdienstchef zurücktreten musste.[12] Die Unterstützung für die Aufständischen organisierte fortan das Innenministerium; ein Offizier der Spezialkräfte der Polizei wurde nach Jordanien geschickt. Die Hilfen für Jaish al-Islam wurden zurückgefahren, doch scheint die Gruppe weiter private Unterstützung aus Saudi-Arabien erhalten zu haben.[13]

Das Ziel der neuen Politik in Syrien war zunächst Schadensbegrenzung, denn Riad wollte unbedingt vermeiden, dass ISIS den bewaffneten Kampf auf das Königreich ausweitete. Um die Jahreswende 2014/15 ging Saudi-Arabien zum letzten Mal ein größeres Risiko ein, indem es Islamisten unterstützte. Damals rüsteten die Türkei und Katar gemeinsam mit Saudi-Arabien eine Allianz aufständischer Gruppierungen aus, die sich »Armee der Eroberung« (arab. Jaish al-Fath) nannte. Prominent vertreten waren die Jihadisten der al-Qaida-nahen Jabhat an-Nusra (dt. Nusra-Front) und Salafisten wie Ahrar ash-Sham. Dieses Bündnis nahm im Frühjahr 2015 große Teile der Provinz Idlib einschließlich der gleichnamigen Hauptstadt ein und erreichte so den größten Erfolg der Rebellen seit dem Einmarsch in Ostaleppo im Juli 2012. Möglicherweise unterstützte Riad dieses Projekt, weil der neue König Salman und sein Sohn und Verteidigungsminister Muhammad Ibn Salman auch in Syrien aggressiver vorgehen wollten. Doch es blieb bei diesem letzten Versuch der Saudis, durch die Unterstützung von Islamisten auf den Bürgerkrieg Einfluss zu nehmen – denn die Niederlage des Assad-Regimes in Idlib führte direkt zur russischen Intervention, die im Juni 2015 begann. Gemeinsam mit syrischen Truppen, den iranischen Revolutionsgarden, der Hisbollah und schiitischen Milizen gelang es der Regierung in Damaskus, die drohende Niederlage abzuwenden und im Dezember 2016 den Ostteil von Aleppo einzunehmen.

Damit gerieten auch die Aufständischen im Süden des Landes unter Druck. Schon seit Ende 2013 hatte die CIA gemeinsam mit ihren saudi-arabischen Kollegen dafür gesorgt, dass die Kommandozentrale der Rebellen in Amman professioneller gemanagt wurde. Im Februar 2014 gründeten Amerikaner, Saudis und Jordanier die Südfront (arab. al-Jabha al-Janubiya), ein Bündnis sorgfältig überprüfter Gruppierungen aus den Gebieten südlich von Damaskus. Im Mai wurde ein gemeinsames militärisches Oberkommando für diese Region gegründet. Salafisten und Jihadisten blieben außen vor, die US-Vertreter verhinderten auch, dass Jaish al-Islam aufgenommen wurde.[14]

In den folgenden Monaten konnten die Rebellen einige größere Erfolge erzielen, so etwa die Einnahme der Stadt Qunaitra im August oder die der Stadt Bosra im März 2015 und des letzten vom Regime kontrollierten Grenzübergangs nach Jordanien im April. Allerdings verstärkten auch die iranischen Revolutionsgarden, die libanesische Hisbollah und die von ihnen kontrollierten Milizen parallel zur russischen Intervention vom Sommer 2015 ihre Aktivitäten im Süden. Im Januar 2016 verloren die Aufständischen den Ort Shaikh Miskin, nachdem die russische Luftwaffe ihn zuvor ohne Rücksicht auf zivile Opfer bombardiert hatte. Daraufhin gerieten die Rebellen in die Defensive.[15] Im Juli 2017 schlossen sie einen Waffenstillstand, der im Juni 2018 endete. Anschließend gingen die Regimetruppen und ihre Verbündeten im gesamten Süden in die Offensive. Als die US-Regierung ihre Unterstützung für die Südfront im Dezember 2017 einstellte, gab diese den Kampf auf. Damit hatte Saudi-Arabien seine wichtigsten Verbündeten im syrischen Bürgerkrieg verloren und musste sich geschlagen geben.

Die Revolutionsgarden helfen dem Regime

Das Qods-Korps in Syrien

Die iranische Führung reagierte 2011 erschrocken auf die Proteste in Syrien. Seit 1980 war das zuerst von Präsident Hafiz al-Assad und dann von seinem Sohn Bashar mit harter Hand beherrschte Land der einzige staatliche Verbündete Irans und die wichtigste Stütze der »Achse des Widerstands«. Teheran schickte Waffen und Ausrüstung für die libanesische Hisbollah über Syrien, von wo das Material in Lastwagen über die libanesische Grenze gebracht wurde. In Damaskus residierten Vertreter der mit Iran verbündeten palästinensischen Gruppierungen Hamas und Islamischer Jihad ebenso wie schiitische Oppositionelle aus den Golfstaaten. Hätten sunnitische Aufständische das Assad-Regime gestürzt und durch eine iranfeindliche Regierung ersetzt, wäre ein guter Teil der Infrastruktur der »Achse des Widerstands« verloren gegangen und die Position der Hisbollah im benachbarten Libanon in große Gefahr geraten. In Teheran wurde deshalb die Befürchtung geäußert, dass ein Sturz des Assad-Regimes zu einem Verlust des Libanon führen werde und sogar die Islamische Republik in Gefahr geraten könne.

Diese iranische Variante der Dominotheorie des Ost-West-Konflikts brachte der Geistliche und frühere Kommandeur der Basij-Milizen Mehdi Taeb auf den Punkt. Er nannte Syrien »Irans 35. Provinz« und sagte: »Wenn der Feind uns angreift und Syrien oder Khuzestan übernehmen will, ist unsere Priorität, Syrien zu behalten.« Die überraschende Aussage begründete er so: »Wenn wir Syrien behalten, können wir auch Khuzestan behalten, aber wenn wir Syrien verlieren, können wir Teheran nicht halten.«[16] Die iranische Führung konnte in Syrien keinerlei legitime Proteste gegen eine diktatorische Regierung erkennen oder gar, dass diese Teil des »Islamischen Erwachens« waren, das Khamenei in den Unruhen des Arabischen Frühlings zu entdecken glaubte. Sie war vielmehr überzeugt, dass es sich um eine Verschwörung der USA, Israels und der von den arabischen Golfstaaten unterstützten islamistischen Terroristen handele, die die »Achse des Widerstands« zerstören und die Islamische Republik stürzen wollten. Als »Terroristen« bezeichnete Teheran alle syrischen Aufständischen unabhängig von ihrer weltanschaulichen Orientierung. Die Konsequenz war klar: Iran musste einen Sturz des Verbündeten in Damaskus unbedingt verhindern und deshalb schnell handeln.

Das Qods-Korps übernahm die Führung des Einsatzes. Schon im Frühjahr 2011 reiste Soleimani nach Damaskus, um mit syrischen Militärs über das gemeinsame Vorgehen zu beraten. Kommandeur vor Ort wurde Hossein Hamadani, jener General der Revolutionsgarden, der für die blutige Niederschlagung der »Grünen Bewegung« in Teheran 2009 verantwortlich war und als Spezialist für die Zusammenarbeit von regulärem Militär und Milizen galt. Die Iraner konnten damals schon auf Strukturen aufbauen, die sie in den Jahren zuvor im Süden von Damaskus geschaffen hatten. Dort liegt der Flughafen der Hauptstadt, über den die Revolutionsgarden seit den 1980er-Jahren Nachschub für die libanesische Hisbollah schickten und wo sie zumindest bis Anfang 2019 ihr syrisches Hauptquartier unterhielten. In unmittelbarer Nähe befindet sich das schiitische Heiligtum der Sayyida Zainab in einem Vorort gleichen Namens, eine Moschee, in der Zainab, die Schwester des dritten Imam Husain, begraben liegen soll. Zehntausende schiitische Pilger besuchen jedes Jahr diesen Ort. Zudem leben dort schiitische Exilanten und Flüchtlinge; zahlreiche schiitische Organisationen aus dem Irak und den arabischen Golfstaaten unterhalten Büros und Kulturzentren. Dort bauten auch die Revolutionsgarden ab 2011 ihre Präsenz aus: Von anfangs wenigen Hundert wuchs die Zahl iranischer Militärs in Syrien bis Mitte 2015 auf rund 1000 bis 2000 Mann an, überwiegend Ausbilder, Militärberater und Kommandeure. Damit sollte das Assad-Regime an der Macht gehalten und zugleich der Einfluss Teherans auf das Land ausgeweitet werden.

In den nächsten Jahren ließ sich die zunehmende Ausbreitung der Garden in Syrien immer wieder erkennen. Zum Beispiel im August 2012, als Rebellen in Damaskus 48 Revolutionsgardisten aus einem Bus entführten, darunter mehrere Offiziere. Im September 2012 bekannte sich mit General Mohammad Ali Jafari erstmals ein hochrangiger Kommandeur der Revolutionsgarden zu ihrer Präsenz in Syrien.[17] In der Frühzeit halfen sie vor allem in beratender Funktion bei der Niederschlagung von Protesten. Iran lieferte aber auch Waffen, technische Ausrüstung und Geld. Zu diesem Zweck wurde eine Luftbrücke eingerichtet, die ab Anfang 2012 durch irakischen Luftraum nach Syrien führte – die US-Truppen waren kurz zuvor vollständig aus dem Irak abgezogen worden. Iranische Verbündete in der irakischen Regierung wie der Chef der Badr-Miliz und damalige Transportminister (2010 bis 2014) Hadi al-Amiri genehmigten die Überflüge bereitwillig.[18] Die mit Abstand wichtigste Funktion des Qods-Korps war aber das Training des syrischen Militärs und paramilitärischer Kräfte in der Aufstandsbekämpfung und beim Kampf in Städten.

Da die syrische Armee schon 2012 nur wenig mehr als 100 000 Mann unter Waffen hatte, baute die Regierung gemeinsam mit den iranischen Revolutionsgarden Milizen auf. Sie stützten sich dabei auf die sogenannten Volkskomitees (arab. Lijan Sha'biya), lokale Einheiten, die zum Schutz von Orten, Vierteln oder Nachbarschaften vor den Aufständischen entstanden waren und jetzt zu paramilitärischen Einheiten aufgebaut wurden. Das größte Milizenbündnis nannte sich ab Mitte 2012 Nationale Verteidigungskräfte (arab. Quwwat ad-Difa' al-Watani), deren Zahl in

den nächsten Jahren auf bis zu 100 000 Mann anstieg.[19] Verantwortlich war General Hamadani, der im Mai 2014 prahlte, mit
den Milizen habe Iran jetzt eine »zweite Hisbollah in Syrien«
geschaffen, womit er das wahre Ziel der Expansion offenlegte.[20]
Allerdings waren Schiiten im Unterschied zum Libanon in diesen irregulären Einheiten zumindest in absoluten Zahlen nur
schwach vertreten, da sie in Syrien nur ein bis zwei Prozent der
Bevölkerung stellen. Viele Angehörige der Milizen waren stattdessen Alawiten und Christen. Insbesondere in den großen
Städten konnte das Regime auch Sunniten gewinnen.[21] Zwar
wurden die meisten Milizen lokal rekrutiert und dort auch de-
fensiv eingesetzt, um das Einsickern von Rebellen zu verhindern.
Doch einige Einheiten waren so hoch motiviert, gut ausgebildet
und ausgerüstet, dass sie unter der Führung von Garden, Hisbollah und syrischen Einheiten auch an Offensiven teilnahmen.
Unter den Rebellen und weiten Teilen der oppositionellen Bevölkerung wurden diese und andere Milizen als Shabbiha (dt.
Gespenstermilizen) bekannt und waren wegen der ihnen unter-
stellten Verbrechen besonders verhasst. Trotz all dieser Bemühungen litten die Sicherheitskräfte des Regimes weiter an Perso-
nalnot, weshalb die Revolutionsgarden ein schiitisches Expeditionskorps zusammenstellten.

Die Hisbollah an der Seite des Assad-Regimes

Den wichtigsten Teil dieser Milizenarmee stellte die libanesische
Hisbollah. Diese ist seit den 1980er-Jahren der stärkste und bedeutendste nichtstaatliche Verbündete Irans und zudem der neben Syrien wichtigste Alliierte im Konflikt mit Saudi-Arabien.

Es waren die Revolutionsgarden, die die Hisbollah im Sommer 1982 gründeten und deren Angehörige für den Kampf gegen Israel ausbildeten. Israelische Truppen waren im Juni 1982
in den Libanon einmarschiert, um die Palästinensische Befrei-
ungsorganisation PLO unter der Führung von Yassir Arafat zu

bekämpfen. Von Beginn an erhielt die Hisbollah Geld und Waffen aus Iran. Sie dankte es ihrem Patron mit Linientreue und wurde zur ersten nicht iranischen Organisation, die sich zu Khomeinis Lehre von der Herrschaft des Rechtsgelehrten bekannte. Bis zu seinem Tod 1989 war der Revolutionsführer die oberste religiöse und politische Autorität der Hisbollah, anschließend bekannte sich diese auch zu Khomeinis Nachfolger Khamenei. Syrien nahm die enge Bindung zwischen Hisbollah und Iran hin, weil es selbst seit 1980 eng mit Teheran verbündet war. Erst im Laufe der 1980er-Jahre lernte das Assad-Regime die Hisbollah als Verbündeten schätzen. Dies zeigte sich vor allem nach dem Ende des Bürgerkriegs 1990, als Syrien die Kontrolle über den Libanon übernahm. Diktator Hafiz al-Assad sorgte dafür, dass die Hisbollah als einzige der Bürgerkriegsmilizen ihre Waffen behalten durfte.[22]

Während der 1990er- und frühen 2000er-Jahre erstarkte die Hisbollah. Sie führte einen Guerillakrieg gegen die israelisch besetzte Sicherheitszone im Südlibanon, der im Jahr 2000 mit dem Abzug der Israelis endete. Gleichzeitig verübte sie weltweit Anschläge im Auftrag von oder gemeinsam mit Iran; besonders wichtig war der im saudi-arabischen Khobar 1996. Trotzdem blieb die Hisbollah vor allem ein libanesischer Akteur, bis der Erfolg von 2000 ihr auch in der weiteren arabischen Welt Anerkennung verschaffte – war die Schiitenorganisation doch der damals einzige arabische Akteur, dem es in Jahrzehnten gelungen war, sich gegen die übermächtige israelische Armee durchzusetzen. Noch prominenter wurden die Gruppierung und ihr Anführer Hassan Nasrallah 2006, als sie sich im 34-tägigen Sommerkrieg gegen Israel zu behaupten wussten. Für wenige Jahre wurde Nasrallah zu einem der populärsten Politiker der arabischen Welt.

Die Hisbollah nutzte die Gelegenheit, um ihre Position in der libanesischen Politik auszubauen. Dies war notwendig geworden, weil die syrische Armee sich auf Druck einer Protestbewegung und der internationalen Gemeinschaft im April 2005 aus dem Libanon zurückzog. Anlass war die Ermordung des prowestlichen (und prosaudischen) ehemaligen Ministerpräsidenten Hariri im Februar 2005, für die gemeinhin der syrische Geheimdienst und die Hisbollah verantwortlich gemacht werden. Noch im gleichen Jahr stellte die Organisation erstmals einen Minister und baute ihren Einfluss in Beirut kontinuierlich aus, sodass sie nicht mehr nur Guerillatruppe und soziale Bewegung war, sondern zur politischen Partei und Teil der Regierung wurde. Dass sie bereit war, ihre Position auch mit Waffengewalt zu verteidigen, zeigte sie im Mai 2008. Als die Regierung die Kontrolle über das geschützte Kommunikationsnetz der Organisation zu übernehmen versuchte, besetzten Einheiten der Hisbollah rasch zentrale Viertel von Beirut und sicherten ihrer Führung so ein faktisches Vetorecht über Regierungsentscheidungen.[23] Seitdem ist die Hisbollah ein unabhängiger »Staat im Staate« Libanon.

In den Jahren vor dem syrischen Bürgerkrieg erstarkte die Hisbollah auch, weil Iran seine Hilfe intensivierte. Dies war notwendig geworden, weil der Krieg von 2006 große Teile des von ihr kontrollierten Südlibanon und der Bekaa-Ebene verwüstet hatte und sie hohe Verluste an Material und Menschen zu beklagen hatte. Die Revolutionsgarden sollen in jenen Jahren allein ihre finanzielle Unterstützung für die Hisbollah von etwa 100 Millionen US-Dollar auf bis zu eine Milliarde Dollar jährlich erhöht haben. Deshalb waren die Verluste mehr als ausgeglichen, als 2011 der Aufstand in Syrien die Hisbollah zur Intervention veranlasste. Nasrallah und seinen Gefolgsleuten blieb auch kaum etwas anderes übrig. Fast der gesamte Nachschub für die Hisbollah gelangte von Iran über syrische Häfen und Flughäfen und anschließend per Lkw in den Libanon. Wäre das Assad-Regime gestürzt worden, hätte sich die Hisbollah möglicherweise nicht mehr halten können. Überdies befürchtete deren Führung, dass eine von den arabisch-sunnitischen Aufständischen gebildete

Regierung die Hisbollah auch im Libanon angreifen könnte. Der Preis der Parteinahme für Assad war dennoch hoch, denn die Hisbollah verdankte ihre Popularität in der arabischen Welt allein der Tatsache, dass sie »Widerstand« gegen die verhassten Israelis leistete. Jetzt ergriff sie in einem Bürgerkrieg Partei für einen blutigen Gewaltherrscher, der nicht einmal vor dem Einsatz von Chemiewaffen gegen die eigene Bevölkerung zurückschreckte. Die Hisbollah verlor deshalb schnell die Unterstützung fast aller Nichtschiiten in der arabischen Welt.

Seit 2011 schickte die Hisbollah parallel zu den Revolutionsgarden Ausbilder und weiteres Personal nach Syrien. Das war für die libanesischen Kämpfer zunächst eine schwierige Mission: Sie hatten gelernt, einen überlegenen Feind mit Raketen, Panzerabwehrwaffen und Sprengfallen zu bekämpfen, nun aber mussten sie einer sich auflösenden regulären Armee in ihrem Kampf gegen Aufständische beistehen. Mithilfe ihrer iranischen Waffenbrüder scheint die Umstellung rasch gelungen zu sein, denn schon 2012 und 2013 verstärkte die Hisbollah ihr Engagement, weil die Schwäche der Regimetruppen immer offenkundiger wurde. Sie legte in diesen Jahren den Schwerpunkt ihrer Aktivitäten auf den Süden von Damaskus und die Gegenden nahe der libanesischen Grenze, wo die Rebellen die Versorgungswege der Hisbollah bedrohten. Zu einem Wendepunkt wurde die Schlacht um die Stadt Qusair im Frühjahr 2013. Diese liegt nahe dem nordöstlichsten Zipfel des Libanon südwestlich der syrischen Stadt Homs und an einer Transportroute in die von der Hisbollah beherrschte Bekaa-Ebene. Nachdem Aufständische die Stadt im Juli 2012 eingenommen hatten, begann das Regime gemeinsam mit der Hisbollah, die mehrere Tausend Kämpfer stellte, im Frühjahr 2013 eine Gegenoffensive. Hassan Nasrallah bekannte sich in einer Rede erstmals öffentlich zur Teilnahme seiner Kämpfer am Krieg in Syrien. Der Hisbollah-Generalsekretär sagte, der Nahe Osten stünde im Fall von Assads Sturz vor »dunklen Zeiten«, machte die USA und Israel für den Aufstand verantwortlich und bezeichnete sämtliche Rebellen als Terroristen. Er warnte davor, dass nach einem Sieg dieser »Achse« auch der Libanon bedroht sei, und kündigte fortgesetzten Widerstand an.[24]

In den folgenden Jahren waren Hisbollah-Einheiten gemeinsam mit den Revolutionsgarden an den meisten größeren Kampfeinsätzen im gesamten Land beteiligt. Zu jedem Zeitpunkt dürfte die Organisation zwischen 7000 und 10 000 Mann in Syrien stationiert haben.[25] Das war eine enorme Zahl für eine Gruppierung, die mit etwa 20 000 bis 25 000 vollausgebildeten und aktiven Kämpfern (und noch einmal 20 000 bis 25 000 »Reservisten« und Hilfstruppen) die Grenze zu Israel und große Teile des Libanon sichern will. Hinzu kamen hohe Verluste: Die Hisbollah hatte seit 2011 wahrscheinlich mehr als 2000 Tote und mehrere Tausend Verletzte zu beklagen. Andererseits profitierte sie von ausgeweiteter iranischer Unterstützung. Zur Hochzeit des syrischen Bürgerkriegs 2015/16 sollen die Zahlungen aus Teheran etwa 700 Millionen Dollar pro Jahr betragen haben.[26] Außerdem nutzte die Hisbollah die Situation, um die Kontrolle in vielen syrischen Gebieten nahe der libanesischen Grenze zu übernehmen.

Schiitenmilizen aus dem Irak, aus Afghanistan und Pakistan

Die Hisbollah ist für das Qods-Korps und die Revolutionsgarden nicht nur wichtig, weil sie in vorderster Front gegen Israel kämpft, sondern auch als Bindeglied zwischen Iran und den Arabern. Die gemeinsame Sprache und Kultur erleichtern es der Hisbollah, Iraker, Syrer, Jemeniten und andere Araber für die Revolutionsgarden auszubilden. Zwar sprechen viele Angehörige des Qods-Korps Arabisch, doch Chauvinismus und (die nach Ansicht vieler Araber sprichwörtliche) Arroganz der Iraner sorgen häufig für Probleme. Den libanesischen Kameraden fällt der Umgang mit Arabern offenbar leichter als den Revolutionsgardisten. Wie wichtig dies ist, zeigte sich erstmals nach 2003 während des Konflikts im Irak, wo das Qods-Korps gemeinsam mit mehreren Hisbollah-Anführern militante schiitische Gruppen in den Kampf gegen die amerikanischen Besatzungstruppen schickte.[27] Mit Beginn des Syrien-Krieges wurden die alten Freundschaften aus dem Irak-Krieg wiederbelebt und die damals besonders aktiven Organisationen Asaib Ahl al-Haqq (dt. Ligen der Rechtschaffenen) und Kataib Hizbullah (dt. Hisbollah-Bataillone) auch im Nachbarland für die gemeinsame Sache aktiv.

Die irakischen Milizen waren auch für Syrien wichtig, weil die Hisbollah nur über begrenzte Kämpferkontingente verfügte. Im Libanon leben etwa 1,5 Millionen Schiiten (von insgesamt 4,5 Millionen Bewohnern), im Irak aber geschätzte 18 Millionen (von insgesamt 40 Millionen Staatsbürgern). Als die syrischen Regierungstruppen Anfang 2013 Schwäche zeigten und die Aufständischen mehrere große Erfolge erzielen konnten, mobilisierten die Revolutionsgarden auch ihre Verbündeten im Irak – diese waren in Syrien zwar bereits aktiv, ihre Zahl wurde jetzt jedoch deutlich erhöht. In der Frühzeit seit Anfang 2012 wurde vor allem die Gruppierung Liwa Abu al-Fadl al-Abbas (dt. Brigade Abu al-Fadl al-Abbas) bekannt, die viele irakische und syrische Kämpfer aufnahm. Ihr Name war Programm, denn Abbas Ibn Ali war ein Bruder des dritten Imam Husain, der wie dieser in der Schlacht von Kerbela im Jahr 680 getötet wurde und den Schiiten als Musterbeispiel des loyalen und opferbereiten Glaubenskämpfers gilt. Liwa Abu al-Fadl al-Abbas sagte wie die meisten Schiitenmilizen, dass es ihr um den Schutz schiitischer Heiligtümer – in diesem Fall der Grabstätte von Sayyida Zainab, der Schwester des Abbas – vor Terroristen gehe. Tatsächlich operierte die Gruppierung vor allem in und um Damaskus und kümmerte sich um die Ausbildung von Freiwilligen. In den Jahren 2012 und 2013 kamen Freiwillige vor allem von jenen irakischen Gruppierungen, die schon die Amerikaner bekämpft hatten, an erster Stelle Asaib Ahl al-Haqq und die Hisbollah-Bataillone.

Zudem waren Angehörige der Badr-Organisation vertreten.[28] Bis Frühjahr 2013 operierten sie im Verborgenen, doch als die Hisbollah an die Öffentlichkeit ging, zeigten sich auch die Iraker. Zwar wurden viele von ihnen 2014 abgezogen, um im Irak gegen den IS zu kämpfen, ab 2015 nahm ihre Zahl jedoch wieder zu. Die Ausweitung des Operationsraums der schiitischen Milizen auf fast ganz Syrien zeigte, dass es ihnen zwar um den Schutz der schiitischen Heiligtümer gegangen sein mag, das strategische Ziel aber die Rettung des Assad-Regimes vor seinen Feinden war.

Während die Abu-al-Fadl-al-Abbas-Brigade schnell an Bedeutung verlor, konnten sich andere Schiitenmilizen durchsetzen. Besonders stark war die erst 2013 gegründete Harakat Hizbullah an-Nujaba (dt. Bewegung der Tugendhaften der Partei Gottes) unter der Führung ihres Kommandeurs Akram al-Kaabi. Sie hatte zu Asaib Ahl al-Haqq gehört und wurde im Verlauf der Kämpfe die mit Abstand sichtbarste irakische Miliz in Syrien. Auch die Paramilitärs der Badr-Organisation und die Hisbollah-Bataillone waren stark vertreten. Irakische Kämpfer stellten ab 2013 immer rund 5000 Kämpfer und glichen damit die personelle Schwäche der libanesischen Hisbollah etwas aus.[29] Dass nicht noch mehr Milizionäre geschickt wurden, lag vor allem an der Beteiligung schiitischer Gruppierungen am Kampf gegen den IS, die nicht mehr Personal entbehren konnten.

Da die irakischen Verstärkungen nicht ausreichten, rekrutierten die Revolutionsgarden ab 2013 auch schiitische Afghanen und Pakistanis. Die Afghanen wurden aus Iran nach Syrien gebracht und traten als Liwa al-Fatimiyin (dt. Fatimiden-Brigade) oder Fatimiyun (dt. Anhänger der Fatima) auf. Fatima war die Tochter des Propheten Muhammad, Ehefrau des ersten Imam Ali und Mutter des dritten Imam Hussein und somit eine der wichtigsten Frauenfiguren des schiitischen Islam. Die pakistanischen Freiwilligen hingegen werden nach Husseins Schwester Zainabiyun genannt. Beide Milizen wurden speziell für den

Kampf in Syrien gebildet und unterstanden direkt den Revolutionsgarden, die sie in Iran ausbildeten. Um afghanische und pakistanische Schiiten für den Kampf in Syrien zu gewinnen, starteten die Iraner eine groß angelegte Werbekampagne. Sie feierten die Freiwilligen als »Verteidiger der Schreine« (pers. Modafe'an-e Haram) und betonten, dass die Schiiten in Syrien gegen – von den USA, Israel und Saudi-Arabien entsandte – sunnitische Terroristen um ihr Überleben und den Schutz der schiitischen Heiligtümer kämpften. Dass überhaupt Milizionäre in größerer Zahl aus diesen weit entfernten Ländern gewonnen werden konnten, könnte von der Überzeugungskraft der religiösen und ideologischen Propaganda zeugen. Doch die Afghanen und Pakistaner scheint eher die schwierige Lage in ihren Heimatländern und in Iran motiviert zu haben. Viele afghanische Freiwillige entstammten der rund drei Millionen Menschen starken afghanischen Diaspora in Iran, überwiegend mongolisch-stämmige Hazara, die in Iran massiv diskriminiert werden. Man versprach ihnen Geld und einen sicheren Aufenthaltsstatus, sollten sie sich den Fatimiyun anschließen; im Todesfall würden ihre Familien profitieren. Gleichzeitig sollen die iranischen Behörden Druck angewandt haben, etwa indem sie mit Abschiebung in das Heimatland drohten. Die materiellen Anreize und die Aussicht auf ein Leben in Iran bewogen auch Freiwillige aus Afghanistan selbst, sich von den Garden rekrutieren zu lassen.[30] Bei den Pakistanis dürfte vor allem die schwierige Situation der Schiiten im Land eine Rolle gespielt haben; sie stehen seit den späten 1970er-Jahren unter dem Druck sunnitischer Sektierer.

Afghanen und Pakistanis wurden zu einem wichtigen Teil des Bündnisses schiitischer Milizen in Syrien, das 2015 bis 2017 insgesamt zwischen 20 000 und 30 000 Kämpfer umfasst haben dürfte. Unter ihnen stellten die Afghanen mit bis zu 10 000 Mann das stärkste Kontingent; Pakistanis waren meist mit rund 1000 Mann vertreten. Diese waren nicht so gut ausgebildet und weniger kampferfahren als ihre libanesischen und irakischen Waffenbrüder, sodass ihre Verluste besonders hoch gewesen sein sollen. Hierzu trug möglicherweise auch bei, dass ihre iranischen Kommandeure die Afghanen gerne an vorderster Front einsetzten. Die Fatimiyun nahmen in den nächsten Jahren gemeinsam mit der Hisbollah und den irakischen Milizen an fast allen größeren Militäraktionen gegen die Rebellen und den IS teil.[31]

Sieg der Iraner und Russen

Trotz aller Bemühungen der Revolutionsgarden und ihrer »schiitischen Internationale« verloren die syrischen Regierungstruppen Anfang 2015 weiter an Boden. Besonders katastrophal für das Regime waren die Erfolge der »Armee der Eroberung« in der Provinz Idlib; aber auch die von den USA und Saudi-Arabien aufgebaute Südfront konnte Erfolge erzielen. Als dann noch der IS im Mai 2015 die weltberühmte Ruinenstadt Palmyra einnahm, wurde deutlich, dass das Assad-Regime vor dem baldigen Fall stand.

In dieser Situation entschied sich Russland auf Bitte Assads zur militärischen Intervention. Präsident Putin wollte mit dem Regime vor allem seinen einzigen Verbündeten im Nahen Osten vor dem Sturz retten, doch auch weiter gehende Erwägungen spielten eine Rolle. Die russische Führung will als Weltmacht anerkannt werden, und ein Fall Bashar al-Assads hätte ihr Prestige als solche weiter beeinträchtigt. Zu dieser Sicht trug bei, dass Putin ähnlich wie Khamenei in den Ereignissen in Syrien keinen Aufstand unterdrückter und wirtschaftlich wie sozial benachteiligter Bevölkerungsgruppen sah, sondern den Versuch der USA, antiwestliche Regierungen durch prowestliche zu ersetzen. Die Proteste, der Aufstand und der Bürgerkrieg gehörten aus Sicht des Kreml in die Reihe der »Farbrevolutionen« in Georgien, der Ukraine, im Libanon und Kirgisien, denen Russland im postsowjetischen Raum schon mehrmals entgegengetreten war. Diese Politik übertrug es auf den Nahen Osten, indem es ab September

mit seiner Luftwaffe und anschließend mit begrenzten Truppen-
kontingenten den Kampf gegen die Aufständischen und den IS
aufnahm. In den nächsten Jahren waren meist zwischen 4000
und 6000 russische Soldaten, Militärpolizisten und Söldner in
Syrien stationiert, die mehrfach direkt in den Konflikt eingrif-
fen.[32]

Parallel zur russischen Intervention bauten auch die Revolutionsgarden ihre Präsenz und die ihrer schiitischen Verbündeten
massiv aus. Die steigende Zahl iranischer Kräfte war vor allem
anhand der nun zunehmenden Todesmeldungen nachweisbar.
Bislang hatte es ab und zu Informationen über gefallene Revolutionsgardisten gegeben, doch diese betrafen meist höhere Offiziere – ein Hinweis darauf, dass es sich um Militärberater handelte, die gemeinsam mit nicht iranischen Einheiten operierten.
Ab Herbst 2015 kamen zu den wachsenden Verlusten an höher-
rangigen Offizieren – unter ihnen mit General Hossein Hamadani der Chef der Syrien-Mission – auch die an niedrigeren
Dienstgraden hinzu. Damit war belegt, dass die Iraner nun mehr
Personal und ganze Kampfeinheiten schickten. Das Qods-Korps
forderte Anfang 2016 sogar Teile der regulären iranischen Armee an – wie die 65. Luftlandebrigade –, die sich damit zum ersten Mal seit der Revolution an Kämpfen außerhalb des eigenen
Landes beteiligte. Die Zahl blieb dennoch begrenzt, die meisten
Quellen gehen für die Zeit von 2015 bis 2017 von bis zu 3000
Mann aus.[33]

Die wichtigste Militäraktion in dieser Phase war der Kampf
um Aleppo. Im Februar 2016 nahmen iranisch geführte Milizen
und syrisches Militär die Verbindungsstraße von Ostaleppo in
die Türkei ein und kappten damit die einzige Versorgungslinie
der Rebellen. Zeitgleich beendeten sie die Belagerung zweier
schiitischer Dörfer nördlich von Aleppo, die fast vier Jahre lang
von der Außenwelt abgeschnitten gewesen waren. Daraufhin begann die Belagerung des von den Rebellen gehaltenen Teils der
Stadt. Nach monatelangen Kämpfen gelang es den Revolutions-

garden, der Hisbollah und den irakischen, afghanischen und pakistanischen Milizen, Ostaleppo gemeinsam mit syrischen Kontingenten und russischer Luftunterstützung vollständig einzunehmen. Dies war der Wendepunkt im Bürgerkrieg zugunsten des Assad-Regimes, auch wenn große Teile des Landes sich noch nicht unter seiner Kontrolle befanden. Im Folgejahr waren die Revolutionsgarden an der Offensive der syrischen Armee und ihrer russischen Verbündeten Richtung Osten beteiligt, in deren Verlauf das Südufer des Euphrat bis nach Abu Kamal an der irakischen Grenze vollständig eingenommen wurde – während auf dem Nordufer die syrischen Kurden gemeinsam mit den USA operierten. Abgeschlossen wurden die großen Kampfhandlungen im Sommer 2018 mit den Gefechten gegen die Südfront Richtung jordanische Grenze, an denen die Iraner, die Hisbollah und Milizen ebenfalls beteiligt waren und die mit einer vollständigen Niederlage der Aufständischen und ihrer saudi-arabischen Unterstützer endete.

Die »zweite Front« gegen Israel

Mit den Siegen von 2017 und 2018 stellte sich die Frage nach der Zukunft der iranischen Präsenz in Syrien. Dass sich die Revolutionsgarden mit aller Macht dort festsetzen wollten, zeigte sich schon 2017, als die Milizen Richtung irakische Grenze vorstießen. An der Offensive Richtung Abu Kamal nahmen fast alle schiitischen Kräfte teil: neben den Revolutionsgarden und der Hisbollah auch die irakischen Harakat an-Nujaba, Hisbollah-Bataillone und Asaib Ahl al-Haqq ebenso wie die afghanischen Fatimiyun. Ihre Begeisterung für den Kampf so weit im syrischen Osten ging darauf zurück, dass sie dort im Mai auf irakische Milizen trafen, die im Irak gegen den IS kämpften und entlang dem Euphrat nach Nordwesten vorgerückt waren. Mit der

Einnahme von Abu Kamal im November hatten die Iraner und ihre Verbündeten eine seitdem viel zitierte »Landbrücke« freigekämpft, die erstmals eine territoriale Verbindung zwischen den wichtigsten Teilen der »Achse des Widerstands« von Teheran über den Irak nach Syrien und in den Libanon schuf.

Eine solche Landverbindung hatte im strategischen Denken der Revolutionsgarden bereits länger eine Rolle gespielt, doch erst mit Beginn des Bürgerkrieges in Syrien 2011 und dem Kampf gegen den IS im Irak ab 2014 wurde sie zu einer praktischen Möglichkeit. Über Land konnten die Iraner nun sehr viel mehr Material deutlich günstiger und gefahrloser als per Luft nach Syrien und in den Libanon schaffen. Die israelischen Geheimdienste hatten in den Jahren zuvor viele Lieferungen über den Flughafen von Damaskus genau beobachten können und diese anschließend durch Luftangriffe auf Lagerhallen und Lastkraftwagen unterbunden. Nun stand die Landverbindung von Iran über den Irak zur Verfügung, was es ermöglichte, größere Mengen an Raketen, schwerem Gerät und sonstigen Waffen ebenso wie Kämpfer unbemerkt von den Israelis zu transportieren.[34] 2018 begannen die Revolutionsgarden die Landbrücke entlang der Strecke von Abu Kamal nach Deir ez-Zor und von dort über Palmyra Richtung Libanon und Damaskus und Südsyrien auszubauen. Milizen wurden an wichtigen Etappenorten stationiert und Lager eingerichtet. Schon im Spätsommer 2017 häuften sich Berichte, dass die Iraner mehr und zielgenauere Raketen und Drohnen lieferten.[35]

Das Ziel der Iraner und ihrer Verbündeten war der Aufbau einer »zweiten Front« an der israelischen Grenze. Die »erste Front« ist die zwischen dem jüdischen Staat und Libanon, die von der Hisbollah beherrscht wird. Die Schiitenmiliz hatte bereits während des Krieges von 2006 den Norden und Teile Zentralisraels mit Tausenden Raketen unterschiedlicher Reichweite und Sprengkraft beschossen, ohne dass das israelische Militär wirksame Gegenmaßnahmen fand. In den Jahren danach füllten

die iranischen Revolutionsgarden das Arsenal der Hisbollah
wieder auf, bis die Organisation über deutlich mehr als 100 000
Raketen verschiedener Bauart verfügte. So wurde die Hisbollah,
obwohl nicht einmal ein staatlicher Akteur, nach 2006 zum
gefährlichsten Gegner Israels. Die zweite Front hätte für die
Hisbollah und ihre iranischen Verbündeten den Vorteil, dass
die Zahl der auf Israel gerichteten Raketen weiter steigen würde,
sodass die israelische Raketenabwehr noch mehr Probleme hätte, abgefeuerte Flugkörper abzufangen. Wollte sie möglichst alle
Abschussvorrichtungen zerstören, musste die israelische Luftwaffe zudem deutlich mehr Ziele angreifen.

Eine Voraussetzung für das Gelingen dieses Plans war die
Schaffung einer militärischen Infrastruktur südlich von Damaskus. Dieses Thema spielte 2018 erstmals eine Rolle, als Israel die
russische Führung kurz vor ihrer großen Offensive gegen die
Südfront aufforderte, die iranisch geführten Milizen von der
Grenze zum israelischen Teil des Golan fernzuhalten. Der Kreml
versprach damals zwar, dafür zu sorgen, dass die Iraner mindestens 80 Kilometer von der Grenze entfernt blieben, trotzdem
waren Hisbollah und Co. in den folgenden Monaten im Gebiet
zwischen Damaskus und der jordanischen Grenze aktiv.[36] Die
Hisbollah rekrutierte dort auch ehemalige Rebellen der Südfront, die nach dem Verlust der Unterstützung durch die USA
und Saudi-Arabien keine andere Chance zum Überleben sahen.
Obwohl die Garden und ihre Verbündeten Abstand von der
Grenze hielten, war ihre Präsenz dort gefährlich, weil das israelische Militär nicht vor Angriffen oder gar gezielten Tötungen zurückschreckte. Iran war diese Gefahr schmerzlich bewusst, seit
im Januar 2015 der Qods-Korps-General Mohammad Ali Allah-
dadi – gemeinsam mit Jihad Mughniya, dem Sohn des legendä-
ren Hisbollah-Militärchefs und Topterroristen Imad Mughniya –
bei einem Luftangriff nahe der israelischen Grenze getötet worden war. Israelische Quellen sagten später, das Militär sei sich
der Anwesenheit des prominenten Revolutionsgardisten nicht

bewusst gewesen. Wahrscheinlich war das eigentliche Ziel des Luftschlags der Hisbollah-Militärchef Mustafa Badreddine. Dieser hatte seine Teilnahme an dem Treffen jedoch kurz zuvor abgesagt.[37]

Die Garden hatten erkannt, dass ihre Präsenz, die der Hisbollah und der schiitischen Milizen von Israel mit allen Mitteln bekämpft würde. Deshalb bemühten sie sich darum, Kämpfer der schiitischen Internationale in die syrischen Milizstrukturen und sogar in die regulären Streitkräfte zu integrieren. Das erste Ziel hatte Hamadani schon 2014 ausgegeben, als er von einer »zweiten Hisbollah in Syrien« sprach. In den nächsten Jahren behielten die Iraner und die Hisbollah zwar die weitgehende Kontrolle über die »Nationalen Verteidigungskräfte«, die aus Sicht der Revolutionsgarden den Nukleus der »syrischen Hisbollah« bilden sollten. Doch im Verlauf des Konflikts machte sich immer klarer bemerkbar, dass die iranischen Interessen nicht denen Russlands und auch nicht denen Syriens entsprachen. Iran wollte einen von ihm kontrollierten »Staat im Staate« wie im Libanon und nahm in Kauf, dass der syrische Staat schwach blieb; der Kommandeur der Revolutionsgarden forderte sogar, dass Syrien den Status der Milizen der Nationalen Verteidigungskräfte (und dadurch das Kommando Irans über rund 100 000 Bewaffnete) in einem Gesetz festschreibe, um so ihre effektive Einbindung in die Regierungsarmee zu verhindern.[38] Moskau hingegen wollte Syrien als stabilen und möglichst starken Partner und forderte deshalb die Integration der Milizen in die Streitkräfte. Da auch das Assad-Regime den iranischen Einfluss begrenzen wollte, musste Teheran akzeptieren, dass Milizkräfte in die durch das russische Militär neu organisierten Strukturen der syrischen Armee integriert wurden. Dennoch blieb das Assad-Regime zur Behebung seiner Personalnöte auf die Revolutionsgarden und ihre lokalen und ausländischen Verbündeten angewiesen. Dies führte dazu, dass sie auch in den neuen militärischen Strukturen stark vertreten waren. Es häuften sich die Berichte darüber, dass Iraner und Angehörige ihrer Milizen als Teil der Regimetruppen operierten und damit nach außen kaum noch identifizierbar waren. Die Iraner konnten so das Ausmaß ihrer Präsenz besser verschleiern und sich vor israelischen Angriffen schützen.

Trotzdem begann die israelische Armee ab Ende 2017 mit intensivierten Angriffen gegen Iran und seine Verbündeten in Syrien. Die Entscheidung dürfte der Regierung nicht leichtgefallen sein, denn Israels wichtigstes Interesse gegenüber dem Nachbarland war seit 2011, dass das Assad-Regime schwach, aber stabil bleibt. Es gehörte zwar zur iranischen »Achse des Widerstands« und unterstützte die Hisbollah, doch Vater und Sohn Assad hatten sich als berechenbare Feinde erwiesen, die dafür gesorgt hatten, dass es an der Golangrenze seit 1974 friedlich geblieben war. Das israelische Dilemma bestand darin, dass sich Bashar al-Assad nur mit iranischer Hilfe halten konnte und die Revolutionsgarden und Hisbollah diese Schwäche zum Aufbau einer zweiten Front nutzten. Israel entschied sich deshalb für gezielte Luftschläge gegen Iran und seine Verbündeten, die diese am Aufbau einer gegen Israel gerichteten Infrastruktur hindern sollten, ohne das Assad-Regime zu stark zu schwächen. Bis Ende 2017 hielten sich die Israelis zurück und beschränkten sich auf als unabdingbar bewertete Angriffe auf Konvois, die Waffen und Material für die libanesische Hisbollah transportierten. Nach dem Ende der Kämpfe in Ostsyrien gaben sie ihre Zurückhaltung jedoch auf und griffen die Iraner direkt an.[39]

Den Anlass für den ersten Ausbruch des Konflikts lieferten die Revolutionsgarden, als sie im Februar 2018 eine Drohne losschickten, die in den israelischen Luftraum eindrang. Sofort nachdem das Fluggerät abgeschossen war, flog die israelische Luftwaffe Angriffe auf eine iranische Stellung auf dem Flugplatz Tiyas (auch bekannt als T4) östlich von Homs in Syrien, wo die Drohne gestartet war. Dabei wurden mehrere Revolutionsgardisten getötet – es war das erste Mal, dass Israel gezielt Iraner in

Syrien angriff. Im April attackierte es die auf der Basis stationierte Drohneneinheit erneut und tötete wiederum mehrere Iraner, darunter einen Oberst des Qods-Korps.[40] Die Ursache der nun viel zahlreicheren und aggressiveren Luftschläge war, dass die Garden mit Hochdruck an einer militärischen Infrastruktur arbeiteten, die unterirdische Hangars und Werkstätten umfasste. Die Hisbollah und die neu entstehende Front in Syrien sollten mit Flugkörpern ausgestattet werden, die deutlich treffgenauer waren als das bis dahin genutzte Material.

Die Sorge vor einer zweiten Front verbunden mit der von präziseren Raketen und Drohnen ausgehenden Gefahr veranlasste die israelische Luftwaffe zu weiteren Attacken. Ihren ersten Höhepunkt erreichten diese am 10. Mai 2018, als wichtige Teile der Infrastruktur des Qods-Korps zum Ziel wurden. Die Angriffe auf Kommandozentralen, Logistikknotenpunkte und Waffenlager wurden zur größten Militäraktion Israels in Syrien seit dem Yom-Kippur-Krieg (Oktoberkrieg) 1973. Offenbar wollte die Regierung den Revolutionsgarden zeigen, dass sie den weiteren Aufbau einer gegen Israel gerichteten Infrastruktur in Syrien nicht dulden würde. In diese Richtung wies bereits eine Äußerung von Ministerpräsident Netanyahu auf der Münchner Sicherheitskonferenz im Februar, der sagte, dass Israel nötigenfalls »nicht nur gegen Irans Stellvertreter ..., wenn sie uns angreifen, sondern auch gegen Iran selbst« vorgehen werde.[41]

Wenn es das Ziel Israels war, die Iraner und ihre Verbündeten zu einem Abzug aus Südsyrien zu zwingen, so war dies nur vorübergehend erfolgreich. Die Iraner hielten sich anfangs von der Golangrenze fern, und die Lage beruhigte sich für einige Monate etwas, dann nahmen die Zwischenfälle 2019 erneut zu. Die Israelis griffen dabei auch das wegen seiner Fensterfront »Glashaus« genannte Hauptquartier der Revolutionsgarden am Flughafen von Damaskus an, sodass diese einen Teil ihrer Infrastruktur weiter nordwärts nach Tiyas verlegten. Diese Basis hatte für Iran außer der weiteren Entfernung von der israelischen Grenze den

Vorteil, dass dort auch Russen stationiert waren, weshalb die Israelis besonders vorsichtig vorgehen mussten. Doch die israelische Luftwaffe ließ nicht nach, bald flogen ihre Kampfpiloten
Angriffe auf Stellungen der Revolutionsgarden und verbündeter
Milizen in Ostsyrien und im Irak. Dies zeigte, dass die Landbrücke zwischen Iran, dem Irak und Syrien inzwischen Realität geworden war. Im Juli attackierten Kampfflugzeuge eine irakische
Militärbasis nördlich von Bagdad, weil sie dort ein Raketenlager
einer Miliz entdeckt hatten, von dem aus iranische Waffen nach
Syrien transportiert wurden. Es war der erste bekannt geworde-
ne israelische Angriff im Irak seit der Zerstörung des Atomreaktors von Osirak 1981, doch im Sommer gab es weitere Zwischenfälle dieser Art. Ministerpräsident Netanyahu merkte zu dieser
Expansion israelischer Aktivitäten nur an, dass »Iran nirgendwo
Immunität besitzt«.[42] Ihren vorläufigen Höhepunkt erreichten
die Angriffe im September 2019, als die israelische Luftwaffe ein
Militärlager der Garden und irakischer Milizen in Abu Kamal
direkt an der irakischen Grenze angriff und mehrere Dutzend
schiitische Kämpfer tötete.[43]

Die Ausweitung der Kampfhandlungen in den Jahren 2018
und 2019 war gefährlich. Die russische Luftwaffe befand sich
weiterhin in Syrien. Sie hatte ihren Hauptflughafen Humaimin
zwar weit im Nordwesten des Landes, doch russisches Militär
war auch auf anderen Basen präsent – zumindest zeitweilig auch
in Tiyas. Israel sprach sein Vorgehen deshalb eng mit dem Kreml
ab und profitierte davon, dass auch die russische Führung das
Vorgehen Irans kritisch sah. Gegen deren Willen hätte die israelische Luftwaffe ihre Angriffe wahrscheinlich nicht fliegen können, trotzdem bestand die Gefahr, dass sie versehentlich russisches Militär traf. Im September 2018 kam es zu einer kurzen
Krise zwischen Israel und Russland, weil die syrische Luftabwehr
in Latakia statt eines angreifenden israelischen Jets ein russisches
Aufklärungsflugzeug abschoss. Die russische Regierung behauptete anschließend, der israelische Jet hätte das russische Flugzeug

als Deckung missbraucht.[44] Gefahr drohte der Region zudem, weil nicht klar war, ab welchem Punkt die Iraner und ihre Verbündeten zurückschlagen würden. Infolge der israelischen Angriffe erlitten sie hohe Verluste an Personal, Waffen und Ausrüstung ebenso wie Schäden an ihrer militärischen Infrastruktur. In den letzten Jahrzehnten hat die Islamische Republik auf Angriffe immer mit Racheakten reagiert, sodass auch hier Gegenmaßnahmen zu erwarten waren – von Raketenbeschuss aus dem Libanon bis hin zu Terroranschlägen auf Israelis im Ausland gab es zahlreiche Möglichkeiten. Zunächst jedoch arbeiteten die Revolutionsgarden weiter geduldig am Aufbau der zweiten Front.

6 Irak: Iran bekämpft den Islamischen Staat

Am 13. Juni 2014 ließ der schiitische Großayatollah Ali Sistani ein Rechtsgutachten (arab. Fatwa) veröffentlichen, in dem er zum »Heiligen Krieg« (arab. Jihad) gegen den IS aufrief. Sistanis Vertreter Abd al-Mahdi al-Karbala'i las den Text in einer Predigt vor Tausenden Gläubigen in Kerbela vor: »Es ist die Pflicht aller Bürger, die in der Lage sind, eine Waffe zu tragen und die Terroristen zu bekämpfen, um ihr Land und ihr Volk und ihre Heiligtümer zu schützen, sich freiwillig zu den Sicherheitskräften zu melden.«[1]

Drei Tage zuvor hatte der IS die Millionenstadt Mossul im Nordirak gestürmt und dabei die Armee und Sicherheitskräfte in der Stadt vollständig zerschlagen. Die Eroberung war Teil einer groß angelegten Offensive, in deren Folge der IS die meisten sunnitisch besiedelten Gebiete im Westen und Nordwesten des Irak eroberte. Die Jihadisten bedrohten sogar die Hauptstadt der Kurdenregion Erbil und die Landeshauptstadt Bagdad, bis Sistanis Aufruf den Gegenangriff der Schiiten einläutete. Sistani hat damals junge Männer wohl vor allem zum Dienst in Armee und Polizei ermutigen wollen, doch in der Praxis profitierten in erster Linie schiitische Milizen. Die Resonanz war überwältigend, in den folgenden Wochen meldeten sich Zehntausende Freiwillige. Die Milizen sammelten sich in einem neu gegründeten Bündnis namens »Volksmobilisierung« (arab. al-Hashd ash-Sha'bi), das sich am Vorbild der iranischen Basij-Milizen orientierte und in dem schnell die proiranischen Formationen Badr und Hisbollah-Bataillone das Kommando übernahmen. Die graue Eminenz im Hintergrund war von Beginn an der Qods-Korps-Kommandeur Qassem Soleimani.

Die Milizen der »Volksmobilisierung« oder »Volksmobilisie-rungseinheiten« wuchsen rasch auf mehr als 100 000 Mann an und nahmen in den folgenden drei Jahren an allen wichtigen Kämpfen zwischen irakischen Sicherheitskräften und dem IS teil. Zu ihnen zählten die Einnahme der IS-Hochburgen Falluja, Tikrit und Ramadi ebenso wie die Offensive in die Provinz Nainawa, in deren Verlauf die IS-Hauptstadt Mossul eingenommen wurde. Die irakische Regierung versuchte die Gruppierungen mehrfach unter ihre Kontrolle zu bringen, doch die irantreuen unter ihnen, die mehrere Zehntausend Mann unter Waffen hatten, wussten sich dem zu entziehen. So gewannen die Revolutionsgarden selbst die Kontrolle über große Kontingente irregulärer Kämpfer. Dieser Ausgang war nicht beabsichtigt, denn Ali Sistani – obwohl selbst Iraner – gilt als traditioneller schiitischer Kleriker, dem die Politisierung des schiitischen Islam durch die iranischen Revolutionäre ein Gräuel ist und der diesen Erfolg der Revolutionsgarden nicht gewollt hatte. Doch sein Aufruf in der Not sollte maßgeblich dazu beitragen, dass die iranische Führung ihren Einfluss im Irak massiv ausbauen konnte. Kurz nach der Niederlage des IS-Kalifats in Mossul 2017 waren Irans Verbündete im Irak stark wie nie zuvor. Damit erreichte der langsame, aber stetige Machtzuwachs der Islamischen Republik im Nachbarland, der sich seit dem Sturz des Regimes von Saddam Hussein im Frühjahr 2003 angekündigt hatte, einen neuen Höhepunkt.

Die USA stürzen Saddam Hussein

Im März 2003 griffen US-amerikanische und britische Truppen den Irak an und zerschlugen seine Armee innerhalb von nur sechs Wochen. Diktator Saddam Hussein hatte das Land fast zweieinhalb Jahrzehnte mit harter Hand beherrscht, doch die meisten Soldaten waren nicht bereit, sich den weit überlegenen Koalitionstruppen entgegenzustellen. Der Grund für den Waffengang ist bis heute umstritten. Der US-Regierung zufolge habe die irakische Führung damals mit der Terrororganisation al-Qaida zusammengearbeitet und Programme zur Herstellung von Atom- und biologischen Waffen betrieben. Beide Behauptungen erwiesen sich schnell als falsch, und schon vor und während der Intervention wurde Präsident George W. Bush für die Entscheidung zum Krieg weltweit scharf kritisiert. Eine Folge war anhaltende Instabilität im Irak, die letzten Endes zum Aufstieg des IS 2013 und 2014 führte. Auf lange Sicht aber vielleicht noch wichtiger war, dass die USA mit Saddam Hussein den zumindest militärisch stärksten Gegner der Islamischen Republik ausschalteten und es Iran damit erlaubten, seinen Einfluss im Nachbarland massiv auszubauen.

Parallel zum Vormarsch der US-Truppen rückten Einheiten des Badr-Korps aus Iran in die schiitischen Gebiete im Süden und Zentrum des Irak vor. Diese Einheit – die schon 2003 mindestens 10 000 Kämpfer zählte – entstand Anfang der 1980er-Jahre, als die Islamische Republik irakische Flüchtlinge für den Kampf gegen ihr Heimatland zu mobilisieren suchte. Der 1982 gegründete »Hohe Rat für die Islamische Revolution im Irak« (arab. al-Majlis al-A'la li-th-Thaura al-Islamiya fi al-Iraq, SCIRI) wurde zum wichtigsten Instrument Teherans im Nachbarland. Der Rat hatte seinen Ursprung in der Ideologie von Muhammad Baqir as-Sadr (1935–1980), dem Mitbegründer und religiösen Anführer der schiitisch-islamistischen Daawa-Partei, der 1980 von Saddam Hussein ermordet wurde. Da sich Sadr zuvor nicht klar zu Khomeinis Doktrin von der Herrschaft des Rechtsgelehrten geäußert hatte, konnten sich die Anhänger der Daawa-Partei in den 1980er-Jahren nicht auf eine Position und auch nicht auf eine gemeinsame oberste Autorität einigen. Der von dem Religionsgelehrten Muhammad Baqir al-Hakim angeführte Hohe Rat entschied sich für die Lehre des iranischen Revolutionsführers und erkannte zunächst Khomeini und später Khamenei als religiösen und politischen Führer an. Rund ein Jahr nach der eigenen Gründung bildete der Hohe Rat das Badr-Korps (arab. Failaq Badr) als bewaffneten Arm der Organisation. Militärisch unterstand es den iranischen Revolutionsgarden, von denen die Truppe finanziert, ausgerüstet und ausgebildet wurde. Sie profitierte davon, dass Zehntausende irakische Schiiten nach Beginn einer Repressionswelle 1979 ihr Heimatland verlassen mussten. Außerdem schlossen sich ihr irakische Kriegsgefangene an. Unter dem Kommando iranischer Offiziere nahmen Badr-Einheiten am Irakisch-Iranischen Krieg 1980 bis 1988 teil und drangen auch später wiederholt mit kleinen Trupps auf irakisches Territorium vor. Erst in den 1990er-Jahren übernahmen Iraker das Kommando über die Truppe, die im Frühjahr 2003 die sich durch die US-Intervention bietende Gelegenheit nutzte. Sie benannte sich in »Badr-Organisation« (arab. Munazzamat Badr) um, trat als politischer Akteur auf und wurde fortan zu einem wichtigen Machtfaktor im Irak.

Nach dem Ende der Kampfhandlungen 2003 erlaubten die US-Besatzer schiitischen Islamisten, die im Exil im Iran gelebt hatten, die Rückkehr in ihre Heimat. Dies waren in erster Linie Muhammad Baqir al-Hakim und sein Hoher Rat, die mit der Badr-Organisation im Schlepptau in den folgenden Jahren zu einer bestimmenden Kraft in der irakischen Politik wurden. Sie profitierten ironischerweise davon, dass sie mit den USA und Iran gleichermaßen eng zusammenarbeiteten. Ihre Bindung an Iran sahen jedoch viele nationalistisch gesinnte irakische Schiiten kritisch – immerhin hatten die Familie Hakim und ihre Gefolgsleute im Krieg auf iranischer Seite und gegen ihr Heimatland gekämpft. Deshalb blieben die Ergebnisse des Hohen Rates bei Wahlen häufig hinter den Erwartungen – im Dezember 2005 etwa erhielten sie nur 30 von 275 Mandaten, auch wenn ihn zahlreiche »Unabhängige« unterstützten.[2] Trotzdem kontrollierte der Hohe Rat viele Regionalregierungen im schiitischen Zentrum und Süden des Landes und spielte bei den Regierungsbildungen in Bagdad ab 2005 eine große Rolle. Dies erlaubte es der Organisation, die Kontrolle über wichtige Ministerien zu übernehmen.

Die US-Regierung duldete den Machtzuwachs des Hohen Rates, der Badr-Organisation und damit auch der Iraner, weil ein Aufstand sunnitischer Gruppen die Besatzungsmacht an den Rand einer Niederlage brachte. Die Rebellion setzte ein, nachdem der Leiter der US-Besatzungsbehörde Coalition Provisional Authority (CPA), L. Paul Bremer, die Baath-Partei und die Armee des Irak im Mai 2003 per Dekret hatte auflösen lassen. Die Folgen trafen vor allem Hunderttausende Sunniten, die keine andere Möglichkeit sahen, im neuen irakischen Staat ein Auskommen zu finden. Zehntausende schlossen sich aufständischen Gruppierungen an, die die von den US-Truppen geführte Koalition bekämpften. Bis zum Jahr 2006 gelang es den Rebellen, die USA in die Defensive zu drängen, dann wendete sich das Blatt. Die US-Armee ging nun mit mehr Truppen und einer neuen Strategie vor, die maßgeblich von General David Petraeus ausgearbeitet worden war, damals Oberbefehlshaber der US-Truppen im Irak. Zudem konnten schiitische Milizen gegen die sunnitischen Aufständischen mobilgemacht werden; diese hatten eine brutale antischiitische Kampagne geführt, die auch vor Zivilisten nicht haltmachte. Der aufsehenerregendste Anschlag ereignete sich im August 2003, als Muhammad Baqir al-Hakim, der Chef des Hohen Rates, bei einem Bombenattentat der irakischen al-Qaida am Eingang zum Heiligtum des Imam Ali in Najaf getötet wurde. Mit Hakim starben 86 Menschen. Ziel der jihadistischen Organisation, aus der später der Islamische Staat im Irak (ISI) hervorging, war es, die Schiiten zu Racheakten gegen die sunnitische Bevölkerung zu provozieren. So wollte der damalige Chef von al-Qaida im Irak Abu Musab az-Zarqawi einen Bürgerkrieg provozieren, in dessen Verlauf er unter den Sunniten des Landes die Führung übernehmen würde.[3]

Im Februar 2006 zerstörte die irakische al-Qaida mit einem gezielten Bombenanschlag die Goldene Moschee in Samarra. Dieser Schrein ist den Schiiten besonders wichtig, weil der zwölfte Imam Muhammad al-Mahdi genau dort im Jahr 878 verschwunden sein soll. In den folgenden Tagen und Wochen häuften sich die Racheakte schiitischer Milizen gegen Sunniten, und der Bürgerkrieg zwischen den beiden Konfessionen brach tatsächlich aus. Die schiitischen Milizen entstammten verschiedenen Lagern der schon damals stark fragmentierten irakischen Politik. Viele waren Anhänger des jungen populistischen Predigers Muqtada as-Sadr (geb. 1973). Dieser hatte ab 2003 eine Massenbewegung aufgebaut, die die Familie Hakim, den Hohen Rat und die Badr-Organisation scharf kritisierte, weil sie den Irak verlassen hatten. Auch diese Bewegung ging auf Muhammad Baqir as-Sadr und die Daawa-Partei zurück, doch ihre Anhänger folgten nicht Khomeini und Khamenei, sondern Sadrs Cousin Muhammad Sadiq as-Sadr (1943–1999), der bis zu seiner Ermordung im Irak blieb und eine nationalistischere Tradition des schiitischen Islamismus begründete. Ihr Hauptvertreter wurde sein Sohn Muqtada as-Sadr, der von der enormen Popularität seines Vaters bei den schiitischen Unterschichten in Bagdad und in Teilen des Südens profitierte – und davon, dass begabtere Cousins und Brüder in den Vorjahren von Schergen Saddam Husseins getötet worden waren. Mit der Mahdi-Armee (arab. Jaish al-Mahdi) verfügte Sadr über eine eigene Miliz von mehreren Zehntausend Kämpfern. Sie hatte sich im Frühjahr und August 2004 im zentralirakischen Najaf gegen die US-Besatzungstruppen erhoben, doch dabei eine blutige Niederlage erlitten. Nach iranischer Vermittlung schloss Sadr einen Waffenstillstand und gab den bewaffneten Kampf gegen die Amerikaner weitgehend auf.[4]

Die übrigen am Bürgerkrieg beteiligten Milizen wurden von der Badr-Organisation angeführt, die zwar seit 2003 als politischer Akteur auftrat, ihre Milizkräfte jedoch nie aufgelöst hatte.

Sie profitierte von der starken Position des Hohen Rates in Bagdad, sodass im April 2005 das Badr-Mitglied Bayan Jabr as-Saulagh das Amt des Innenministers übernahm. Er besetzte schnell die führenden und mittleren Positionen mit loyalen Gefolgsleuten, die dann Tausende Badr-Paramilitärs in die Polizeikräfte aufnahmen. Das Ministerium wurde zu einer Machtbasis der Organisation und damit auch der Revolutionsgarden, die ihrerseits die Kontrolle über Badr nie aufgegeben hatten. Im Bürgerkrieg von 2006 und 2007 wurde die irakische Polizei gemeinsam mit der Badr-Organisation zu einer Konfliktpartei, die sich an zahlreichen Gewalttaten gegen sunnitische Aufständische und Zivilisten beteiligte.[5]

Schon nach wenigen Monaten zeigte sich, dass die sunnitischen Aufständischen der Vielzahl ihrer Gegner nicht gewachsen waren. Die schiitischen Milizen kämpften zwar nicht gemeinsam mit den USA, aber gegen einen gemeinsamen Feind. Daraufhin gaben viele Gruppierungen auf; nur der im Oktober 2006 ausgerufene ISI setzte den bewaffneten Kampf fort, litt aber unter starkem Verfolgungsdruck. Die siegreichen Milizen halfen den schiitischen Parteien, die irakische Politik in den nächsten Jahren zu beherrschen, während die USA die militärische Lage so weit stabilisierten, dass die Obama-Administration den Einsatz im Irak langsam abwickeln konnte, bis sie ihre Truppen im Dezember 2011 vollständig abzog. Der Einfluss Irans auf die Ereignisse im Irak nahm in diesen Jahren stetig zu. Qassem Soleimani wurde zum »ohne Zweifel mächtigsten Mann des Irak« und sein Qods-Korps der wichtigste Machtfaktor.[6] Dies zeigte sich an den schwierigen Regierungsbildungen 2010, 2014 und 2018, bei denen Soleimani immer wieder Gespräche in Bagdad führte und dafür sorgte, dass wichtige Posten wie vor allem der des Innenministers in den Händen seiner Verbündeten blieben und dass kein Teheran missliebiger Kandidat Ministerpräsident wurde.[7]

Zwar bestand der Kern der iranischen Machtbasis immer

noch aus dem Hohen Rat und Badr, doch das Gleichgewicht zwischen den iranischen Verbündeten hatte sich verschoben und Soleimani seinen Einfluss auf zusätzliche Akteure ausgeweitet. Der Hohe Rat für die Islamische Revolution im Irak verlor an Zustimmung und nannte sich seit Mai 2007 nur noch Irakischer Islamischer Hoher Rat (arab. al-Majlis al-A'la al-Islami al-Iraqi), um seine allzu enge Bindung an Iran nicht mehr ganz so offensichtlich werden zu lassen. Ein weiterer Grund für seinen Niedergang dürfte gewesen sein, dass die Nachfolger des charismatischen Gelehrten Muhammad Baqir al-Hakim schwach waren – zunächst sein jüngerer Bruder Abd al-Aziz al-Hakim (bis 2009) und anschließend dessen Sohn Ammar al-Hakim. Gleichzeitig gewann Badr unter der Führung von Hadi al-Amiri an Gewicht und trat eigenständiger auf, zunächst indem sich die Organisation im August 2009 vom Hohen Rat zu lösen begann. Hinzu kam, dass Soleimani eine enge Beziehung zu Ministerpräsident Nuri al-Maliki (reg. 2006–2014) von der islamistischen Daawa-Partei aufbaute, der sich trotz anfänglicher Distanz gegenüber Teheran ebenfalls zu einem willigen Instrument entwickelte. Das Ergebnis war eine Politik, die die arabischen Sunniten des Irak massiv benachteiligte und ihre Vertreter im politischen System des Landes an den Rand drängte, was später den Siegeszug des IS begünstigte.

Saudi-Arabien findet keine Verbündeten (2003–2011)

Die saudi-arabische Führung lehnte den Krieg der USA gegen den Irak vehement ab. Saudi-Arabien wollte einen starken irakischen Staat als Gegengewicht zu Iran, der wiederum nicht so stark sein sollte, dass er zu einer Gefahr für die arabischen Golfstaaten werden konnte. Die Führung in Riad hegte keine Sympathien für Saddam Hussein, der 1990 das mit Riad verbündete

Emirat Kuwait besetzt und auch das Königreich selbst bedroht hatte. Trotzdem galt der Diktator den Saudis als Garant für die Stabilität des irakischen Staates und als Puffer gegen Iran. In den Monaten vor dem Waffengang warnten sie die US-Regierung mehrfach vor einem Bürgerkrieg und wachsendem iranischem Einfluss im Irak, sollte Saddam Hussein tatsächlich gestürzt werden. Die politische Elite in Riad war fassungslos, dass Präsident Bush, Vizepräsident Richard Cheney und Verteidigungsminister Donald Rumsfeld ihre Warnungen in den Wind schlugen.

Als nach den ersten freien Wahlen im Frühjahr 2005 erstmals eine von schiitischen Islamisten dominierte Regierung die Macht in Bagdad übernahm, die von Badr angeführten schiitischen Milizen das Innenministerium und die Sicherheitskräfte übernahmen und ein schiitisch-sunnitischer Bürgerkrieg ausbrach, wurden die schlimmsten saudi-arabischen Befürchtungen Realität. Wie verärgert die Saudis waren, zeigten drastische Äußerungen des Außenministers Saud al-Faisal in einer viel beachteten Rede im September 2005. Im Washingtoner Council on Foreign Relations beklagte er sicht- und hörbar erregt, dass die USA den Irak ohne Not den Iranern überließen:

»Die Iraner gehen nun in dieses befriedete Gebiet (den Süden des Irak, GS), das die amerikanischen Truppen befriedet haben, und sie gehen in jede Regierung im Irak, zahlen Geld, setzen ihre eigenen Leute ein, stellen ihr eigenes [sic!] – bauen sogar Polizeieinheiten für sie auf, bewaffnen Sicherheitskräfte und Milizen, die dort sind, und bauen ihre Präsenz in diesen Gegenden aus. Und sie werden dabei von den britischen und amerikanischen Truppen dort beschützt … Uns erscheint es vollkommen wirklichkeitsfern, dass Sie dies tun. Wir haben gemeinsam einen Krieg geführt, um Iran davon abzuhalten, den Irak zu besetzen, nachdem der Irak aus Kuwait vertrieben wurde. Jetzt aber überlassen wir das ganze Land ohne Grund Iran.«[8]

Riad stand damals vor einem Dilemma. Sein Ziel eines nicht zu starken und nicht zu schwachen souveränen Irak war erst ein-

mal nicht mehr erreichbar. Wollte die Führung sich der iranischen Expansion entgegenstellen, hätte sie rasch sunnitische
Aufständische unterstützen müssen. Da diese aber nicht nur gegen schiitische Milizen, sondern auch gegen die USA kämpften,
wäre eine solche Unterstützung einer offenen Parteinahme gegen den Verbündeten gleichgekommen; sie war somit unmöglich.[9] Vielleicht hatte Riad auch aus seinen Erfahrungen der
1980er- und 1990er-Jahre gelernt, als das Königreich mit viel
Geld den Kampf von Afghanen und arabischen Freiwilligen gegen die sowjetische Besatzung unterstützt hatte. Zum Problem
wurden diese Kämpfer, als sie nach ihrer Rückkehr aus Afghanistan zahlreiche Anschläge in der arabischen Welt verübten
und sich in den frühen 1990er-Jahren an Aufständen in Algerien
und Ägypten beteiligten. Auch Saudi-Arabien selbst wurde zum
Ziel des Afghanistan-Veteranen Usama Bin Laden und seiner
al-Qaida. Einen solchen Fehler wollte Riad im Irak nicht wieder-
holen. Die Gefahr erschien umso gravierender, als Saudis das
größte Kontingent unter den ausländischen Kämpfern im Land
stellten.[10]

Im Lauf der Jahre 2005 und 2006 kamen die Prinzen in Riad
außerdem zu der Überzeugung, dass nur die Präsenz der US-
Truppen im Irak verhinderte, dass Teheran die Macht in Bagdad
übernahm oder das Land vollkommen zusammenbrach. Als die
vom US-Kongress mit der Untersuchung der Lage im Irak beauftragte Baker-Hamilton-Kommission Anfang Dezember 2006 einen raschen Truppenabzug empfahl, protestierte Riad. Die Regierung versuchte die Bush-Administration zu überzeugen, dass
ein rascher Abzug katastrophale Folgen haben könne, und drohte für diesen Fall damit, ihre Zurückhaltung in der Irak-Politik
aufzugeben. König Abdallah persönlich soll bei einem Saudi-
Arabien-Besuch von US-Vizepräsident Cheney im November
2006 angekündigt haben, Riad werde sunnitische Gruppen gegen die Schiiten unterstützen, sollten die USA sich zurückziehen.[11] Auch Nawaf Obaid, ein Berater des damaligen saudi-ara-

bischen Botschafters in den USA, warnte vor einem amerikanischen Truppenabzug. In einem Beitrag für die *Washington Post* kündigte er für diesen Fall eine »massive saudische Intervention« an, mit der das Königreich »von Iran unterstützte schiitische Milizen« davon abhalten wolle, »irakische Sunniten abzuschlachten«.[12] Zwar wurde Obaid damals entlassen, und die saudi-arabische Regierung erklärte, dass der Artikel nicht die Haltung Riads wiedergebe. Doch Obaid hatte ganz offenkundig für einen Teil der saudi-arabischen Machtelite gesprochen und deren Position in Washington kundtun wollen.

Die Führung des Königreichs stand unter dem Druck der öffentlichen Meinung, die angesichts der brutalen Gewalttaten schiitischer Milizen ein Eingreifen zugunsten ihrer Glaubensbrüder forderte. Im Dezember 2006 veröffentlichten dreißig prominente Religionsgelehrte des Landes sogar einen Aufruf, in dem sie Unterstützung für die irakischen Sunniten einforderten.[13] Mangels überzeugender Alternativen veränderte Saudi-Arabien seine Politik dennoch nicht, auch weil die US-Regierung zumindest teilweise auf die Verstimmung des Verbündeten reagierte und sunnitische Kräfte stärker in die irakische Politik einzubinden versuchte. Dies wurde dadurch erleichtert, dass sich ab Spätsommer 2006 die ersten sunnitischen Stammesmilizen als US-Verbündete bildeten. Sie waren das Resultat der immer schwierigeren Situation der Sunniten im Westen des Irak, die sich nicht nur der schiitischen Milizen, sondern auch des ISI erwehren mussten, der konkurrierende Rebellen bekämpfte. Deshalb bildeten sunnitische Stammesangehörige Milizen, die sich den US-Truppen als Verbündete im Kampf gegen den ISI andienten. Saudi-Arabien begrüßte diese Politik und begann selbst, einige ausgewählte Stämme mit Geld auszustatten.[14]

Trotzdem war die Führung in Riad skeptisch, denn ihrer Ansicht nach kam die neue US-Politik gegenüber den Sunniten zu spät. Die bereits von Schiiten beherrschte Regierung in Bagdad wollte die Stammesmilizen nicht in die Sicherheitskräfte des

Landes integrieren – obwohl diese so erfolgreich waren, dass der ISI schon 2008 geschlagen schien. Die Regierung von Ministerpräsident Nuri al-Maliki beharrte vielmehr auf einer Demobilisierung der sunnitischen Milizen nach dem Sieg über al-Qaida. Die saudi-arabische Führung kritisierte Maliki deshalb immer wieder scharf und beschrieb ihn als fanatischen schiitischen Eiferer.[15] Lange hoffte die Führung in Riad, dass die Regierung Maliki keinen Bestand haben werde. Ihr Favorit war der frühere Interimsministerpräsident Iyad Allawi. Obwohl selbst Schiit, galt dieser seit seiner Amtszeit 2004/2005 als Anführer einer starken säkularistischen und nationalistischen Strömung in der irakischen Politik, die auch vielen Sunniten attraktiv schien. Außerdem glaubte Riad, dass nur eine starke Führungspersönlichkeit wie Allawi das Land zusammenhalten und den Einfluss Irans zurückdrängen könne. Mit saudi-arabischer finanzieller Unterstützung gelang es der von Allawi angeführten »Irakischen Liste« (arab. al-Qa'ima al-Iraqiya), die Wahlen vom März 2010 zu gewinnen. Bei den Verhandlungen zur Regierungsbildung setzte sich jedoch Malikis Rechtsstaatsliste (arab. Daulat al-Qanun) durch und sorgte in den folgenden Jahren dafür, dass Allawi keinen Einfluss mehr nehmen konnte. Auch 2010 spielte der iranische Einfluss eine wichtige Rolle, denn Teheran wollte unbedingt vermeiden, dass Allawi das Amt des Ministerpräsidenten übernahm. Dass dies gelang, kam einer schweren Niederlage für Saudi-Arabien gleich. Damit hatte es kurz vor dem Beginn des »kalten Kriegs« gegen Iran 2011 fast allen Einfluss im Irak verloren.

Die »Spezialgruppen« bekämpfen die USA (2006–2011)

Der Sturz Saddam Husseins beseitigte innerhalb weniger Wochen den mächtigsten Feind Irans im Nahen und Mittleren Osten. Dies ermöglichte später zwar die Expansion Irans, doch 2003 war die Präsenz der USA im Nachbarland für die Islamische Republik eine Bedrohung. Khamenei und seine Gefolgsleute mussten befürchten, dass die US-Armee nach einem erfolgreichen Feldzug im Irak auch Iran angriff. Um dem vorzubeugen, setzte Iran auf eine Doppelstrategie: Zum einen versuchte es Einfluss auf die Politik in Bagdad zu nehmen, zum anderen bekämpfte es die US-Truppen im Irak. Dazu baute Teheran auf das Qods-Korps und Qassem Soleimani. Sie ermittelten rasch geeignete irakische Persönlichkeiten und Gruppierungen, die den bewaffneten Kampf gegen die US-Armee aufnahmen. Sie sollten den Amerikanern so hohe Verluste zufügen, dass diese von einer vielleicht geplanten Invasion Irans Abstand nähmen. Als dieses Szenario aufgrund der für die USA katastrophalen Entwicklung im Irak schon 2004 abgewendet war, ging es Teheran vor allem darum, einen möglichst raschen Abzug der US-Truppen aus dem Irak zu erzwingen.

In den Jahren 2003 und 2004 unterstützten die Revolutionsgarden den militanten Prediger Muqtada as-Sadr, der die Präsenz der US-Truppen im Irak offen bekämpfte. Doch schnell wurde deutlich, dass dieser nur schwer zu kontrollieren war, denn er war sprunghaft und unberechenbar und wegen seiner Massengefolgschaft enorm stark. Nach dem Scheitern seines Aufstands in Najaf 2004 gab Sadr den bewaffneten Kampf gegen die US-Truppen auf. Zwar verlangte er weiterhin einen schnellen Abzug der Besatzungsmacht, doch in den folgenden Jahren widmete er sich dem Aufbau einer von ihm kontrollierten Volksbewegung, die auch an Wahlen teilnahm.[16] Die iranische Führung hingegen wollte leichter zu steuernde, kleine Gruppierungen, die sie je nach Bedarf gegen die US-Truppen mobilisieren konnte. Sie fand diese zuerst unter den iranloyalen Anhängern der Familie Hakim und der Badr-Organisation. Einzelne Kommandeure lösten sich damals von den Gruppierungen und bauten militante Formationen auf, die in den nächsten Jahren die Besatzungstruppen bekämpften. Die mit Abstand wichtigste dieser Terrorgruppen nannte sich Hisbollah-Bataillone. Wie ihre Mutterorganisation wurde sie zu einem linientreuen Instrument der Revolutionsgarden, das sich ideologisch und politisch strikt an Revolutionsführer Khamenei orientierte.

Anführer der Hisbollah-Bataillone war der Iraker Jamal al-Ibrahimi, der unter seinem Kampfnamen Abu Mahdi al-Muhandis (dt. der Ingenieur) bekannt wurde. Der 1953 geborene Muhandis flüchtete wie so viele Anhänger der islamistischen Daawa-Partei im Jahr 1979 vor der Verfolgung durch das Regime Saddam Husseins nach Kuwait. Schon damals wurde er zu einem international gesuchten Terroristen, weil er 1983 an Bombenanschlägen auf die französische und amerikanische Botschaft im Golfemirat beteiligt war. Die kuwaitische Regierung machte ihn auch für ein gescheitertes Attentat auf den damaligen Emir Jabir al-Ahmad as-Sabah im Mai 1985 mitverantwortlich. Muhandis flüchtete noch 1983 nach Iran, wo er sich dem Badr-Korps anschloss, dessen Kommandeur er später wurde.[17] Nach eigener Aussage hat er das Badr-Korps 2003 verlassen. Zu diesem Zeitpunkt nahm eine Vorläufergruppe der Hisbollah-Bataillone den Kampf gegen die US-Truppen auf. Trotzdem wurde Muhandis 2005 ins irakische Parlament gewählt, ohne dass seine kuwaitische Vergangenheit bekannt wurde. Erst nachdem die USA sein Vorleben aufdeckten, flüchtete er erneut nach Iran, wo er sich bis 2011 aufhielt.[18] Dort gründete er 2007 auch offiziell die Hisbollah-Bataillone.

Die Revolutionsgarden fanden auch in der nationalistischer geprägten Sadr-Bewegung Verbündete, die sich in den Dienst Teherans begaben. Ihr bekanntester Anführer wurde mit Qais al-Khazali ein ehemaliger Student Muhammad Sadiq as-Sadrs, der nach dem Sturz Saddam Husseins ein Mitbegründer der Sadr-Bewegung war und zu ihrem Sprecher wurde.[19] Er wandte sich von Sadr ab, weil er den Waffenstillstand von 2004 ablehnte und weil er von den Führungsqualitäten des Predigers weniger überzeugt war als von seinen eigenen. Mit Asaib Ahl al-Haqq gründete er eine militante Gruppe, die sich neben den Hisbollah-Bataillonen schnell einen Namen als stärkste antiamerikanische Kampfgruppe machte.

Seit 2007 nannten die Besatzungstruppen die kleinen Organisationen »Spezialgruppen« (engl. »special groups«). In den USA erregten sie schon seit 2004 großes Aufsehen, als sie »projektilbildende Ladungen« (EFPs) einzusetzen begannen, die später auch in Bahrain auftauchten.[20] In den folgenden Jahren häuften sich die Beweise, dass die Spezialgruppen von den iranischen Revolutionsgarden finanziert, trainiert und bewaffnet wurden, während Spezialisten der libanesischen Hisbollah beim Training halfen.[21] Die USA entdeckten auch zahlreiche Belege für den Schmuggel der EFPs aus Iran.[22] Trotzdem fand das US-Militär nie wirksame Gegenmittel, auch weil ihre Gegner sich immer wieder nach Iran zurückziehen konnten. Die Spezialgruppen attackierten nicht nur amerikanische Konvois mit IEDs und EFPs, sondern beschossen US-Basen mit Raketen aller Art und Mörsern. Bis 2011 töteten allein die Spezialgruppen mehr als 600 Amerikaner im Irak.

Die Asaib Ahl al-Haqq waren für den vielleicht spektakulärsten Anschlag auf das amerikanische Militär überhaupt verantwortlich. Am 20. Januar 2007 drangen sie in gestohlenen Uniformen in eine Basis in Kerbela ein und verschleppten fünf amerikanische Soldaten, die sie kurz darauf ermordeten.[23] Daraufhin fahndeten die USA nach dem Asaib-Anführer Khazali, den sie im März 2007 verhafteten. Bei dieser Gelegenheit fingen sie mit Ali Musa Daqduq auch einen von der libanesischen Hisbollah entsandten Berater, wodurch sich zeigte, wie stark diese Gruppierung in den Kampf im Irak eingebunden war. Khazali und

Daqduq wurden im Verlauf des amerikanischen Abzugs bis 2011 den irakischen Behörden übergeben und von diesen freigelassen.[24] Anschließend zeigten sich die Anführer der Spezialgruppen vermehrt öffentlich. Abu Mahdi al-Muhandis kehrte aus Iran in den Irak zurück; Khazali ging mit den Asaib Ahl al-Haqq in die Politik. Ihre Bilanz war eindrucksvoll, denn sie hatten mit den Revolutionsgarden und der Hisbollah maßgeblich dazu beigetragen, dass Obama die US-Truppen aus dem Irak abzog. Aus iranischer Sicht war dies einer der großen Erfolge der »Achse des Widerstands« gegen ihre Gegner. Doch die Untaten der schiitischen Terrorgruppen führten auch dazu, dass die arabischen Sunniten sich vollständig von Bagdad abwandten. Schon 2014 mussten Muhandis und Khazali deshalb wieder auf das Schlachtfeld zurückkehren.

Die Volksmobilisierung bekämpft den IS (2014–2017)

Nach dem Abzug aller US-Truppen im Dezember 2011 nutzte Ministerpräsident Nuri al-Maliki seine neu gewonnene Handlungsfreiheit sofort, um sich politischer Gegner zu entledigen. Die Gefängnisse füllten sich mit sunnitischen Oppositionellen. Es begann eine regelrechte Verfolgungswelle gegen sunnitische Politiker, die bald Zehntausende Demonstranten auf die Straßen trieb. Inspiriert durch die Ereignisse in den Nachbarländern, entstand eine sunnitische Protestbewegung, die Camps wie auf dem Tahrir-Platz in Ägypten einrichtete. Man forderte ein Ende der Maßnahmen gegen ehemalige Mitglieder der Baath-Partei und die Freilassung Tausender sunnitischer Gefangener, die ohne Verfahren einsaßen. Die Regierung antwortete mit brutaler Repression, die ihren Höhepunkt im April 2013 fand, als Sicherheitskräfte in Hawija in der Provinz Kirkuk ein Protestcamp auflösten und fast 50 Demonstranten töteten.[25]

Maliki glaubte, Sunniten und Säkularisten durch Gewalt und Unterdrückung einschüchtern zu können, doch mit seiner Politik trieb er Teile der Bevölkerung in die Arme des ISI. Glaubt man dem ehemaligen CIA-Chef John Brennan, zählte der ISI im Jahr 2010 gerade noch 700 Kämpfer, bevor er ab 2011 merklich wiedererstarkte.[26] Von seiner alten Hochburg Mossul aus weitete der ISI seinen Aktionsradius und die Frequenz der Anschläge aus. 2012 und 2013 nahmen die Attentate mit Autobomben zu, und auch die Angriffe auf Sicherheitskräfte häuften sich. Besonders folgenreich waren Angriffe auf Gefängnisse, von denen zwei – auf das von Tikrit und auf die berüchtigte Haftanstalt von Abu Ghraib – erfolgreich waren und zur Befreiung Hunderter Häftlinge führten, unter ihnen zahlreiche Jihadisten.[27] Wie stark er war, zeigte der ISI (seit April 2013 unter dem Namen ISIS) spätestens im Januar 2014, als er seine alte Hochburg Falluja – eine rund 300 000 Einwohner große Stadt – einnahm und gegen die Regierungstruppen und schiitische Milizen halten konnte. Die Offensive des Sommers 2014, während der der IS (wie er sich seit Juni 2014 nannte) nicht nur Mossul, sondern auch weite Teile des Nord- und Westirak einnehmen konnte, war eine fast zwangsläufige Folge seines Erstarkens.

Die Einnahme von Mossul war ein beispielloser Erfolg, denn nur etwa 2000 Terroristen kämpften dort gegen 10 000 oder mehr Angehörige von Regierungstruppen und Polizei. Der wohl wichtigste Grund für diese Durchsetzungskraft war der katastrophale Zustand der irakischen Armee; die von Maliki ernannten Kommandeure flohen und ließen Einheiten zurück, die nicht bereit oder in der Lage waren, zu kämpfen.[28] Die rasche Gründung der Volksmobilisierungsmilizen schien Maliki und anderen schiitischen Politikern die einzige Möglichkeit, den Siegeszug des IS zu stoppen. Die ungewollte Konsequenz war, den iranischen Revolutionsgarden den Aufbau einer zumindest teilweise von ihnen kontrollierten Milizarmee zu ermöglichen.

Das Triumvirat an der Spitze der Volksmobilisierung

Die neuen Anführer der Volksmobilisierung waren enge Verbündete Irans. Zu ihrem Kommandeur wurde der Anführer der Hisbollah-Bataillone, Abu Mahdi al-Muhandis, ernannt. Offiziell war er nur stellvertretender Chef des Milizenbündnisses, doch tatsächlich die eindeutige Nummer eins. Seine lange Erfahrung im bewaffneten Kampf, die Professionalität der eigenen Miliz und seine enge Beziehung zu Qassem Soleimani machten ihn zu einer Idealbesetzung. Dass er von den USA, Kuwait und einigen anderen Staaten als Terrorist gesucht wurde, scheint seinem Ruf im Irak und in Iran nicht geschadet zu haben. Eine mindestens genauso starke Position innerhalb der Volksmobilisierung hatte der Chef der Badr-Organisation, Hadi al-Amiri, der wichtigste Mann der Revolutionsgarden im Irak. Auch er war Anfang der 1980er-Jahre vor der Repression im Irak in das Nachbarland geflohen und hatte sich dem Badr-Korps angeschlossen. Unter Abu Mahdi al-Muhandis war er dessen Stabschef und übernahm später selbst die Führung der Organisation. 2010 bis 2014 amtierte er als irakischer Transportminister, gab sein Amt jedoch kurz nach der Gründung der Volksmobilisierung wieder auf und übernahm (neben seinem Sitz im irakischen Parlament) erneut die militärische Führung von Badr. Amiri setzte aber durch, dass der Badr-Funktionär Muhammad Ghabban den Posten des Innenministers besetzte. Dieses Ressort war die Machtbasis al-Amiris und seiner Organisation, das seit 2005 meist von Badr-Funktionären geleitet wurde und dessen Personal seitdem von Badr durchsetzt ist. Da ebendieses Ministerium für die Volksmobilisierung zuständig war, gilt Amiri als der eigentliche irakische Führer des Milizenverbandes.[29]

Amiri machte aus seiner engen Verbindung zu den Revolutionsgarden keinen Hehl. Anfang November 2014 verbreiteten die Iraner ein Bild auf Twitter, das Amiri und Soleimani während der Kampagne gegen den IS in fröhlicher Umarmung zeigte.[30] Abu Mahdi al-Muhandis sagte im Gespräch mit dem Journalisten Jonathan Spyer, dass die Milizen »sich auf die Kapazitäten und Fähigkeiten verlassen, die die Islamische Republik Iran liefert«.[31] Amiri bestätigte die engen Kontakte der Volksmobilisierung zu den Revolutionsgarden auch, als er von 100 iranischen Militärberatern berichtete, die im März 2015 an der Schlacht um Tikrit teilnahmen.[32] Tatsächlich wurden Badr und die anderen irantreuen Milizen in allen Phasen des Konflikts von Personal des Qods-Korps unterstützt. Im Unterschied zu früher legte Soleimani ab 2014 großen Wert darauf, zu demonstrieren, dass die Milizen im Irak zwar unter dem Kommando von Muhandis und Amiri standen, im Hintergrund aber ein Iraner die Fäden in der Hand hielt. Dass im März 2015 Bilder von Soleimani bei einem Truppenbesuch in der Gegend von Tikrit auftauchten, war ein erster Hinweis, dass die Garden ihre neue Macht zeigen wollten. In den folgenden Jahren wurde Soleimani mehrfach während Besuchen bei Milizen der Volksmobilisierung im Irak gezeigt.

Die Badr-Organisation

Ab Sommer 2014 bildeten sich mehr als 30 neue Milizen, unter denen auch sunnitische, christliche und jesidische Einheiten entstanden, doch das Bündnis beherrschten vor allem die bereits vor 2014 gegründeten schiitischen Gruppierungen. Die mit Abstand stärkste Teileinheit stellte die Badr-Organisation, sie prägte die Volksmobilisierung wie keine andere Gruppierung. Badr bekannte sich auch 2014 noch offen zur religiösen und politischen Führung durch Ali Khamenei. Amiri verdeutlichte das wiederholt mit Aussagen wie: »Die Mehrheit von uns glaubt, dass … Khamenei alle Qualitäten als islamischer Führer hat. Er ist der Führer nicht nur für die Iraner, sondern für die islamische Nation. Ich glaube das und bin stolz darauf.«[33] Amiri erwies sich so als Internationalist, dem der Zusammenhalt der Gemeinschaft der schiitischen Muslime unter iranischer Führung wichtiger war als der irakische Nationalstaat. Im Konfliktfall war deshalb davon auszugehen, dass Amiri und seine Gefolgsleute den Anweisungen Khameneis eher folgen würden als denen des irakischen Ministerpräsidenten.

Der militärische Arm der Organisation nannte sich »Streitkräfte des Märtyrers (Muhammad Baqir as-)Sadr« (arab. Quwwat ash-Shahid [Muhammad Baqir] as-Sadr). Mit seiner Hilfe nutzte Badr die Gelegenheit, die ihm die Schwäche des irakischen Staates bot, und baute eine territoriale Basis nördlich von Bagdad aus. Maliki ernannte den Badr-Führer Amiri im Sommer 2014 zu seinem inoffiziellen Militärgouverneur der Provinz Diyala nordöstlich von Bagdad. Damit übernahm Amiri den Oberbefehl über die Armee und die Milizen in der Provinz. Ab Mai 2015 stellte Badr in Diyala auch den Provinzgouverneur, obwohl die Schiiten dort insgesamt in der Minderheit sind.[34]

Damals richtete die Organisation ihr militärisches Hauptquartier in der Basis Camp Ashraf in Diyala ein. Diese Provinz war aus zwei Gründen wichtig: Erstens waren der IS und seine Vorläuferorganisationen in Diyala schon seit 2003 stark, weil dort neben Schiiten und Kurden viele arabische Sunniten leben. Die Provinz war ein Brennpunkt des Konflikts zwischen den Konfessionen im Irak sowie Aufmarsch- und Rückzugsgebiet der Jihadisten. Hunderte Terroranschläge in der nahe gelegenen Hauptstadt wurden in dieser Gegend vorbereitet, sodass der Kampf gegen den IS hier beginnen musste, wollten Badr und die Volksmobilisierung Bagdad sichern. Zweitens läuft durch die Provinz eine wichtige Verbindungsstraße aus Iran, die einen wichtigen Teil der Landbrücke in Richtung Westirak und von dort nach Syrien und in den Libanon bilden sollte. Es zeigte sich zum wiederholten Male, wie strategisch die Iraner und ihre Verbündeten selbst kurz nach der Krise von 2014 vorgingen.

Die Badr-Organisation selbst gab 2014 an, über mehr als 10 000 Mann unter Waffen zu verfügen.[35] Diese Zahl stieg anschließend rasch an, denn die Miliz rekrutierte Tausende junger

Männer für den Kampf gegen den IS, und die Kontrolle über die Finanzen des Innenministeriums ermöglichte Badr die Stärkung der eigenen Strukturen. In den folgenden Jahren sprachen unabhängige Quellen von 20 000 bis 25 000 Mann, die Organisation selbst sogar von 50 000 Mitgliedern.[36] Beide Zahlen können zutreffen, wenn man zwischen der geringeren Zahl von Kämpfern (und damit Mitgliedern des militärischen Flügels) und der höheren Zahl von sonstigem Personal (der politischen Bewegung/ Partei) unterscheidet.

Die Hisbollah-Bataillone

Die Hisbollah-Bataillone von Abu Mahdi al-Muhandis unterhalten die engsten Beziehungen zur Badr-Organisation und waren seit jeher ein williges Instrument der iranischen Revolutionsgarden im Irak. Sie bekennen sich offen zu Ayatollah Ali Khamenei und zeigen auch durch Flagge und Logo – Weltkugel mit Arm, der eine Kalaschnikow hält –, dass sie sich als Teil der »Achse des Widerstands« verstehen. Die Hisbollah-Bataillone operieren als eine Art Spezialkräfte der Volksmobilisierung und achten auf Geheimhaltung. Ihr Ausbildungsstand und ihre Ausrüstung sind besser als die der anderen irakischen Milizen. Die Kämpfer zeichnen sich durch besondere Disziplin, Loyalität und Kampfkraft aus, sodass sie das Selbstbewusstsein einer Eliteeinheit entwickelten, die häufig die gefährlichsten Operationen übernahm.

In ihrer Frühzeit soll die Organisation zwischen 500 und 1000 Kämpfer gezählt haben.[37] Nach 2014 jedoch wuchs sie wie die anderen Milizen der Volksmobilisierung schnell an und könnte sogar eine Kämpferzahl von bis zu 30 000 Mann erreicht haben.[38] Auch wenn diese Zahl etwas hoch gegriffen sein sollte, haben sich die Hisbollah-Bataillone von einer kleinen Terrorgruppe zu einer wichtigen Miliz entwickelt, die heute in Syrien und im Irak präsent ist und im Westirak die Grenzregion am Euphrat und damit einen wichtigen Teil der iranischen Landbrücke nach Syrien sichert.[39] Da in dieser Gegend keine Schiiten leben und der IS dort traditionell stark ist, muss die Organisation über sehr viel mehr Kämpfer als in der Vergangenheit verfügen.

Asaib Ahl al-Haqq

Der Anführer von Asaib Ahl al-Haqq, Qais al-Khazali, hatte ab 2011 mit zunächst geringem Erfolg versucht, aus seiner Terrorgruppe eine politische Partei zu formen – mit dem Ziel, der mächtigen Sadr-Bewegung Konkurrenz zu machen. Die militärischen Strukturen behielt er jedoch bei und entsandte ein Kontingent nach Syrien, das dort mit den Revolutionsgarden und der Hisbollah an der Seite des Assad-Regimes kämpfte. Ab Frühjahr 2014 waren Einheiten der Asaib auch im Irak am Kampf gegen den IS beteiligt. Zwar arbeitet die Organisation weiterhin eng mit den Revolutionsgarden zusammen, doch ihre ideologische Orientierung ist weniger eindeutig, weil ihr Anführer Khazali der Sadr-Bewegung entstammt und sich weiterhin an Ayatollah Muhammad Sadiq as-Sadr orientiert. Er bekennt sich gleichzeitig jedoch zu Ali Khamenei und der Doktrin von der Herrschaft des Rechtsgelehrten.[40] Auf diese Weise möchte Khazali unter Anhängern Sadrs im Irak an Profil gewinnen und gleichzeitig iranische Unterstützung einwerben. Beides gelang ab 2014, als sich Tausende neue Rekruten der Miliz anschlossen – sie soll im Jahr 2015 über bis zu 15 000 Mann verfügt haben.[41]

Innerhalb der Volksmobilisierung erwarb sich Asaib Ahl al-Haqq den Ruf der mit Abstand gewalttätigsten und sunnitenfeindlichsten Mitgliedsorganisation. Dies ist aber nicht nur ihrer Entschlossenheit im Kampf gegen den IS, sondern auch ihren kriminellen Aktivitäten geschuldet. Viele Entführungen sunnitischer Zivilisten gingen auf ihr Konto, bei denen sie von den Familien Lösegelder verlangte, die Opfer aber oft schon vor der Zahlung tötete. Zudem wird die Miliz zahlreicher sektiererischer Verbrechen beschuldigt, darunter die Ermordung Homosexueller sowie säkularer Frauen. Keine andere große Organisation verbindet so offen kriminelle mit religiös-politischen Motiven; so wurde sie zur gefürchtetsten Miliz überhaupt.[42] Nach dem Sieg über den IS operiert sie in Bagdad und anderen Städten weiter als kriminelle Gruppierung.

Der Kampf der Volksmobilisierung gegen den IS

Bei Weitem nicht alle Milizen der Volksmobilisierung sind eng mit Iran verbunden, aber Badr, die Hisbollah-Bataillone und Asaib Ahl al-Haqq waren die wichtigsten Akteure im Kampf gegen den IS. Mit Saraya as-Salam (dt. Friedenskompanien) verfügte auch Muqtada as-Sadr über eine starke Miliz, die aber selten in die Kämpfe im Norden und Westen eingriff. Einige im Jahr 2014 neu gegründete Einheiten wie Kataib al-Imam Ali (dt. Imam-Ali-Bataillone) fügten sich in die von den Revolutionsgarden und ihren Verbündeten dominierten Kommandostrukturen ein. Andere übernahmen eher defensive Aufgaben in den schiitischen Bevölkerungszentren in Bagdad und weiter südlich in Kerbela und Najaf.

Die Milizen der Volksmobilisierung kämpften gemeinsam mit den irakischen Streitkräften und paramilitärischen Einheiten des Innenministeriums. Auch wenn die irantreuen Milizionäre dies häufig abstritten, profitierten sie auch von Luftangriffen der Amerikaner auf IS-Stellungen. Dieser ungewöhnlichen Allianz hatten die Jihadisten des IS nur wenig entgegenzusetzen, sodass sich die Organisation schon wenige Monate nach der Einnahme von Mossul in der Defensive befand. Im August 2014 waren Milizen an der Aufhebung der Belagerung der von Kurden und schiitischen Turkmenen bewohnten Stadt Amerli in der Provinz Salah ad-Din beteiligt. Im Oktober 2014 nahmen sie die strategisch wichtige Stadt Jurf as-Sakhr in der Provinz Babil südwestlich von Bagdad ein, von wo der IS das schiitische Kernland um die heiligen Stätten von Najaf und Kerbela bedrohte. Anschlie-

ßend begann die Offensive Richtung Norden und die Rück-
eroberung von Tikrit im März 2015, die besonders wichtig war,
weil die Geburtsstadt Saddam Husseins seit jeher als Hochburg
der sunnitischen Rebellen und des IS galt. Es folgten die Einnahme von Baiji im Oktober 2015 und der Sieg in Ramadi im Februar 2016, nachdem diese Stadt noch im Mai 2015 an den IS gefallen war.

Die Volksmobilisierung und die in ihr organisierten Milizen
gewannen aufgrund ihrer Erfolge enorm an Popularität. Zugleich verbreiteten sie in den sunnitischen Gegenden Furcht und
Schrecken, weil schon früh Berichte über Verbrechen an Gefangenen und unbeteiligten Zivilisten die Runde machten. Dies und
der Druck der US-Regierung – die die Präsenz der Iraner und
ihrer Verbündeten mit Misstrauen betrachtete – veranlassten die
irakische Regierung, die Milizen anzuweisen, nicht am Angriff
auf die IS-Hochburg Falluja teilzunehmen. Badr-Chef Amiri
verkündete jedoch, dass niemand die Volksmobilisierung davon
abhalten könne, nach Falluja zu gehen. In den folgenden Wochen wurde deutlich, dass die Badr-Organisation tatsächlich am
Kampf teilgenommen hatte und anschließend in der Stadt präsent blieb.[43] Ein etwas anderes Bild zeigte sich während der folgenden Offensive gegen Mossul, die im Oktober 2016 begann
und im Juli 2017 mit der Einnahme der IS-Hauptstadt endete.
Dort akzeptierten die Milizen, dass sie nicht am Kampf um die
Stadt teilnehmen durften. Ihnen wurden Aufgaben weiter im
Westen der Provinz zugewiesen, sodass die Volksmobilisierung
die bis 2014 von vielen Schiiten bewohnte Stadt Tal Afar einnahm.[44]

Die Berichte über Attacken der schiitischen Milizen rissen
zwischen 2014 und 2017 nie ab. Häufig rächten sich die Mobili-
näre unmittelbar nach Kämpfen an gefangenen IS-Terroristen.
Nachdem Badr und verbündete Milizen in Barwana in der Provinz Anbar den IS vertrieben hatten, töteten ihre Kämpfer bis zu
75 sunnitische Männer und Jugendliche.[45] Hinrichtungen von

Zivilisten, die man der Zusammenarbeit mit dem IS verdächtigte, waren in dieser Zeit an der Tagesordnung. Nachdem die Volksmobilisierung die Belagerung von Amerli aufgehoben hatte, streiften die Milizen durch die umliegenden Dörfer, von denen aus der IS die Stadt belagert hatte, plünderten, zerstörten Häuser und Geschäfte und machten einige Dörfer mit schwerem Gerät und Sprengstoff dem Erdboden gleich.[46] In den von Schiiten, Sunniten und zahlreichen Kurden bewohnten Provinzen Diyala, Salah ad-Din und Kirkuk scheint es zur Strategie der schiitischen Militanten gehört zu haben, gezielt Furcht unter den Sunniten zu schüren, um sie so zum Verlassen ihrer Heimat zu zwingen. Dies zeigte sich erneut in Tikrit im März 2015, wo systematisch Häuser zerstört und geplündert wurden und Hunderte Zivilisten verschwanden.[47] In einem Drahtbericht des iranischen Geheimdienstministeriums, der 2019 an die Öffentlichkeit gelangte, hieß es nach der Offensive gegen Jurf as-Sakhr, wo die Milizen eine Geisterstadt zurückgelassen hatten: »In allen Gebieten, in denen die Volksmobilisierungskräfte aktiv werden, fliehen die Sunniten, verlassen ihre Häuser und ihr Eigentum und ziehen es vor, als Flüchtlinge in Zelten oder in Lagern zu leben.«[48] Entführungen und willkürliche Hinrichtungen von Sunniten blieben nach dem Ende der Kämpfe an der Tagesordnung. Dazu trug bei, dass die schiitischen Milizen langfristig in den vom IS eroberten Gebieten stationiert blieben, der IS ab 2018 aber zunehmend erfolgreich aus dem Untergrund operierte. Die iranisch kontrollierten Milizen trugen so ihren Teil dazu bei, dass eine Aussöhnung zwischen Schiiten und Sunniten im Irak auf Jahre hinaus unmöglich bleiben würde.

Die irakische Regierung kann die Milizen nicht kontrollieren

Mit der Einnahme von Mossul hatte Iran seine wichtigsten Ziele erreicht: Der IS war geschlagen, der irakische Staat gerettet, und der iranische Einfluss auf die Politik in Bagdad, das Militär, die Polizei und die Milizen war deutlich stärker als noch 2014. Die proiranischen Milizen hatten eine territoriale Basis in den Provinzen Salah ad-Din und Diyala nördlich von Bagdad, zeigten in den ehemals vom IS gehaltenen Gebieten im Norden und Westen Präsenz und sicherten vor allem diejenigen Regionen, Städte und Straßen, die für die Landbrücke der »Achse des Widerstands« in Richtung Syrien und Libanon wichtig waren.

Irans neue Stärke im Irak bedeutete aber ein großes Problem für die Regierung in Bagdad. Dort war Ministerpräsident Maliki im September 2014 durch den als gemäßigter geltenden Haidar al-Abadi abgelöst worden, der ebenfalls der Daawa-Partei angehörte. Die neue Regierung versicherte mehrfach, einen versöhnlicheren Kurs gegenüber Sunniten und Säkularisten verfolgen zu wollen, doch schon die Gräueltaten der Milizen und der Polizei verhinderten eine Annäherung der Volksgruppen. Auch wenn mehrere Ressorts wie das Innenministerium faktisch unter Kontrolle der Revolutionsgarden standen, wollten die unabhängigeren Teile der Regierung einschließlich Abadis nicht dulden, dass die Iraner mit der Volksmobilisierung einen Staat im Staate bildeten. Dies war für einen souveränen Staat schon prinzipiell inakzeptabel und darüber hinaus gefährlich, weil der Irak im Fall eines Konflikts Irans mit den USA oder Israel ebenfalls zum Ziel von Angriffen werden konnte. Die proiranischen Milizkommandeure erinnerten die Politiker in Bagdad wiederholt an dieses Problem, weil sie aus ihrem Hass auf die USA, Israel und die arabischen Golfstaaten keinen Hehl machten und die Widerstandslehre Ali Khameneis vertraten. Den USA warfen die iranloyalen Milizen wahrheitswidrig vor, mit ihren Verbündeten vom Golf den IS aufgebaut zu haben und ihn weiterhin zu unterstützen. Israel war ohnehin der Gottseibeiuns schiitischer Islamisten. Als der Milizenführer Qais al-Khazali im Dezember 2017 die libanesisch-israelische Grenze besuchte, rief er zum bewaffneten Kampf gegen den jüdischen Staat auf. Wie groß ihre Abneigung gegenüber Saudi-Arabien war, zeigte sich im Frühjahr 2016, als die Hisbollah-Bataillone während des Angriffs auf Falluja Fotos von Raketen zeigten, die mit dem Namen des kurz zuvor hingerichteten schiitischen Klerikers Nimr an-Nimr beschriftet waren.[49] Ähnliche Bilder wurden auch aus Aleppo übermittelt.[50]

Deshalb versuchte Bagdad von Beginn an, die Kontrolle über die Milizen zu gewinnen. Schon am 15. Juni 2014 war ein Komitee der Volksmobilisierung gegründet worden, das die Milizen führen sollte. Die Leitung übernahm mit Falih al-Fayyad der Nationale Sicherheitsberater von Ministerpräsident Abadi, der damit auch der offizielle Chef der Volksmobilisierung war. In der Praxis konnte er sich jedoch nie gegen die tatsächlichen Anführer Muhandis, Amiri und Soleimani durchsetzen, auch nicht, als die irakische Regierung die Milizen durch finanzielle Zuwendungen gefügig zu machen versuchte. Diese wurden für 2015 auf insgesamt rund eine Milliarde Dollar geschätzt und bewegten sich laut Haushaltsgesetz in den folgenden Jahren zwischen 1,4 und 2,2 Milliarden Dollar.[51] Die iranischen Revolutionsgarden stellten weiter Trainer und Berater zur Verfügung und pflegten ihre enge Bindung an die irantreuen Milizen und ihre Führer, weshalb diese sich nur um die Wünsche der Bagdader Regierung kümmerten, wenn sie mit denen Teherans vereinbar waren. Die Finanzierung der proiranischen Verbände durch die irakische Regierung bedeutete unter dem Strich, dass sie Teheran eine große Last abnahm und Bagdad für die Unterhöhlung seines Gewaltmonopols im Land selbst bezahlte. Auch die theoretische Einbindung der Volksmobilisierung in die irakischen Streitkräfte änderte nichts an der starken Rolle der Iraner. Im Februar 2016 dekretierte die Regierung, dass die Volksmobilisierung fortan als unabhängiger Teil der irakischen Streitkräfte fungieren sollte, der dem Ministerpräsidenten als Oberkommandierendem unterstehe. Am 26. November 2016 verabschiedete das irakische Parlament ein entsprechendes Gesetz.[52] Doch die großen Organisationen in der Volksmobilisierung blieben weiterhin unabhängig.

Die Milizen profitierten auch politisch von ihren Erfolgen im Kampf gegen den IS. Dies zeigte sich bei den Parlamentswahlen im Mai 2018, bei denen die Sadr-Bewegung 54 von 329 Sitzen gewann und damit stärkste Kraft wurde. Der zweite Platz ging jedoch an die neu zusammengestellte »Liste der Eroberung« (arab. Qa'imat al-Fath) der proiranischen Milizen unter der Führung von Hadi al-Amiri, die 48 Sitze errang. Von diesen gingen 22 an die Badr-Organisation und 15 an die Asaib Ahl al-Haqq. Das Ergebnis von Badr entsprach etwa dem der Wahlen von 2014, doch Khazali und seine Gefolgsleute hatten 14 Sitze dazugewonnen. Dies wurde weithin als Erfolg der Milizen interpretiert, doch es zeigte sich, dass der Erfolg von Sadr und Asaib Ahl al-Haqq vor allem ihrem populistischen Protest gegen das politische Establishment geschuldet war. Schon im Juli 2018 kam es in vielen Städten im Zentrum und Süden des Landes zu Protesten, die in der Stadt Basra besonders dramatisch eskalierten. Die Demonstranten protestierten gegen die Regierung, die sie für die wirtschaftlichen Probleme und die grassierende Korruption verantwortlich machten. Wie die häufigen antiiranischen Schmähgesänge zeigten, sahen viele Iraker den iranischen Einfluss im Land als Teil des Problems. In Basra wurden deshalb neben Büros der herrschenden Parteien auch die lokalen Hauptquartiere irantreuer Milizen wie vor allem der Badr-Organisation und im September 2018 sogar das iranische Konsulat angegriffen und in Brand gesetzt.[53]

Ein ähnliches Bild zeigte sich während der Proteste ab Oktober 2019, die so groß waren und trotz mehr als 500 toten und 19 000 verletzten Demonstranten so lange anhielten, dass Teheran sie als bedrohlich für die iranische Position im Irak wahrnahm. Wieder waren vor allem Bagdad, das Zentrum und der Süden des Irak betroffen; die Demonstranten forderten den Rücktritt der Regierung, ein Ende der Korruption und die Begrenzung des iranischen Einflusses. Wieder setzten Teilnehmer die Büros schiitischer Milizen und Parteien in Brand; Ende November 2019 zerstörte ein Mob sogar das iranische Konsulat in Najaf. Die Regierung fand keine geeignete Antwort auf die Forderungen, sodass sie zwischen begrenzten Reformversprechen und brutaler Repression schwankte. Auch der Rücktritt von Ministerpräsident Adil Abd al-Mahdi im November, der erst im Oktober 2018 Haidar al-Abadi ersetzt hatte, konnte die Demonstranten nicht beschwichtigen.[54]

Iran und seine Verbündeten werden ihre in eineinhalb Jahrzehnten erkämpften Positionen im Irak nicht ohne Gegenwehr aufgeben. Dafür sprachen neben der militärischen und politischen Stärke der irantreuen Milizen auch Äußerungen aus Teheran vom Ende Oktober 2019. Revolutionsführer Ali Khamenei machte in einer Rede vor Kadetten wie so oft die USA und Saudi-Arabien für die Proteste verantwortlich, indem er sagte: »Ich empfehle den Irakern und Libanesen … beseitigt die Unsicherheit und die Unruhen, die die USA, das zionistische Regime, einige westliche Länder und das Geld einiger reaktionärer Länder in diesen beiden Ländern verursacht haben. Die USA und westliche Nachrichtendienste verbreiten Unruhe mit der finanziellen Unterstützung von reaktionären Ländern in der Region.«[55] Indem er eine Parallele zu den Protesten in Iran zog, die um die Jahreswende 2017/18 niedergeschlagen worden waren, warnte er die Demonstranten, die USA und Saudi-Arabien hätten »ähnliche Pläne für unser geliebtes Land« gehabt, »aber glücklicherweise waren die Streitkräfte bereit, und der Plan wurde neutralisiert«.[56] Die Brutalität der Sicherheitskräfte nahm zu, Anführer der Proteste, Journalisten und Ärzte wurden immer häufiger verhaftet oder verschwanden.[57] Teheran schien zu allem bereit, um die Kräfteverhältnisse im Irak aufrechtzuerhalten.

7 Jemen: Saudi-Arabien bekämpft die Huthis

Am Abend des 4. November 2017 erschütterte eine Explosion den Flughafen von Riad. Passagiere in der Wartehalle des überfüllten Inlandsterminals rannten an die großen Fensterfronten Richtung Start- und Landebahn und sahen Fahrzeuge der Feuerwehr und Sicherheitskräfte zum Ort des Geschehens rasen. Es hatte jedoch kein Flugzeugunglück gegeben, sondern etwa einen Kilometer von der Wartehalle entfernt war nahe der Landebahn eine Rakete eingeschlagen. Die Saudis behaupteten zunächst, den Flugkörper abgeschossen zu haben, doch dies erwies sich später als Notlüge, mit der Riad die Bevölkerung beruhigen wollte. Jemenitische Huthi-Rebellen hatten es erstmals geschafft, ein wichtiges Ziel in der rund 850 Kilometer von der Grenze zum Jemen entfernten saudi-arabischen Hauptstadt zu treffen. Sie verfügten nicht über Raketen, mit denen sie die Flughafengebäude genau hätten anvisieren können; die Abweichung war für die genutzten Geschosse normal. Trotzdem hatten sie der saudi-arabischen Bevölkerung und der Weltöffentlichkeit gezeigt, dass der seit 2015 tobende Krieg im Jemen nunmehr auch die Sicherheit tief im Innern des Königreichs bedrohte.

Der Zwischenfall hatte sich seit Langem angekündigt, denn schon bald nach Beginn des Krieges im Frühjahr 2015 hatten die Huthis den saudi-arabischen Südwesten mit Kurzstreckenraketen beschossen und ihre Angriffe 2017 intensiviert. Erst im September 2017 hatte der Kommandeur der US-Marineeinheiten im Nahen und Mittleren Osten gewarnt: Iran habe die jemenitischen Rebellen mit präziseren und weiter reichenden ballistischen Raketen, Seeminen und Sprengbooten ausgestattet, die

Saudi-Arabien und die Schifffahrt im Roten Meer bedrohten.[1] Saudi-Arabien machte denn auch Iran für den Angriff auf den Flughafen von Riad mitverantwortlich, sprach von einem »kriegerischen Akt« Teherans und ließ kurz darauf die jemenitische Hauptstadt Sanaa besonders intensiv bombardieren.[2] Die Raketen, mit denen die Huthis seit 2017 saudi-arabische Ziele beschossen, stammten tatsächlich aus Iran. Wie groß der Schock in Riad war, zeigte sich daran, dass das Königreich gemeinsam mit seinen Verbündeten anschließend auch die Land-, See- und Luftverbindungen zum Jemen eine Woche vollständig sperrte.[3]

In Riad wurde der Krieg im Jemen gebetsmühlenartig mit der These begründet, dass in Gestalt der Huthis – die sich selbst seit 2011 Ansar Allah (dt. Unterstützer Gottes) nennen – eine »jemenitische Hisbollah« entstehe, die die saudi-arabische Südgrenze bedrohe. Doch während es dort bis 2015 bis auf die üblichen Probleme mit Schmugglern, Migranten und dem einen oder anderen Grenzzwischenfall weitgehend ruhig geblieben war, schossen die Huthis nach Beginn des Krieges Hunderte ballistische Raketen auf saudi-arabisches Territorium ab. Als diese im Jahr 2018 immer häufiger abgefangen wurden, setzten die Aufständischen vermehrt auf iranische Drohnen und Marschflugkörper, die schwerer aufzuhalten und sehr viel treffgenauer waren. Ironischerweise waren die Huthis, die 2014 noch eher oberflächliche Beziehungen zu Iran unterhalten hatten, erst im Laufe des Krieges zu der Bedrohung geworden, die anfänglich das wichtigste Argument für den Krieg war.

Die Huthis ergreifen die Macht

Schon lange vor dem Arabischen Frühling war der Jemen ein scheiternder Staat, dessen Regierung immer weniger in der Lage war, die wachsenden Probleme des Landes zu lösen. Seit 1978 herrschte Präsident Ali Abdallah Salih trotz einer demokratischen Fassade autoritär. Seine Macht beruhte neben seiner Kontrolle über die Armee und die Sicherheitskräfte auf weitverzweigten Patronagenetzwerken, in die auch die nach wie vor starken Stämme des Landes eingebunden waren. Loyalität wurde mit politischem oder wirtschaftlichem Einfluss und oft auch ganz einfach mit hohen Geldbeträgen erkauft. Doch in den 2000er-Jahren wurde es immer schwieriger, das System aufrechtzuerhalten, weil es dem ärmsten aller arabischen Länder an Geld fehlte. Obwohl der Jemen nur über wenig Öl verfügt, bestritt er in den Jahren vor den Protesten rund 75 Prozent seines Haushalts aus Öleinnahmen. Die Produktion ging jedoch stetig zurück – 2001 rund 440 000 Barrel pro Tag; 2008 rund 300 000 Barrel pro Tag –, sodass der Zeitpunkt abzusehen war, an dem überhaupt kein Öl mehr gefördert würde. Gleichzeitig wuchsen die Staatsausgaben allein aufgrund der rasant wachsenden Bevölkerung: Sie stieg um jährlich über 3 Prozent von 20,7 Millionen im Jahr 2005 auf 28 Millionen im Jahr 2019.

Seit den 2000er-Jahren wuchs der Widerstand gegen die Zentralregierung an drei Fronten: Im ehemaligen Südjemen bereitete eine separatistische Bewegung seit 2007 immer größere Schwierigkeiten. Ursache war die Vereinigung von Nord- und Südjemen 1990, die sich rasch als feindliche Übernahme durch Sanaa entpuppte – südjemenitische Politiker wurden systematisch entmachtet. Nachdem der Norden den kurzen Bürgerkrieg 1994 für sich entschieden hatte, festigte Präsident Salih seine Herrschaft in den Südprovinzen, indem er südjemenitisches Personal aus dem öffentlichen Dienst, den Sicherheitsbehörden und der Armee entfernen ließ. Die Unzufriedenheit im Südjemen nahm in den folgenden zwei Jahrzehnten weiter zu, die Bewohner beklagten ihre prekäre wirtschaftliche Situation, da sie von Zuwendungen des Regimes ausgeschlossen waren. Die Arbeitslosigkeit war im Süden noch höher als im Norden, sodass sich auch die in den 2000er-Jahren im ganzen Land steigenden Preise besonders hart auswirkten. Zudem wurden viele Südjemeniten kaum an den Öleinnahmen des Landes beteiligt, obwohl die meisten Ölfelder im Süden liegen. Nach ersten Demonstrationen 2007 erstarkte die »Südbewegung« (arab. al-Hirak al-Janubi), die zunächst nur ein Ende der politischen und wirtschaftlichen Vernachlässigung des Südens forderte. Als die Sicherheitskräfte mehrfach gegen Proteste vorgingen und einige Demonstranten töteten, Berichte über willkürliche Verhaftungen und Folter publik wurden und führende Köpfe festgesetzt wurden oder untertauchten, radikalisierte sich die Bewegung. Seit 2008 forderte sie mehrheitlich einen eigenen südjemenitischen Staat.[4]

Gleichzeitig erstarkte in dem von Unruhen erschütterten Südjemen die örtliche Filiale der al-Qaida. Jemeniten hatten in der Terrororganisation seit den 1990er-Jahren eine wichtige Rolle gespielt. Nun profitierten sie davon, dass nach dem Scheitern der Terrorkampagne der saudi-arabischen al-Qaida 2006 viele Jihadisten aus dem Königreich ins Nachbarland auswichen. So wurde die im Januar 2009 neu gegründete al-Qaida auf der Arabischen Halbinsel zu einem gemeinsamen Projekt jemenitischer und saudi-arabischer Islamisten, die zunächst die Regime in Sanaa und Riad bekämpften. Schon seit Sommer 2007 nahm die Zahl der Anschläge im Jemen sprunghaft zu, und 2009 weitete al-Qaida ihre Aktivitäten auf Saudi-Arabien aus: Im August scheiterte ein Selbstmordattentat auf den stellvertretenden Innenminister und späteren Kronprinzen Muhammad Ibn Nayif – der Anschlag war mit dafür verantwortlich, dass das Innenministerium sich verstärkt um die Jemen-Politik der Regierung kümmerte. Wie stark die jemenitische al-Qaida tatsächlich war, zeigte sie aber erst 2009 und 2010, als sie in drei Fällen Sprengsätze an Bord von Flugzeugen schmuggelte, die Richtung USA unterwegs waren. Die Anschläge wurden zwar vereitelt, doch sie machten die Organisation bis zum Auftreten des IS 2014 zur meistgefürchteten Terrorgruppe weltweit.[5]

Das größte Problem der jemenitischen Regierung war aber der Bürgerkrieg mit den Huthi-Rebellen aus der Provinz Saada im Norden. Die Familie Huthi gehört zu den Zaiditen, die im Jemen heute 30 bis 40 Prozent der Bevölkerung stellen. Diese sind zwar Schiiten, stehen dem Sunnitentum aber weitaus näher als die anderen schiitischen Glaubensrichtungen. Die Mitglieder der Huthi-Familie sind außerdem Sayyids, die beanspruchen, vom Propheten Muhammad abzustammen. Gemeinsam mit weiteren Sayyid-Familien bildeten sie zwischen dem späten 9. Jahrhundert und 1962 die adelige Führungsschicht des Jemen; deren prominenteste Familien – zu denen die Huthis nicht gehörten – stellten die Imame genannten Herrscher. Diese verloren mit der Revolution von 1962 die Kontrolle über den Jemen und konnten sie auch im folgenden Bürgerkrieg bis 1967 nicht wiedergewinnen. Seitdem wurden sie im politischen System des neuen Jemen an den Rand gedrängt und übten nur noch im äußersten Norden Einfluss aus.

Seit Ende der 1990er-Jahre traten die Huthis als Vertreter aller nordjemenitischen Zaiditen auf. Obwohl sie auch mehr politische Mitsprache und eine Verbesserung der Lebensverhältnisse forderten, verlangten sie vor allem kulturelle und religiöse Rechte. Die Zaiditen sahen diese vor allem durch die Politik Saudi-Arabiens gefährdet, das in den 1980er-Jahren salafistische Missionare – also Anhänger jener sunnitischen Schule, die einen besonders rückwärtsgewandten und schiitenfeindlichen Islamismus vertritt – in den Nordjemen zu schicken begann, die dort ein dichtes Netz von Religionsschulen gründeten. Die bekannteste wurde die Schule in Dammaj nahe Saada, die zu einem Sehnsuchtsort vieler Salafisten weltweit und zum Zentrum der Mission im Nordjemen wurde.[6] Immer wieder kam es zu Zusammenstößen zwischen Zaiditen und Salafisten. Trotzdem unterstützte die Zentralregierung das Vorgehen der Saudis und ihrer salafistischen Verbündeten, da sie die politische Konkurrenz der führenden zaiditischen Familien fürchtete und sie weiter schwächen wollte. Die Zaiditen starteten daraufhin in den 1990er-Jahren unter dem Namen »Gläubige Jugend« (arab. ash-Shabab al-Mu'min) ihre eigene Reformbewegung, die traditionelles zaiditisches Gedankengut verbreitete und gegen Saudi-Arabien und die mit ihm verbündeten USA protestierte. Zu ihrem bekanntesten Anführer wurde ab dem Jahr 2000 Husain al-Huthi, der sich immer offener gegen die Regierungspolitik stellte. Die von den Huthis viel genutzte Parole »Gott ist groß, Tod für Amerika, Tod für Israel, der Fluch über die Juden, der Sieg für den Islam« entstand damals; sie verbreitete sich nach 2001, als der jemenitische Präsident Salih unter Druck der Bush-Administration geriet, bei der Bekämpfung von al-Qaida mit den USA zusammenzuarbeiten. Der Präsident reagierte im Frühsommer auf die Proteste der Huthis mit einer militärischen Strafaktion in der Provinz Saada, an deren Ende Husain al-Huthi gefangen und noch vor Ort hingerichtet wurde.[7]

An die Stelle des Huthi-Führers trat zunächst sein greiser Vater, ab 2006 sein Bruder Abd al-Malik al-Huthi, der die Bewegung auch Anfang 2020 noch anführte. Die Regierung warf den Rebellen immer wieder vor, das abgeschaffte Imamat wiederherstellen zu wollen. Sie titulierte sie zudem als islamistische Terroristen und – mit Verweis auf ihre schiitische Identität – als Agenten des schiitischen Iran. Für eine solche Bindung gab es damals keine schlüssigen Beweise, auch wenn es überraschte, dass die 5000 bis 8000 Huthi-Kämpfer so gut organisiert waren, einen zunehmend professionellen Guerillakrieg gegen die zahlenmäßig und waffentechnisch weit überlegenen Regierungstruppen führen zu können. Zwischen 2004 und 2010 kam es zu sechs größeren Offensiven, die die Huthis jedes Mal zurückschlagen konnten. Doch der Preis war hoch, denn das Militär verfolgte eine Strategie der verbrannten Erde: Die Truppen des Regimes zerstörten weite Teile der Provinz Saada ebenso wie ihre gleichnamige Hauptstadt, töteten Tausende Zivilisten und zwangen Hunderttausende zur Flucht vor den Kämpfen und den Repressalien des Militärs. Auch zaiditische Heiligtümer, Moscheen und Schulen wurden in Mitleidenschaft gezogen, sodass die Huthis viele Bewohner des Nordens für ihre Position gewannen, die Regierung ziele auf die Auslöschung ihrer religiösen Identität ab.

Ihren Höhepunkt erreichten die Kämpfe ab August 2009, als Präsident Salih erstmals auch gut ausgebildete Elitetruppen in den Norden schickte – offenbar wollte er das Huthi-Problem ein für alle Mal aus der Welt schaffen. Doch wieder fand das reguläre Militär keinen Weg, die Rebellen in ihren heimatlichen Bergen erfolgreich zu bekämpfen. Daran änderte auch eine Intervention der saudi-arabischen Armee nichts, die im November in die Kämpfe eingriff. Riad hatte die Haltung des Salih-Regimes, die Huthis seien proiranische Terroristen, seit 2004 übernommen und die jemenitische Führung in den Kriegen der folgenden Jahre unterstützt. Das saudi-arabische Militär erlaubte jemenitischen Truppen mehrfach, von ihrer Seite der Grenze aus gegen die Rebellen zu operieren. Als diese zurückschlugen und im November 2009 auf saudi-arabisches Territorium vordrangen, ging die saudi-arabische Armee zum Gegenangriff auf jemenitisches Gebiet über. Die Luftwaffe flog Angriffe, doch wieder konnte die Offensive die Huthis nicht entscheidend schwächen.[8] Anfang 2010 flauten auch die Kämpfe gegen die Regierungstruppen ab, weil sich diese in feste Basen zurückzogen und auf weitere Angriffe verzichteten.

Die Situation änderte sich grundlegend, als die Proteste des Arabischen Frühlings 2011 auch den Jemen erreichten. Präsident Salih musste abtreten und einer Übergangsregierung unter seinem bisherigen Stellvertreter Abd Rabbuh Mansur Hadi Platz machen. Dieser Vorgang wurde von Saudi-Arabien und den Golfstaaten vermittelt und bei Gesprächen über Machtwechsel infolge der Proteste fortan »die jemenitische Lösung« genannt. Es zeigte sich jedoch schnell, dass der Austausch des Präsidenten allein keine Lösung darstellte. Im März 2012 begann die Konferenz des »Nationalen Dialogs«, die innerhalb von zwei Jahren eine neue Verfassung ausarbeiten sollte. Die Huthis waren zunächst beteiligt, doch im Januar 2014 zogen sie sich aus den Beratungen zurück. Schon 2011 waren die meisten Truppen des Regimes aus dem Norden abgezogen worden, weil sie zum Schutz von Salih und seinem Nachfolger in Sanaa gebraucht wurden. Seitdem übernahmen die Huthis die Macht in Saada und bauten ihre Position in ihrer Heimatprovinz und in umliegenden Regionen aus. 2014 waren sie schon so stark, dass sie in die Offensive wechseln konnten. Zunächst nahmen sie die Provinz Amran direkt nördlich von Sanaa ein, bevor sie im September auch in die Hauptstadt einmarschierten und diese unter ihre Kontrolle brachten.

Die Regierung Hadi war zu diesem Zeitpunkt schon so stark geschwächt, dass sie sich den Huthis nicht entgegenstellen konnte. Zum einen hatte die schlechte Kassenlage sie zur Kürzung von Treibstoffsubventionen gezwungen, was heftige Proteste auslöste – die verbreitete Korruption, hohe Arbeitslosigkeit und ständige Stromausfälle trugen zur allgemeinen Unzufriedenheit bei. Zum anderen konnte sie die Sicherheitskräfte, die teilweise dem ehemaligen Präsidenten Salih gegenüber loyal geblieben waren, kaum kontrollieren. Dieser und die Huthis legten 2014 ihre lange und erbitterte Feindschaft bei, sodass sich Polizei und Armee den Rebellen bei der Einnahme der Stadt nicht entgegenstellten. In der Folge verbündeten sich die beiden Seiten sogar und griffen nach Süden aus, wo sie die wichtige Hafenstadt Aden einzunehmen versuchten. Sie vereinte vor allem die Feindschaft gegenüber Saudi-Arabien, die bei den Huthis zur Ideologie gehörte, bei Salih aber vor allem deshalb entstand, weil er Riad für seinen Machtverlust 2011 mitverantwortlich machte. Die neue Allianz war enorm stark, denn sie vereinte die kampferprobten

und hoch motivierten Guerillatruppen der Huthis mit gut ausgerüsteten und trainierten Truppenteilen, die Salih gegenüber loyal geblieben waren.[9] Wenngleich dieses Bündnis aufgrund der
alten Feindschaft zwischen Salih und den Huthis sehr fragil war,
wurde es bis 2017 durch den Krieg zusammengehalten – wobei
die Huthis ihre Kontrolle über die regulären Truppen schrittweise ausbauten.

Saudi-Arabien und die VAE intervenieren

Für die Herrscherfamilie in Riad war der Jemen ähnlich wichtig
wie Syrien für Iran. Schon seit Jahrzehnten fürchtete sie, dass
Konflikte aus dem Nachbarland auf Saudi-Arabien ausstrahlen
könnten. Ein wichtiger Grund hierfür ist, dass die Bevölkerung
des Südwestens enge tribale, religiöse und kulturelle Beziehungen in den Jemen unterhält. Dass diese Gegend ein Teil des Königreichs wurde, war das Ergebnis einer Eroberungskampagne,
die mit dem saudi-arabisch-jemenitischen Krieg von 1934 endete. Die neuen Herren aus Zentralarabien wurden lange als mehr
oder weniger fremde Besatzer gesehen, sodass sich die Herrscher
in Riad der Loyalität der Bewohner des »Südens«, wie die Region
bei den Saudis heißt, nicht sicher sein konnten. Vor allem fürchteten sie jemenitische Einflüsse.

Besonders deutlich trat dies zum Vorschein, wenn im Jemen
antisaudische politische Bewegungen erstarkten. Ein Beispiel
war die Intervention im nordjemenitischen Bürgerkrieg der
1960er-Jahre, als sich Riad auf die Seite der Royalisten stellte,
während Kairo die Republikaner unterstützte. Die Herrscherfamilie fürchtete die Entstehung eines arabisch-nationalistischen
Systems mit enger Bindung an das Ägypten Gamal Abd an-Na-
sirs (dt. Nasser). Nachdem die Republikaner sich durchgesetzt,
die ägyptischen Truppen das Land aber wieder verlassen hatten,

bemühte sich Saudi-Arabien, den Jemen möglichst schwach und geteilt zu halten, und unterstützte zu diesem Zweck sogar die südjemenitischen Separatisten im Bürgerkrieg von 1994. Zu Beginn der 2000er-Jahre verstärkte sich die Furcht der Saudis erneut, weil das Regime von Ali Abdallah Salih zunehmend Mühe hatte, seine immer zahlreicheren innenpolitischen Gegner unter Kontrolle zu halten. Der Aufstieg der Huthis war aus dieser Sicht besonders bedrohlich, weil sie über eine gut organisierte, ausgebildete und zunehmend kampferfahrene Truppe verfügten und noch dazu schiitisch waren und Kontakte nach Teheran unterhielten. Politiker in Riad fürchteten, dass Teheran einen Brückenkopf an der Südgrenze des Königreichs errichten könnte.

In den Jahren 2013 und 2014 war in Riad immer wieder zu hören, das Königreich könne die Entstehung einer »jemenitischen Hisbollah« nicht dulden.[10] Diese Meinung verstärkte sich nach der Einnahme Sanaas durch die Huthis, als sich Hinweise auf die Unterstützung durch Iran und die Präsenz von Revolutionsgarden und libanesischer Hisbollah tatsächlich häuften. Damals dürfte die Entscheidung zum Krieg gefallen sein, auch wenn der im Januar 2015 angetretene neue König Salman und sein Sohn und Verteidigungsminister Muhammad Ibn Salman letzten Endes für die Intervention verantwortlich zeichneten. Vorab hatte sich das Königreich jedoch der Hilfe der Vereinigten Arabischen Emirate versichert, die ebenso wie Riad seit 2011 eine strikt antiiranische und zunehmend aggressive Regionalpolitik führten. In einigen Quellen wird sogar behauptet, der starke Mann der VAE, Kronprinz Muhammad Ibn Zayid von Abu Dhabi, habe die neue saudi-arabische Führung überzeugt, dass ein Krieg im Jemen notwendig sei.[11]

In der Nacht vom 25. auf den 26. März 2015 begannen Saudi-Arabien und die VAE ihre Intervention gegen die Huthis im Jemen. Ihr erklärtes Ziel war die Vertreibung der Rebellen aus der Hauptstadt Sanaa und die Wiedereinsetzung der international anerkannten Regierung von Präsident Hadi, der nach dem

Sieg der Huthis zunächst nach Aden und von dort nach Riad geflohen war. Die Verbündeten sperrten den jemenitischen Luftraum und verhängten eine Seeblockade. Ihr größtes Problem war das Fehlen von Bodentruppen. Sie hatten möglicherweise gehofft, dass Ägypten oder Pakistan Militär entsenden würden, um diese Schwäche auszugleichen. Pakistan ist stark von saudi-arabischen Finanzhilfen abhängig, die dem Militär des Landes sogar den Aufbau seines Nuklearprogramms ermöglichten. Ägypten hingegen erhält mehr Geld aus den Emiraten, die das Regime des Präsidenten as-Sisi seit 2013 mehrfach vor dem Bankrott retteten. Trotzdem weigerten sich beide Staaten, Truppen zur Verfügung zu stellen, weshalb Riad und Abu Dhabi den Mangel notdürftig durch die Rekrutierung von Söldnern ausgleichen mussten. So entsandten Sudan und Senegal reguläre Truppen und Milizen, für die Saudi-Arabien bezahlte.[12] Die VAE schicken auch eine eigene Söldnertruppe ins Feld, die seit Jahren am Golf aufgebaut wurde. Außerdem ging die Koalition arbeitsteilig vor: Saudi-Arabien konzentrierte sich auf Luftangriffe im Norden, während die VAE mit Bodentruppen mehr im Südosten und Süden des Landes aktiv waren. Insgesamt zeigte sich das emiratische Militär deutlich besser vorbereitet; seinen Spezialkräften und verbündeten jemenitischen Einheiten gelang etwa im Juli 2015 die Einnahme von Aden, während Saudi-Arabien keine ähnlichen Erfolge vorweisen konnte.

Eine Offensive gegen das von den Huthis beherrschte jemenitische Hochland war ohne eine Verstärkung der Truppen aussichtslos. Riad versuchte dieses Manko durch eine intensivierte Zusammenarbeit mit der jemenitischen Islah-Partei auszugleichen. Diese ist ein Bündnis von Islamisten, Stammesmilizen und einigen Salafisten, das von 2011 bis 2013 der wichtigste Gegenspieler der Huthis war. Al-Islah hatte jedoch 2013 die Unterstützung Riads verloren, das sich entschlossen hatte, den Aufstieg der Islamisten in der arabischen Welt zu bekämpfen. Im Jemen selbst stand die Partei unter Druck, weil sie als Teil der Regierung für Korruption und Misswirtschaft mitverantwortlich war.[13] Diese Schwäche des innenpolitischen Gegners war ein weiterer Grund für den Siegeszug der Huthis 2014 bis 2015. Die Neuorientierung der saudi-arabischen Jemen-Strategie stieß jedoch auf den Widerstand Abu Dhabis, das seit 2012 auf eine radikal antiislamistische Politik setzte und jegliche Kooperation mit al-Islah ablehnte. Eine Annäherung mit dem ehemaligen Präsidenten Salih wurde zur letzten Möglichkeit für Saudi-Arabien und die VAE, einen starken innerjemenitischen Alliierten zu finden. Tatsächlich war das Bündnis zwischen dem Ex-Präsidenten und den Huthis aufgrund ihrer alten Feindschaft unbeständig, und sein Wechsel auf die Gegenseite hätte die Rebellen stark geschwächt. Als Salih Ende 2017 verkündete, an Gesprächen mit den Golfstaaten interessiert zu sein, ermordeten ihn die Huthis und vertrieben die Salih-Loyalisten aus der Hauptstadt.[14]

Zu diesem Zeitpunkt hatten die VAE schon in weiten Teilen des Südjemen die Kontrolle übernommen und bauten auf ihr Bündnis mit südjemenitischen Milizen. Im ersten Jahr des Konflikts setzten sie noch auf eine möglichst breite Allianz, die von emiratischen Spezialkräften angeführt wurde und Reste jemenitischer Regierungstruppen, lokale und tribale Milizen, salafistische Verbände und südjemenitische Separatisten umfasste. Im Laufe des Jahres 2016 verschoben sich jedoch die Gewichte, weil die von den VAE aufgestellten Sicherheitsgürteltruppen (arab. Quwwat al-Hizam al-Amni), die vor allem in Aden und dem Südwesten operierten, zu den bevorzugten Verbündeten der Emirate wurden.[15] Außerdem trainierten und unterstützten VAE-Einheiten die Milizen der Hadhrami-Elite und Shabwani-Elite (arab. an-Nukhba al-Hadhramiya bzw. an-Nukhba ash-Shabwaniya), die in ihren Heimatprovinzen Hadhramaut und Shabwa eingesetzt wurden.[16] Die Zusammenarbeit mit ihnen war höchst problematisch, weil die Kommandeure dieser Einheiten aus der Südbewegung stammten und offen auf einen unabhängigen südjemenitischen Staat abzielten. Die neue Politik der VAE stieß deshalb auf den entschiedenen Widerstand der nun nur noch von Saudi-Arabien unterstützten Regierung von Präsident Hadi. Dieser befand sich mit seinen wichtigsten Gefolgsleuten seit 2015 meist im saudi-arabischen Exil, weil die Lage in Aden zu gefährlich für ihn war. Obwohl ihn auch die VAE anfänglich unterstützt hatten, wandten sie sich von ihm ab, weil sie ihn für schwach und unfähig hielten: Hadis Regierung sei »ineffektiv« und liefere eine »schwache Leistung«, hieß es in Abu Dhabi.[17] Die Spannungen zwischen Hadi und Muhammad Ibn Zayid entluden sich im Februar 2017 erstmals spektakulär, als der Präsident dem Kronprinzen vorgeworfen haben soll, die VAE verhielten sich im Jemen »wie eine Besatzungsmacht«.[18]

Der Konflikt verschärfte sich weiter, als Hadi den VAE-loyalen Gouverneur von Aden, Aidarus az-Zubaidi, Ende April kurzerhand entließ. Daraufhin gründete Zubaidi mit anderen führenden Separatisten im Mai den Südlichen Übergangsrat (arab. al-Majlis al-Intiqali al-Janubi, STC), der auf die Schaffung eines unabhängigen Südjemen hinarbeitete und sich als wichtigster Verbündeter der VAE im Jemen etablierte. Im Januar 2018 brachen in Aden Kämpfe aus, in deren Verlauf die Separatisten sich mithilfe der VAE gegen Hadi-Loyalisten durchsetzten und die Kontrolle über die Stadt übernahmen.[19] In den folgenden Jahren erwiesen sich die separatistischen Milizen wiederholt als stärker als die Gefolgsleute Hadis, ohne sich vollständig durchsetzen zu können.

Die Konflikte unter den jemenitischen Gegnern der Huthis, die strategischen Differenzen zwischen Riad und Abu Dhabi ebenso wie das Fehlen von Bodentruppen verhinderten militärische Fortschritte. Zudem erwiesen sich die Huthis als überraschend kampfstark. 2016 entstand eine militärische Pattsituation, die bis 2018 anhielt. Die Luftangriffe verbunden mit der Seeblockade hatten allerdings eine humanitäre Katastrophe zur Folge. Die saudi-arabische Luftwaffe weitete ihre Ziele rasch von rein militärischen auf die gesamte Infrastruktur aus. Häfen,

Elektrizitätswerke, Straßen und Brücken wurden zerstört, Krankenhäuser und weitere zivile Ziele aller Art wie etwa Lebensmittelfabriken angegriffen. Ergebnis waren eine Wirtschafts- und Versorgungskrise, Hunger und die Verbreitung von Epidemien wie vor allem Cholera. Anfang 2020 wurde von mehr als 100 000 Todesopfern ausgegangen. Die Vereinten Nationen bezeichneten die humanitäre Krise im Jemen über Jahre hinweg als die schlimmste weltweit.[20] Alle diese Maßnahmen konnten die Huthis jedoch nicht in die Knie zwingen, denn die Rebellen hatten genug Geld und sonstige Ressourcen, um die eigenen Anhänger zumindest notdürftig zu versorgen. Sie profitierten auch davon, dass sich die öffentliche Meinung in weiten Teilen des Nordjemen gegen die ausländischen Invasoren stellte.

Um den Stillstand im Krieg zu überwinden, begannen Saudi-Arabien und die VAE im Juni 2018 einen Angriff auf Hudaida. Der Hafen der Stadt war die letzte große Verbindung des jemenitischen Hochlands nach außen. Den groß angelegten Angriff planten die Verbündeten schon seit Ende 2016, doch die scheidende Regierung Obama hatte sie bis dahin davon abgehalten.[21] Riad und Abu Dhabi wollten die Huthis durch die Eroberung der Hafenstadt schwächen und zu Verhandlungen zwingen, nach denen sie idealerweise die Hauptstadt Sanaa geräumt, ihre schweren Waffen abgegeben und sich von Iran losgesagt hätten.[22] Da die neue Trump-Administration weniger Probleme mit dem Jemen-Krieg und seinen Folgen hatte und in den Huthis gefährliche Verbündete Irans sah, wehrte sie sich nicht mehr gegen die Offensive der Golfstaaten. Sie drangen zwar in die Außenbezirke Hudaidas vor, doch der internationale Widerstand wuchs – zu groß schien die Gefahr, dass die Einnahme zu einer weiteren Verschlechterung der katastrophalen humanitären Lage im Norden des Jemen führen würde.[23] Im Dezember 2018 stimmten Saudi-Arabien und die VAE auf Vermittlung des Sondergesandten der Vereinten Nationen, des britischen Diplomaten Martin Griffiths, einem Waffenstillstandsabkommen für die Provinz

Hudaida zu. Die Umsetzung erwies sich zunächst als schwierig, doch im Mai 2019 kündigten die Huthis ihren Rückzug an. Zunächst schien sich der Konflikt nun beruhigen zu können, doch rasch machte sich bemerkbar, dass die Iraner ihren Einfluss auf die Huthis seit 2014 massiv ausgebaut hatten.

Iran unterstützt die Huthis

Als 2004 die ersten Kämpfe zwischen den Huthis und Regierungstruppen ausbrachen, gab es keinerlei Beweise für eine iranische Unterstützung der Rebellen. Führende Mitglieder der Familie Huthi hatten die Islamische Republik besucht und teilweise länger dort gelebt – Badr ad-Din al-Huthi reiste 1979 nach Iran, sein Sohn Husain während des Bürgerkrieges 1994, beide blieben für einige Jahre –, doch ein intensiverer Austausch scheint sich dadurch nicht entwickelt zu haben. Zwar dürften die Revolutionsgarden schon aktiv geworden sein, als der Druck auf die Aufständischen in den Jahren 2004 bis 2010 stetig wuchs, es fehlten allerdings stichhaltige Belege für ihre damalige Präsenz im Jemen, und auch die später sichtbaren Beziehungen waren nie so eng wie die zwischen Iran und der libanesischen Hisbollah, den schiitischen Milizen im Irak und Syrien oder den Terrorgruppen in Bahrain. Ein Grund dafür war, dass Zaiditen die Doktrin von der Herrschaft des Rechtsgelehrten aus religiösen Gründen nicht übernehmen können. Die gemeinsame ideologische Plattform findet sich vielmehr im »Antiimperialismus« der Islamischen Republik, der von den Huthis mit einer etwas anderen Prioritätensetzung geteilt wird – sie kämpfen in erster Linie gegen Saudi-Arabien. Außerdem zwangen die eigene Schwäche und die waffentechnische Überlegenheit ihrer Gegner die Huthis dazu, jede verfügbare Hilfe anzunehmen. Neben Iran fand sich aber kein zweiter Unterstützer.

Selbst die Führung in Teheran zeigte lange kein ausgeprägtes Interesse an der Situation im Jemen. Dies änderte sich 2009, nachdem der kurze Krieg der Saudis gegen die Huthis gezeigt hatte, dass die Rebellen das Potenzial besaßen, das Königreich zu schwächen. Solange die saudi-arabischen Truppen an ihrer Südgrenze beschäftigt waren, waren sie weit vom Zentrum des iranisch-saudischen Konflikts am Persischen Golf entfernt. Wie sehr die Einnahme von Sanaa die Politik in Teheran elektrisierte, zeigt sich an der Feststellung des Abgeordneten Ali Reza Zakani: »Seit die jemenitische Hauptstadt Sanaa unter die Kontrolle der schiitischen Huthi-Miliz gefallen ist, befinden sich heute vier arabische Hauptstädte in den Händen Irans und gehören zur islamischen iranischen Revolution. Die jemenitische Revolution wird nicht auf den Jemen allein beschränkt bleiben. Sie wird sich nach ihrem Erfolg in saudisches Territorium ausbreiten. Die langen jemenitisch-saudischen Grenzen werden ihr Ausgreifen in die Tiefe Saudi-Arabiens begünstigen.«[24] Die Aussage wurde von den iranischen Staatsmedien geflissentlich übersetzt und verbreitet und in den nächsten Jahren immer wieder zitiert, wenn iranische Ambitionen auf eine regionale Vormachtstellung belegt werden sollten.

Dass sich später auch die Möglichkeit bot, über die Huthis die Meerenge vom Bab al-Mandab an der südlichen Einfahrt zum Roten Meer zu beherrschen, dürfte Teheran erst bewusst geworden sein, als die Rebellen nach der Einnahme von Sanaa weiter vorrückten. Bis dahin waren die Huthis nicht an der Küste präsent gewesen und hatten auch keine Neigung gezeigt, ihre Heimat im Hochland zu verlassen. Dass sie 2014 und 2015 Häfen an der Westküste des Jemen einnehmen konnten, war aus weltpolitischer Sicht die vielleicht wichtigste Folge ihres Siegeszugs. Denn ohne das Eingreifen der Koalition ihrer Gegner hätten sie die Kontrolle über das Ostufer einer enorm wichtigen Wasserstraße gewinnen können, die nur knapp 30 Kilometer breit ist und durch die jeden Tag über fünf Millionen Barrel Rohöl und Ölpro-

dukte transportiert werden.[25] Aus Sicht der iranischen Militär-
planer hätte Bab al-Mandab unter der Kontrolle eines Verbündeten eine hervorragende Ergänzung zur Rolle Irans an der Straße
von Hormuz bedeutet. Dies bestätigte Ali Shamkhani, der Generalsekretär des iranischen Nationalen Sicherheitsrates, als er im
März 2015 darauf hinwies, Iran unterhalte nun eine Präsenz im
Mittelmeer (gemeint war Syrien) und in Bab al-Mandab.[26]

2009 gab es erste Hinweise auf die Unterstützung der Huthis
durch Iran, doch erst zwei Jahre später wurde deutlich, dass Teheran Geld, Waffen und auch Ausbilder schickte. US-Militärs
berichteten ab Frühjahr 2012 vermehrt von diesen Bemühungen, die meist unbemerkt blieben, da die Regierung im Jemen
infolge des Arabischen Frühlings die Kontrolle über das Land
verloren hatte.[27] Die Informationen verdichteten sich, nachdem
2013 und 2014 wiederholt Schiffe nahe der jemenitischen Küste
aufgebracht wurden, die Waffen verschiedener Art bis hin zu
Luftabwehrraketen, Sprengstoff und Materialien zum Bomben-
bau an Bord hatten.[28] Wahrscheinlich war dies nur ein kleiner
Teil der für die Huthis bestimmten Lieferungen, denn der
Schiffsverkehr im Golf von Aden und im Roten Meer ist sehr
dicht, und die Iraner scheinen ihre Lieferungen in der Region
auf kleinere Schiffe umgeladen zu haben.

Die Zunahme von Zwischenfällen dieser Art wies früh darauf
hin, dass die Revolutionsgarden ihre Unterstützung für die
Huthis ausbauten. Dies war auf jeden Fall ab der Einnahme Sanaas der Fall. Sie schickten vermehrt Waffen, Sprengstoff und
Geld, die sie in den Wochen vor Beginn des Krieges vor allem
über den damals noch gut erreichbaren Flughafen von Sanaa an-
lieferten. Wahrscheinlich entsandte das Qods-Korps auch Ausbilder. Die meisten Trainer stellte jedoch die Hisbollah, die im
Jemen als eine Art Subunternehmerin der Revolutionsgarden
agierte. Die von Schiiten bewohnten südlichen Vororte von Beirut, wo die Hisbollah ihr Hauptquartier eingerichtet hat, wurden
ein wichtiges Exilzentrum der Huthis; dort betrieben sie seit

2011 auch ihren Fernsehsender al-Masira. Trotz der Blockade des Jemen gelang es Huthi-Funktionären wiederholt, zu Gesprächen nach Beirut zu reisen. In einer seltenen Machtdemonstration zeigten sich zwei von ihnen im August 2018 bei einem Besuch des Hisbollah-Chefs Hassan Nasrallah.[29]

Die Unterstützung durch die Revolutionsgarden und die Hisbollah half den Huthis, sich dem Angriff der Saudis und Emiratis erfolgreich entgegenzustellen. In Aden mussten sie sich zwar im Juli 2015 geschlagen geben und zurückziehen, doch als nordjemenitische Guerillatruppe konnten sie ohnehin kaum hoffen, sich im feindseligen Südjemen festsetzen zu können. Dazu verfügten sie Ende 2014 mit rund 20 000 Mann auch nicht über genügend Kämpfer. In den Folgejahren konnten die Huthis viele neue Rekruten gewinnen, zudem schlossen sich ihnen zahlreiche reguläre Einheiten ganz oder teilweise an.[30] Dadurch stieg die Kampfkraft der Rebellen, doch ihre Kontingente reichten längerfristig nur zur Verteidigung des Hochlands und der besonders wichtigen Hafenstadt Hudaida. Geradezu sinnbildlich zeigte der Kampf um Ta'izz am südlichen Rand des Hochlands die Schwäche der Huthis als konventionelle Truppe: Sie belagerten die von Truppen des Präsidenten gehaltene Stadt mehr als vier Jahre lang, ohne je entscheidende Vorteile erringen zu können. Auch Angriffe auf den Schiffsverkehr im Roten Meer zeigten zunächst vor allem, wie beschränkt ihre Mittel waren. 2015 und 2016 griffen die Huthis wiederholt emiratische und saudi-arabische Kriegsschiffe nördlich von Bab al-Mandab mit Raketen an und konnten eines von ihnen schwer beschädigen. Doch als sie 2016 mehrfach auch US-Kriegsschiffe ins Visier nahmen, beschossen die Amerikaner ihre Radaranlagen, woraufhin die Angriffe abebbten.[31]

Als viel schlagkräftiger erwiesen sich die Huthis im Kampf gegen Saudi-Arabien. Das Königreich hatte im gesamten Kriegsverlauf große Probleme, seine teils gebirgige Grenze gegen die mobilen Trupps der Huthis zu sichern, die immer wieder auf saudi-arabisches Territorium vordrangen. Noch gefährlicher waren deren Raketenangriffe. Sie setzten kurz nach Kriegsbeginn ein, und bereits nach wenigen Monaten zeigte sich, wie wenig die saudi-arabische Luftwaffe gegen die mobilen Abschussrampen ausrichten konnte. Trotzdem blieben die Raketen zunächst eher ein Ärgernis als eine ernsthafte Bedrohung, denn die maximale Reichweite ihres Sammelsuriums von umgebauten Luftabwehrraketen und hoffnungslos veralteten Scud-Modellen lag unter 300 Kilometern. Militärische Ziele konnten damit nicht getroffen werden.[32] Im Jahr 2017 flogen die Raketen der Huthis jedoch plötzlich mehr als 900 Kilometer weit und trafen – wie im Fall des Flughafens von Riad – auch ungefähr die vorgesehenen Ziele. Die meisten Experten waren sich rasch einig, dass es sich wahrscheinlich um umgebaute iranische Fabrikate handelte, die nach 2014 in Einzelteilen in den Jemen geliefert worden waren.[33]

Doch als die Gefahr einmal erkannt war, war sie auch schon gebannt, denn die saudi-arabische Luftabwehr konnte die iranischen Qiam-Raketen immer häufiger abfangen. Die Huthis hatten aber eine Antwort parat, bereits 2017 und vermehrt ab Frühjahr 2018 wurden die ballistischen Raketen schrittweise durch ebenfalls von Iran gelieferte Drohnen und Cruise-Missiles ersetzt – kurz nachdem die Revolutionsgarden selbst in Syrien das erste Mal eine Kampfdrohne gegen Israel losgeschickt hatten. Diese Flugkörper waren aufgrund ihrer Flugbahn um einiges schwerer abzufangen, trafen sehr viel genauer und richteten bald beträchtlichen Schaden an. Wie bedrohlich die Situation für das Königreich war, wurde im Juni 2019 deutlich, als die Rebellen den zivilen Flughafen von Abha im saudi-arabischen Südwesten mit Cruise-Missiles angriffen und 26 Menschen verletzten.[34]

Der vielleicht größte Vorteil, den die neuen Fertigkeiten der Huthis den Iranern verschafften, war, dass Teheran eigene Anschläge nun mit Verweis auf die jemenitischen Rebellen plausibel abstreiten konnte. Dies zeigte sich zum ersten Mal im Mai 2019, als Drohnen die Pumpstationen einer Ölpipeline schwer beschädigten, die quer durch Saudi-Arabien vom Persischen Golf ans Rote Meer führt. Der Angriff erfolgte nur einen Tag nach Sabotageakten gegen vier Tankschiffe nahe der emiratischen Küste, für die die iranischen Revolutionsgarden verantwortlich waren. Die Huthis bekannten sich zwar zu dem Drohnenangriff, doch US-Nachrichtendienste gelangten rasch zu der Erkenntnis, dass die Flugkörper von Norden gekommen und wahrscheinlich im südlichen Irak abgefeuert worden waren.[35] Noch deutlicher wurde der Nutzen der Huthis für Iran nach den Anschlägen auf die saudi-arabischen Ölanlagen von Abqaiq und Khurais im September 2019. Wieder bekannten sich die Huthis zu ihnen, obwohl die Revolutionsgarden die Drohnen und Cruise-Missiles von iranischem Territorium losgeschickt hatten. So vermochte man sachkundige Beobachter zwar nicht zu täuschen, Teheran blieb dennoch bei der Version, nichts mit den Attacken zu tun zu haben. Der Ablauf demonstrierte in beiden Fällen, dass die Bindung zwischen den Huthis und Iran 2019 deutlich enger war als noch fünf Jahre zuvor. Sonst wäre nicht zu erklären, warum die Huthis sich zu Anschlägen bekannten, die sie nicht verübt hatten und die zu verheerenden amerikanischen Militärschlägen gegen die jemenitischen Rebellen hätten führen können. Die Huthis handelten hier gegen ihre eigenen Interessen, um Iran die Eskalation der Gewalt gegen die Verbündeten der USA in der Region zu ermöglichen.

Der Konflikt eskaliert und ebbt ab

Nach dem Amtsantritt von Präsident Trump im Januar 2017 veränderte sich die Situation im Jemen-Konflikt, weil die neue US-Regierung ihre saudi-arabischen und emiratischen Partner sehr viel vorbehaltloser unterstützte als ihre Vorgängerin. Die Obama-Administration war erst 48 Stunden vor Beginn des

Krieges von ihren Verbündeten informiert worden – möglicherweise, weil diese Washingtons Veto befürchteten. Tatsächlich hielten der US-Präsident und sein außen- und sicherheitspolitisches Team den Krieg im Jemen für einen Fehler. Dieser begann jedoch wenige Monate vor der Unterzeichnung des Atomabkommens mit Iran, und da Washington den Golfstaaten mit den Iran-Verhandlungen viel zugemutet hatte, hielt die US-Regierung es für ein Gebot bündnispolitischer Klugheit, ihnen im Kampf gegen Irans Verbündete in der Region beizustehen. Obama scheint damals auf einen kurzen Krieg und eine baldige diplomatische Lösung gehofft zu haben. Das US-Militär half mit Zieldaten und sonstigen nachrichtendienstlichen Informationen, betankte saudi-arabische Flugzeuge in der Luft und lieferte Waffen, Munition und Ersatzteile.[36] Ohne diese Unterstützung wäre es der saudi-arabischen Luftwaffe nicht möglich gewesen, den Krieg im Jemen länger als einige Wochen zu führen. Erst als aufgrund der vielen zivilen Opfer der Luftangriffe und der sich rasch verschlechternden humanitären Situation im Jemen die Kritik vor allem im US-Kongress lauter wurde, reagierte die Obama-Administration. Im Dezember 2016 stoppte sie den Verkauf von Bausätzen für Präzisionsmunition an das saudi-arabische Militär. Diese »guided munitions kits« sind Laserlenkungen, mit denen herkömmliche Bomben zu Präzisionswaffen umfunktioniert werden. Bis die saudi-arabische Luftwaffe ihre Zielauswahl verbessert habe, so hieß es damals aus Washington, werde das Material nicht geliefert.[37]

Donald Trump demgegenüber hielt schon im Mai 2017 in Riad eine programmatische Rede, in der er Iran als wichtigsten Förderer von Terroristen »vom Libanon über den Irak bis zum Jemen« brandmarkte und die Huthis in einem Atemzug mit dem IS nannte.[38] Die neue Linie Washingtons wurde in Riad begeistert aufgenommen und als Ermutigung verstanden, die Intervention im Jemen fortzusetzen. Dies galt umso mehr, als die US-Regierung Anfang Juni den Kongress informierte, sie wolle die durch die Obama-Administration blockierte Lieferung von Präzisionsmunition nun zulassen und weitere Waffen nach Saudi-Arabien schicken.[39] Es dürfte kein Zufall gewesen sein, dass in genau diesem Monat die lang erwartete Offensive der Saudis und Emiratis gegen die Hafenstadt Hudaida begann.

Die nunmehr reibungslose Zusammenarbeit der USA mit den Golfstaaten geriet trotzdem in eine schwere Krise, als Häscher des Kronprinzen Muhammad Ibn Salman im Oktober 2018 den regimekritischen Journalisten Jamal Khashoggi im saudischen Konsulat in Istanbul ermordeten. Schnell verdichteten sich Hinweise, dass der Kronprinz persönlich den Mord angeordnet hatte. Die öffentliche Meinung in den USA und zahlreiche Kongressabgeordnete warfen nun auch einen genaueren Blick auf den Krieg im Jemen und kritisierten diesen scharf. Die Trump-Administration reagierte, indem sie im November die Luftbetankung saudi-arabischer Kampfflugzeuge stoppte. Doch der Kongress forderte Anfang 2019 zwei Mal ein Ende der militärischen Unterstützung für das Königreich im Jemen-Krieg, worauf Trump jeweils sein Veto gegen die Gesetze einlegte. Der Widerstand von Parlament und Öffentlichkeit wurde zu einer Gefahr für die Nahostpolitik der US-Regierung, sodass sie Saudi-Arabien schließlich aufforderte, Friedensgespräche zu beginnen.[40]

Tatsächlich wurden Gespräche aufgenommen, die zum Waffenstillstand vom Dezember 2018 führten. Dass die Huthis im folgenden Mai und Juni erneut Ziele in Saudi-Arabien mit Drohnen und Cruise-Missiles angriffen, war überraschend, denn die Lage hatte sich in den ersten Monaten des Jahres 2019 deutlich entspannt. Hier traten die Huthis erstmals als williges Instrument der iranischen Revolutionsgarden auf, die sich zu zeigen bemühten, dass sie die Ölexporte der Saudis und Emiratis stoppen oder zumindest schwer beeinträchtigen konnten. Zu diesem Zweck verübten sie Anschläge auf mehrere Öltanker in direkter Nähe zu den VAE und griffen die Pipeline bei Riad an. Außerdem schoss das iranische Militär eine US-Überwachungsdrohne

östlich der Küste der VAE ab, woraufhin Präsident Trump einen
Vergeltungsschlag anordnete, kurz vor Beginn aber wieder absagte. Die Signale aus Teheran scheinen vor allem in Abu Dhabi
aufmerksam verfolgt worden zu sein, denn die VAE kündigten
im Juni 2019 den Rückzug ihrer Truppen aus dem Jemen an.
Dies wurde weithin als Zeichen verstanden, dass das Land an
einer weiteren Eskalation der Lage nicht interessiert war. Als
emiratische Funktionäre kurz darauf mit Iran auch noch Gespräche zur maritimen Sicherheit rund um die Straße von Hormuz führten, entspannten sich die Beziehungen zwischen den
beiden Staaten merklich.[41]

Saudi-Arabien setzte den Krieg gegen die Huthis ohne seinen
Verbündeten fort. Das größte Hindernis waren die Auseinandersetzungen zwischen Einheiten der Hadi-Regierung und ihren
separatistischen Gegnern im Süden, die sich seit den Kämpfen
vom Januar 2018 mehrfach wiederholt hatten. In Absprache mit
den VAE gelang es Riad jedoch, die verfeindeten Jemeniten zu
einem Friedensabkommen zu bewegen, das im November geschlossen wurde. Zuvor zogen die VAE auch ihre letzten Truppen aus Aden ab, woraufhin sich die Lage dort beruhigte. Doch
ohne die Unterstützung der emiratischen Truppen – die insgesamt weitaus effektiver vorgingen als ihre Verbündeten – war ein
Sieg für die Saudis unmöglich geworden. Dabei wurden Erfolge
aus Sicht der Führung in Riad dringender notwendig denn je,
denn die Huthis bedrohten nun tatsächlich die Sicherheit Saudi-
Arabiens: 2018 und 2019 zeigten die Angriffe auf den saudi-arabischen Süden, dass aus den Huthis tatsächlich die »jemenitische
Hisbollah« geworden war, vor der man immer wieder gewarnt
hatte. Vergleichbar mit Israel und der libanesischen Organisation sah sich nun Saudi-Arabien von den Huthis bedroht, die mit
ihren Flugkörpern zumindest im Süden des Königreichs großen
Schaden anrichten konnten. Zudem waren Attacken auf die Ölanlagen von Abqaiq und Khurais eine Machtdemonstration der
Allianz zwischen Teheran und den Huthis. Sie führten Riad

schmerzlich vor Augen, wie wenig die eigene Luftabwehr den Drohnen und Marschflugkörpern ihrer Gegner entgegenzusetzen hatte.

Vieles sprach Anfang 2020 deshalb dafür, dass das Jahr 2019 einen Einschnitt im Jemen-Krieg bedeutete. Der Rückzug der VAE-Truppen, die Schwäche der Saudis und das Fehlen eines ernsthaften innerjemenitischen Gegners für die Rebellen zeigten, dass Riad auf eine Niederlage zusteuerte. Gleichzeitig war die humanitäre Lage besonders in den von den Huthis kontrollierten Gebieten schlimmer denn je, sodass viel für eine Verhandlungslösung sprach. Tatsächlich begannen im November 2019 indirekte Gespräche in Maskat, der Hauptstadt Omans, die Anfang 2020 fortgeführt wurden. Die Situation war für Riad schwierig: Gemessen an den Kriegszielen der Saudis musste jede Übereinkunft, die die Huthis im Besitz ihrer Raketen, Cruise-Missiles und Drohnen ließ, wie eine schwere Niederlage erscheinen. Die Huthis jedoch hatten keinen Grund, diese Waffen abzugeben, die maßgeblich zum Kriegsverlauf zu ihren Gunsten beigetragen hatten. Es ist unklar, ob die saudi-arabische Führung bereit wäre, für eine Beruhigung der Lage einen solch hohen Preis zu bezahlen. Möglicherweise spekulierte Riad noch auf den Ausbruch des Konflikts zwischen den USA und Iran, der die Kräfteverhältnisse im Nahen und Mittleren Osten neu ordnen würde.

8 Die Golfstaaten: Katar gegen die Vereinigten Arabischen Emirate

Am 5. Juni 2017 kappten Saudi-Arabien, die VAE, Ägypten, Bahrain und die international anerkannte jemenitische Regierung sämtliche Beziehungen zu Katar. Außerdem verhängten sie eine vollständige Blockade und schlossen die Land-, Luft- und Seegrenzen zum Golfemirat. Bis auf Ägypten forderten alle diese Staaten außerdem ihre Bürger auf, das Land zu verlassen, zwangen Katarer zur Ausreise und trieben sogar 12 000 in Saudi-Arabien weidende katarische Kamele zurück in ihr »Heimatland«. Der Schritt stellte Katar und seine Bewohner zunächst vor schier unlösbare Probleme, denn das Emirat hat nur eine Landgrenze – nach Saudi-Arabien –, und die Beziehungen zu den Nachbarländern am Golf waren bis dahin in fast jeder Hinsicht sehr eng. Politisch war der Boykott überraschend, weil Katar und seine fünf arabischen Nachbarstaaten im Golfkooperationsrat organisiert und damit miteinander verbündet sind. Riad und Abu Dhabi rechtfertigten die Maßnahme damit, dass Katar islamistische Terroristen unterstütze, enge Beziehungen zu Iran unterhalte und trotz jahrelanger Mahnungen der Nachbarn an dieser Politik festgehalten habe.

Die Entscheidung demonstrierte, dass die kleinen Golfstaaten im Konflikt mit Iran mitnichten geschlossen hinter Saudi-Arabien standen – aus Sicht Riads ein Problem, das vor jeder künftigen Auseinandersetzung mit Iran gelöst werden musste. Anlass für den Boykott war die Befreiung katarischer Geiseln, die auf einem Jagdausflug im Südirak entführt worden waren. Die katarische Regierung soll der Schiitenmiliz Hisbollah-Bataillone eine Millionensumme für die Freilassung ihrer Bürger gezahlt und darüber hinaus den Iranern einen diplomatischen Erfolg in Syrien ermöglicht haben. Die tiefer liegende Ursache war jedoch die eigenständige Außenpolitik des kleinen Golfemirats, das auf gute Beziehungen zu Iran und die Unterstützung von Islamisten in der arabischen Welt setzte. Diese war nicht mit der zunehmend aggressiven antiiranischen und antiislamistischen Politik Saudi-Arabiens und der VAE nach 2011 vereinbar, sodass die Spannungen schon seit Jahren wuchsen. Katar bildete gemeinsam mit der oft ähnlich agierenden Türkei ein drittes Lager in der nahöstlichen Politik (neben dem iranischen und dem saudiarabischen), dessen Aktivitäten Riad und Abu Dhabi 2017 nicht mehr dulden wollten. Sie konnten dabei auf die Unterstützung des neuen US-Präsidenten Trump zählen, der sich wiederholt zustimmend zum Boykott äußerte.

Es ging Saudi-Arabien und den VAE darum, Katars Außenpolitik auf Linie zu bringen. Doch hätte sich das Emirat den Forderungen der Nachbarn gebeugt, wäre es zu einem saudi-arabisch-emiratischen Protektorat geworden. Dabei wollte Riad Doha in erster Linie auf eine antiiranische Vorgehensweise verpflichten, während für Abu Dhabi der Kampf gegen die islamistische Muslimbruderschaft im Vordergrund stand. Vieles spricht aber dafür, dass die VAE die treibende Kraft hinter der Katar-Politik der Verbündeten waren. Kein Ereignis zeigte deshalb so deutlich wie der Katar-Boykott, dass Abu Dhabi unter der Führung seines Kronprinzen Muhammad Ibn Zayid im Schatten Saudi-Arabiens zu einer Regionalmacht geworden war, die den Konflikt mit Iran seit 2011 ebenso prägt wie das Königreich.

Katar führt eine eigenständige Außenpolitik

Bis 1995 war Katar tatsächlich so etwas wie ein saudi-arabisches Protektorat, denn seit seiner Unabhängigkeit von Großbritannien im Jahr 1971 folgte das kleine Emirat in außenpolitischen Fragen meist der Linie des großen Nachbarn. Dies änderte sich 1995, als Hamad Ibn Khalifa Al Thani seinen seit 1972 amtierenden Vater kurzerhand ab- und sich selbst als Emir einsetzte. Sein Verhältnis zu Saudi-Arabien war von Anfang an schwer belastet; im Februar 1996 versuchten Anhänger seines Vaters, den Staatsstreich gewaltsam rückgängig zu machen – angeblich auf Veranlassung der Nachbarn Saudi-Arabien, Bahrain und VAE.[1] Da der neue Emir Saudi-Arabien ebenso wie Iran als eine potenziell gefährliche Bedrohung seiner Herrschaft sah, setzte er auf eine möglichst enge Bindung an die Schutzmacht USA.

Schon 1992 hatte Katar wie alle seine Nachbarn zu dieser Zeit ein Verteidigungsabkommen mit den USA geschlossen. Der neue Emir Hamad ließ darüber hinaus keine Gelegenheit aus, sich der US-Regierung anzudienen. Im Mittelpunkt dieser Bemühungen stand der hochmoderne Luftwaffenstützpunkt al-Udaid südwestlich von Doha, den das Emirat 1996 zu Kosten von mehr als einer Milliarde US-Dollar bauen ließ. Da Katar zu diesem Zeitpunkt über gar keine Luftwaffe verfügte, galt der Schritt als stillschweigendes Angebot an die USA, Truppen im Land zu stationieren.[2] Als Saudi-Arabien die Amerikaner Anfang 2003 zum Abzug aus dem Königreich aufforderte, stand Doha bereit. Nicht nur rund 100 Kampfflugzeuge, auch die regionale Kommandozentrale der Luftstreitkräfte zogen nach al-Udaid um. Es wurde zur zentralen US-Luftwaffenbasis im Nahen Osten, von der aus in den nächsten Jahren Angriffe in Afghanistan, im Irak und auch Syrien geflogen wurden. Zusätzlich richtete das für diese Region zuständige Central Command (mit Sitz in Tampa, Florida) des US-Militärs Ende 2002 seine regionale Zentrale in Katar ein. Für Katar bedeutete die massive Präsenz von insgesamt rund 10 000 US-Militärs, besser denn je vor seinen mächtigen Nachbarn geschützt zu sein.

Dies war auch notwendig, denn während der Regierungszeit von Emir Hamad wurde Katar zu einem der weltweit wichtigsten Gasproduzenten und zum nach Pro-Kopf-Einkommen reichsten Land der Welt, das begehrliche Blicke der Nachbarn auf sich zog. Es hält etwa 13 Prozent der Gasreserven weltweit und liegt damit nach Russland und Iran an dritter Stelle. Im Gegensatz zu den anderen großen Gasförderländern ist Katar ein Neuling im Geschäft, der seine Förderung erst in den 1990er-Jahren nennenswert ausbaute. Das Emirat hatte immer nur sehr wenig Öl gefördert und in den frühen 1980er-Jahren entschieden, künftig auf die Produktion von Erdgas zu setzen. Dies war folgerichtig, weil Katar über das größte weltweit bekannte Gasfeld verfügt, das North Field. Ab 1991 förderte man Gas von dort und suchte nach Abnehmern außerhalb der Golfregion. Emir Hamad setzte verstärkt auf verflüssigtes Gas, kurz LNG (engl.»liquefied natural gas«), das erstmals im Jahr 1996 exportiert wurde. Die katarische Führung ging damit ein enormes Risiko ein, denn die Energiepreise waren in den 1990er-Jahren sehr niedrig und der Export von verflüssigtem Erdgas aufgrund der dafür benötigten Infrastruktur teuer. Doch ab 2002 stieg die Nachfrage nach Gas (und nach Öl) vor allem in Asien und die Preise kletterten, sodass die Einnahmen geradezu explodierten. Schon 2006 war Katar der größte LNG-Exporteur und der zweitgrößte Gasproduzent weltweit. Damit verfügten die Machthaber über das Geld, um sich zum regionalpolitischen Konkurrenten Saudi-Arabiens aufzuschwingen.

In den frühen 2000er-Jahren setzte Emir Hamad auf eine Balancepolitik zwischen den starken Nachbarn Iran und Saudi-Arabien. Doha bemühte sich um bessere Beziehungen zu Teheran und seinen Verbündeten – was allein deshalb folgerichtig war, weil sich Katar das North Field mit Iran teilt, wo es South Pars heißt. Als sich der Konflikt zwischen Saudi-Arabien und

Iran ab 2005 verschärfte, trat das Emirat immer häufiger als Vermittler auf. Katar wollte sich dabei auch den USA und dem Westen als Staat präsentieren, der bei der Lösung von Problemen in der Region helfen kann. Wahrscheinlich kam der Wunsch hinzu, eine Eskalation der Spannungen zwischen Saudi-Arabien und Iran zu verhindern, da sich diese auch negativ auf die Sicherheit Katars auswirken konnten. Ab 2005 vermittelte Doha im Sudan, Libanon, unter den Palästinensern und im Jemen und setzte seine beträchtlichen finanziellen Ressourcen ein, um die jeweiligen Kontrahenten von einer friedlichen Beilegung ihrer Zwistigkeiten zu überzeugen. Zumindest zeitweilig erfolgreich war das Emirat im Libanon, wo auf Grundlage des Doha-Abkommens vom Mai 2008 eine Regierung der nationalen Einheit gebildet wurde. Noch bedeutsamer für die katarische Politik war, dass sie enge Beziehungen zum Assad-Regime, der libanesischen Hisbollah und der palästinensischen Hamas aufbaute, sodass Doha zu einer immer wichtigeren Adresse in der Politik des Nahen Ostens wurde.[3]

Kurz nach Beginn des Arabischen Frühlings 2011 änderte Katar seine Politik und wurde zum wichtigsten Unterstützer der Protestbewegungen und islamistischer Kräfte aus dem Umfeld der Muslimbruderschaft. Emir Hamad und sein Vater hatten dies schon lange vorbereitet, denn Katar war seit den 1960er-Jahren ein Exilort für Islamisten aus der Region geworden, als mit Yusuf al-Qaradawi (geb. 1926) der spätere religiöse Vordenker der Muslimbruderschaft nach Doha kam. Er entwickelte sich in den 1990er-Jahren zum populärsten Religionsgelehrten der arabischen Welt, weil ihm Katar mit dem Fernsehsender al-Jazeera ein Forum bot. Emir Hamad hatte diesen Sender 1996 mit staatlicher Finanzierung gründen lassen. Innerhalb weniger Jahre wurde er zum beliebtesten Nachrichtensender der arabischen Welt, weil er für professionellen Journalismus und eine verhältnismäßig freie Berichterstattung stand, die auch oppositionellen Stimmen Sendezeit einräumte. Nicht zuletzt deshalb wuchs in den 2000er-Jahren die Zahl oppositioneller Islamisten, die in Katar Zuflucht suchten, rasant. Immer wieder protestierten Regierungen der arabischen Welt gegen Beiträge, in denen ihre Gegner zu Wort kamen, darunter auch Riad und Abu Dhabi. In einem Interview mit dem Sender brachte Emir Hamad im September 2011 seine Überzeugung zum Ausdruck, Islamisten würden in erster Linie deshalb zu Extremisten, weil diktatorische Regime (zu denen er Katar offenkundig nicht zählte) sie unterdrückten. Mit Blick auf die Lage in Libyen, wo bewaffnete Aufständische gerade das Regime von Muammar al-Gaddafi gestürzt hatten, sagte er: »Was ist denn der Grund, der die Extremisten zu solchen macht? Der Extremismus ist das Ergebnis von tyrannischen, diktatorischen Regierungen oder Führern, die ihnen keine Gerechtigkeit geben, die ihnen keine Sicherheit gewähren. Das ist, was zum Extremismus führt. Wenn das Volk aber politisch partizipieren darf, dann bin ich der Überzeugung, dass Sie sehen werden, dass dieser Extremismus sich zu einem zivilen/zivilisierten Leben [arab. Hayat Madaniya] und zu einer zivilisierten Gesellschaft verwandeln wird.«[4] Auffällig war an diesem Interview, dass der Emir nicht nur von der Muslimbruderschaft sprach, die auch viele westliche Beobachter als gemäßigt einstufen, vielmehr schloss er auch Salafisten und al-Qaida ausdrücklich ein – eine sehr kontroverse Sicht auf Islamisten, die die katarische Politik in den folgenden Jahren prägte.

Schon kurz nach Beginn der Proteste in Libyen demonstrierte Doha, dass es eine Führungsrolle zu übernehmen gedachte. Es drängte die Mitglieder der Arabischen Liga, die Einrichtung einer Flugverbotszone und damit eine Militärintervention zu fordern, die mit der folgenden Resolution 1973 des UNO-Sicherheitsrates möglich wurde. Das kleine Emirat beteiligte sich anschließend selbst mit sechs Kampfflugzeugen (und damit der Hälfte seiner gesamten damaligen Luftwaffe) an der Intervention und schickte Spezialkräfte, die Aufständische im Kampf gegen das Gaddafi-Regime unterstützten. Islamistische Einheiten aus dem Umfeld der Muslimbruderschaft wurden zu den wichtigsten Empfängern von Geld und Waffen aus Katar, doch Doha griff auch militanten Salafisten und Jihadisten unter die Arme. Offenbar hatten Emir Hamad und sein Premier- und Außenminister Hamad Ibn Jasim Al Thani – der als wichtigster Architekt der katarischen Außenpolitik bis 2013 galt – die Islamisten als Kräfte der Zukunft in der arabischen Welt ausgemacht und wollten diese als Verbündete gewinnen. Damit ging aber auch eine vollständige Abkehr von der ausgleichenden Politik früherer Jahre einher.

Dies zeigte sich etwas später in Syrien, wo sich im Frühjahr und Sommer 2011 friedliche Proteste zu einem bewaffneten Aufstand gegen das Assad-Regime ausweiteten. Nach anfänglichem Zögern entschied sich Doha gegen Assad und für die Opposition, ähnlich wie Saudi-Arabien, das lange darauf gehofft hatte, den syrischen Diktator von einem weniger konfrontativen Weg zu überzeugen. Zunächst wurde Katar in der Arabischen Liga aktiv, wo es bis März 2012 die jährlich rotierende Präsidentschaft kommissarisch innehatte. In einem aufsehenerregenden Schritt suspendierte die Liga im November 2011 die Mitgliedschaft Syriens und kündigte kurz danach die Verhängung von Wirtschaftssanktionen an. Damit war der Bruch mit Syrien zwar vollzogen, doch ließ sich Katar immer noch einen Ausweg offen, indem es den im November 2011 vorgelegten Friedensplan der Arabischen Liga unterstützte und sich an einer nach Syrien entsandten Beobachtermission beteiligte. Erst als sich der Aufstand Anfang 2012 zum Bürgerkrieg ausweitete und sämtliche Hoffnungen auf eine friedliche Beilegung des Konflikts schwanden, entschied sich Katar für eine Unterstützung bewaffneter Gruppen. Gemeinsam mit der Türkei setzte das Emirat auf der syrischen Muslimbruderschaft nahestehende Gruppierungen und Salafisten wie Ahrar ash-Sham.[5]

Befand sich Katar damit zumindest prinzipiell noch im Lager Saudi-Arabiens und der VAE, führte die katarische Ägypten-Politik zum Bruch mit den Nachbarn. Bei den dortigen Protesten, die im Februar 2011 zum Sturz von Machthaber Hosni Mubarak führten, spielten die Islamisten der Muslimbruderschaft nur eine Nebenrolle, obwohl sie die mit Abstand größte Oppositionsbewegung waren. In den folgenden Monaten versuchte die ägyptische Militärführung in Gestalt des Obersten Rats der Streitkräfte (arab. al-Majlis al-A'la li-l-Quwwat al-Musallaha), den Übergang bis zur Bildung neuer Strukturen zu kontrollieren. Zu diesem Zweck wurden die Militärs von Saudi-Arabien und den VAE unterstützt. Doch die gut organisierte Muslimbruderschaft gewann die Parlamentswahlen, die in Etappen vom November 2011 bis Januar 2012 abgehalten wurden, und ihr Kandidat Muhammad Mursi setzte sich bei den Präsidentschaftswahlen vom Juni 2012 durch. Dass sich die Beziehungen zwischen Riad und Abu Dhabi einerseits und Kairo andererseits nun rapide verschlechterten, nutzte Katar, um selbst einzuspringen und der neuen Regierung zu Hilfe zu kommen. In den Jahren 2012 und 2013 wurde Doha zum wichtigsten ausländischen Geldgeber Ägyptens.[6] Für seine Nachbarn am Golf war dies eine Provokation, auf die sie sofort die Gegenoffensive planten.

Die VAE werden Regionalmacht

In den folgenden Jahren wurden die VAE zum großen Gegenspieler Katars. Dies war erstaunlich, weil das kleine Land mit nicht mehr als einer Million Staatsbürgern (plus 9 Millionen ausländische Arbeitskräfte) lange Zeit nur als Juniorpartner des mächtigen Saudi-Arabien agiert hatte. Erst ab 2011 wurde immer deutlicher, dass sich die Emirate zu einer ernst zu nehmenden Regionalmacht entwickelten, die auch bereit war, ihr Militär weit jenseits der eigenen Grenzen einzusetzen.

Dieser Aufstieg ist eng verbunden mit dem Wirken des Kronprinzen von Abu Dhabi, Muhammad Ibn Zayid Al Nahyan, der seit seiner Ernennung 2004 rasch zum starken Mann der Emirate und einem der mächtigsten Politiker des Nahen Ostens wurde. Er profitierte davon, dass sein Bruder Khalifa, der Emir von Abu Dhabi und Präsident der VAE, schon zu Beginn seiner Regierungszeit zu krank war, um die Geschäfte zu führen. Der als Hubschrauberpilot ausgebildete Muhammad Ibn Zayid sieht sich selbst als Militär, denn nach einem Jahr an der britischen Militärakademie Sandhurst wurde er zunächst Chef der Luftwaffe und 1993 des Generalstabs der VAE. Er war maßgeblich dafür verantwortlich, dass die Föderation ihre Streitkräfte nach dem Kuwait-Krieg gezielt ausbaute. Abu Dhabi schuf ein kleines, aber schlagkräftiges Militär von insgesamt 63 000 Mann, in dem besonders die Luftwaffe heraussticht, die als die nach der israelischen stärkste der Region gilt.[7] Außerdem bildeten die VAE hochprofessionelle Spezialkräfte aus, die als Teil der 2010 gebildeten Nationalgarde auftreten, und rekrutierten seit spätestens 2010 eine kleine Söldnertruppe, die weiterhin bestehende Lücken schließen sollte.[8] Der frühere US-amerikanische Verteidigungsminister James Mattis nannte die VAE aufgrund ihrer starken militärischen Prägung einmal das »kleine Sparta«.[9] Muhammad Ibn Zayid formte durch die Übernahme politischer Ämter aber nicht nur das Militär, sondern auch den Gesamtstaat. Im Jahr 2005 stieg der Kronprinz zum stellvertretenden Verteidigungsminister der VAE auf, doch eigentlich leitet er das Ressort, weil der Emir von Dubai und eigentliche Amtsinhaber, Muhammad Ibn Rashid Al Maktum, kein Interesse an Sicherheitspolitik zeigt und sich auf zeremonielle Aufgaben beschränkt. Ibn Zayid weitete seine Macht auch in Abu Dhabi aus, wo er seit dem Tod seines Vaters 2004 die Regierungsgeschäfte führte.[10]

Die bis dahin sehr zurückhaltende Regionalpolitik der VAE hing damit zusammen, dass Abu Dhabi und Dubai miteinander konkurrierten und ihre außenpolitischen Vorstellungen weit voneinander abwichen. Sie sind die beiden bevölkerungs- und ressourcenreichsten Emirate, die den Bund von sieben zumindest in der Theorie eigenständigen Kleinstaaten lange gemeinsam dominierten. Dabei hatte Abu Dhabi seit der Unabhängigkeit 1971 Vorteile, denn es verfügt über mehr als 90 Prozent der Ölreserven des Landes – die weltweit siebtgrößten – und förderte schon zur Zeit der Gründung der VAE deutlich mehr Öl als alle anderen Emirate zusammen. Abu Dhabi stellt deshalb den alle fünf Jahre von den sieben Herrschern gewählten Präsidenten der VAE und darf sechs Ministerposten besetzen, darunter Inneres, Äußeres und Information. Dubai hingegen stellt seit der Staatsgründung den Vizepräsidenten, den Ministerpräsidenten und drei Minister, namentlich Verteidigung, Finanzen und Wirtschaft.[11]

Die Führung von Abu Dhabi stand immer für eine möglichst weitgehende Zentralisierung der Macht, während Dubai den Widerstand dagegen anführte. Trotz der ungleichen Verteilung der Öleinnahmen konnte sich Dubai lange gegen Abu Dhabi behaupten, weil es frühzeitig auf ein alternatives Entwicklungsmodell setzte und damit großen Erfolg hatte. Das Emirat war seit den 1960er-Jahren das wichtigste Handelszentrum am südlichen Golf und entwickelte sich durch Investitionen in die Logistikinfrastruktur in den 1990er- und 2000er-Jahren zur kommerziellen Hauptstadt des gesamten Nahen und Mittleren Ostens. Der 1979 eröffnete Hafen von Jabal Ali ist der größte Umschlagplatz für Container zwischen China und Europa, der Flughafen von Dubai der nach Passagieraufkommen im Jahr 2019 drittgrößte weltweit und die Stadt das Finanzzentrum der Region.[12] In den 2000er-Jahren erlebte Dubai deshalb einen beispiellosen Bauboom; seine Führung versuchte mit spektakulären Projekten wie dem Wolkenkratzer Burj Khalifa – dem seit 2008 höchsten Gebäude der Welt – eine globale Marke zu bilden und ausländische Investoren anzuziehen.

Diese Politik trug den Stempel von Muhammad Ibn Rashid Al Maktum, der schon als Kronprinz seit 1995 zum faktischen

Herrscher Dubais wurde, bevor er 2006 den Thron bestieg. Zunächst schien es so, als ginge der Aufstieg Muhammad Ibn Zayids und Muhammad Ibn Rashids parallel vonstatten, da der Herrscher von Dubai als Ministerpräsident und Vizepräsident der VAE selbstbewusst auf eine starke Rolle in der emiratischen Innen- und Außenpolitik pochte und wichtige Berater in Schlüsselpositionen brachte. Außerdem profitierte Dubai ebenso wie Abu Dhabi von den hohen Einnahmen aus dem Export in der langen Phase hoher Ölpreise, die 2002 einsetzte und erst im Sommer 2014 abbrach. In Dubai jedoch endete der Boom schon 2009, als die Folgen der Finanzkrise von 2008 die Staatsfirma Dubai World erfassten, die vor allem in die prominentesten Immobilienprojekte in Dubai investiert und so Verbindlichkeiten von 59 Milliarden US-Dollar angehäuft hatte. Insgesamt soll Dubai zu diesem Zeitpunkt mindestens 80 Milliarden US-Dollar Schulden gehabt haben. Nur eine Finanzspritze aus Abu Dhabi von 20 Milliarden US-Dollar wendete die Zahlungsunfähigkeit von Dubai World ab.[13]

Bis dahin hatte Dubai dafür gesorgt, dass die VAE in der Außenpolitik vor allem ihre kommerziellen Interessen im Blick hatten. Dies bedeutete etwa – ganz ähnlich wie im Fall Katars – eine sehr vorsichtige Politik gegenüber Iran, das einen großen Teil seines Außenhandels über Dubai und Jabal Ali abwickelte. Die Schuldenübernahme aber verschob das Machtverhältnis in den Emiraten weiter zugunsten von Abu Dhabi, sodass die Politik der VAE immer mehr durch Sicherheitserwägungen bestimmt wurde, während Handel und Wirtschaft demgegenüber zurückstehen mussten. Es gibt durchaus Hinweise, dass Muhammad Ibn Rashid wichtige Schritte Ibn Zayids wie die Blockade Katars 2017 kritisch sah,[14] doch ab 2009 hatte er nicht mehr die Macht, seine außenpolitischen Vorstellungen durchzusetzen.

Muhammad Ibn Zayid wurde in den folgenden Jahren fast zu einem Alleinherrscher. Dies wirkte sich aus, denn er setzte ab 2011 auf eine antiiranische und antiislamistische Politik, die stark von seinen persönlichen Ansichten geprägt war. Wie feindselig er gegenüber Iran und der Muslimbruderschaft war, zeigten schon US-amerikanische Botschaftsberichte der 2000er-Jahre, die von der Enthüllungsplattform WikiLeaks veröffentlicht wurden. Ibn Zayids Tiraden gegenüber Iran gipfelten 2007 in einer Aussage, in der er unverblümt einen Militärschlag gegen iranische Ziele forderte.[15] Bezogen auf die Muslimbruderschaft sagte er, diese transnational operierende Organisation bedrohe die Stabilität der Emirate. 2004 soll er sogar behauptet haben, dass die Emirate sich in einem »Krieg mit der Muslimbruderschaft« befänden.[16] In Verbindung mit seiner Vorliebe für alles Militärische wurde aus den antiiranischen und antiislamistischen Überzeugungen des Kronprinzen eine besonders aggressive Politik, die der Saudi-Arabiens ab 2011 in nichts nachstand.

Dabei war der vermehrte Einsatz des emiratischen Militärs zunächst noch Teil einer Politik, die – ähnlich wie die Emir Hamads in Katar – darauf abzielte, das Bündnis mit den USA zu stärken. Die VAE wurden seit den 1990er-Jahren zu einem immer wichtigeren Partner der Amerikaner, die sich damals auf eine langfristige Präsenz in der Golfregion einrichteten. Besonders wichtig war für die US-Marine der Hafen von Jabal Ali, der zu dem von ihr meistgenutzten außerhalb der USA wurde. Auch die Luftwaffenbasis von Dhafra gewann zentrale Bedeutung für die Kriege der USA in der Region. Darüber hinaus bemühten sich die VAE, den USA zu zeigen, was für ein hervorragender Verbündeter sie waren: Sie beteiligten sich an jedem größeren US-Einsatz im erweiterten Nahen Osten, darunter der Kuwait-Krieg 1991, Somalia 1992, Kosovo 1999, Afghanistan seit 2003, Libyen 2011 und Syrien (gegen den IS) 2014/2015. Nur den Irak-Krieg 2003 hielten die VAE für einen so schlimmen Fehler, dass sie eine Beteiligung ablehnten.[17] Für das emiratische Militär bedeuteten die zahlreichen Einsätze einen ständigen Lernprozess, der dazu führte, dass es immer effizienter und professioneller wurde.

Dies sollte sich nach dem Beginn des Arabischen Frühlings als großer Vorteil erweisen, denn Abu Dhabi setzte wiederholt auf militärische Lösungen. Nach Bahrain schickten die VAE im März noch Polizeieinheiten, die zudem nicht direkt an der Niederschlagung der Proteste teilnahmen. Dies änderte sich schon im Frühjahr 2011 in Libyen, als die VAE zwölf Kampfjets schickten, die die Truppen von Diktator Gaddafi bekämpften. Außerdem entsandten sie Spezialkräfte, die Aufständische ausbildeten und dafür sorgten, dass Waffen und Geld an die aus Sicht Abu Dhabis richtigen Empfänger gingen.

Der Wille, sich mit militärischen Mitteln zu einer Regionalmacht aufzuschwingen, wurde während des Kriegs im Jemen immer deutlicher. Dort hatten die VAE zwischen 2015 und 2019 gemeinsam mit den von ihnen aufgebauten Milizen alle wichtigen jemenitischen Häfen mit Ausnahme von Hudaida eingenommen. Dass das emiratische Militär auch die Inseln Perim – am Eingang des Roten Meeres – und Sokotra – an der Einfahrt in den Golf von Aden – übernahm, zeigte, dass es Abu Dhabi um die Kontrolle der Seewege ging. Außerdem richtete das Militär Basen an der dem Jemen gegenüberliegenden Küste Ostafrikas ein. Die wichtigste war die im eritreischen Assab, wo die VAE gegen großzügige Unterstützung für Eritrea den stillgelegten Tiefseehafen und die in der Nähe liegende Luftwaffenbasis als Stützpunkte für den Krieg im Jemen ausbauten und in den folgenden Jahren intensiv nutzten.[18] Anschließend weiteten die VAE auch ihre Präsenz in Häfen in Somaliland und Puntland aus und demonstrierten so, dass sie auf eine längerfristige Präsenz rund um den Golf von Aden und an der Meerenge von Bab al-Mandab setzen. Daran änderte sich auch nach dem Abzug der meisten Truppen aus dem Jemen 2019 nichts, denn mehrere Häfen und Inseln blieben in der Hand der Emiratis, und zunächst blieb auch in Aden ein kleines Kontingent zurück. Auf diese Weise haben die VAE rund um den Golf von Aden ein kleines Seereich geschaffen; es ähnelt stark dem Omans in der ersten

Hälfte des 19. Jahrhunderts, als Maskat zahlreiche Häfen rund um die Straße von Hormuz und in Ostafrika sowie die Seewege dazwischen dominierte.

Die VAE führen die Gegenrevolution an

Die antiislamistische Ausrichtung der emiratischen Regional-politik entwickelte sich zwischen 2011 und 2013 und ging einher mit der aggressiven Ausweitung des eigenen Einflusses. Ein Grund lag in der Innenpolitik, denn auch in den VAE gab es ei-nen Ableger der Muslimbruderschaft mit Namen al-Islah (dt. Reform). Die Islamisten waren in den 1990er-Jahren erstarkt und hatten nicht nur gegen die Verwestlichung der Emirate, den Verlust indigener Werte und verbreitete Korruption protestiert, sondern auch politische Reformen gefordert.[19] Ab 2003/04 nahm sich Muhammad Ibn Zayid des Themas an, und Abu Dhabi und Dubai verschärften ihr Vorgehen. Die Regierung hielt sich noch zurück, wahrscheinlich weil die Islamisten unter dem Schutz von Saqr Ibn Muhammad al-Qasimi (reg. 1948–2010) standen, dem Herrscher des kleinen Emirats Ras al-Khaimah. Dieser ge-noss besonderen Respekt, weil er der letzte lebende Vertreter der Gründergeneration der Emirate war. Als Qasimi 2010 starb, hat-te Muhammad Ibn Zayid freie Hand. Den Anlass lieferte der Arabische Frühling von 2011.

Es war vor allem der Aufstieg der Muslimbrüder in Ägypten, der die Führung in Abu Dhabi zu schnellem und entschlossenem Handeln motivierte. In den Emiraten wurde immer wieder ar-gumentiert, dass die Islamisten ihrem Obersten Führer in Ägyp-ten gegenüber loyal waren und nicht den Herrschern der VAE.[20] Obwohl sie nie Gewalttaten begangen und auch nicht sichtbar auf einen Umsturz hingearbeitet hatten, scheint Muhammad Ibn Zayid in den emiratischen Muslimbrüdern tatsächlich eine Ge-

fahr für seine Herrschaft gesehen zu haben. Als die Muslimbruderschaft die Parlamentswahlen in Ägypten gewann, setzte die
Verfolgung der Muslimbrüder in allen Emiraten ein. Bis Ende
des Jahres 2012 hatten die Behörden 94 Mitglieder von al-Islah
verhaftet, von denen 69 im Juli 2013 wegen eines angeblichen
Umsturzversuchs zu Haftstrafen zwischen 7 und 15 Jahren verurteilt wurden. Der Vorwurf der Staatsanwaltschaft lautete, die
»nationale Sicherheit des Landes sei durch eine Gruppe mit
Verbindungen zu ausländischen Organisationen und ihre Machenschaften bedroht«.[21] Außerdem verkündete die Regierung,
dass die Organisation über einen bewaffneten Arm verfügte und
einen Umsturz geplant habe, um das Kalifat wieder aufleben zu
lassen. Es folgten weitere Verurteilungen von emiratischen und
ägyptischen Muslimbrüdern, begleitet von einer Kampagne der
Regimemedien gegen al-Islah. Es ging Abu Dhabi offenbar um
die vollständige und dauerhafte Zerschlagung der Organisation.

Da Muhammad Ibn Zayid die ägyptischen Muslimbrüder so
sehr fürchtete, war es nur folgerichtig, dass er auf einen Sturz der
Regierung von Präsident Mursi in Kairo hinarbeitete. Gemeinsam mit Saudi-Arabien und dem ägyptischen Militär begann die
emiratische Führung mit der Planung eines Staatsstreichs. Abu
Dhabi und Riad nahmen Kontakt zum damaligen Verteidigungsminister Abd al-Fattah as-Sisi auf und versorgten die Put-
schisten mit Geld, zudem finanzierten sie eine Protestbewegung
gegen Mursi und die Muslimbrüder, die sich um ein Bündnis
jugendlicher Aktivisten namens Tamarrud (dt. Revolte) entwickelte und mit Massendemonstrationen den Vorwand zum
Staatsstreich lieferte.[22] Am 3. Juli stürzte das Militär unter Führung von General Sisi die Regierung und übernahm die Macht.
Aufflammende Proteste der Islamisten wurden brutal niedergeschlagen; mehr als tausend Demonstranten starben allein auf
dem seither weltbekannten Rabia-al-Adawiya-Platz in Kairo.
Zehntausende landeten in Haft, darunter Mursi und alle Führer
der Muslimbruderschaft, deren die neuen Herrscher habhaft

werden konnten. Sie wurde verboten und im Dezember 2013 zur terroristischen Organisation erklärt.[23]

Die VAE, Saudi-Arabien und Kuwait reagierten rasch, indem sie noch in der Woche nach dem Staatsstreich zwölf Milliarden US-Dollar Hilfen zusagten und auch rasch auszahlten.[24] In den folgenden Jahren waren die VAE der mit Abstand wichtigste ausländische Unterstützer des Regimes von General Sisi. Sie schickten Geld, investierten in die ägyptische Wirtschaft und halfen bei der Bekämpfung islamistischer Terroristen auf dem Sinai. Abu Dhabi zahlte zwischen 2013 und 2019 mehr als 20 Milliarden Dollar und übernahm so den Löwenanteil der Finanzhilfen vom Golf.[25] Im Lauf der Zeit reduzierte Abu Dhabi die direkten Zuwendungen jedoch. Ein Grund könnte das Ende der Hochpreisphase für Öl im Sommer 2014 gewesen sein, das die Einnahmen deutlich verringerte. Wichtiger aber dürften wachsende Zweifel gewesen sein, ob Kairo die dringend notwendigen und von den VAE wiederholt eingeforderten Wirtschaftsreformen angehen werde. Die VAE verlegten sich vermehrt auf Direktinvestitionen zur Ankurbelung der ägyptischen Wirtschaft. Die wichtigsten in den Jahren 2014 und 2015 angekündigten Investitionen betrafen den Bausektor und umfassten unter anderem ein gigantisches Wohnungsbauprojekt für das ganze Land und die emiratische Beteiligung am Bau der neuen Hauptstadt in der Wüste östlich von Kairo. Doch die Investoren vom Golf gaben aus wirtschaftlichen Gründen bald auf. Insgesamt zeigten die Ereignisse, dass auch ein so reiches Land wie die VAE nicht in der Lage war, Ägypten mit seiner explosionsartig wachsenden Bevölkerung, der verbreiteten Misswirtschaft und Korruption und einer in fast allen Belangen überforderten Regierung wirtschaftlich auf die Beine zu helfen.

Erfolgreicher war die Sicherheitskooperation der VAE mit Ägypten, die vermutlich auch das wichtigere Interesse Muhammad Ibn Zayids und seiner Regierung war. Denn das mit über 100 Millionen Einwohnern bevölkerungsreichste arabische Land mit einer Truppenstärke von 440 000 Mann ist zumindest theoretisch in der Lage, die personelle Schwäche des emiratischen Militärs auszugleichen.[26] Schon zu Beginn der 1990er-Jahre hatte es Pläne gegeben, die bevölkerungsarmen, aber reichen Golfstaaten könnten Ägypten bezahlen, damit es Truppen zum Schutz vor dem Irak und Iran abstellt. Dieses Prinzip wurde in Abu Dhabi und Riad ab 2013 wieder mit großem Interesse diskutiert. 2014 führten Saudi-Arabien und die VAE gemeinsam mit Ägypten und Kuwait Gespräche über einen Militärpakt und den Aufbau einer gemeinsamen schnellen Eingreiftruppe.[27] Zwar war die Obama-Administration immer informiert, doch spiegelten die Gespräche das gewachsene Misstrauen in Abu Dhabi und Riad gegenüber Washington wider. Die damals schon aktive internationale Allianz der USA gegen den IS im Irak und in Syrien schien den Golfstaaten und Ägypten zu sehr auf eine terroristische Gruppe konzentriert. Ihre eigene Allianz sollte die Anti-IS-Koalition ergänzen und ein breiteres Spektrum islamistischer Gruppierungen bekämpfen.[28] Eine parallel zu den Gesprächen im November 2014 veröffentlichte emiratische Terrorismusliste zeigte, um welche Organisationen es den Golfstaaten ging: Neben dem IS und al-Qaida fanden sich hier die Muslimbruderschaft und zahlreiche zu ihr gehörende Gruppierungen ebenso wie die Huthis im Jemen, schiitische Milizen im Irak und militante schiitische Gruppen in der Golfregion.[29] Es ging also mehr um eine gemeinsame Front gegen Iran.

Die emiratisch-ägyptische Zusammenarbeit wurde seit 2014 auch in der militärischen Praxis ausgeweitet. Das größte Problem für Kairo war ein ägyptischer Ableger des IS, der auf der Sinai-Halbinsel operierte und von den überforderten Truppen nicht unter Kontrolle zu bringen war. Muhammad Ibn Zayid schickte nicht nur emiratische Spezialkräfte zur Ausbildung und Unterstützung des ägyptischen Militärs; einigen Berichten zufolge soll das VAE-Militär auch an Einsätzen gegen die Terroristen teilgenommen haben.[30] Diese enge Zusammenarbeit erstreckte sich seit 2014 auch auf Libyen. Dort setzten die Partner auf den Kriegsfürsten Khalifa Haftar, einen ehemaligen General des Gaddafi-Regimes, der im Osten des Landes seit Frühjahr 2014 eine Streitkraft aus ostlibyschen Stammesverbänden und ehemaligen Einheiten des Gaddafi-Regimes aufbaute, die er »Libysche Nationalarmee« nannte. Haftar warb für sich, indem er – ganz im Sinne der VAE und Ägyptens – einen kompromisslosen Kampf gegen Islamisten und Terroristen als Ziel ausgab und sich als neuen starken Mann des Landes präsentierte. Abu Dhabi und Kairo unterstützten den selbst ernannten »Generalfeldmarschall« mit Geld und Waffen und schickten auch Kampfflugzeuge zur Luftunterstützung.[31]

Die Grenzen der neuen Allianz zwischen den Golfstaaten und Ägypten zeigten sich schon 2015, als sich die Regierung von General Sisi weigerte, einer saudi-arabischen Bitte nachzukommen und Truppen für den Kampf gegen die Huthi-Rebellen zu stellen. Auch 2019 enttäuschte Kairo seine Freunde in Abu Dhabi und Riad, als es sich aus der »Middle East Strategic Alliance« (MESA) verabschiedete, einem informellen Bündnis, dem neben Ägypten Saudi-Arabien, die VAE, Bahrain, Kuwait und Jordanien angehörten. Diese auch »arabische NATO« genannte Allianz war ein Lieblingsprojekt der Golfstaaten und der Trump-Administration, das sich vor allem gegen Iran und seine Verbündeten richtete. Ägypten befürchtete aber, dass die wachsenden Spannungen mit Teheran zu einer militärischen Eskalation führen würden, an der es kein Interesse hatte.[32] Der Rückzug des zumindest nach Truppenzahlen starken Partners zeigte, dass Kairos Interesse an der antiiranischen Politik der Golfstaaten stark begrenzt war und dass es trotz großzügiger finanzieller Unterstützung nicht bereit war, der emiratisch-saudischen Linie bedingungslos zu folgen. Am wichtigsten war vielleicht jedoch, dass die selbstbewussten Ägypter sich trotz all ihrer Probleme als die viel wichtigere Regionalmacht betrachten als die Emporkömmlinge vom Golf.

Die VAE und Saudi-Arabien isolieren Katar

Der Staatsstreich in Ägypten war eine katastrophale Niederlage für Katar. Doha hatte alles auf die Machtübernahme der Muslimbrüder gesetzt und Milliardensummen überwiesen, um die Regierung von Präsident Muhammad Mursi zu unterstützen – in der Hoffnung, die vermeintlichen Kräfte der Zukunft in der arabischen Welt als Verbündete zu gewinnen. Stattdessen hatte es sich die neue Staatsführung um General Abd al-Fattah as-Sisi zum Feind gemacht, der die islamistischen Freunde Katars gnadenlos verfolgen ließ. Die Beziehungen zwischen Kairo und Doha verschlechterten sich dramatisch, unter anderem, weil viele Muslimbrüder aus Ägypten nach Katar flüchteten und al-Jazeera die Ereignisse in Ägypten so kritisch wie nur irgend möglich kommentierte.[33]

Kairo tat sich nun mit Abu Dhabi und Riad zusammen, um eine Politikänderung in Katar zu erzwingen – wo im Juni 2013 Emir Hamad Ibn Khalifa die Macht an seinen Sohn Tamim Ibn Hamad übergab. Im März 2014 zogen zuerst Saudi-Arabien, die VAE und Bahrain und kurz darauf auch Ägypten ihre Botschafter aus Doha ab. Die katarische Führung beschimpfte General Sisi als »arabischen Diktator alten Stils«, der seine eigenen Leute töte, worauf die Ägypter Katar vorwarfen, »Terroristen« zu unterstützen.[34] Die Golfstaaten veröffentlichten Listen terroristischer Organisationen, auf denen jeweils die ägyptische Muslimbruderschaft und viele Gruppierungen aus ihrem Umfeld aufgeführt waren, die von Katar unterstützt worden waren. Unter dem Druck fast aller Nachbarn lenkte die katarische Führung schließlich ein und forderte einige Funktionäre der Muslimbruderschaft auf, Doha zu verlassen. Der Konflikt ebbte ab, im November 2014 kehrten die Botschafter wieder nach Doha zurück.[35] Es wurde jedoch rasch deutlich, dass Doha seine Regionalpolitik trotz der Niederlage in Ägypten nicht grundsätzlich ändern wollte. Dies zeigte sich in Libyen und Syrien, wo die Führung weiter unverdrossen islamistische und salafistische bewaffnete Gruppierungen unterstützte, die von den Golfstaaten oft zu Recht als »Terroristen« kategorisiert wurden. Hinzu kam, dass al-Jazeera seine Linie nicht änderte. Obwohl der Sender wiederholt seine Unabhängigkeit beteuerte, spiegelten die Inhalte doch die regionalpolitischen Präferenzen der katarischen Führung wider. Journalisten der Muslimbruderschaft oder aus ihrem Umfeld dominierten den Sender, der offen wie nie zuvor für die Organisation Partei ergriff und deshalb seit 2011 außerhalb Katars viele Sympathien verspielte. Auch als Exilzentrum der Muslimbruderschaft spielte Doha weiterhin eine wichtige Rolle, sodass die Nachbarstaaten wiederholt Maßnahmen ergriffen. Am weitesten ging Ägypten, wo mehrere al-Jazeera-Journalisten Ende 2013 unter dem Vorwurf einer Gefährdung der nationalen Sicherheit zu Haftstrafen verurteilt wurden. Schon zuvor hatte das Regime dem Medium die Sendelizenz entzogen, mehrfach seine Räumlichkeiten durchsucht und viele seiner Kooperationspartner und Kontakte inhaftiert. Im Juni 2014 entschloss sich al-Jazeera, seine Büros in Ägypten zu schließen.[36]

Das Fass zum Überlaufen brachte aber ein Gefangenenaustausch im Irak, der als der teuerste und vielleicht auch einer der folgenreichsten Fälle seiner Art in die Geschichte des Nahen Ostens eingehen dürfte. Im Dezember 2015 hatte die irakische Schiitenmiliz Hisbollah-Bataillone mitten in der südirakischen Wüste eine katarische Jagdgesellschaft gekidnappt, unter der sich auch neun Mitglieder der Herrscherfamilie befanden. Es ging ihr aber nicht primär um das Lösegeld, das unglaubliche 360 Millionen US-Dollar betragen haben soll. Das iranische Qods-Korps unter dem Kommando von Qassem Soleimani hatte die Hisbollah-Bataillone losgeschickt, weil es mit der Geiselnahme Druck auf Katar ausüben wollte, um in Syrien das »Vier-Städte-Abkommen« durchzusetzen. Dabei wurden die sunnitischen Bewohner zweier Orte zwischen Damaskus und der libanesischen Grenze evakuiert, damit dort die Hisbollah nach langer

Belagerung die Kontrolle übernehmen konnte. Dies war für Iran so wichtig, weil in dieser Gegend die Waffen für die Hisbollah in den Libanon gebracht werden. Außerdem wurden die schiitischen Bewohner zweier Dörfer im Süden der Provinz Idlib ausgesiedelt – und damit gerettet –, die von den Rebellengruppen Jabhat an-Nusra und Ahrar ash-Sham eingeschlossen waren. Beide Gruppierungen stimmten dem von Iran und der Hisbollah geforderten Bevölkerungsaustausch zu, nachdem Katar ihnen ebenfalls einen zweistelligen Millionenbetrag – in der Presse war von 50 Millionen Dollar die Rede – zukommen ließ. Im April kamen die Katarer frei, die Bewohner der syrischen Städte wurden umgesiedelt.[37] Obwohl so viel Geld an ihre Gegner geflossen war, handelte es sich um einen großen Erfolg für die Iraner und die Hisbollah in Syrien – und die Hisbollah-Bataillone im Irak. Nebenbei hatten Soleimani und seine Leute den Kataris gezeigt, wie wenig vorbereitet das kleine Emirat auf die brutale Machtpolitik des Nahen Ostens war und dass es trotz seines vielen Geldes eben keine ernst zu nehmende Kraft in der Region darstellte. Die Nachbarn Katars nahmen sich damals vor, es Iran gleichzutun.

Katar hatte schon mehrfach vermittelt – und vermutlich auch Geld bezahlt –, um Geiseln der Jabhat an-Nusra zu befreien. Dass Katar als Mediator auftreten konnte, war seinen guten Beziehungen zu diesem al-Qaida-Verbündeten geschuldet, den Katar zumindest phasenweise finanziell unterstützt haben soll.[38] Doch die Ursachen lagen tiefer, wie sich schon daran zeigte, dass Abu Dhabi den Boykott seit mehr als einem Jahr geplant haben soll. In Abu Dhabi und Riad entlud sich nun die über Jahre angestaute Wut auf Doha. Katar hatte drei Organisationen, die in den Nachbarstaaten aus gutem Grund als Terroristen verfolgt werden, möglicherweise mehr als 400 Millionen US-Dollar gezahlt und dem Qods-Korps und der Hisbollah einen Teilerfolg im Syrien-Krieg beschert. Doch ging es den VAE, Saudi-Arabien und Bahrain um viel mehr: Sie wollten Katar mit der Blockade vom Juni 2017 zwingen, seine gesamte Politik neu auszurichten. Vielleicht zielten sie sogar auf den Sturz des Emirs Tamim Ibn Hamad ab. US-Regierungsbeamte kamen zu dem Schluss, dass Abu Dhabi und Riad eine Militäraktion erwogen haben sollen, worauf Außenminister Rex Tillerson die Verbündeten vor unüberlegten Aktionen warnen musste.[39] Statt Katar zu besetzen, beschränkten sich die VAE und Saudi-Arabien darauf, Katar eine Reihe von Forderungen vorzulegen, die sehr gut zeigten, woran sich die Nachbarstaaten störten.

Knapp drei Wochen nach der Verhängung der Blockade präsentierten Abu Dhabi und Riad ihre Liste an Forderungen, die sie innerhalb von nur zehn Tagen verwirklicht sehen wollten. Doha sollte den Fernsehsender al-Jazeera schließen, alle Beziehungen zu islamistischen Organisationen aufkündigen und detaillierte Informationen zu seinen Zahlungen an arabische Oppositionelle liefern. Sie forderten, dass Katar die türkische Militärbasis auf seinem Territorium schließen und seine diplomatischen Beziehungen zu Iran herabstufen solle. Die Staaten des Golfkooperationsrates verlangten außerdem, dass Katar sich politisch und wirtschaftlich an ihnen orientiere und akzeptiere, dass die Implementierung dieser Forderungen zuerst monatlich, später vierteljährlich für die nächsten zehn Jahre überprüft werde.[40] Hätte die Doha die Forderungen akzeptiert, wäre dies einer bedingungslosen Kapitulation und einem Ende seiner staatlichen Souveränität gleichgekommen. Ob die beiden Kronprinzen in Riad und in Abu Dhabi tatsächlich glaubten, dies durchsetzen zu können, ist fraglich.

So in die Enge getrieben, reagierte Emir Tamim trotzig. Er ließ das Ultimatum verstreichen und stellte volle diplomatische Beziehungen mit Iran wieder her, die seit den Angriffen auf die saudi-arabische Botschaft in Teheran im Januar 2016 herabgestuft waren. Dies war nur folgerichtig, denn Iran half Katar, die anfängliche Versorgungskrise zu überwinden. Das Land muss fast alle Lebensmittel und sonstige Waren importieren, und die Einfuhren brachen anfangs dramatisch ein. Doch schon bald sprangen iranische Häfen für die emiratischen ein, Katar ließ außerdem viel mehr Güter als zuvor einfliegen. Einige Lebensmittel wurden nun auch im Land selbst produziert. Dies war teuer, wurde aber großzügig subventioniert, sodass die Umstellung überschaubare Folgen für das tägliche Leben der 300 000 mehrheitlich märchenhaft reichen Bürger des Emirats hatte (in dem insgesamt 2,5 Millionen Menschen leben). Die Geldreserven Katars sollen 2018 bei 340 Milliarden Dollar gelegen haben, sodass das Emirat die Blockade lange durchhalten kann.[41]

Die VAE und Katar bekämpften sich in einem Propagandakrieg, der sich nicht auf den Golf beschränkte, sondern auch in der westlichen Welt und dort vor allem in Washington geführt wurde. Ein auf beiden Seiten viel genutztes Instrument waren Cyberangriffe. Kurz vor der Verhängung der Blockade hatten russische Hacker einen Text auf der Website der Nachrichtenagentur Qatar News Agency platziert, der Emir Tamim zitierte, wie er von Spannungen mit Präsident Trump berichtete und spekulierte, dass dieser nicht lange im Amt bleiben werde. Überdies lobte er die palästinensische Hamas, sprach von Freundschaft mit Iran und rühmte auch seine eigenen guten Beziehungen zu Israel. Doha dementierte rasch, dass es sich um Aussagen des Emirs handelte. Die US-Regierung kam später zu dem Ergebnis, dass die Regierung in Abu Dhabi die Hacker engagiert hatte, doch emiratische und saudi-arabische Medien nahmen die vermeintlichen Aussagen Tamims zum Anlass für wütende Angriffe auf die katarische Führung.[42] Diese wurden nach Verhängung der Blockade nicht beendet, sondern gingen über Monate und Jahre weiter.

Zum fleißigsten und einflussreichsten antikatarischen Propagandisten wurde der emiratische Botschafter in Washington, Yousef Al Otaiba, der in zahllosen Gesprächen, Interviews und Meinungsbeiträgen in amerikanischen Medien Front gegen Katar machte. Typisch für seine Argumentation war ein Interview, das er *The Atlantic* im August 2017 gab und in dem er sagte: »Wir denken, dass sie den Iranern zu nahestehen und dass sie den Extremisten zu nahestehen.« Er behauptete, die VAE müssten sich vor Katar schützen, weil »außerhalb Irans Katar die zweithöchste Zahl bekannter Terroristen weltweit beherbergt, einschließlich von 59 Personen, die wir gerade namentlich ausgemacht haben, von denen zwölf auf der Liste der USA und 14 auf der UNO-Liste zu finden sind. Sie sind nicht im Gefängnis, sie sind nicht unter Hausarrest, sie bewegen sich frei und offen und sammeln Geld für an-Nusra und al-Qaida, libysche Milizen und viele andere mehr.«[43] Da Otaiba ein enger Vertrauter des Kronprinzen Muhammad Ibn Zayid ist und als langjähriger Botschafter in Washington (seit 2008) als besonders einflussreich gilt, musste Katar reagieren, wollte es nicht Gefahr laufen, in der US-Hauptstadt an Unterstützung zu verlieren. So ließ die Reaktion nicht lange auf sich warten. Auch Doha nutzte die Dienste von Hackern, die sich Zugang zu dem E-Mail-Konto von Otaiba verschafften und das Material an Enthüllungsplattformen weitergaben.[44]

Die teils sehr kurzweiligen Inhalte der E-Mails, die unter anderem das ausschweifende Partyleben des Botschafters zum Thema hatten, verdeckten, dass es in dieser Krise für Katar zumindest um die staatliche Unabhängigkeit und für die VAE und Saudi-Arabien um die gemeinsame Front der Golfstaaten gegen Iran ging. Im Sommer 2017 waren die Gegner Katars eindeutig im Vorteil, denn die Lobbyarbeit der VAE in Washington trug Früchte. Die distanzierte Haltung Präsident Obamas gegenüber Saudi-Arabien und den VAE hatte seit 2009 immer wieder für Verstimmungen gesorgt, und Botschafter Otaiba wurde in seiner Kritik der amerikanischen Politik immer deutlicher. Deshalb bedeutete der Wahlsieg Donald Trumps für Muhammad Ibn Zayid wie für Muhammad Ibn Salman die Chance, ihre Bündnisse mit den USA zu erneuern und ihre Regionalpolitik mit amerikanischer Unterstützung zu führen. Botschafter Otaiba hatte schon im Frühjahr 2016 Kontakt zu Trumps Wahlkampfteam aufgenommen und den Schwiegersohn des zukünftigen Präsidenten, Jared Kushner, mehrfach zu Gesprächen getroffen und offenbar tief beeindruckt. Die *New York Times* schrieb später, der Emirati habe sich bald als »Kushners informeller Berater zur Region in Stellung gebracht«.[45] Als Ergebnis dieser Gespräche reiste auch Muhammad Ibn Zayid im Dezember 2016 nach New York, um sich mit dem gerade ins Amt gewählten Trump und seinen Beratern zu treffen. Presseberichten zufolge sollen sie rasch auf ihre gemeinsame antiiranische Haltung zu sprechen gekommen sein, sodass sich das Treffen zu einem lebhaften Austausch über die künftige Politik gegenüber Teheran entwickelte.[46]

In den nächsten Monaten arbeiteten Abu Dhabi und Washington eng zusammen. Ein Ergebnis der emiratischen Lobbyarbeit war der Besuch Donald Trumps in Riad im Mai 2017. Während seines Aufenthalts verdeutlichte Trump, dass er die im Wahlkampf angekündigte antiiranische Strategie umsetzen wolle und Saudi-Arabien dabei ein besonders wichtiger Partner sein werde. Ibn Salman und Ibn Zayid sahen sich durch diesen Besuch offenbar zu einer aggressiveren Regionalpolitik ermutigt, wie sich an der kurz darauf beginnenden Blockade Katars zeigte. Trump deutete mit einem Tweet sogar an, dass er an der Entscheidung der beiden Verbündeten Anteil gehabt haben könnte: »Während meiner vor Kurzem beendeten Reise in den Nahen Osten erklärte ich, dass es keine Finanzierung von radikaler Ideologie mehr geben dürfe. Politische Führer zeigten auf Katar – nun schauen Sie (auf die Blockade, GS)!«[47] In einer Rede kurz nach dem 5. Juni wurde er noch deutlicher, indem er sagte: »Katar, wir möchten dich zurück in der Gemeinschaft der verantwortungsbewussten Nationen. Wir bitten Katar und andere Staaten in der Region, mehr zu tun, um den Terrorismus zu bekämpfen – und es schneller zu tun.«[48] Trumps Haltung führte zu einer widersprüchlichen Politik der US-Regierung. Für Außenminister Rex Tillerson behinderte der Konflikt zwischen den Verbündeten die US-amerikanische Nahostpolitik. Er forderte die VAE, Saudi-Arabien, Ägypten und Bahrain auf, die Blockade zu beenden, und versuchte mehrfach zwischen Katar und seinen Gegnern zu vermitteln. Doch Präsident Trump ließ unter dem Einfluss seines Schwiegersohns Kushner mehrfach verlauten, dass er die Maßnahmen gegen Katar billige, und kritisierte die Finanzierung von Terroristen durch das Emirat. Alle Versuche Tillersons scheiterten, den Konflikt unter den US-Verbündeten am Golf zu beenden.

9 Die Supermacht: Die USA gegen Iran

Am 8. Mai 2018 kündigte US-Präsident Donald Trump das erst 2015 nach jahrelangen mühsamen Verhandlungen geschlossene Atomabkommen einseitig auf. In einer kurzen Rede aus dem Weißen Haus ließ er wissen:

»In nicht mehr ferner Zukunft wird der weltweit führende staatliche Unterstützer des Terrorismus kurz davor stehen, über die gefährlichsten Waffen der Welt zu verfügen. Deshalb verkünde ich heute, dass die USA sich aus dem Iran-Atomabkommen zurückziehen. In wenigen Minuten werde ich ein Präsidiales Memorandum unterzeichnen, das US-amerikanische Nuklearsanktionen gegen das iranische Regime wieder in Kraft setzt. Wir werden die höchste Stufe wirtschaftlicher Sanktionen einführen. Jeder Staat, der Iran bei seinem Streben nach Nuklearwaffen hilft, kann dann auch durch die Vereinigten Staaten hart sanktioniert werden. Amerika wird sich nicht zur Geisel nuklearer Erpressung machen lassen. Wir werden nicht dulden, dass amerikanischen Städten mit Vernichtung gedroht wird. Und wir werden nicht dulden, dass ein Regime, das ›Tod Amerika‹ zu seinem Schlachtruf gemacht hat, Zugang zu den tödlichsten Waffen der Erde erhält.«[1]

Damit wurde eine Kette von Ereignissen ausgelöst, die die Spannungen in der Golfregion bis Anfang 2020 immens steigen ließ, sodass ein Militärschlag gegen Iran kurz bevorzustehen schien. Nach mehreren Jahren, in denen Verbündete wie Saudi-Arabien und die VAE eine zunehmend eigenständige Politik betrieben hatten, demonstrierten die USA nun, dass sie weiterhin ein zentraler Akteur im Konflikt am Golf waren. In der Ära von Präsident Obama hatten die USA versucht, den Kriegen des Vorgängers George W. Bush im Irak und in Afghanistan ein Ende zu setzen, weniger Ressourcen auf den Nahen Osten zu verwenden und den Konflikt mit Iran durch das Atomabkommen zu entschärfen. Deshalb konnte Iran die Instabilität im Nahen Osten nutzen, um seinen Einfluss auszuweiten, während sich Saudi-Arabien dem großen Konkurrenten immer häufiger ohne amerikanische Hilfe entgegenstellen musste. Mit Donald Trump änderte sich die Situation scheinbar von Grund auf, denn der US-Präsident begann sofort nach seiner Amtsübernahme, ein Bündnis gegen Iran zu schmieden, in dem Saudi-Arabien der nahöstliche Dreh- und Angelpunkt sein sollte.

Die Trump-Administration sprach zwar von einer Strategie des »maximalen Drucks« auf Iran, doch blieb unklar, wie diese mit dem erklärten Wunsch vereinbar war, einen neuen Krieg im Nahen Osten zu vermeiden. Dieser offensichtliche Zielkonflikt führte dazu, dass die USA eine zwar sehr aggressive, aber orientierungslose Politik führten. Große Verwirrung stiftete sie in Saudi-Arabien, als Iran im Frühjahr 2019 mit Angriffen auf die Golfstaaten reagierte und diese Zwischenfälle anschließend eskalieren ließ. Als die USA auch auf die Attacken auf die Ölanlagen in Khurais und Abqaiq im September 2019 nicht mit einem Militärschlag reagierten, sandte sogar das bis dahin vehement antiiranische Riad Signale nach Teheran, dass es nicht an einer weiteren Eskalation interessiert war. Die Saudis und viele andere hatten übersehen, dass es in einem wichtigen Aspekt eine Gemeinsamkeit zwischen Obama und Trump gab: Beide wollten keinen neuen Krieg im Nahen Osten, sondern die USA aus der Region zurückziehen.

Die Abkehr der USA vom Nahen Osten

Dass es Präsident Trump im September 2019 nicht für nötig hielt, auf einen direkten Angriff Irans gegen die Herzkammer der Welterdölversorgung im saudi-arabischen Abqaiq mit einem Militärschlag zu reagieren, war eine Abkehr von Jahrzehnten amerikanischer Nahostpolitik. Die enge Beziehung der USA zum Persischen Golf geht bis auf die 1940er-Jahre zurück, als amerikanische Ölfirmen in Saudi-Arabien Öl zu fördern begannen und die bis dahin dominierenden Briten als Vormacht ablösten. Zu wichtig war das schwarze Gold für den Wiederaufbau des zerstörten Europas, als dass Washington im Konflikt mit der Sowjetunion auf eine Präsenz dort hätte verzichten können. Besonders eng war die Beziehung zu Saudi-Arabien, das zum verlässlichen Lieferanten der USA und ihrer Verbündeten wurde und im Gegenzug auf den Schutz durch die Supermacht bauen konnte. Dominierte in den 1940er- und 1950er-Jahren noch der amerikanische Wunsch nach direktem Zugriff auf das saudi-arabische Öl und die daraus zu ziehenden Profite, setzte sich in den 1960er- und 1970er-Jahren die Einsicht durch, dass die Versorgung der Weltenergiemärkte viel wichtiger war als das Gewinnstreben der eigenen Konzerne.

Diese neue Wahrnehmung der Golfregion änderte nichts am Willen der USA, der UdSSR das Gebiet zu versperren. Als Großbritannien Ende der 1960er-Jahre beschloss, sich aus all seinen Besitzungen östlich von Suez zurückzuziehen, fehlte den USA ein wichtiger Verbündeter bei der Sicherung der Ölförderländer und der Transportwege. Im Zeichen der seit der Ölkrise von 1973 rapide steigenden Preise war der Abzug der Briten besonders schwerwiegend, denn die Rivalitäten in der Region nahmen zu. Die USA hätten schon damals gerne mehr Präsenz gezeigt, waren jedoch durch den Vietnamkrieg gebunden, sodass die Nixon-Administration nach regionalen Verbündeten suchte, die diese Aufgabe anstelle des US-Militärs übernähmen. Es war vor allem Iran unter Schah Reza Pahlawi, der die Lücke füllte und zu einem der wichtigsten Verbündeten der USA außerhalb der NATO wurde. Die iranische Revolution und der Sieg Ayatollah Khomeinis 1979 zerstörten das Bündnis zwischen Washington und Teheran und steigerten die Bedeutung Saudi-Arabiens für die Weltpolitik der USA noch einmal. Dass die USA bereit waren, den Verbündeten vor jedem Angriff zu verteidigen, verdeutlichte US-Präsident Jimmy Carter in seiner Rede zur Lage der Nation 1980 in einer Aussage, die als »Carter-Doktrin« berühmt wurde: »Der Versuch jeder auswärtigen Macht, die Kontrolle über die Region des Persischen Golfs zu gewinnen, wird als Angriff auf die vitalen Interessen der Vereinigten Staaten von Amerika betrachtet und mit allen notwendigen Mitteln einschließlich militärischer Gewalt abgewehrt werden.«[2]

Dies war auch eine Drohung in Richtung der Sowjetunion, die mit ihrer Invasion Afghanistans nur wenige Wochen zuvor dem Persischen Golf gefährlich näher gerückt war. Sie betraf aber vor allem die Islamische Republik, die sich den Export der Revolution auf die Fahnen schrieb, Anschläge in den Golfstaaten verübte und deren Ölexporte behinderte. Der Iran-Irak-Krieg führte dazu, dass die USA sich in den nächsten mehr als zwei Jahrzehnten immer weiter in die Region hineinziehen ließen, bis sie selbst zu einer Art Regionalmacht geworden waren. Dabei folgten die verschiedenen Regierungen in Washington keiner langfristigen Strategie, sondern reagierten auf einzelne Ereignisse im Nahen Osten, die sie zum Eingreifen veranlassten und darin resultierten, dass mehr Truppen in die Region geschickt wurden. Es begann mit dem Tankerkrieg von 1987/88, auf den der Kuwait-Krieg 1991, die Politik der »doppelten Eindämmung« der 1990er-Jahre und schließlich der Irak-Krieg von 2003 folgten. Ab da befanden sich jahrelang über 100 000 US-Soldaten im Zweistromland.

Die starke Präsenz der USA im Nahen Osten war auch eine Folge der Anschläge des 11. September 2001, die die Bush-Ad-

ministration dazu verleiteten, Gefahren für die USA vor allem
dort zu vermuten. US-Truppen stürzten im Jahr 2001 nicht nur
die Taliban und blieben in Afghanistan, sie wurden auch im Irak
Besatzungsmacht und bekämpften al-Qaida und verbündete Organisationen im Jemen, in Somalia und vielen anderen Ländern.
Die USA wurden so zur Hegemonialmacht im Nahen und Mittleren Osten und erreichten den Höhepunkt ihrer Weltgeltung,
doch die Kosten waren gigantisch. Die Kriege seit 2001 ver-
schlangen Schätzungen zufolge fast sechs Billionen US-Dollar;
im Irak und in Afghanistan starben zusammen etwa 6500 amerikanische Soldaten, und mehr als 50 000 wurden verwundet.
Gleichzeitig fehlte es in den USA selbst an Geld für die alternde
und oft marode Infrastruktur, das Gesundheitssystem und den
öffentlichen Bildungssektor. Obwohl schon Präsident Bush in
seiner zweiten Amtszeit auf neue Interventionen verzichtet und
durch die Truppenaufstockung im Irak 2007 eine drohende Niederlage dort verhindert hatte, wurden in den USA die Kritiker
des »Krieges gegen den Terror« lauter. Einer von ihnen war der
neue Präsident Barack Obama, der so vieles anders machen
wollte als sein Vorgänger.

Obama war schon lange vor seinem Amtsantritt im Januar
2009 der Meinung, dass die USA sich insgesamt übernommen
hatten, die falschen Kriege führten und ihr Engagement im Nahen Osten weitgehend zurückfahren sollten. Er vertrat eine Neuorientierung amerikanischer Außenpolitik, die sich in seinem
Ansatz des »pivot to Asia« (dt. etwa: Umschwenken nach Asien)
niederschlug. Obwohl Obama nicht der erste Präsident war, der
sich stärker um den asiatischen Raum kümmerte, nannte man
ihn doch häufig den ersten »pazifischen« Präsidenten der USA.
Er war der festen Überzeugung, dass sich die wirtschaftliche Zukunft seines Landes in Asien entscheide und seine Regierung
sich um ihre – wegen Chinas Aufstieg nervösen – Freunde in
dieser Weltgegend kümmern müsse. Wie kaum ein anderer war
er sich der enormen wirtschaftlichen, politischen und intellektu-

ellen Dynamik bewusst, die viele Gesellschaften Asiens entfalte-
ten, und sah darin große Chancen für die USA, die durch die
Beschäftigung mit den bestenfalls stagnierenden Diktaturen des
Nahen Ostens und den tribalen und religiösen Konflikten dort
verloren zu gehen drohten. Obama glaubte auch, dass der schier
unaufhaltsame Aufstieg Chinas stetige Aufmerksamkeit verlangte, und antwortete auf Pekings zunehmende Aggressivität, indem er die Beziehungen zu den Nachbarn des Reichs der Mitte
zu vertiefen begann.[3] Der vielleicht wichtigste Baustein dieser
Politik war das im Februar 2016 unterzeichnete Trans-Pacific-
Partnership-Handelsabkommen (TPP) zwischen den USA und
elf weiteren pazifischen Staaten, an dem China nicht beteiligt
war – und das nicht mehr in Kraft trat. Doch das »Umschwenken« hatte auch eine militärische Dimension, denn unter Obama
verstärkten die USA ihre Präsenz in der Pazifikregion und bauten ihre Zusammenarbeit mit dortigen Verbündeten aus.[4]

Die neue Ausrichtung der US-Weltpolitik stieß aber an ihre
Grenzen, als ab 2011 die Proteste des Arabischen Frühlings in
Aufstände und Bürgerkriege umschlugen. Der »pivot to Asia«
wurde nun allzu häufig durch die Ereignisse in Syrien, Libyen,
dem Irak und anderen Ländern überdeckt. Außerdem führten
US-Militär und -Geheimdienste einen Schattenkrieg gegen
al-Qaida und ähnliche Organisationen, die von der Instabilität
im Nahen Osten profitierten. Obwohl Obama den islamistischen
Terrorismus für eine weit überschätzte Bedrohung hielt, sah er
in den Jihadisten eine direkte Gefahr für die USA, die es zu
bekämpfen galt. Im Unterschied zu seinem Vorgänger setzte er
jedoch nicht auf groß angelegte Interventionen, sondern auf
gezielte Schläge mit Drohnen und Spezialkräften. Die Tötung
des al-Qaida-Führers Usama Bin Laden am 2. Mai 2011 war der
sichtbarste Erfolg in einem Konflikt, der sich auf Pakistan,
Afghanistan, Irak, Syrien, den Jemen, Somalia und Libyen erstreckte und zur Tötung von Tausenden Terroristen und einer
unbekannten Zahl mehr oder weniger Unbeteiligter führte. Vom

»pivot to Asia« war in der zweiten Amtsperiode des US-Präsidenten sehr viel seltener die Rede, auch wenn Obama selbst große Anstrengungen unternahm, die Umorientierung der amerikanischen Weltpolitik nie aus den Augen zu verlieren und in Asien auch mehr militärische Präsenz zu zeigen.

Der »pivot to Asia« hing eng mit dem Wunsch zusammen, die US-Truppen aus den Ländern des erweiterten Nahen Ostens zurückzuziehen. Dies betraf besonders den Irak, denn Obama hatte diesen Krieg seines Vorgängers schon zu Beginn seiner politischen Karriere einen »dummen Krieg« (engl. »dumb war«) genannt. Der 2009 begonnene Rückzug aus dem Land war im Dezember 2011 abgeschlossen. Obama betrachtete auch den Konflikt in Afghanistan mit einiger Skepsis, wo zu Beginn seiner Amtszeit noch 47 000 amerikanische Soldaten stationiert waren. Dennoch ließ er sich von seinen Beratern zu einem letzten Versuch überzeugen, die Lage in dem Land trotz aller Widrigkeiten zu verbessern, denn der 2005 ausgebrochene Aufstand der Taliban war nicht unter Kontrolle zu bringen. Im März 2009 schickte die US-Regierung 21 000 und 2010 weitere 30 000 Soldaten nach Afghanistan. Als die Trendwende weiterhin ausblieb, kündigte Obama im Juni 2011 den Abzug seiner Soldaten bis zum Jahr 2014 an. Trotzdem waren zum Ende seiner Amtszeit immer noch 8400 Amerikaner am Hindukusch stationiert.[5]

Weiter westlich zwangen Aufstände und Bürgerkriege die Obama-Administration, sich entgegen all ihren Plänen erneut intensiv um den Nahen Osten zu kümmern. In Libyen brach Anfang 2011 ein Aufstand gegen den Diktator Muammar al-Gaddafi aus. Als die Rebellen in die Defensive gerieten, libysche Regimetruppen auf ihre Hochburg Benghasi marschierten und westliche Regierungen ein Massaker befürchteten, intervenierte die NATO gemeinsam mit Katar und den VAE auf der Seite der Aufständischen. Im August wurde der Diktator gestürzt und später getötet, danach zogen sich die USA zurück, woraufhin das Land dauerhaft im Chaos versank. Wenn das US-Militär eingriff, dann vor allem, um den ab 2014 erstarkenden IS und al-Qaida-nahe Gruppierungen zu bekämpfen, die die ständigen Wirren nutzten, um ihre Operationsgebiete im Land selbst und in der Sahara und im Sahel auszudehnen. Auch im Syrien-Konflikt setzte sich Obamas Wunsch nach Zurückhaltung durch. Zwar unterstützte die US-Regierung einige aufständische Organisationen, doch ihre Hilfe blieb weit hinter den Erwartungen zurück. Obama glaubte nicht, dass der Konflikt in Syrien elementare Interessen der USA bedrohte, und lehnte ein entschlosseneres Eingreifen deshalb ab.[6] Trotzdem bezeichnete der US-Präsident in einem Pressegespräch im August 2012 den Einsatz einer größeren Menge von Chemiewaffen als »rote Linie«, auf die die USA reagieren würden. Als das Assad-Regime im folgenden August tatsächlich Douma, einen Vorort von Damaskus, mit Chemiewaffen beschoss und etwa 1400 Menschen starben, überwiegend Zivilisten, sagte Obama einen bereits angekündigten Militärschlag jedoch wieder ab. Er konnte darauf verweisen, dass Syrien anschließend der Chemiewaffenkonvention beitrat und den Weg zur Vernichtung fast aller seiner Chemiewaffenbestände frei machte, doch bei vielen Beobachtern der amerikanischen Politik blieb der Eindruck zurück, dass die USA in entscheidenden Momenten zurückwichen.

Wie schnell der von Obama so verschmähte Nahe Osten den US-Präsidenten wieder einholte, zeigte sich außerdem im Irak. Nach dem Abzug der US-Truppen im Dezember 2011 war der IS rasch erstarkt und bedrohte nach der Einnahme von Mossul und der Ausrufung des Kalifats im Juni 2014 Bagdad und die Kurdenhauptstadt Erbil. Schon im August flog die US-Luftwaffe Angriffe gegen den IS, die sie im September auch auf Syrien ausweitete, wo die Jihadistengruppe ebenfalls stark vertreten war. Die US-Regierung schickte auch Bodentruppen in den Irak, deren Zahl in den nächsten Jahren auf über 5000 anwuchs. Mit dem dann beginnenden Kampf gegen den IS dominierte der Nahe Osten bis zum Ende der Amtszeit Barack Obamas erneut die Außenpolitik der USA. Dazu trug neben den genannten Problemländern auch der Erfolg in den Atomverhandlungen mit Iran bei. Von Beginn seiner Amtszeit an hatte Obama Iran einen Neustart in den Beziehungen angeboten. In seinem ersten Fernsehinterview als Präsident im Januar 2009 sagte er, dass »wenn Länder wie Iran bereit sind ihre Fäuste zu öffnen ... sie eine von uns ausgestreckte Hand finden« würden.[7] Dies geschah in einer Phase des Konflikts, als die Sanktionen wiederholt verschärft wurden, der israelische Mossad iranische Atomwissenschaftler tötete und die USA und Israel mit dem Computervirus Stuxnet die iranische Urananreicherung sabotierten. Die Folgen der Sanktionen für die iranische Wirtschaft waren so dramatisch, dass Khamenei und seine Gefolgsleute schon Ende 2010 einlenkten und erste Gespräche in Oman stattfanden. Doch erst nach dem Wahlerfolg von Präsident Hassan Rouhani im Juni 2013 begannen zielgerichtete Verhandlungen, die im Juli 2015 zum Abschluss kamen. Zwar waren auch die anderen vier ständigen Mitglieder des Sicherheitsrates und Deutschland beteiligt, doch handelte es sich faktisch um eine Übereinkunft zwischen den USA und Iran.

Obama, sein Außenminister John Kerry und viele andere betrachteten das Atomabkommen als den größten außenpolitischen Erfolg der Administration überhaupt. Immerhin verzichtete Iran auf die hohe Anreicherung von Uran und erlaubte Inspektionen seiner Nuklearanlagen, die für mindestens 15 Jahre die Wiederaufnahme eines militärischen Nuklearprogramms verhinderten. Damit entschärfte Obama einen fast vier Jahrzehnte schwelenden Konflikt und verhinderte einen weiteren großen Krieg im Nahen Osten. Doch es gab schon damals mächtige Gegner, von denen viele in den beiden Häusern des Kongresses saßen, aber auch außerhalb der USA präsent waren. Zu denen, die den Vertrag ablehnten, gehörten neben dem israelischen Ministerpräsidenten Benjamin Netanyahu auch die Regierungen in Riad und Abu Dhabi. Diese hatten schon seit 2011

große Probleme mit dem US-Präsidenten, weil er ihren Nachbarn und Verbündeten Hosni Mubarak ohne Bedauern hatte
stürzen sehen. Sie kritisierten auch die Absage des US-Militär-
schlags gegen das Assad-Regime im Sommer 2013. Muhammad
Ibn Zayid soll Obama damals als »nicht vertrauenswürdig« bezeichnet haben.[8] Mit Beginn der Iran-Verhandlungen erfasste
die Herrscher am Golf sogar die Angst, ihre amerikanischen
Verbündeten könnten sie opfern und einen großen historischen
Ausgleich mit Iran suchen. Die Iraner trugen ihren Teil zur
Furcht in den Golfstaaten und auch in Israel und Washington
bei, indem sie ihre Expansion durch die Entsendung des Qods-
Korps und verbündeter Milizen in die Kriege in Syrien, im Irak
und im Jemen ab 2015 noch beschleunigten und ihr Raketenprogramm zielgerichtet fortführten – und so zeigten, dass ihnen
an einer Aussöhnung mit den USA nicht gelegen war.

Auch Obama hatte zu den Sorgen in Riad und Abu Dhabi beigetragen, weil er seine Abneigung insbesondere gegenüber der
Herrscherfamilie in Riad wiederholt offenbart hatte. In einer seiner frühen Reden 2002 in Chicago sprach er von Saudis und
Ägyptern als »unseren sogenannten Verbündeten« und zeigte
auch später immer wieder, dass er auf das (ohnehin informelle)
Bündnis mit dem Königreich keinen großen Wert legte.[9] Seit
2014 waren die Beziehungen zwischen Riad und Washington
denkbar schlecht, und die Prinzen in Saudi Arabien reagierten
immer unverhohlener kritisch auf Obama und seine Politik.
Gradmesser der Verstimmung in den Kapitalen am Golf aber
war der emiratische Botschafter in Washington, Yousef al-
Otaiba, der sich mit Sätzen wie »Ihr seid immer noch eine Supermacht – aber ihr wisst nicht mehr, wie man wie eine Supermacht handelt« zitieren ließ.[10] Obama revanchierte sich in einem
Interview gegen Ende seiner Amtszeit 2016, in dem er die Saudis
und ihre Partner aufforderte, den Nahen Osten mit Iran zu »teilen«:»Der Wettbewerb zwischen den Saudis und Iranern – der
dazu beigetragen hat, Stellvertreterkriege und Chaos in Syrien,

im Irak und im Jemen zu befördern – zwingt uns, unseren Freunden und den Iranern zu sagen, dass sie einen Weg finden müssen, die Nachbarschaft miteinander zu teilen und so etwas wie einen kalten Frieden zu schaffen.«[11] Die Gegner des Atomabkommens in Washington, Tel Aviv/Jerusalem, Riad und Abu Dhabi konnten daher das Ende der Amtszeit Barack Obamas kaum erwarten.

Trump schafft ein Bündnis gegen Iran

Donald Trumps Handeln war vor allem von einer starken Abneigung gegenüber der Islamischen Republik Iran geprägt und von seinem Wunsch, die Politik seines Vorgängers im Amt umzukehren. Damit steht er nicht allein, denn in weiten Teilen der Republikanischen Partei gilt Iran seit der Revolution und vor allem seit der Besetzung der US-Botschaft am 4. November 1980 und der anschließenden Geiselhaft der Diplomaten als besonders verabscheuungswürdiger Feind der Vereinigten Staaten. In konservativen Kreisen wurde das von der Obama-Administration ausgehandelte Atomabkommen deshalb besonders kritisch gesehen. Auf Kritik stießen die zeitliche Begrenzung der wichtigsten Limits für den Bau von Zentrifugen und die Urananreicherung sowie die Tatsache, dass das iranische Raketenprogramm und die Expansion in der Region gar nicht Gegenstand des Vertrags waren. Im Wahlkampf hatte Donald Trump das Abkommen den »schlechtesten Deal aller Zeiten« genannt und angekündigt, dass er es nach seiner Amtsübernahme »neu verhandeln« werde.[12] Trump hatte offenbar schon früh vor, sein Wahlversprechen in die Tat umzusetzen, stieß jedoch anfangs noch auf den Widerstand von Befürwortern des Abkommens in seinem Beraterstab, wie vor allem bei Außenminister Tillerson, Verteidigungsminister Mattis und seinem Nationalen Sicherheitsberater H. R. McMaster.

Dass es eine Debatte zu diesem Thema innerhalb der Trump-Administration gab, wurde schon im Verlauf des Jahres 2017 wiederholt deutlich, weil der US-Präsident alle 90 Tage unter anderem bescheinigen musste, dass sich Iran tatsächlich an die Bestimmungen des Vertrags hielt. Dies ging auf ein Gesetz des Jahres 2015 zurück, das aus Sicht vieler Abgeordneter notwendig wurde, weil Obama das Iranabkommen nicht als internationalen Vertrag verhandelt hatte, der die Zustimmung des Senats mit Zweidrittelmehrheit erfordert hätte. Es wurde stattdessen als verfassungsrechtlich nicht greifbarer »Aktionsplan« kategorisiert, weil der Präsident den Widerstand der Volksvertreter fürchtete. Zwei Mal folgte Trump der Meinung seiner wichtigsten Berater, doch im Oktober 2017 verweigerte er die »Zertifizierung«. Dabei behauptete er nicht, dass Iran gegen die Bestimmungen des Vertrags verstieß – auch die US-Regierung war sich einig, dass Iran sie einhielt. Vielmehr argumentierte das Weiße Haus, die Aufhebung der Sanktionen durch die USA stünde in einem Missverhältnis zu den iranischen Maßnahmen – dies war im Gesetz von 2015 als möglicher Grund für eine Nichtzertifizierung genannt worden. Im Detail nannte Präsident Trump Schwachstellen in dem Abkommen und verwies auf die anhaltenden Tests von ballistischen Raketen sowie die Unterstützung für das Assad-Regime und Terrorgruppen wie die libanesische Hisbollah und die palästinensische Hamas.[13]

Obwohl die Nichtzertifizierung nicht das Ende des Atomabkommens bedeutete, machte Donald Trump in einer Rede klar, dass ein Ausstieg der USA eine Option blieb: »Wir werden nicht weiter einen Weg gehen, dessen vorhersehbares Ende mehr Gewalt, mehr Terror und die sehr reale Bedrohung einer nuklearen Bewaffnung Irans ist. ... Sollten wir nicht in der Lage sein, gemeinsam mit dem Kongress und unseren Alliierten eine Lösung zu finden, wird das Abkommen beendet. Es wird fortwährend bewertet, und unsere Beteiligung daran kann durch mich als Präsident jederzeit beendet werden.«[14]

Doch die internen Debatten über das Atomabkommen waren Teil eines umfassenderen antiiranischen Vorgehens, das 2017 langsam Gestalt annahm, dessen innere Widersprüche aber erst später deutlich zutage traten. Ein Pfeiler dieser Politik war eine Erneuerung des althergebrachten, in der Obama-Ära aber doch stark strapazierten Bündnisses mit Saudi-Arabien und weiteren prowestlichen Staaten in der arabischen Welt. Diese Politik deutete sich schon Ende 2016 an, als Kronprinz Muhammad Ibn Zayid das erste Mal mit Donald Trump zusammentraf. Anfangs erkannten vor allem die Emiratis die Chance, den außenpolitisch unerfahrenen neuen Präsidenten und seinen Schwiegersohn Jared Kushner in ihrem Sinne zu beeinflussen – wobei unklar ist, inwieweit die beiden zu einem antiiranischen Vorgehen ermuntert werden mussten. Die Lobbyarbeit der VAE bewirkte, dass die Trump-Administration nicht nur in Abu Dhabi, sondern auch (und in erster Linie) in Riad und dort vor allem im Kronprinzen Muhammad Ibn Salman den bevorzugten Partner ihrer Nahoststrategie zu sehen begann.

Die Saudis bauten in der zweiten Jahreshälfte 2017 auf die Kontakte auf, die der emiratische Botschafter Otaiba zu Trumps Wahlkampfteam geknüpft hatte. In Jared Kushner erkannten sie die Person, über die sie auf die neue Regierung Einfluss nehmen konnten. Kushner hatte spätestens kurz nach der Wahl die Idee, eine Lösung für den israelisch-palästinensischen Konflikt zu finden. Er unterhielt längst enge Beziehungen nach Israel – Benjamin Netanyahu ist ein Freund seiner Familie –, wo viele Politiker und Fachleute glaubten, dass Saudi-Arabien bei einer Friedenslösung eine wichtige Rolle spielen sollte. Dieses Interesse nutzte die saudi-arabische Regierung, um die Verbindung zu Kushner rasch auszubauen. Im März 2017 traf dieser den Kronprinzen Muhammad Ibn Salman das erste Mal persönlich. Kushner war schnell überzeugt, dass Riad für den Erfolg der Pläne der neuen Administration im Nahen Osten entscheidend sein würde, und warb für einen baldigen Besuch seines Schwiegervaters in Riad.

Außenminister Tillerson lehnte das ab, weil es die amerikanische Politik aus seiner Sicht zumindest symbolisch zu eng an die Saudis band. Doch wie so oft in den nächsten Monaten konnte er sich gegen Kushner und seine neuen Freunde vom Golf nicht durchsetzen.[15] Trumps Schwiegersohn wurde zum »Nahostberater« im Weißen Haus.

Der zweitägige Besuch Präsident Trumps in Riad im Mai 2017 war in vielerlei Hinsicht spektakulär. Noch nie hatte die erste Reise seiner Amtszeit einen US-Präsidenten in den Nahen Osten geführt. Seit Beginn des 20. Jahrhunderts hatten Trumps 18 Vorgänger in acht Fällen zuerst das Nachbarland Kanada besucht, in vier Fällen Mexiko und in vier weiteren europäische Länder. Dass der US-Präsident zuerst in ein Land im fernen Nahen Osten reiste, das noch dazu vielen Amerikanern spätestens seit den Attentaten des 11. September 2001 höchst suspekt ist, war außergewöhnlich. Während des Besuchs fand ein Gipfel statt, zu dem über 50 Staatsoberhäupter aus arabischen und islamischen Ländern anreisten. Die Saudis scheuten keine Kosten und Mühen, um dem neuen Präsidenten ihre Macht und ihren Reichtum vorzuführen. Bilder Donald Trumps bei einem traditionellen Schwerttanz mit König Salman, in fast unwirklich protzigen Palastsälen oder zusammen mit Salman und dem ägyptischen Präsidenten Sisi, gemeinsam eine leuchtende Weltkugel umfassend, gingen um die Welt. Über die politischen Inhalte der Gespräche in Riad wurde wenig Konkretes bekannt, doch Trump und seine Gefolgsleute dürften die Verbündeten am Golf zu einem entschlossenen Vorgehen ermutigt haben. Nur zwei Wochen später begannen Saudi-Arabien, die VAE, Bahrain und Ägypten ihren Boykott Katars. Möglicherweise hatte der Gipfel auch innenpolitische Auswirkungen in Saudi-Arabien, denn im Juni 2017 zwang Muhammad Ibn Salman seinen Cousin Muhammad Ibn Nayif zum Rücktritt als Kronprinz und übernahm selbst dieses Amt.

Im Jahresverlauf 2017 begann Jared Kushner damit, die Grundlagen für die von ihm angestrebte Friedenslösung im israelisch-palästinensischen Konflikt zu erarbeiten. Präsident Trump hatte sie schon vor seinem Amtsantritt als den »ultimativen Deal« gepriesen, und im Nahen Osten wurde sie häufig »Deal des Jahrhunderts« genannt. Obwohl die Inhalte des US-amerikanischen Friedensplans erst Anfang 2020 öffentlich gemacht wurden, sickerten schon 2017 erste Details durch. Besonderes Aufsehen erregten Presseberichte über einen Besuch des palästinensischen Präsidenten in Riad im November 2017. Muhammad Ibn Salman soll Mahmud Abbas in die saudi-arabische Hauptstadt zitiert und aufgefordert haben, einen Plan zu akzeptieren, in dem die meisten israelischen Siedlungen auf besetztem Territorium bestehen blieben, die Palästinenser auf Jerusalem als Hauptstadt ihres neuen Staates verzichten müssten und auch das Rückkehrrecht der Flüchtlinge aufgegeben würde.[16] Damit hätte die palästinensische Seite eine Lösung akzeptiert, in der ihre wichtigsten Forderungen auch nicht ansatzweise verwirklicht worden wären und ein palästinensisches Gebilde entstanden wäre, das kaum noch Ähnlichkeit mit einem Staat gehabt hätte.

Die Saudis waren für das Gelingen des Planes so wichtig, weil die US-Regierung und Israel auf ein älteres Konzept aufbauten, bei dem eine Koalition arabischer Nachbarstaaten die Führungsrolle bei den Verhandlungen übernehmen und die Palästinenser dazu bewegen sollte, eine Lösung zu akzeptieren. Saudi-Arabien hatte sich seit 2003 als die einflussreichste arabische Führungsmacht etabliert, und die neue Führung um König Salman und seinen Sohn Muhammad hatte viel weniger Probleme mit Israel als ihre Vorgänger. Der Kronprinz strebte genau wie Kushner nach einer Lösung für den Konflikt, weil er gemeinsam mit Israel Front gegen Iran machen wollte. Saudi-Arabien gehörte schon seit Längerem nicht mehr zu den Feinden des jüdischen Staates. Im Jahr 2002 hatte der damalige Kronprinz und spätere König Abdallah Israel Frieden angeboten, wenn es sich auf die Grenzen von 1967 zurückziehe. Immer wieder gab es geheime Gespräche zwischen Politikern und Beamten, in denen es vor allem um gemeinsame Sicherheitsinteressen ging. Doch Muhammad Ibn Salman ging sehr viel weiter, als er gemeinsam mit Kushner einen Friedensplan vorantrieb, der aus palästinensischer Sicht eine Aufgabe ihres jahrzehntelangen Strebens nach einem unabhängigen Staat bedeutet hätte. Im Kalkül des saudi-arabischen Kronprinzen scheinen die Palästinenser nur ein lästiges Hindernis in seinem Verhältnis zu Israel zu sein. Hier zeigte sich zum wiederholten Male, wie sehr die iranische Bedrohung den Blick Ibn Salmans auf die Region prägt. Er wollte Israel auf seiner Seite wissen, da es der einzige Regionalstaat ist, der allein Krieg gegen Iran führen kann. Eine Allianz Saudi-Arabiens, der VAE und Israels wäre mit amerikanischer Unterstützung nicht nur in der Lage, die Iraner und ihre Verbündeten in Syrien und im Libanon zu bekämpfen, sondern auch zu einem direkten Angriff Irans imstande. Das Problem in seinem Ansatz war aber sein Vater: König Salman ist ein arabischer Politiker alter Schule und legte sein Veto gegen die allzu revolutionären Pläne seines Sohnes ein. Er verlangte wiederholt eine Lösung, die die Interessen der Palästinenser berücksichtigt.[17]

Eine solche Lösung war mit der Trump-Administration jedoch nicht in die Tat umzusetzen; sie hatte offenbar die Vorstellungen der Regierung Netanyahu in Bezug auf einen Frieden mit den Palästinensern weitgehend übernommen. Ein eigener Staat, der diese Bezeichnung verdient und wie ihn republikanische und demokratische US-Regierungen seit den frühen 1990er-Jahren gefordert hatten, spielt darin keine Rolle. Jared Kushner sagte in einem Interview sogar einmal, dass der Begriff eines palästinensischen Staates in seinem Plan nicht vorkomme. In dieser Frage waren sich Trump, Kushner und die anderen mit dem Thema befassten Vertreter der Administration einig. Dies galt vor allem für den US-Botschafter in Israel, David M. Friedman, der neben Kushner zum wichtigsten Berater Trumps in der Israel-Politik wurde. Als die Zusammenarbeit mit Saudi-Arabien aufgrund des Vetos von König Salman zumindest vorläufig an Bedeutung verlor, beschränkte sich die Trump-Administration auf Strafmaßnahmen gegen die Palästinenser, die seit Dezember 2017 alle Gespräche mit der US-Regierung verweigerten, nachdem Präsident Trump Jerusalem als Hauptstadt des jüdischen Staates anerkannt hatte. Unter anderem wurden die palästinensische Vertretung in Washington geschlossen, Hilfsgelder für die palästinensische Regierung in der Westbank gestrichen und auch alle Zahlungen an das UNO-Hilfswerk für palästinensische Flüchtlinge eingestellt. Stattdessen folgten weitere politische Geschenke an Benjamin Netanyahu und die von ihm geführte Regierung. Dazu gehörten die Verlegung der US-Botschaft von Tel Aviv nach Jerusalem zum 70. Jahrestag der Gründung des Staates Israel im Mai 2018 und die Anerkennung der israelischen Annexion der seit 1967 besetzten syrischen Golanhöhen. Im Juni 2019 sagte David Friedman in einem Interview, Israel habe das Recht, einen Teil der Westbank zu annektieren.[18] Oft schien es, als stünde nicht die Lösung des Konflikts im Vordergrund, sondern der Wunsch des US-Präsidenten, seinen politischen Verbündeten Benjamin Netanyahu zu unterstützen. Dieser stand aufgrund von Korruptionsvorwürfen – wegen denen im November 2019 sogar Anklage gegen ihn erhoben wurde – unter Druck und schaffte es nach Wahlen im April und September 2019 jeweils nicht, eine Mehrheit für die Regierungsbildung zu finden. Zwar blieb er geschäftsführend im Amt, doch auch die politische Instabilität in Israel verzögerte nun eine Veröffentlichung des Friedensplans.

Der bis Anfang des Jahres 2020 einzige praktische Schritt in Richtung eines Abkommens war eine auf Initiative der USA organisierte Konferenz in Bahrain im Juni 2019, bei der es um Investitionen in die palästinensische Wirtschaft ging. Die Trump-Administration wollte dafür in erster Linie von den europäischen, asiatischen und Golfstaaten Geld. Ihre Hoffnungen lagen in einer Zwei-Phasen-Lösung: Eine spürbare Verbesserung der

Wirtschaftslage würde es in einer zweiten Phase erleichtern, die politischen Elemente des Friedensplans durchzusetzen.[19] Bis Anfang 2020 hatten sich jedoch noch keine Investoren gefunden. Stattdessen stellte Präsident Trump den fertigen Plan Ende Januar 2020 vor. Darin wurde den Palästinensern zwar ein eigener Staat angeboten, doch sie sollten unter anderem akzeptieren, dass Jerusalem einschließlich des Ostteils der Stadt die ungeteilte Hauptstadt Israels bleibe, die Siedlungen in der Westbank bestehen blieben und auch das Jordantal an Israel gehe. Die palästinensische Führung lehnte jede Diskussion über diesen Plan ab.

Die von Kushner wie von Muhammad Ibn Salman angestrebte Annäherung zwischen Israel und Saudi-Arabien blieb wegen des Widerstands von König Salman und der mangelnden Fortschritte im israelisch-palästinensischen Konflikt zunächst eine ferne Vision. Die US-Regierung arbeitete parallel aber an einem Bündnis, das alle ihre nahöstlichen Alliierten umfassen und gegen Iran mobilisieren sollte. Das Konzept wurde auf dem Riad-Gipfel im Mai 2017 besprochen und in der Schlusserklärung als Strategische Nahostallianz (Middle East Strategic Alliance, MESA) bezeichnet, die ihren Sitz in Riad haben und bis zum Jahr 2018 gegründet werde. Hier ging es den USA und Saudi-Arabien darum, ein Bündnis prowestlicher Staaten zu schmieden, die sich Iran in der Region entgegenstellen sollten. Diese Idee war beileibe nicht neu, denn schon in den 1960er-Jahren hatten die USA versucht, mit dem Bagdad-Pakt ihre Verbündeten in der Region gegen die Sowjetunion in Stellung zu bringen. In der jüngeren Vergangenheit war es die Administration von George W. Bush, die 2005 eine verstärkte Zusammenarbeit »moderater« Staaten wie Saudi-Arabien und Ägypten gegen die »Extremisten« wie Iran oder die Hisbollah in der Region propagierte. Im Unterschied zu früheren Regierungen wollte Trump aber die Lasten aus Sicht der USA gleichmäßiger verteilen, das heißt, er wollte, dass die beteiligten Staaten einen möglichst hohen Anteil an den Kosten übernahmen.

Zunächst war geplant, dass neben Saudi-Arabien die VAE, Ägypten, Bahrain, Jordanien, Katar, Kuwait und Oman Teil des Bündnisses werden sollten. Die Begeisterung bei einigen der beteiligten Regierungen war groß, sodass das Wort von einer »arabischen NATO« die Runde machte. Ein wichtiges Kernstück sollte eine umfassende Raketenabwehr für die genannten Länder sein, doch es ging auch um eine intensivere militärische Zusammenarbeit und Terrorismusbekämpfung. Tatsächlich wurde die Zusammenarbeit ausgebaut, was man an gemeinsamen Manövern ablesen konnte, die im November 2018 in Ägypten stattfanden und an denen Land-, Luft- und Seestreitkräfte aus sechs Ländern teilnahmen.[20] Doch der anfängliche Enthusiasmus erlahmte rasch, was teilweise auf überzogene Erwartungen zurückzuführen gewesen sein dürfte. Der auf US-Seite für die Verhandlungen zuständige pensionierte General Anthony Zinni deutete dies an, als er sagte, die Idee einer arabischen NATO sei viel zu ehrgeizig gewesen:»Es war ausgeschlossen, dass irgendjemand bereit war, sich in ein Bündnis im Stil der NATO zu stürzen. … Zu meinen Handlungen gehörte, dass ich der Idee einer NATO-Golf oder NATO-Naher Osten ein Ende machte.«[21] Für die arabischen Golfstaaten stellte sich da die Frage, was sie von einem Bündnis ohne Beistandsgarantie hatten, während sich die Spannungen mit dem Nachbarn Iran verschärften.

Noch wichtiger aber war, dass es gravierende Meinungs- und Interessendivergenzen unter den beteiligten Regionalstaaten gab. Katar war das offenkundigste Beispiel, denn das Emirat wurde von seinen Nachbarn seit Juni 2017 boykottiert und war mehr denn je vom Handel mit Iran abhängig. Wichtiger noch war, dass das Iran-Thema für Ägypten schon aufgrund der geografischen Distanz viel weniger relevant war als für Saudi-Arabien und die VAE. Zudem sahen zumindest die USA und der saudi-arabische Kronprinz Israel als potenziellen Teil der Allianz; und auch Israel zeigte großes Interesse, sodass der jüdische Staat schon als »stiller Teilhaber« bezeichnet wurde.[22] Das ging einigen der arabischen Regierungen zu weit, weil sie die Reaktion ihrer israelfeindlichen Bevölkerung befürchteten. Doch auch in den USA nahm die Kritik an dem geplanten Bündnis (und dem Krieg Saudi-Arabiens und der VAE im Jemen) nach dem Mord an Jamal Khashoggi im Oktober 2018 massiv zu. Die Trump-Administration ließ sich nicht beirren und richtete gemeinsam mit der polnischen Regierung im Februar 2019 eine Konferenz in Warschau aus, an der die nahöstlichen und europäischen Verbündeten zusammenkamen – unter ihnen auch Benjamin Netanyahu –, bei der es offiziell um die »Sicherheit des Nahen Ostens«, faktisch aber um eine Mobilisierung gegen Iran ging. Doch zeigte sich in außergewöhnlich drastischer Weise, dass nicht einmal alle nahöstlichen Alliierten der Trump-Administration in ihrer Iran-Politik folgen wollten: Im April 2019 zog sich Ägypten aus der »Strategischen Nahostallianz« zurück. Ohne das bevölkerungsreichste Land der arabischen Welt mit seiner großen Armee und ohne Israel war das Projekt zunächst aber so gut wie gescheitert.

Die USA verschärfen den Konflikt, Iran hält dagegen

Zu diesem Zeitpunkt hatte sich der Konflikt zwischen den USA und Iran schon deutlich verschärft. Die Eskalation war eine direkte Folge der Aufkündigung des Atomabkommens durch Präsident Trump im Mai 2018. Im August führten die USA die ersten Sanktionen wieder ein, die nicht nur Iran trafen, sondern auch Firmen dritter Länder, die mit Iran weiter wirtschaftlich zusammenarbeiten. Unter anderem untersagte die US-Regierung den Handel mit Autos, Flugzeugen, Gold und allen Arten von Metallen. Außerdem wurden jedem Sanktionen angedroht, der Iran noch US-Dollar ver- oder abkaufte. Schon die Ankündigung von Strafmaßnahmen sorgte dafür, dass internationale

Firmen ihre Geschäftsbeziehungen nach Iran beendeten. Es war die Angst der Unternehmenslenker, keine Geschäfte mehr in oder mit den USA machen zu können, die sie zum Rückzug bewegte. Dies betraf auch den Handel mit Öl, sodass Iran schon vor Einsetzen der Sanktionen im November 2018 nur noch etwas mehr als 2 Millionen Barrel (von etwa 2,7 Millionen Barrel Anfang 2018) exportieren konnte. Dies führte im Lauf des Jahres zwar zu einem Preisanstieg auf über 70 Dollar pro Barrel (von 60 Dollar pro Barrel Anfang 2018), doch hatte dieser keinen Bestand, weil bereits seit einiger Zeit zu viel Öl verfügbar war, unter anderem weil die US-Produktion in den Jahren zuvor stark gestiegen war. Außerdem erhöhte Saudi-Arabien seine Exporte. In Iran hingegen sorgte schon diese erste Sanktionsrunde für enorme Einbußen, denn Öl und Ölprodukte machten etwa 70 Prozent seiner Exporte aus.[23]

Mit den Sanktionen vom 4. November 2018 – nicht zufällig das Datum, an dem iranische Revolutionäre 1980 die US-Botschaft besetzt hatten – verschärfte sich der Druck auf Teheran dramatisch. Die US-Regierung drohte jedem mit Sanktionen, der noch iranisches Öl kaufte. Ausgenommen waren zunächst noch acht Staaten (Griechenland, Italien, Taiwan, China, Indien, Südkorea, Japan und die Türkei), von denen die ersten drei diese Möglichkeit aber gar nicht mehr nutzten. Die Trump-Administration hatte Saudi-Arabien gebeten, den erwarteten Rückgang der iranischen Exporte durch eigenes Öl wettzumachen, sodass die Ölpreise im November sogar sanken.

Das eigentliche Ziel der US-Regierung war jedoch nicht ganz klar. Oberflächlich betrachtet konnte man meinen, ein Krieg stehe kurz bevor. Dafür sprachen teils wüste Drohungen des US-Präsidenten in Richtung Teheran wie in diesem Tweet vom 23. Juli 2018: »An den iranischen Präsidenten Rouhani: Drohen Sie niemals wieder den Vereinigten Staaten, oder Sie werden Konsequenzen erleiden, wie sie nur wenige im Verlauf der Geschichte bereits erlitten haben. Wir sind nicht länger ein Land,

das Ihre verrückten Worte von Gewalt & Tod hinnehmen wird.
Seien Sie vorsichtig!«[24] Trump reagierte mit dieser Tirade offenbar auf eine Rede des
iranischen Präsidenten vom Vorwochenende, als dieser gewarnt
hatte, dass ein Konflikt mit Iran zur »Mutter aller Kriege« werden würde. US-amerikanische Kommentatoren verwiesen darauf, dass der Präsident ein knappes Jahr zuvor im Fall Nordkoreas ähnlich bedrohliche Worte gewählt hatte, bevor es dann
zu Verhandlungen und im Juni 2018 sogar zu einem persönlichen Treffen zwischen Trump und Diktator Kim Jong-un in
Singapur gekommen war.[25] Trump selbst sprach mehrfach von
einem besseren »Deal« mit Iran, der die Unzulänglichkeiten des
Abkommens von 2015 beheben sollte, also die zeitliche Begrenzung einiger Bestimmungen zur Urananreicherung und die
Nichtberücksichtigung des Raketenprogramms und der Unterstützung für Gruppierungen wie die Hisbollah. Doch seine wichtigsten Berater schienen eher auf einen Sturz des Regimes zu
setzen, denn in der Zwischenzeit hatte der Präsident Außenminister Tillerson und Sicherheitsberater H. R. McMaster entlassen. An ihre Stelle waren im April 2018 Mike Pompeo und John
R. Bolton getreten, die als iranfeindliche Hardliner galten; Bolton hatte noch im Januar vor seiner Ernennung einen Regimewechsel in Iran gefordert. US-amerikanische Medien sprachen
von einem »Kriegskabinett« Donald Trumps.[26] Innerhalb der
Regierung wurde die Frage nach den Zielen der amerikanischen
Iran-Politik in den nächsten Monaten heftig diskutiert; ein eindeutiges Ergebnis gab es zunächst nicht.

Stattdessen sprach die Trump-Administration gerne von einer
Strategie des »maximalen Drucks«, wie es ab Mai 2019 auch in
offiziellen Erklärungen des Weißen Hauses hieß. Diese Strategie
nahm weiter Gestalt an, als die USA die iranischen Revolutionsgarden auf ihre Liste terroristischer Organisationen aufnahmen – ein aufsehenerregender und kontroverser Schritt, denn
die Garden sind trotz ihres ideologischen Charakters eine regu-

läre militärische Formation. Während dies zunächst eher eine symbolische Maßnahme zu sein schien, weitete die US-Regierung gleichzeitig die Sanktionen gegen Iran aus. Sie wollte die iranischen Ölexporte vollständig stoppen. Ab Anfang Mai liefen die Ausnahmegenehmigungen zum Import iranischen Öls für China, Indien, Südkorea, Japan und die Türkei aus.[27] Zu diesem Zeitpunkt lagen die Ausfuhren immer noch bei etwa einer Million Barrel pro Tag, doch in den nächsten Monaten sanken sie auf nur noch etwa 300 000. Die iranische Führung reagierte wütend, der Kommandeur der Marine der Garden drohte sogar mit der Schließung der Straße von Hormuz.[28] Die wirtschaftliche Situation verschlechterte sich derweil rapide; der iranische Riyal verlor in nur einem Jahr fast 70 Prozent seines Werts, die Arbeitslosigkeit nahm ungekannte Ausmaße an, und die Industrieproduktion ging zurück. Präsident Rouhani sprach schon seit Beginn des Jahres 2019 von einem »Wirtschaftskrieg« der USA und deutete damit an, dass Iran auf eine neuerliche Sanktionsrunde reagieren müsse.[29]

Die neuen Strafmaßnahmen vom April/Mai 2019 wurden zu einer Wegscheide. Die Befürworter des Abkommens um Präsident Rouhani hatten an Einfluss verloren, die Hardliner aus dem Militär bestimmten nun die Politik. Khamenei und seine Gefolgsleute entwickelten eine Doppelstrategie von militärischer Eskalation und nuklearer Erpressung.[30] Die militärischen Angriffe richteten sich vor allem gegen Saudi-Arabien und die VAE, die mit der Erhöhung ihrer Ölproduktion zum Erfolg der Sanktionen beitrugen. Am 12. Mai wurden Anschläge auf vier Öltankschiffe verübt, die vor dem emiratischen Hafen von Fujaira am Golf von Oman vor Anker lagen – zwei der Schiffe stammten aus den VAE, eines aus Saudi-Arabien und eines aus Norwegen. Dabei scheinen Haftminen eingesetzt worden zu sein, die Löcher in den Rumpf der Schiffe schlugen und sie schwer beschädigten. Fujaira ist für die Emirate so wichtig, weil dort eine Pipeline für den Ölexport aus dem Norden endet. Zwar konnte nicht bewiesen werden, dass es sich um iranische Aktionen handelte, doch es gab keinen anderen Akteur, der ein Interesse an diesen Sabotageakten gehabt hätte und die Fähigkeit, sie umzusetzen. Die Botschaft aus Teheran war eindeutig: Wenn die VAE, Saudi-Arabien und die USA iranische Ausfuhren mit Sanktionen verhinderten, würden die Revolutionsgarden Exporte der arabischen Golfstaaten zumindest behindern. Dies bekräftigte nur zwei Tage später ein Drohnenangriff auf die Pumpstationen einer Ölpipeline nahe Riad, durch die Öl vom Persischen Golf nach Yanbu am Roten Meer führt. Zwar bekannten sich die jemenitischen Huthis zu dem Anschlag, doch US-Nachrichtendienste kamen zu der Erkenntnis, dass die Drohnen von Norden gekommen, also im Irak oder in Iran abgefeuert worden waren. Damit hatten die Iraner – möglicherweise unterstützt von verbündeten irakischen Milizen – zielgenau die zwei Wege getroffen, über die die arabischen Staaten Öl aus dem Persischen Golf exportieren können, ohne es auf Schiffen durch die Meerenge von Hormuz zu schicken.

Im Juni folgten zwei weitere Attacken auf einen japanischen und einen norwegischen Öltanker, kurz nachdem sie den Persischen Golf durch die Straße von Hormuz verlassen hatten. Wieder wurden eindeutig Haftminen verwendet, die allerdings größere Schäden verursachten als bei den Anschlägen im Mai. Niemand außer Iran hatte Motiv, Fähigkeiten und die Gelegenheit, sodass der Urheber früh feststand. Außerdem wurde ein Schnellboot der Revolutionsgarden gefilmt, dessen Besatzung mindestens eine nicht detonierte Mine von einem der Tanker entfernte. Während die USA Iran verantwortlich machten, leugnete Teheran jede Beteiligung. Die Spannungen drohten zu eskalieren, als iranisches Militär nur wenige Tage später eine Drohne über dem Golf von Oman abschoss. Daraufhin ordnete Präsident Trump Angriffe auf militärische Ziele in Iran an, die er am 20. Juni – die ersten Kampfflugzeuge waren bereits in der Luft – wieder stoppte. Er begründete dies mit einer Auskunft seiner

Militärs, dass um die 150 Iraner dabei zu Tode kommen könnten, was nicht im Verhältnis zum Abschuss einer unbemannten Drohne stünde.[31] Die USA beschränkten sich auf Cyberattacken, mit denen sie Computersysteme iranischer Raketenbasen angriffen, die zum Abschuss und der Kontrolle von Raketen dienen. Tatsächlich zeigte der Vorfall das erste Mal in aller Deutlichkeit, dass der US-Präsident trotz all seiner rhetorischen Aggressivität keine größere militärische Auseinandersetzung wollte.

Schon im Wahlkampf hatte Trump seinen Unterstützern versprochen, die »endlosen Kriege« im Nahen Osten und Südasien zu beenden und die eigenen Truppen in die Heimat zurückzubeordern.[32] In wohl keiner anderen Frage gibt es so weitgehend übereinstimmende Antworten der Präsidenten Obama und Trump wie in der nach einer Neuorientierung der amerikanischen Weltpolitik und einem Rückzug aus dem Nahen Osten. Seit mittlerweile über einem Jahrzehnt bestimmt dieser Wunsch das Handeln der US-Regierungen, während sich die praktische Umsetzung als schwierig erweist. 2019 waren immer noch rund 50 000 bis 70 000 amerikanische Soldaten in der Golfregion und ihrer näheren Umgebung stationiert – und die Trump-Administration verstärkte sie während der Eskalation der Spannungen 2018 und 2019 noch einmal um mehrere Tausend.

Wie stark der Wunsch des Präsidenten Trump war, sein Wahlversprechen einzulösen, zeigte sich in diesen beiden Jahren vor allem in Syrien. Dort waren Ende 2018 noch 2000 Mann stationiert, die gemeinsam mit den »Syrischen Demokratischen Kräften« (SDF), einer vom syrischen Ableger der türkischen PKK angeführten Allianz, Ostsyrien vom IS befreit hatten. Im Dezember 2018 ordnete Trump gegen den Rat seiner wichtigsten sicherheitspolitischen Berater den Abzug dieser Truppen an, woraufhin der entsetzte Verteidigungsminister Mattis zurücktrat. In den folgenden Monaten schaffte es das Pentagon zwar, den Abzug auf die Hälfte der Truppen zu begrenzen, doch Trump wiederholte seine Anordnung im Oktober 2019, woraufhin nur

noch wenige Hundert Mann in Syrien blieben.[33] Die Syrien-
Debatte wurde zur Zerreißprobe in Trumps Beraterteam, denn
Sicherheitsberater Bolton hatte im Herbst 2018 erklärt, die US-
Truppen würden in Syrien bleiben, solange Iran dort präsent sei.
Der Präsident wollte es anders und trennte sich im September
2019 von Bolton.[34]

Zu diesem Zeitpunkt hatte Trump auch auf die Anschläge von
Khurais und Abqaiq nicht militärisch reagiert, obwohl er anfangs mit einem Vergeltungsangriff gedroht und sein Außenminister sie als »einen kriegerischen Akt« bezeichnet hatte. Dass
die US-Regierung nicht bereit war, Saudi-Arabien und seine Ölanlagen gegen einen direkten iranischen Angriff zu verteidigen,
war ein tiefer Bruch in der Geschichte des Persischen Golfs. Die
iranische Führung legte den USA die militärische Zurückhaltung
offenbar als Schwäche aus und fuhr in den folgenden Monaten
mit ihren Provokationen fort. Außerdem setzte sie in Sachen
Nuklearprogramm auf den zweiten Teil ihrer Doppelstrategie,
mit dem der Druck auf die Gegner erhöht werden sollte. Teheran
hatte sich nach der amerikanischen Aufkündigung des Atomabkommens mehr als ein Jahr an seine Bestimmungen gehalten,
in der Hoffnung, die Europäer, Russland und China könnten die
immer dramatischeren wirtschaftlichen Folgen der alten und
neuen US-Sanktionen zumindest lindern. Deutschland, Frankreich und Großbritannien schlugen tatsächlich einen alternativen Zahlungsmechanismus namens Instex vor, mit dem sie die
Geschäftsbeziehungen mit dem Iran retten wollten. Wirtschafts-
unternehmen können es sich jedoch nicht leisten, zugunsten
Irans auf ihre Geschäfte mit den USA zu verzichten, sodass diese
Alternative nicht genutzt wurde.

Präsident Rouhani kündigte daraufhin Anfang Mai 2019 an,
dass Iran sich an die Limits zur Urananreicherung nicht mehr
halten werde und den Reaktor in Arak wieder in Betrieb nehmen
werde. Ziel war es offenbar, die Europäer – die weiterhin am
Nuklearabkommen festhielten – zu bewegen, Iran wirtschaftlich

unter die Arme zu greifen. Deshalb sagte Rouhani auch, er gebe Deutschland, Frankreich und Großbritannien 60 Tage Zeit, die iranischen Verluste aufgrund der US-Sanktionen auszugleichen, bevor Iran seine Ankündigung wahr mache.[35] Als dies nicht geschah, begann Iran Anfang Juli, über die im Vertrag festgelegte Grenze von 300 Kilogramm hinaus angereichertes Uran im Land zu lagern und bei der Urananreicherung über das festgehaltene Limit von 3,67 Prozent hinauszugehen.[36] Im nächsten halben Jahr folgten weitere Schritte dieser Art, ohne dass die Iraner eine Politikänderung bei den Europäern bewirken konnten. Teheran ging zwar nie so weit, das Atomabkommen gänzlich aufzukündigen, hielt aber die Bestimmungen nicht mehr ein – immer mit dem Hinweis, dass eine Rückkehr zum Abkommen ohne Probleme möglich wäre. Nach einer weiteren Eskalation der Spannungen verkündete die iranische Führung im Januar 2020 schließlich, sich an keinerlei Beschränkungen für die Lagerung von angereichertem Uran und den Grad der Anreicherung mehr zu halten. Damit zog Iran sich zwar immer noch nicht vollständig aus dem Abkommen zurück, denn die Regierung gab an, den Inspektoren weiterhin Zugang zu den Anlagen zu gewähren, trotzdem bedeutete dieser Schritt das faktische Ende des Atomabkommens.

Gerade in den Monaten, als eine größere kriegerische Auseinandersetzung zwischen den USA und Iran jederzeit möglich schien, entspannte sich paradoxerweise das Verhältnis zwischen Saudi-Arabien und Iran. Dafür waren vor allem die USA verantwortlich. Die aggressive saudi-arabische Regionalpolitik seit 2011 hatte immer auf der Prämisse beruht, dass das US-Militär seine Verbündeten vor Iran schütze. Erste Zweifel daran kamen während der Krise im Golf von Oman im Mai und Juni 2019 auf, als die iranischen Revolutionsgarden zeigten, wie gefährlich sie der Schifffahrt rund um den Persischen Golf werden konnten. Der Rückzug der VAE aus dem Jemen und die anschließenden Gespräche über »maritime Sicherheit« mit Iran waren ein erstes

Zeichen, dass Abu Dhabi keine weitere Eskalation wollte. Saudi-Arabien zog in den Folgemonaten etwas zögerlich nach, indem es ebenfalls indirekte Gespräche mit den Huthis in Oman führte und sich gegenüber Iran versöhnlicher zeigte. Vor allem die Anschläge von Abqaiq und die Weigerung Trumps, einen Vergeltungsangriff anzuordnen, scheinen Riad gezeigt zu haben, dass die jahrzehntelange US-Sicherheitsgarantie für Saudi-Arabien keinen Bestand mehr hatte. Präsident Trump schien selbst seinen treuesten Verbündeten am Golf so unberechenbar, dass sie sich nicht mehr allein auf seine Unterstützung verlassen wollten. Damit war am Persischen Golf eine Epoche beendet, und es begann eine neue Zeit, in der die Kriegsgefahr immer größer wurde.

10 Der kommende Krieg am Golf

Es war ein Angriff, wie ihn das US-Militär und die CIA Hunderte Male geflogen hatten. Eine Kampfdrohne vom Typ MQ-9 Reaper schoss am 3. Januar 2020 mehrere Raketen auf einen Konvoi ab, in dem Terroristen vermutet wurden. Zwei Fahrzeuge explodierten in großen Feuerbällen, die von den Insassen nur verbrannte Reste übrig ließen. Donald Trump setzte wie sein Vorgänger Obama häufig auf Drohnenschläge, sodass nur der Ort des Einsatzes und sein Ziel ungewöhnlich waren. Die Autos hatten gerade den Internationalen Flughafen von Bagdad westlich der Hauptstadt verlassen, und der Angriff galt einem besonders prominenten Insassen: Generalmajor Qassem Soleimani, dem »Architekten« der iranischen Expansion im Nahen Osten. Sein Freund, der irakische Milizenführer Abu Mahdi al-Muhandis, holte Soleimani vom Flughafen ab; beide waren sofort tot.

Qassem Soleimani hatte sich innerhalb des kleinen iranischen Imperiums im Nahen Osten seit Jahren frei bewegt. Er zeigte sich an den Fronten in Syrien und im Irak und bekräftigte damit den Anspruch Irans auf eine Vormachtstellung in der Region. Die Amerikaner und Israelis ließen ihn gewähren; sie hielten ihn zwar für einen gefährlichen Terroristen, schreckten aber vor der gezielten Tötung eines regulären und prominenten Militärs eines Staates zurück, mit dem sie sich nicht im Krieg befanden. Dass Präsident Trump anders entschied, war für Soleimani selbst und für die meisten Fachleute so überraschend, weil bekannt war, dass die US-amerikanischen und israelischen Dienste seit den 2000er-Jahren mehrfach die Gelegenheit gehabt hatten, Soleimani zu töten, doch diese nicht nutzten. Wenn man den US-Präsidenten und seine Ankündigungen nur ernst nahm, folgte diese

Aktion jedoch einer unabweisbaren Logik. Erst im April 2019 hatte die US-Regierung die Revolutionsgarden insgesamt auf ihre Liste terroristischer Organisationen aufgenommen. Seitdem musste man damit rechnen, dass die USA führende Mitglieder der Garden ebenso wie andere Terroristen töten würden, sobald sich eine Gelegenheit ergab.

Der Angriff auf Soleimani und Muhandis war Ergebnis der fortgesetzten Eskalation nach den iranischen Anschlägen auf Abqaiq und Khurais, die sich ab Herbst in den Irak verlagerte. Dort attackierten proiranische Milizen wiederholt Militärbasen, auf denen US-Truppen stationiert waren, mit Raketen und Mörsern. Am 27. Dezember kam ein Übersetzer des US-Militärs zu Tode, mehrere Soldaten wurden verletzt. Trump ordnete daraufhin Luftangriffe auf Stützpunkte der Hisbollah-Bataillone entlang der iranischen Landbrücke im Irak und in Syrien an, bei denen 25 Kämpfer getötet wurden. Es folgten Demonstrationen schiitischer Milizionäre vor der US-Botschaft in Bagdad; ein Wachgebäude wurde gestürmt und zerstört. Offenbar unterschätzten Iraner und Iraker die Wirkung, die proiranische Demonstrationen vor einer US-Botschaft seit 1979 bei amerikanischen Politikern haben. Als Reaktion befahl der US-Präsident die Tötung des iranischen Generals und seiner Eskorte.

Der Angriff auf Soleimani war aus Sicht des US-Präsidenten ein Kompromiss. Er wollte Stärke zeigen, nachdem er in Washington seit Monaten in der Kritik stand, weil er auf den Abschuss der US-Drohne im Juni und den Anschlag auf die saudiarabischen Ölanlagen nicht mit Militärschlägen reagiert hatte. Gleichzeitig galt es, eine größere kriegerische Auseinandersetzung zu vermeiden, denn er stand bei seinen Wählern im Wort, denen er versprochen hatte, die »endlosen Kriege« der USA zu beenden.

Einige Tage später sollte sich zeigen, dass Trump beides erreicht hatte. Am 8. Januar beschossen die Revolutionsgarden amerikanische Stützpunkte im Irak mit Raketen, ohne dass

Opfer zu beklagen waren. Trump machte deutlich, dass er nicht auf den Angriff reagieren werde.

Für die Zukunft des Konflikts war jedoch die Ankündigung der Iraner viel wichtiger, sich an keinerlei Beschränkungen ihres Atomprogramms mehr halten zu wollen. Obwohl Teheran zusagte, auch künftig Inspektionen seiner Anlagen zuzulassen, war die Situation von vor 2015 wiederhergestellt. Die Iraner arbeiteten an einem Atomprogramm, das sie wahrscheinlich schon sehr bald in die Lage versetzt, angereichertes Uran für die Produktion einer Atombombe zu nutzen. Wollten die Gegner Irans dies verhindern, standen sie nun unter Zugzwang. Eine diplomatische Lösung rückte in immer weitere Ferne, und wie schon 2008 und 2012 wurden Militärschläge der Israelis und/oder der USA wieder sehr wahrscheinlich.

Iran wird versuchen, sich atomar zu bewaffnen

Präsident Trump erklärte im Mai 2018, dass die Aufkündigung des Atomabkommens dem Zweck diene, Iran an der Entwicklung von Atomwaffen zu hindern. Doch sind es genau diese Entscheidung und die ihr folgenden US-amerikanischen Sanktionen, die Iran in seinem Wunsch nach der Bombe bestärkt haben dürften. Denn die Ereignisse seit Mai 2018 haben das Kalkül der Mächtigen in Teheran verändert. Sie waren schon seit Langem überzeugt, dass die USA, ihre europäischen Verbündeten, Israel und die Golfstaaten das Regime der Islamischen Republik stürzen wollen. Dieser Glaube dürfte nach den Ereignissen der beiden folgenden Jahre zur unumstößlichen Gewissheit geworden sein. Trump und sein Außenminister Pompeo beteuerten mehrfach, keinen Regimewechsel zu wollen, doch die Sanktionen und ihre dramatischen Folgen für die iranische Wirtschaft legten das Gegenteil nahe. Tatsächlich würde die US-Regierung es begrüßen, wenn ihre Politik dazu führte, dass das iranische Volk seine Herrschenden selbst stürzt. Da das wichtigste Ziel der Herrscher in Teheran aber der eigene Machterhalt ist, bereiteten ihnen wiederholte Proteste, die ihren Höhepunkt ab November 2019 fanden, die größten Sorgen. Zehntausende Iraner protestierten in mehreren großen Städten Irans nicht etwa gegen die amerikanische Sanktionspolitik, sondern gegen die Misswirtschaft und Korruption in ihrem Staat. Anlass war, dass die Regierung angesichts des drohenden Haushaltsdefizits die Preise für Benzin und Kraftstoffe drastisch erhöhte.[1] Die Revolutionsgarden schlugen die Proteste brutal nieder; mindestens 500 Menschen starben, Tausende wurden verhaftet. Es war ein Indiz für die Nervosität der Führung in Teheran, dass sie nicht mehr wie noch 2009 eine abwartende Strategie verfolgte, das Internet verlangsamte, die Rädelsführer identifizierte und anschließend ausschaltete, sondern das Internet sofort ganz abschaltete und rasch auf Gewalt setzte. Dass Khamenei und seine Getreuen wieder die USA und andere ausländische Mächte für die Unruhen verantwortlich machten, gehörte zwar längst zu ihrer Propagandastrategie, doch der Revolutionsführer hatte damit nicht ganz unrecht, denn es waren auch die US-Sanktionen, die die Regierung zu den drastischen Sparmaßnahmen gezwungen hatten. Zudem ließ Außenminister Pompeo seit Ende 2019 keine Gelegenheit aus, die Demonstranten seiner Unterstützung zu versichern.[2]

Stellte sich die iranische Führung nach dem Frühjahr 2018 die Frage, wie sie sich vor ihren äußeren Feinden schützen könne, muss sie zu der Schlussfolgerung gekommen sein, dass dies nur durch die Atombombe gelänge. Teheran hatte lange gehofft, die USA und Europa entzweien zu können. Dies mag gelungen sein, denn das Verhältnis verschlechterte sich rapide, doch es hatte nicht zur Folge, dass die EU nun der Islamischen Republik zu Hilfe eilte – vermutlich hatte Teheran nicht verstanden, dass europäische Konzerne von ihren Regierungen nicht gezwungen werden können, Geschäfte mit Iran zu machen. Als die Europäer

im Januar 2020 den im Abkommen vorgesehenen Streitschlich-
tungsmechanismus auslösten (der in eine Wiederverhängung
der Sanktionen münden kann), war auch das formale Ende des
Atomabkommens abzusehen, denn die Aufhebung der Sanktionen war die wichtigste Gegenleistung der Vertragspartner für
den Verzicht Irans auf wesentliche Teile seines Programms. Für
Iran blieb nun nur noch die »nordkoreanische« Option. Die Dik-
tatoren der Familie Kim haben allen antiwestlichen Despoten
dieser Welt gezeigt, wie man die eigene Herrschaft auch gegen
den Willen der einzig verbliebenen Supermacht sichert: mit bis
zum Äußersten entschlossenen und loyalen Sicherheitskräften
und im Geheimen entwickelten einsatzfähigen Nuklearwaffen.
Was dagegen mit einem Gegner der USA geschieht, der auf eine
nukleare Bewaffnung verzichtet, konnte die iranische Führung
in Libyen beobachten. Dort hatte Diktator Muammar al-Gaddafi im Jahr 2003 sein Atomprogramm offengelegt und aufgegeben,
2011 stürzten ihn die USA. Khamenei selbst hatte in einer Rede
vom März 2011 deutlich gemacht, dass er ein ähnliches Schicksal
für jedes Regime fürchtete, das sich Washington gegenüber zu
kompromissbereit zeigte.[3]

Für die These, dass Iran künftig nicht mehr davon abzubrin-
gen sein wird, eine Atombombe zu bauen, sprechen das Selbst-
verständnis der politischen Eliten des Landes ebenso wie die Geschichte seines Atomprogramms. Iran zeigt seit nunmehr bald
einem Jahrzehnt, dass es fest entschlossen ist, eine Vormachtstellung am Persischen Golf und im Nahen Osten insgesamt einzunehmen. Khamenei und seine Gefolgsleute glauben, dass ein
Erfolg versprechender Weg über die Bombe führt. Dies demonstrierten sie mit ihrem militärischen Programm vor 2003, aber
auch dadurch, dass sie trotz aller Strafmaßnahmen nach 2003 an
den vorgeblich zivilen Teilen des Programms festhielten. Spätestens die Entdeckung der geheimen Urananreicherungslage in
Fordo im Jahr 2008 musste jedem Beobachter deutlich machen,
dass Iran auch militärische Ziele verfolgte. Nur die Sanktionen

und die katastrophale wirtschaftliche Situation im Land bewogen den Revolutionsführer, seinen Widerstand gegen Verhandlungen mit den USA aufzugeben. Nach der Aufkündigung
des Atomabkommens durch die USA weiß die Führung der Islamischen Republik, dass sie sich auf eine Übereinkunft mit den
USA nicht mehr verlassen kann. Selbst wenn unter einem neuen,
kompromissbereiteren US-Präsidenten noch einmal eine diplomatische Lösung gesucht werden sollte, müsste Teheran immer
mit einem Regierungswechsel in Washington und einem erneuten Ende der Verhandlungen oder dem Ausstieg aus einem be-
reits geschlossenen Abkommen rechnen. Das bedeutet jedoch nicht zwangsläufig, dass es Iran auch
gelingt, eine Atommacht zu werden. Der Weg über die Uranan-
reicherung benötigt Zeit; und die US-Regierung hat mehrfach
erklärt, dass sie eine atomare Bewaffnung der Islamischen Republik nicht dulden wird. Selbst der verhältnismäßig friedfertige
Präsident Obama sagte in einem Interview einmal, dass er im
Fall eines Scheiterns der Verhandlungen auf die militärische
Option gesetzt hätte.[4] Zudem wird mit Israel zumindest ein
Nachbar Irans auch unabhängig von den USA versuchen, den
Bau einer Atombombe durch Iran zu verhindern. Der jüdische
Staat versteht dies als eine Überlebensfrage und wird deshalb
alles in seiner Macht Stehende tun, um die Iraner zu stoppen.
Doch Iran ist ein großes Land, in dem sich viele Orte für den Bau
unterirdischer Atomanlagen eignen. Bisher haben israelische,
US-amerikanische und britische Geheimdienste immer alle relevanten Einrichtungen rechtzeitig entdecken können. Ob dies
auch künftig funktionieren wird, und ob es dann gelingt, die Anlagen so zu zerstören, dass sie nicht mehr weiterarbeiten können,
ist ungewiss. Eine größere bewaffnete Auseinandersetzung zwischen Iran und seinen Gegnern ist indes seit 2018 sehr viel wahrscheinlicher geworden.

Einige Widersacher der Islamischen Republik in Washington
und anderswo hoffen darauf, dass das Regime Khamenei stürzen

könnte, bevor ein Militärschlag notwendig wird. Sie verweisen auf die vermehrten Proteste in den letzten Jahren. Die Demonstrationen im November 2019 weckten Erwartungen, denn sie waren die größten seit der Revolution von 1979. Vielen Beobachtern galten sie als Indiz dafür, dass die Sanktionen die Stabilität des Regimes untergruben. Doch dessen Reaktion zeigte auch seine innere Stärke, denn die Revolutionsgarden, Basij-Milizen und regimeloyalen Schlägertrupps schlugen die Proteste rasch nieder. Solange Khamenei sich auf die Loyalität seiner Sicherheitskräfte verlassen kann, genügen einige Hunderttausend gewaltbereite Männer, um die Kontrolle im Land zu bewahren – und bisher gibt es keine Hinweise, dass die Vorgehensweise des Regimes unter seinen treuen Unterstützern umstritten ist. Ob sich dies nach einem Ableben Ali Khameneis ändern kann, lässt sich noch nicht absehen. Doch trotz aller Proteste und der katastrophalen Auswirkungen der Corona-Pandemie auf die iranische Wirtschaft finden sich viele Hinweise, dass das Regime geschlossen vorgeht.

Saudi-Arabien wird nachziehen

Wenn Teheran tatsächlich versuchen sollte, eine Atombombe zu bauen, wird der große Rivale Saudi-Arabien dies mithilfe der USA und vielleicht auch der Israelis verhindern wollen. Doch das saudi-arabische Vertrauen in die Verlässlichkeit seines großen Verbündeten hat in den letzten Jahren stark gelitten. Erst war es Barack Obama, der mit seinem »pivot to Asia«, seinen Sympathien für den Arabischen Frühling und dem Atomabkommen mit Iran die Herrscher am Golf zu einer aggressiveren Außenpolitik bewegte. Anschließend zeigte auch der anfangs dort so freudig begrüßte Präsident Trump, dass er nicht bereit war, für die Verbündeten in Riad und anderswo einen Krieg gegen

Iran zu riskieren. Dies dürfte in Riad den Wunsch befördert haben, sich von den USA unabhängig zu machen und eine eigene
Nuklearstreitmacht aufzubauen.

Das Thema der saudi-arabischen Atombombe wird in Fach-
kreisen seit den späten 1980er-Jahren diskutiert. Anlass war damals der Erwerb der chinesischen Raketen, die zumindest theoretisch geeignet waren, Nuklearsprengköpfe zu transportieren.
Als möglicher Lieferant der Sprengköpfe wurde seit den 1990er-
Jahren Pakistan genannt, weil das Königreich das Atomprogramm dieses Landes mitfinanzierte. Einige hielten es auch für
möglich, dass Islamabad eigene Atomwaffen in Saudi-Arabien
stationiert, um das Land vor einem iranischen Angriff zu schützen.[5] Diese Vermutungen schienen sich nach 2005 rasch zu er-
härten, denn als sich der Konflikt mit Iran anschließend verschärfte, drohten saudi-arabische Politiker mehrfach mit einer
nuklearen Bewaffnung, falls Iran dies tue. Diese Warnungen
wurden aber meist als Versuch interpretiert, die USA zu einem
entschlossenen Vorgehen gegen die iranischen Pläne zu bewegen, weniger als ernst gemeinte Ankündigung eines saudi-arabischen Programms.

Dies hat sich in den Jahren des »kalten Kriegs« mit Iran seit
2011 geändert. Die Führung in Saudi-Arabien war immer der
Meinung, dass das iranische Atomprogramm militärischer Natur war und dass Teheran auch nach dem Abkommen von 2015
prinzipiell an dem Ziel festhielt, eines Tages eine Atombombe zu
bauen. Da die USA sich seit Obama immer häufiger als unzuver-
lässig erwiesen, musste Saudi-Arabien über eine nukleare Option nachdenken. Dafür gibt es mehrere Hinweise, vor allem die
Modernisierung und Vergrößerung des Raketenarsenals und
das 2010 neu begonnene zivile Atomprogramm – von dem 2020
aber nur ein Forschungsreaktor fertiggestellt war. Bezeichnend
war vor allem die Weigerung der saudi-arabischen Regierung,
auf die Urananreicherung und die Wiederaufbereitung von Plutonium zu verzichten und strengere Inspektionen zuzulassen.

Dies ähnelte der Vorgehensweise der Iraner in früheren Jahren und zeigte, dass Riad sich die Option bewahren will, auf iranische Aktivitäten zu reagieren. Dies bestätigte 2018 auch der neue starke Mann in Riad, Kronprinz Muhammad Ibn Salman. Seit seinem Amtsantritt als Verteidigungsminister im Januar 2015 und als Kronprinz im Juni 2017 ist die Außenpolitik deutlich aggressiver geworden: Saudi-Arabien begann einen Krieg im Jemen, verhängte eine Blockade gegen den Nachbarn und Verbündeten Katar und kündigte an, sich der iranischen Expansion in der gesamten Region entgegenzustellen. Außerdem lassen Ibn Salmans verbale Angriffe auf Ali Khamenei – wie etwa seine Aussage, dieser sei gefährlicher als Hitler – auf eine starke persönliche Abneigung gegen die Führer der Islamischen Republik schließen. Nimmt man noch das unbedachte und rücksichtslose Vorgehen gegen Jamal Khashoggi in den Blick, liegt die Vermutung nahe, dass er die Anweisung zum Beginn eines eigenen militärischen Atomprogramms längst gegeben hat. Daran ändert auch die Mäßigung der saudi-arabischen Politik gegenüber Iran seit den Anschlägen auf Abqaiq und Khurais nichts. Solange Ibn Salman sich in einer Position der Schwäche gegenüber Iran befindet, mag er sich versöhnlich zeigen. Seine Politik der letzten Jahre zeigte jedoch ganz im Gegenteil, dass er für eine aggressiv antiiranische Linie steht, zu der er zurückkehren wird, sobald die Kräfteverhältnisse dies wieder erlauben – unabhängig von wirtschaftlichen Problemen, die aufgrund des niedrigen Ölpreises insbesondere während der Corona-Pandemie 2020 die Einnahmen des Königreichs drastisch reduzierten.

Die enorme Stärke des Kronprinzen Muhammad Ibn Salman im politischen System Saudi-Arabiens bedeutet auch, dass unter seinem Regiment immer eine latente Ungewissheit herrschen wird. Denn wenn er König wird und plötzlich sterben sollte, ist die Nachfolge vollkommen unklar. Theoretisch gibt es zwar immer noch einen Kronrat, der über Nachfolgefragen entscheidet,

dieser wurde allerdings seit 2015 mehrfach übergangen, sodass
ungewiss bleibt, ob und wie dieser noch funktionieren kann. Zudem hat Muhammad Ibn Salman seine ehemaligen Konkurrenten so gründlich entmachtet, dass außer ihm und seinem Vater
keine Machtzentren in der Herrscherfamilie mehr zu erkennen
sind, jedoch davon auszugehen ist, dass beide viele Feinde haben. Sollten König und Kronprinz ausfallen, droht deshalb auch
in Saudi-Arabien Instabilität.

Die USA ziehen sich zurück

Als wären das Streben Irans nach einer regionalen Vormachtstellung mitsamt Atomwaffen und die Unberechenbarkeit und
Aggressivität des baldigen Alleinherrschers in Riad nicht problematisch genug, zeigten die USA immer weniger Neigung, sich
mit den Konflikten des Nahen Ostens zu befassen. Dass die Politik Barack Obamas und Donald Trumps in diesem einen Punkt
weitgehend übereinstimmte, ist ein starkes Indiz dafür, dass es
sich um eine Grundlinie der amerikanischen Politik handelt, die
sich auch in der Ära nach Trump fortsetzen dürfte. Die USA
müssen sich in den nächsten Jahren und Jahrzehnten mehr um
den Pazifik und das Verhältnis zu China kümmern und werden
weniger Ressourcen auf den Nahen Osten und seine Umgebung
verwenden – diese Tatsache verändert die Politik der Region
schon heute grundlegend, obwohl der Prozess erst in seinen An-
fängen steckt.

Der Rückzug aus dem Nahen Osten ist verständlich, denn die
USA sind schon heute nicht mehr die alleinige Supermacht, die
sie nach dem Ende der Sowjetunion 1991 für zwei Jahrzehnte
waren. Der Aufstieg Chinas und sein zunehmend dominantes
Auftreten unter Präsident Xi Jinping zwingt Washington, sich
um sein Verhältnis zu diesem Konkurrenten rund um den Pazi-

fik zu kümmern. Dies erfordert Ressourcen, die in den letzten beiden Jahrzehnten in erster Linie für die Kriege im Irak und Afghanistan aufgewendet wurden. Zwar scheinen die weiterhin hohe Zahl von US-Truppen am Persischen Golf ebenso wie das offenkundige Interesse der US-Regierung an Israel gegen die These vom Rückzug der USA zu sprechen, doch ein Blick auf das US-Militär zeigt, dass die Neuorientierung auf Asien bereits in vollem Gang ist. Schon seit Jahren bereitet es sich wieder auf eine Konfrontation zwischen Staaten vor und beschafft vermehrt Waffensysteme für eine Auseinandersetzung mit Großmächten. Das ist eine gravierende Ändcrung, denn die Kriege der USA nach 2001 wurden gegen weit unterlegene Gegner wie die Taliban, al-Qaida und den IS geführt. Sie kosteten trotzdem so viel Geld, dass es anderswo fehlte und der waffentechnische Vorsprung der USA auf China und Russland schrumpfte. Ein Rückzug aus den Kriegen des weiteren Nahen Ostens soll es dem US-Militär nun erlauben, seinen Vorsprung zumindest zu bewahren. Dieser Rückzug ist aber weit mehr als ein militärischer: Er ist das Eingeständnis, dass viele politische, wirtschaftliche und gedankliche Zukunftsfragen der USA in Asien beantwortet werden – und nicht in Afghanistan, im Irak, in Iran oder Saudi-Arabien.

Dabei ist der Rückzug eine schlechte Nachricht für die Region. Daran ändert nichts, dass die USA nach 2001 große Fehler begangen haben. Der folgenreichste war der Irak-Krieg George W. Bushs von 2003, der das Land in jahrelange Aufstände und Bürgerkriege stürzte, den Aufstieg des IS begünstigte und den Irak dem Einfluss seines Nachbarn Iran aussetzte. Ein anderer Fehler war die Aufkündigung des Atomabkommens von 2015, das nicht perfekt war, aber mindestens bis zum Jahr 2030 mit einiger Sicherheit die Entwicklung einer iranischen Atombombe verhindert hätte. Doch die USA schufen seit den 1990er-Jahren eine von ihnen dominierte Ordnung, die trotz all ihrer Mängel für ein Mindestmaß an Stabilität sorgte. Nun löst sich diese Pax

Americana seit mehr als einem Jahrzehnt auf, und die Folgen für die Region und ihre Bewohner sind dramatisch. Schon der beginnende Rückzug der USA hat dazu geführt, dass geringere Mächte wie Iran, Saudi-Arabien, die VAE, die Türkei und seit 2015 auch Russland die nun entstandene Lücke zu füllen versuchen. Sie alle haben dazu beigetragen, dass die Konflikte in Syrien, im Jemen und in Libyen andauern und die Region von einer Stabilisierung weiter entfernt ist denn je. Wenn Staaten wie Iran und Saudi-Arabien nun tatsächlich versuchen sollten, sich atomar zu bewaffnen, könnte der Konflikt zwischen den beiden Staaten, der sich gerade etwas beruhigt hat, von Neuem ausbrechen.

Europa gerät in Gefahr

Der Verfall der Staatenwelt im Nahen Osten seit 2011 ist ein großes Problem für Deutschland und Europa. Das war besonders drastisch während der Flüchtlingskrise von 2014 bis 2016 zu beobachten, als fast 1,5 Millionen Menschen aus der weiteren Region nach Deutschland kamen. Es ist kein Zufall, dass die größten Kontingente aus Ländern wie Syrien und dem Irak (und auch Afghanistan) stammen, in denen der Konflikt zwischen Iran und Saudi-Arabien mit besonders großem Einsatz ausgetragen wurde. Hinzu kam die genau in jenen Jahren besonders hohe Gefahr durch islamistische Terroristen, die wiederholt von der Möglichkeit Gebrauch machten, mit den Flüchtlingen unkontrolliert in die EU zu gelangen. Es ist fraglich, ob die Anschläge von Paris, Brüssel, Berlin, Barcelona und Manchester geschehen wären, ohne dass Iran und Saudi-Arabien ihren Konflikt in Syrien, im Irak, im Jemen und im Libanon ausgetragen hätten.

Schon diese Beispiele zeigen, wie bedrohlich die anhaltende Instabilität im Nahen Osten auch für Europa ist. Gleichzeitig gilt für Deutschland, was auch für die USA gilt: Die großen Zukunftsfragen entscheiden sich nicht im Verhältnis Europas zum Nahen Osten oder Nordafrika, sondern zu China, Nordamerika und vielleicht auch Russland. Im Unterschied zu den USA liegt der Nahe Osten jedoch so nahe an Europa, dass eine Abwendung von dieser Nachbarregion gar nicht möglich ist. Die beste Art des Umgangs mit diesem Zielkonflikt ist es, die Prioritäten der eigenen Politik richtig zu setzen. Dabei hilft die Kernaussage dieses Buches: Die Auseinandersetzung zwischen Iran und Saudi-Arabien hat sich zum zentralen Konflikt der Region entwickelt, der alle anderen Ereignisse beeinflusst. Wenn dem so ist, dann sollten sich auch die Europäer vorrangig mit diesem Thema befassen. Riad, Teheran, Abu Dhabi und Dubai sind die Orte, auf die es in der Großen Politik des Nahen Ostens im 21. Jahrhundert ankommen wird; nicht Kairo, Damaskus oder Beirut.

In den Verhandlungen über das Atomprogramm haben Deutschland, Frankreich und Großbritannien genau das getan und mit dem Abkommen von 2015 einen großen Erfolg der europäischen Außenpolitik gefeiert. Umso ernüchternder war es zu sehen, dass die Europäer auf die Aufkündigung des Atomabkommens durch Präsident Trump keine wirkliche Antwort hatten. Es zeigte sich, dass Berlin, Paris und London nur gemeinsam mit den USA ernst zu nehmende internationale Akteure sind. Das könnte rasch erneut zum Problem werden, wenn Iran, Saudi-Arabien und weitere Länder Atomwaffen zu entwickeln versuchen. Schon heute erreichen iranische ballistische Raketen und Marschflugkörper von Iran aus Südeuropa; und die saudi-arabischen Modelle können sogar noch weiter entfernte Ziele treffen. Die Rüstungsanstrengungen der beiden Staaten sind eine direkte Bedrohung der europäischen Sicherheit. Wollen die Europäer sich schützen, müssen sie alles tun, um zunächst eine Bewaffnung Teherans zu verhindern. Es ist unwahrscheinlich, dass dies noch einmal mit Sanktionen gelingt, sodass ein US-amerikanischer oder israelischer Militärschlag gegen Iran kaum zu vermeiden sein wird. Deutschland und Europa sollten dann an der Seite Washingtons und Tel Avivs/Jerusalems stehen.

Angesichts des Rückzugs der USA aus dem Nahen Osten und der Probleme zwischen Washington und seinen europäischen Partnern wird ein solcher Schulterschluss in den kommenden Jahren jedoch nicht mehr ausreichen. Deutschland und Europa werden nicht umhinkommen, eine eigene Nahostpolitik zu entwickeln, die im Zweifelsfall auch ohne die USA betrieben wird. Die USA werden sich künftig immer seltener mit den Problemen in unserer Nachbarschaft befassen. Um überhaupt als Akteure wahrgenommen zu werden und eines Tages auch Einfluss auszuüben, muss Europa nicht nur gemeinsam auftreten, es benötigt auch Verbündete in der Region und ein starkes Militär, um der eigenen Diplomatie im Notfall Nachdruck zu verleihen. Allzu oft geben sich die Deutschen noch der Illusion hin, in der Auseinandersetzung mit rücksichtslosen Machtpolitikern wie Ali Khamenei, Bashar al-Assad oder Wladimir Putin genüge die Überzeugungskraft des guten Arguments. Dem ist nicht so, und Diplomatie bedarf zuweilen einer robusten Drohung im Hintergrund. Es wird schwierig, einen solchen Wandel der politischen Kultur in Deutschland durchzusetzen, insbesondere wenn die finanziellen Spielräume infolge der Corona-Krise noch weiter schrumpfen – doch bleibt er aus, können die Konflikte im Nahen Osten rasch zu einer existenziellen Gefahr für unsere Sicherheit werden.

Dank

Sachbücher wie dieses sind nie nur das Werk einer einzelnen Person. Viele haben mit Einzelinformationen, Hinweisen auf Quellen und Literatur und ihrer stetigen Diskussionsbereitschaft dazu beigetragen, dass es entstehen konnte. Davon können etliche hier nicht genannt werden, weil sie in den Diktaturen des Nahen Ostens leben oder von dort stammen und zuweilen ihre Heimat besuchen. Meinen anonymen Freunden und Gesprächspartnern in und aus der Region bin ich deshalb besonders verbunden.

Mein Dank gilt außerdem Margit Ketterle von Droemer Knaur, die mich darin bestärkte, den Konflikt zwischen Saudi-Arabien und Iran insgesamt darzustellen, und so den entscheidenden Anstoß für dieses Buch gab. Walter Posch und Hans-Jakob Schindler haben mir immer wieder geholfen, die iranische Geschichte, Politik und Gesellschaft zu verstehen, und maßgeblich dazu beigetragen, dass dies hier auch ein Buch über iranische Politik geworden ist. Bei der Arbeit am Text ist mir auch klar geworden, wie viel ich Shams Anwari-Alhosseyni verdanke, meinem verehrten Persisch-Lehrer lange vergangener Studientage.

Clara-Auguste Süß hat monatelang Quellen und Literatur herbeigeschafft und ausgewertet, Fakten überprüft und das Manuskript akribisch gegengelesen. Nicole Renvert danke ich für ihre Einsichten in die US-Politik und zahlreiche Anmerkungen zum Manuskript, Andreas Jacobs für strenge Kritik am Exposé. Sehr geholfen haben mir auch Maan Abdul Salam, Muriel Asseburg, Udi Dekel, Henner Fürtig, Daniel Gerlach, Wolf Kinzel, Gil Murciano, Lara Nelson, Khaled Owais, Essam Al Rayyis, Jür-

gen Rogalski, Kamran Safiarian, Sima Shine, Joshua Teitelbaum
und Nils Wörmer.

Ein Buch ist weit mehr als sein Inhalt. Ilka Heinemann von
Droemer Knaur, Leslie Gardner und Darryl Samaraweera von
Artellus Ltd. haben es möglich gemacht. Mein besonderer Dank
gilt Jan Strümpel für seine kluge und umsichtige Lektorierung
des Manuskripts.

Anmerkungen

Einleitung: Der zentrale Konflikt im Nahen Osten

1 The World Bank, *GDP (current US$) - Iran, Islamic Rep., Iraq, Saudi Arabia*, https://data.worldbank.org/indicator/NY.GDP.MKTP.CD?locations=IR-IQ-SA.

1 Iran und Saudi-Arabien seit der Islamischen Revolution

1 Zitiert nach: Henner Fürtig, *Großmacht Iran. Der Gottesstaat wird Global Player,* Köln, Bastei Lübbe 2016, S. 79.

2 »Die Heimat von Ausbeutern reinigen«, in: *Der Spiegel* vom 22. Januar 1979, http://www.spiegel.de/spiegel/print/d-40351130.html.

3 Behnam Ben Taleblu, »Nixon, Kissinger, and the Shah: A Troika of Realists«, in: *War on the Rocks* vom 9. Dezember 2014, https://warontherocks.com/2014/12/nixon-kissinger-and-the-shah-a-troika-of-realists/.

4 Said Amir Arjomand, *The Turban for the Crown. The Islamic Revolution in Iran,* New York und Oxford, Oxford University Press 1988, S. 136.

5 Ebd., S. 151.

6 Zu Khomeinis Biografie vgl. Baqer Moin, *Khomeini. Life of the Ayatollah,* London und New York, I. B. Tauris 1999, passim.

7 Ebd., S. 225.

8 Fürtig, *Großmacht Iran,* S. 77f.

9 Ebd., S. 79.

10 Yaroslav Trofimov, *The Siege of Mecca. The 1979 Uprising in Islam's Holiest Shrine,* New York, Anchor Books 2007, S. 46-68.

11 Zu den Ereignissen im Detail vgl. Kapitel 3 dieses Buches.

12 Pierre Razoux, *The Iran-Iraq War,* Cambridge und London, Belknap Press 2015, S. 10f.

13 Afshon Ostovar, *Vanguard of the Imam. Religion, Politics, and Iran's Revolutionary Guards*, Oxford, Oxford University Press 2016, S. 78f.

14 Barry Rubin, »The Gulf States and the Iran-Iraq War«, in: Efraim Karsh (Hrsg.), *The Iran-Iraq War. Impact and Implications*, London, Macmillan 1987, S. 121–132 (S. 128f.).

15 Robert Pear, »Aug. 20 Cease-Fire is on in 8-Year Iran-Iraq War«, in: *New York Times* vom 9. August 1988.

16 Rubin, »The Gulf States and the Iran-Iraq War«, S. 122f.

17 Razoux, *The Iran-Iraq War*, S. 562.

18 Zu den Unruhen von Mekka und ihren Folgen im Detail vgl. Martin Kramer, »Khomeini's Messengers in Mecca«, in: Ders. (Hrsg.), *Arab Awakening and Islamic Revival*, New Brunswick: Transaction 1996, S. 161–188 (S. 174f.). Zu den Zitaten vgl. Garrett Nada u. a., »Flashpoints: Iran and Saudi Arabia«, *United States Institutes of Peace: The Iran Primer*, 18. September 2019, https://iranprimer.usip.org/blog/2019/sep/18/flashpoints-iran-and-saudi-arabia.

19 Shahram Chubin und Charles Tripp, *Iran-Saudi Arabia Relations and Regional Order*, London, Routledge 2004, S. 17.

20 Razoux, *The Iran-Iraq War*, S. 569 und 574.

21 Nozhan Etezadosaltaneh, »Rafsanjani's Legacy: The Father of Neoliberalism in Iran«, in: *International Policy Digest* vom 12. Januar 2017, https://intpolicydigest.org/2017/01/12/rafsanjani-s-legacy-father-neoliberalism-iran/.

22 Ostovar, *Vanguard of the Imam*, S. 146.

23 Fürtig, *Großmacht Iran*, S. 166.

24 Frederic Wehrey et al., *Saudi-Iranian Relations Since the Fall of Saddam. Rivalry, Cooperation, and Implications for U.S. Policy*, Santa Monica u. a., RAND 2009, S. 17.

25 Chubin/Tripp, *Iran-Saudi Arabia Relations*, S. 20.

26 Bis kurz nach dem Anschlag von Khobar im Juni 1996 nutzten die Amerikaner die Basis in Dhahran an der Golfküste, bevor sie auf die Prince-Sultan-Airbase umzogen. David B. Ottaway, *The King's Messenger. Prince Bandar Bin Sultan and America's Tangled Relationship with Saudi Arabia*, New York, Walker & Company 2008, S. 171.

27 Guido Steinberg, *Saudi-Arabien als Partner deutscher Nahostpolitik*, Stiftung Wissenschaft und Politik, Berlin, Dezember 2008 (SWP-Studie 35/2008), S. 7–9.

28   Elsa Walsh, »Louis Freeh's Last Case«, in: *New Yorker* vom 14. Mai 2001, S. 68–79.

29   Zitiert nach: Walsh, »Louis Freeh's Last Case«.

30   Karim Sadjadpour, »Sons of the Iranian Revolution. Rafsanjani, Khamenei, and the Friendship-cum-Rivalry that Shaped a Country«, in: *The Atlantic* vom 9. Januar 2017, https://www.theatlantic.com/international/archive/2017/01/rafsanjani-khamenei-iran/512540/.

31   Zu einer detaillierten Darstellung der Ereignisse vgl. Laura Secor, »The Supreme Leader's Next Move«, in: *New Yorker* vom 16. Juni 2009, https://www.newyorker.com/news/news-desk/laura-secor-the-supreme-leaders-next-move.

32   Guido Steinberg, *Saudi-Arabien als Partner deutscher Nahostpolitik*, S. 17.

33   Paul Aarts und Joris van Duijne, »Saudi Arabia: After U.S.-Iranian Detente: Left in the Lurch«, in: *Middle East Policy*, Bd. 16, Nr. 3 (Herbst 2009), S. 64–78 (S. 70).

34   Hassan M. Fattah, »Militia Rebuked by Some Arab Countries«, in: *New York Times* vom 17. Juli 2006.

35   Christopher Bronk und Eneken Tikk-Ringas, »The Cyber Attack on Saudi Aramco«, in: *Survival*, Bd. 55, Nr. 2 (April–Mai 2013), S. 81–96 (S. 82).

36   Die beste Darstellung ist: David Sanger, *Confront and Conceal. Obama's Secret Wars and Surprising Use of American Power*, New York, Crown 2012, S. 188–235.

37   Nicole Perlroth, »In Cyberattack on Saudi Firm, U.S. Sees Iran Firing Back«, in: *New York Times* vom 23. Oktober 2012, https://www.nytimes.com/2012/10/24/business/global/cyberattack-on-saudi-oil-firm-disquiets-us.html.

38   Samuel Ciszuk, »Oil Strike. Saudi Arabia Wields its Energy Weapon«, in: *Jane's Intelligence Review*, Januar 2013, S. 56–57.

39   Dieter Bednarz (u. a.), »Die rote Linie«, in: *Der Spiegel* 10/2012, S. 81–90 (S. 87).

40   Zum Ablauf vgl. Peter Finn, »Iranian Militant Linked to Murder Plot«, in: *Washington Post* vom 15. Oktober 2011. Eine detaillierte Darstellung findet sich in der Klageschrift: *United States vs. Manssor Arbabsiar and Ali Gholam Shakuri*, New York, 11. Oktober 2011, http://www.justice.gov/opa/documents/us-v-arbabsiar-shakuri-complaint.pdf.

41 Ahmad Ghallab: »Saud al-Faisal: Der Angriff Irans auf unsere Diplomaten ist nichts Neues« (Arabisch), in: *al-Hayat* vom 25. November 2011.

2 Iran: Revisionistische Macht im Nahen Osten

1 Zum Ablauf vgl. Richard Pérez-Peña, »At Least 25 Are Killed at a Military Parade in Iran«, in: *New York Times* vom 23. September 2018.

2 »The Perpetrators of Ahvaz Terrorist Attack Are Funded by UAE and Saudi Regimes«, in: *Khamenei.ir,* 24. September 2018, http://english.khamenei.ir/news/5961/The-perpetrators-of-Ahvaz-terrorist-attack-are-funded-by-UAE.

3 Den Hinweis auf die tatsächliche Zahl verdanke ich Dr. Walter Posch, Wien.

4 Fürtig, *Großmacht Iran,* S. 140f.

5 Thomas Erdbrink, »Protests in Iran City Where ›Brown Dust‹ Covers All«, in: *New York Times* vom 20. Februar 2017.

6 Scheherezade Faramarzi, »Iran's Khuzestan Arabs«, in: *lobelog.org,* 19. November 2018, https://lobelog.com/irans-khuzestan-arabs/.

7 Thomas Erdbrink, »Iranian Kurds Implicated in Dual Attacks in Tehran«, in: *New York Times* vom 10. Juni 2017.

8 Thomas Joscelyn und Amir Toumaj, »Jaish al-Adl Claims Deadly IRGC Bus Bombing«, in: *Long War Journal,* 14. Februar 2019, https://www.longwarjournal.org/archives/2019/02/jaish-al-adl-group-claims-deadly-irgc-bus-bombing.php.

9 Interview des Autors mit Hans-Jakob Schindler, Senior Director, Counter Extremism Project, Berlin, 14. Dezember 2018.

10 Zur Dualität des Systems vgl. Fürtig, *Großmacht Iran,* S. 106ff.

11 Die immer noch grundlegende Darstellung zum politischen System Irans ist: Wilfried Buchta, *Who Rules Iran? The Structure of Power in the Islamic Republic,* Washington Institute for Near East Policy und Konrad Adenauer Stiftung 2000. Zum Obersten Führer vgl. ebd., S. 46f.

12 Zitiert nach Karim Sadjadpour, »Iranian Supreme Leader Ali Khamenei is One Despot Trump Might not Win Over«, in: *Time* vom 3. Oktober 2019, https://time.com/5691642/iran-supreme-leader-ali-khamenei-trump/.

13 Elaine Sciolino, »Internal Strife Stirs Iran to Rethink Foreign Policy«, in: *New York Times* vom 6. November 1986, https://www.nytimes.com/1986/11/06/world/internal-strife-stirs-iran-to-rethink-foreign-policy.html.

14 Halel Esfandiarishaul Bakhash, »The Long Career of Ali Akbar Hashemi Rafsanjani«, in: *The Atlantic* vom 8. Januar 2017, https://www.theatlantic.com/international/archive/2017/01/rafsanjani-iran-khamenei-khomeini/512507/.

15 Afshon Ostovar, *Vanguard of the Imam. Religion, Politics, and Iran's Revolutionary Guards*, New York, Oxford University Press 2016, S. 143f.

16 Deswegen wurden sie früher auch häufig die »neue Linke« genannt. Vgl. Buchta, *Who Rules Iran?*, S. 18f.

17 Laura Secor, »Fugitives. Young Iranians Confront the Collapse of the Reform Movement«, in: *New Yorker* vom 21. November 2005, https://www.newyorker.com/magazine/2005/11/21/fugitives-2.

18 Zu seiner Biografie im Detail vgl. Mehdi Khalaji, *Tightening the Reins: How Khamenei Makes Decisions*, Washington Institute for Near East Policy 2014 (Policy Focus 126), http://www.washingtoninstitute.org/uploads/Documents/pubs/PolicyFocus126_Khalaji.pdf.

19 Ebd., S. 62.

20 Sussan Siavoshi, *Montazeri. The Life and Thought of Iran's Revolutionary Ayatollah*, New York, Cambridge University Press 2017, S. 147.

21 Zitiert nach: Karim Sadjadpour, »Iranian Supreme Leader Ali Khamenei is One Despot Trump Might not Win Over«.

22 Jon Lee Anderson, »After the Crackdown. Letter from Tehran«, in: *New Yorker* vom 16. August 2010.

23 Neil MacFarquhar, Artin Afkhami und Lara El Gibaly, »A Divine Wind Blows against Iran's President«, in: *New York Times* vom 23. Juni 2011.

24 Khalaji, *Tightening the Reins*, S. VII.

25 Fürtig, *Großmacht Iran*, S. 169f.

26 »Leader's Speech in Meeting with Commanders of Islamic Revolutionary Guards Corps«, 17. September 2013, http://english.khamenei.ir/news/1827/Leader-s-Speech-in-Meeting-with-Commanders-of-Islamic-Revolutionary.

27 Thomas Erdbrink, »Iran Economy in Worst Fix Since 1979, Rouhani Says«, in: *New York Times* vom 31. Januar 2019.

28 Zitiert nach: Rick Gladstone,»Iran's Leader Faults Rouhani for Turmoil in Economy«, in: *New York Times* vom 14. August 2018.

29 Zum Nationalen Sicherheitsrat allgemein vgl. Khalaji, *Tightening the Reins*, S. 44–46.

30 R. Jeffrey Smith und Joby Warrick,»Iran's Nuclear Efforts Detailed; Pakistani Says Tehran Tried to Buy Bombs but Received Drawings, Parts«, in: *The Washington Post* vom 14. März 2010.

31 David E. Sanger,»Long Absent, Nuclear Expert Still Has Hold on Iran Talks«, in: *New York Times* vom 25. Juni 2014.

32 Zu einer kurzen Beschreibung des Anreicherungsprozesses vgl. William Langewiesche,»The Wrath of Khan«, in: *The Atlantic* vom November 2005, https://www.theatlantic.com/magazine/archive/2005/11/the-wrath-of-khan/304333/.

33 Amos Yadlin, *The Begin Doctrine: The Lessons of Osirak and Deir ez-Zor,* The Institute for National Security Studies (INSS Insight Nr. 1037), 21. März 2018.

34 David E. Sanger,»Video Links North Koreans to Syria Reactor, U.S. Says«, in: *New York Times* vom 24. April 2008.

35 William Langewiesche,»The Wrath of Khan«.

36 Masoud Kazemzadeh,»Foreign Policy Decision Making in Iran and the Nuclear Program«, in: *Comparative Strategy* Bd. 36, Nr. 3 (2017), S. 198–214 (S. 209).

37 National Intelligence Estimate, *Iran: Nuclear Intentions and Capabilities,* November 2007, https://www.dni.gov/files/documents/Newsroom/Reports%20and%20Pubs/20071203_release.pdf.

38 Elissa Gootman,»Security Council Approves Sanctions against Iran over Nuclear Program«, in: *New York Times* vom 24. Dezember 2006.

39 David Sanger und William J. Broad,»U.S., Allies Warn Iran over Nuclear ›Deception‹«, in: *Houston Chronicle* vom 26. September 2009.

40 Fürtig, *Großmacht Iran*, S. 168.

41 Nikola B. Schahgaldian, *The Iranian Military Under the Islamic Republic,* Santa Monica, RAND 2007, S. 26.

42 Ali Alfoneh, *The Basij Resistance Force: A Weak Link in the Iranian Regime?,* The Washington Institute for Near East Policy, 5. Februar 2010 (Policy

Watch 1627), https://www.washingtoninstitute.org/policy-analysis/view/the-basij-resistance-force-a-weak-link-in-the-iranian-regime.

43 Michael Connell, »Iran's Military Doctrine«, United States Institute of Peace: *The Iran Primer,* http://iranprimer.usip.org/resource/irans-military-doctrine.

44 Ostovar, *Vanguard of the Imam,* S. 125.

45 Ebd., S. 84.

46 Interview des Autors mit Hans-Jakob Schindler, Senior Director, Counter Extremism Project, Berlin, 14. Dezember 2018.

47 International Institute for Strategic Studies (IISS), *The Military Balance 2019,* London, Routledge 2019, S. 343.

48 Michael Elleman, »Iran's Ballistic Missile Program«, United States Institute of Peace: *The Iran Primer,* https://iranprimer.usip.org/resource/irans-ballistic-missile-program.

49 David Sanger und William J. Broad, »U.S. Resurrects Plan to Cripple Iranian Missiles«, in: *New York Times* vom 14. Februar 2019.

50 David Sanger und William J. Broad, »Explosion Seen as Big Setback to Iran Missiles«, in: *New York Times* vom 5. Dezember 2011.

51 Max Fisher, »Deep in Desert, Iran Quietly Works on Missiles«, in: *New York Times* vom 24. Mai 2018.

52 Connell, »Iran's Military Doctrine«.

53 Martin Chulov, »His Power is Absolute. No One Can Challenge Him«, in: *The Guardian* vom 29. Juli 2011.

54 Zitiert nach: Chulov, »His Power is Absolute«.

55 Dexter Filkins, »The Shadow Commander«, in: *New Yorker* vom 30. September 2013.

56 Zitiert nach: Chulov, »His Power is Absolute«.

3 Saudi-Arabien: Aggressiver Hüter des Status quo

1 Die meisten Schätzungen liegen zwischen 5000 und 8000 Personen. Joseph A. Kéchichian, *Power and Succession in Arab Monarchies. A Reference Guide,* Boulder und London, Lynne Rienner 2008, S. 245.

2 »Former Saudi Foreign Minister Saud al-Faisal Dies«, in: *Al Jazeera* vom 10. Juli 2015, https://www.aljazeera.com/news/2015/07/saudi-fm-prince-saud-al-faisal-dies-150709174932774.html.

3 Nathaniel Kern und Matthew M. Reed, *Change and Succession in Saudi Arabia*, Middle East Policy Council, November 2011, https://mepc.org/commentary/change-and-succession-saudi-arabia.

4 Zu den Reformen von 1992 im Überblick vgl. Joseph A. Kéchichian, *Legal and Political Reforms in Sa'udi Arabia*, London, Routledge 2013, S. 133ff.

5 Steven A. Cook, »The Right Way to Promote Arab Reform«, in: *Foreign Affairs* vom März/April 2005, https://www.foreignaffairs.com/articles/middle-east/2005-03-01/right-way-promote-arab-reform.

6 »Asharq Al-Awsat veröffentlicht den Text der saudischen Initiative zur Reform der arabischen Situation ...« (arabisch), in: *ash-Sharq al-Awsat* vom 13. Januar 2003, https://archive.aawsat.com/details.asp?section=4&issueno=8812&article=146709#.Xhb7Vf5KiUk.

7 U.S. Government Publishing Office, *Congressional Record Vol. 150, Nr. 123,* 4. Oktober 2004, https://www.govinfo.gov/content/pkg/CREC-2004-10-04/html/CREC-2004-10-04-pt1-PgH8015.htm.

8 Neil MacFarquhar, »Asterisk Aside, Saudis Prepare for Their First National Election«, in: *New York Times* vom 10. Februar 2005.

9 Simon Henderson, *After King Abdullah, Succession in Saudi Arabia*, Washington Institute for Near East Policy 2009 (Policy Focus 96), S. 13–15.

10 William B. Quandt, *Saudi Arabia in the 1980s. Foreign Policy, Security, and Oil*, Washington, D.C. 1981, S. 117–120.

11 Jacob Goldberg, »Saudi Arabia«, in: Ami Ayalon (Hrsg.), *Middle East Contemporary Survey, Volume XIV: 1990*, Boulder/Oxford, Westview 1992, S. 590–629 (S. 607).

12 Roula Khalaf, »Regal Reformer. Crown Prince Abdullah, Regent to Saudi Arabia's King Fahd, has Spearheaded Diplomatic and Economic Change«, in: *Financial Times* vom 25. Juni 2001.

13 Interview des Autors mit saudi-arabischem Diplomaten, Riad, Januar 2008.

14 *Saudi Arabia. Security Reforms and the House of Saud,* Stratfor Analysis, 20. Oktober 2005.

15 Abeer Allam, »Hawkish Prince is Surprise Choice to Run Saudi Intelligence«, in: *Financial Times* vom 23. Juli 2012.

16 Zu Ibn Nayif im Detail vgl. Bruce Riedel, *The Prince of Counter-Terrorism,* Brookings, 29. September 2015 (Brookings Essay), http://csweb.brookings. edu/content/research/essays/2015/the-prince-of-counterterrorism.html.

17 Ben Hubbard, Mark Mazzetti und Eric Schmitt, »Saudi King's Son Plotted Effort to Oust His Rival«, in: *New York Times* vom 19. Juli 2017.

18 Raf Sanchez, »First Senior Saudi Prince ›Freed From Imprisonment at Ritz-Carlton Hotel‹«, in: *The Telegraph* vom 28. November 2017, https://www.telegraph.co.uk/news/2017/11/28/first-senior-saudi-prince-freed-imprisonment-ritz-carlton-hotel/.

19 Matthew M. Reed, *Saudi Vision 2030: Winners and Losers,* Carnegie Endowment for International Peace, 2. August 2016, https://carnegieendowment. org/sada/64227.

20 Yaroslav Trofimov, »A Social Revolution in Saudi Arabia«, in: *Wall Street Journal* vom 16. November 2019.

21 Guido Steinberg, »Reformen, die keine sind«, in: *ZEIT online* vom 12. Juni 2018, https://www.zeit.de/politik/ausland/2018-06/reformen-saudi-arabien-politik-religion-verfolgung-autoritaer.

22 Jeffrey Goldberg, »Saudi Crown Prince: Iran's Supreme Leader ›Makes Hitler Look Good‹«, in: *The Atlantic* vom 2. April 2018, https://www.theatlantic. com/international/archive/2018/04/mohammed-bin-salman-iran-israel/ 557036/.

23 PBS Frontline, »Bitter Rivals (Part two)«, 27. Februar 2018, https://www.pbs.org/ video/bitter-rivals-iran-and-saudi-arabia-part-two-ka4dlm/ (Minute 35:50).

24 Rick Gladstone, »Toll From Hajj Stampede Reaches 2,411 in New Estimate«, in: *New York Times* vom 11. Dezember 2015.

25 International Institute for Strategic Studies (IISS), *The Military Balance 2019,* London, Routledge 2019, S. 365–368.

26 Neil Partrick, *Saudi Arabia's Elusive Defense Reform,* Carnegie Endowment for International Peace, 14. November 2019, https://carnegieendowment. org/sada/80354.

27 Bericht der US-Botschaft Riad, *Saudi King Abdullah and Senior Princes on Saudi Policy toward Iraq,* 20. April 2008, http://www.wikileaks.org/plusd/ cables/08RIYADH649_a.html.

28 Suzanne Fenton, »US Signs $60bn Arms Deal with Saudi Arabia«, in: *MEED* vom 21. Oktober 2010, http://www.meed.com/sectors/industry/defence/us-signs-60bn-arms-deal-with-saudi-arabia/3075804.article.

29 Zvi Shtauber und Yiftah S. Shapir (Hrsg.), *The Middle East Strategic Balance 2004-2005*, Brighton/Portland 2006, S. 155; International Institute for Strategic Studies, *Nuclear Programmes in the Middle East. In the Shadow of Iran* (IISS Strategic Dossier), London 2008, S. 42f.

30 Sean O'Connor, »Secrets of the Sands. Saudi Arabia's Undisclosed Missile Site«, in: *Jane's Intelligence Review*, August 2013, S. 8–13 (S. 8).

31 Yaakov Lappin, »Saudi Rocket Parade a Signal to Iran, Israeli Defense expert tells ›Post‹«, in: *The Jerusalem Post* vom 1. Mai 2014.

32 Shervin Taheran, »U.S. Confirms Saudi Ballistic Missile Production«, in: *Arms Control Today*, Bd. 49, Nr. 6 (Juli 2019), S. 35.

33 David B. Ottaway, *The King's Messenger. Prince Bandar Bin Sultan and America's Tangled Relationship with Saudi Arabia*, New York, Walker & Company 2008, S. 230.

34 Bericht der US-Botschaft Riad, *Scenesetter for Secretary Clinton's Feb 15–16 Visit to Saudi Arabia*, 11. Februar 2010, http://cablegatesearch.net/cable.php?id=10RIYADH178&q=iran%20nuclear, Zugriff am 22. Januar 2014.

35 Norah O'Donnell, »Saudi Arabia's Heir to the Throne Talks to 60 Minutes«, in: *60 Minutes* vom 19. März 2018, https://www.cbsnews.com/news/saudi-crown-prince-talks-to-60-minutes/.

36 Jonathan Tirone, »First Images of Saudi Nuclear Reactor Show Plant Nearing Finish«, in: *Bloomberg* vom 3. April 2019, https://www.bloomberg.com/news/articles/2019-04-03/first-images-of-saudi-nuclear-reactor-show-plant-nearing-finish.

37 Kelsey Davenport, »Saudi Arabia Seen to Build Missile Factory«, in: *Arms Control Today*, Bd. 49, Nr. 2 (März 2019), S. 39.

38 Toby Matthiesen, *The Other Saudis. Shiism, Dissent and Sectarianism*, Cambridge, Cambridge University Press 2015, S. 112f.

39 Toby Jones, »Rebellion on the Saudi Periphery. Modernity, Marginalization, and the Shi'a Uprising of 1979«, in: *Middle East Studies*, Bd. 38, Nr. 2 (2006), S. 213–233 (S. 224).

40 Laurence Louër, *Transnational Shia Politics. Religious and Political Networks in the Gulf*, New York, Columbia University Press 2008, S. 164.

41 Die Darstellung der Geschichte der Gruppe beruht auf: Toby Matthiesen, »Hizbullah al-Hijaz: A History of the Most Radical Saudi Shi'a Oppo-

sition Group«, in: *Middle East Journal*, Bd. 64, Nr. 2 (Frühling 2010), S. 179–197.

42 Ebd., S. 191f.

43 Toby Matthiesen, »The Shi'a of Saudi Arabia at a Crossroads«, in: *Middle East Report Online*, 6. Mai 2009, http://www.merip.org/mero050609.html.

44 Zitiert nach ebd.

45 Toby Matthiesen, »A ›Saudi Spring?‹ The Shi'a Protest Movement in the Eastern Province 2011–2012«, in: *Middle East Journal*, Bd. 66, Nr. 4 (Herbst 2012), S. 628–659 (S. 650).

46 Sultan Sooud Al Qassemi, »How Saudi Arabia and Qatar Became Friends Again«, in: *Foreign Policy* vom 21. Juli 2011, https://foreignpolicy.com/2011/07/21/how-saudi-arabia-and-qatar-became-friends-again/.

47 »Beginn eines schiitischen Aufstands in Saudi Arabien – und Sorgen im Golf« (arabisch), in: *al-Quds al-Arabi* vom 5. Oktober 2011.

48 Die Predigt Nimrs findet sich in gekürzter Fassung in: »Saudi Shiite Cleric Nimr Al-Nimr Rejoices in the Death of Saudi Crown Prince Nayef«, MEMRI (Clip 3483) vom 27. Juni 2012, https://www.memri.org/tv/saudi-shiite-cleric-nimr-al-nimr-rejoices-death-saudi-crown-prince-nayef-he-will-be-eaten-worms.

49 Matthiesen, »A ›Saudi Spring?‹«, S. 656.

50 Adam Coogle, »Saudi Arabia's ›War on Terror‹ Is Now Targeting Saudi Shiites«, in: *Foreign Policy* vom 23. August 2017, https://foreignpolicy.com/2017/08/23/saudi-arabias-war-on-terror-is-now-targeting-saudi-shia/.

51 »Saudi Arabia: Loyalty Trumps Sect«, in: *The Economist* vom 1. September 2018.

4 Bahrain: Kein Frühling am Persischen Golf

1 John Bambridge, »Bahrain Outlook Transformed by Oil and Gas Discovery«, in: *Middle East Business Intelligence* (MEED) vom 30. April 2018.

2 Simeon Kerr, »Debt-Ridden Bahrain Wins $10bn Aid package from Gulf allies«, in: *Financial Times* vom 6. Oktober 2018.

3   Zu den Ereignissen von 1981 im Detail vgl. Hasan Tariq Alhasan, »The Role of Iran in the Failed Coup of 1981: The IFLB in Bahrain«, in: *The Middle East Journal*, Bd. 65, Nr. 4 (2011), S. 603–617.

4   International Crisis Group (ICG): *Popular Protests in North Africa and the Middle East (III): The Bahrain Revolt* (Middle East/North Africa Report No. 105), 6. April 2011, S. 4.

5   Laurence Louër, *Transnational Shia Politics*, S. 106ff.

6   Frederic M. Wehrey, *Sectarian Politics in the Gulf. From the Iraq War to the Arab Uprisings*, New York, Columbia University Press 2014, S. 49.

7   Interviews des Autors mit Oppositionellen in Manama, 6.–8. Dezember 2013.

8   »Bahrain: Shouting in the Dark«, in: *Al Jazeera* vom 19. Juni 2012, http://www.aljazeera.com/programmes/2011/08/201184144547798162.html.

9   Bahrain Independent Commission of Inquiry, *Report*, November 2011, S. 165.

10 Kenneth Katzman, *Bahrain: Reform, Security, and U.S. Policy*, Congressional Research Service, 29. September 2017, S. 9; Interviews des Autors in Manama, 7.–11. Dezember 2012.

11 Mark Landler, »Cultivating a Prince to Coax and Ally to Change«, in: *New York Times* vom 10. Juni 2011.

12 Kéchichian, *Power and Succession in Arab Monarchies*, S. 76f. und 91f.

13 Interview des Autors mit schiitischem Oppositionellen, Manama, 10. Dezember 2012.

14 Ebd.

15 Justin Gengler, *Bahrain's Sunni Awakening*, Middle East Research and Information Project (MERIP), 17. Januar 2012, http://www.merip.org/mero/mero011712.

16 Kenneth Katzman, *Bahrain: Unrest, Security, and U.S. Policy*, Congressional Research Service, 20. August 2019, S. 17f.

17 Siehe z. B. Carol E. Lee und Jay Solomon, »World News: Obama Presses Bahrain on Reform«, in: *Wall Street Journal* vom 8. Juni 2011.

18 Katzman, *Bahrain: Unrest, Security, and U.S. Policy*, S. 20 und 22.

19 Stephen Kalin und Sarah Dadouch, »Gulf Arab Allies Hail Triumph after U.S. Quits Iran Deal«, in: *Reuters* vom 9. Mai 2018, https://www.reuters.

com/article/us-iran-nuclear-gulf-reaction/gulf-arab-allies-hail-triumph-after-u-s-quits-iran-deal-idUSKBN1I93CU.

20 David E. Sanger und Eric Schmitt, »U.S. to Remove Rights Checks on Arms Sale«, in: *New York Times* vom 30. März 2017.

21 David D. Kirkpatrick, »Bahrain Activist Gets Five-Year Sentence for ›Insulting‹ Tweets«, in: *New York Times* vom 22. Februar 2018.

22 U.S. Department of State, »In the Matter of the Designation of al-Ashtar Brigades (AAB), aka Saraya al-Ashtar, as a Foreign Terrorist Organization Pursuant to Section 219 of the Immigration and Nationality Act, as Amended«, 11. Juli 2018, in: *Federal Register,* Bd. 83, Nr. 133, https://docs.regulations.justia.com/entries/2018-07-11/2018-14830.pdf.

23 Guido Steinberg, *Anführer der Gegenrevolution. Saudi-Arabien und der arabische Frühling,* Stiftung Wissenschaft und Politik, Berlin, April 2014 (SWP-Studie 8), S. 21.

24 Simon Henderson, *Bahrain After the Prime Minister,* Washington Institute for Near East Policy, November 2019 (Policy Note 72), S. 6.

25 Bahrain Independent Commission of Inquiry, *Prof M. Cherif Bassiouni's Speech on 23rd November,* 23. November 2011.

26 Amnesty International, *Bahrain: Reform Shelved, Repression Unleashed,* London, November 2012, S. 31, http://www.amnesty.org/en/library/info/MDE11/062/2012/en.

27 »Mediziner in Bahrain verurteilt«, in: *Frankfurter Allgemeine Zeitung* vom 30. September 2011.

28 Inga Rogg, »Eskalation in Bahrain; Polizist durch einen Sprengsatz getötet«, in: *Neue Zürcher Zeitung* vom 20. Oktober 2012.

29 Interviews des Autors in Manama, 7.–11. Dezember 2012. Besonders betroffen war das Viertel Mahazza in Sitra, einer alten Hochburg der schiitischen Opposition.

30 »Bahrain verbietet Demonstrationen und Versammlungen« (arabisch), in: *al-Hayat* (London) vom 31. Oktober 2012.

31 »Bahrain Seeks to Rebrand after Long Years under Fire«, in: *Agence France Presse* vom 26. Juli 2019.

32 Justin Gengler, »Gulf Apart. Bahrain Faces Political and Sectarian Divide«, in: *Jane's Intelligence Review* (January 2012), S. 32–37.

33 Bill Law, »Bahrain: The Islamic State Threat Within«, in: *Middle East Eye* vom 13. Februar 2015, https://www.middleeasteye.net/opinion/bahrain-islamic-state-threat-within.

34 Thomas Erdbrink, »Iranian General, Denouncing Move by Bahrain, Threatens ›Bloody Intifada‹«, in: *New York Times* vom 22. Juni 2016.

35 Mitchell A. Belfer, »Iranian Claims to Bahrain: From Rhetoric to Interference«, in: *Revista de investigaciones políticas y sociológicas*, Bd. 13, Nr. 2 (2014), S. 31–51 (S. 44f.).

36 »Leader's Speech to People of Fars Province«, 23. April 2011, http://english.khamenei.ir/news/1454/Leader-s-Speech-to-People-of-Fars-Province.

37 »Leader's Public Address in Mashhad«, 21. März 2011, http://english.khamenei.ir/news/1434/Leader-s-Public-Address-in-Mashhad.

38 Michael Knights und Matthew Levitt, »The Evolution of Shi'a Insurgency in Bahrain«, in: *CTC Sentinel,* Bd. 11 (2018), S. 18–25 (S. 18).

39 Interview mit Khalil Marzouq, Manama, 7. Dezember 2012.

40 »Death of Emirati in Bahrain IED Attack Will Prompt Heavy Security Response, Increasing Unrest«, in: *Jane's Intelligence Weekly* vom 5. März 2014.

41 Souad Mekhennet, Shane Harris und Missy Ryan, »In Bahrain, Insurgency Reveals Iran's Proxy War Tactics«, in: *The Washington Post* vom 21. Mai 2018.

42 Souad Mekhennet und Joby Warrick, »In Bahrain's Militant Cells, U.S. Sees Iran«, in: *Washington Post* vom 2. April 2017.

43 Caleb Weiss, »Bahraini Militant Group Adopts IRGC Branding«, in: *Long War Journal* vom 23. Februar 2018, https://www.longwarjournal.org/archives/2018/02/bahraini-militant-group-adopts-irgc-branding.php.

44 Noah Browning und Bozorgmehr Sharafedin, »Shiite Exiled Cleric Points to Iran's Strong Interference in Bahrain«, in: *Al Arabiya* vom 18. April 2017, https://english.alarabiya.net/en/News/middle-east/2017/04/18/Shiite-exiled-Bahraini-cleric-points-to-Iran-s-widening-interference-in-Manama.html.

45 Mitchell Belfer und Khalid Alshaikh, *Iran's Clandestine War on the Kingdom of Bahrain: Saraya al Ashtar and the Military Wing of Hezbollah Bahrain,* King Faisal Center for Research and Islamic Studies, Januar 2019, S. 9–11.

46 Der Telegram-Channel der Gruppierung findet sich unter diesem Link: https://t.me/s/srayaalmokhtar

47 Caleb Weiss, *Iranian-Backed Terror Groups in Bahrain: Part Two*, Illinois Journal of International Security (Blog), 13. März 2017, http://publish.illinois.edu/illinijournalofinternationalsecurity/blog/blogs-spring-2017/iranian-backed-terror-groups-in-bahrain-part-two/.

48 Simon Henderson, *Bahrain Pipeline Explosion Seen as a Warning from Iran*, Washington Institute for Near East Policy, 14. November 2017 (Policy Alert), https://www.washingtoninstitute.org/policy-analysis/view/bahrain-pipeline-explosion-seen-as-a-warning-from-iran.

49 (Video): Bahrain Opposition Begins Armed Resistance against ›Saudi Occupation‹ – English Subs«, in: *Middle East Observer* vom 7. Februar 2019, https://middleeastobserver.net/video-bahrain-opposition-begins-armed-resistance-against-saudi-occupation-english-subs/.

5 Syrien: Iran rettet das Assad-Regime

1 Zu den Zahlen vgl. IISS, *The Military Balance* der Jahre 2015–2019.

2 »Der Hüter der Heiligen Stätten in einer ›historischen‹ Rede: Das Königreich akzeptiert nicht, was in Syrien geschieht« (Arabisch), in: *al-Hayat* vom 8. August 2011.

3 David Ignatius, »Saudi Arabia's Burst of Confidence«, in: *Washington Post* vom 20. November 2011.

4 »Syrische Koalition hat neuen Präsidenten«, in: *Frankfurter Allgemeine Zeitung* vom 8. Juli 2013.

5 Adam Entous und Nour Malas, »Bandar the Deal Maker: A Veteran Saudi Power Player Works to Build Support to Topple Assad«, in: *Wall Street Journal* vom 26. August 2013.

6 Interview des Autors mit saudi-arabischem Diplomaten, Manama, 7. Dezember 2013.

7 C. J. Chivers und Eric Schmitt, »Airlift to Rebels in Syria Expands with C.I.A.'s Help«, in: *New York Times* vom 25. März 2013.

8 Interview des Autors mit syrischem Oppositionellen, Amman, 5. März 2019.

9 Interview des Autors mit saudi-arabischem Diplomaten, Doha, 29. Oktober 2013.

10 Loveday Morris, »Persian Gulf Ties at Risk as Russia Plan is Mulled«, in: *Washington Post* vom 12. September 2013.

11 Charles R. Lister, *The Syrian Jihad: Al-Qaeda, the Islamic State and the Evolution of an Insurgency,* New York, Oxford University Press 2015, S. 169.

12 Ian Black, »Analysis: End of an Era as Saudi Spy Chief Departs«, in: *The Guardian* vom 17. April 2014.

13 Interview des Autors mit syrischem Oppositionellen, Amman, 5. März 2019.

14 Ebd.

15 Zum Ablauf bis Ende 2016 vgl. William Harris, *Quicksilver War: Syria, Iraq and the Spiral of Conflict,* New York, Oxford University Press 2018, S. 78–94.

16 »Leiter des Ammar-Befehlsstands: Unsere Priorität ist es, Syrien anstelle von Khuzestan zu behalten« (persisch), in: *BBC* vom 14. Februar 2013, https://www.bbc.com/persian/iran/2013/02/130214_nm_tayeb_syria_basij.shtml.

17 Farnaz Fassihi und Jay Solomon, »World News: Top Iranian Official Acknowledges Military Role in Syria«, in: *Wall Street Journal* vom 17. September 2012.

18 Filkins, »The Shadow Commander«.

19 Sam Dagher, »Reversal of Fortune: Alawite Force Turned Tide for Assad«, in: *Wall Street Journal* vom 27. August 2013.

20 Arash Karami, »Former IRGC Commander's Comments on Syria Censored«, in: *Al Monitor* vom 6. Mai 2014, https://www.al-monitor.com/pulse/originals/2014/05/former-irgc-commander-syria-comments-censored.html,

21 Aron Lund, *Who Are the Pro-Assad Militias?,* Carnegie Middle East Center, 2. März 2015, https://carnegie-mec.org/diwan/59215?lang=en.

22 Dexter Filkins, »After Syria: A Reporter at Large«, in: *New Yorker* vom 25. Februar 2013.

23 Robert F. Worth und Nada Bakri, »Hezbollah Seizes Swath of Beirut from U.S.-Backed Lebanon Government«, in: *New York Times* vom 10. Mai 2008.

24 »Hisbollah bekennt sich zum ersten Mal zum Kampf gegen die Revolution in Syrien« (arabisch), in: *Al Arabiya* vom 25. Mai 2013.

25 Seth G. Jones und Maxwell G. Markusen, *The Escalating Conflict with Hez-*

bollah in Syria, Center for Strategic and International Studies, Juni 2018 (CSIS Briefs), S. 4.

26 Ali Soufan, »Qassem Soleimani and Iran's Unique Regional Strategy«, in: *CTC Sentinel,* Bd. 11, Nr. 10 (November 2018), S. 1–12 (S. 6).

27 Colin Clarke und Phillip Smyth, »The Implications of Iran's Expanding Shi'a Foreign Fighter Network«, in: *CTC Sentinel,* Bd. 10, Nr. 10 (November 2017), S. 14–18 (S. 16).

28 Philipp Smyth, *The Shiite Jihad in Syria and its Regional Effects,* The Washington Institute for Near East Policy, 2015 (Policy Focus 138), S. 21ff.; »The Iranian militias fighting in Syria«, in: *The National* vom 7. Februar 2018, https://www.thenational.ae/world/mena/the-iranian-militias-fighting-in-syria-1.702604.

29 Saud Al Sarhan, »From Qusair to Yabrud: Shiite Foreign Fighters in Syria«, in: *Al Monitor* vom 6. März 2014, https://www.al-monitor.com/pulse/originals/2014/03/qusair-yabroud-shiite-foreign-fighters-syria.html#ixzz6BCFtUksy.

30 Amir Toumaj, »IRGC Commander Discusses Afghan militia, ›Shia Liberation Army‹, and Syria«, in: *Long War Journal* vom 24. August 2016, https://www.longwarjournal.org/archives/2016/08/irgc-commander-discusses-afghan-militia-shia-liberation-army-and-syria.php.

31 Zu den afghanischen und pakistanischen Kämpfern im Detail vgl. Nils Wörmer, »Assads afghanische Söldner: Der Einsatz der Fatemiyoun in Syrien«, in: *Die Politische Meinung,* Bd. 63, Nr. 53 (November/Dezember 2018), S. 32–37.

32 Samuel Charap, Elina Treyger und Edward Geist, *Understanding Russia's Intervention in Syria,* RAND Corporation (Research Report) 2019, S. 10; zu den Truppenzahlen vgl. IISS, *The Military Balance* der Jahre 2016 bis 2019.

33 Nils Wörmer, »Assads afghanische Söldner«, S. 33.

34 Zur Landbrücke vgl. Fabrice Balanche, *The Iranian Land Bridge in the Levant: The Return of Territory in Geopolitics,* TELOSscope, 14. September 2018, http://www.telospress.com/the-iranian-land-bridge-in-the-levant-the-return-of-territory-in-geopolitics/.

35 Isabel Kershner, »Israel Warns Iran Poses New Threat on Doorstep«, in: *New York Times* vom 30. August 2017.

36 Inga Rogg, »Wie Iran seinen Einfluss in Syrien auf lange Sicht festigt«, in: *Neue Zürcher Zeitung* vom 16. Juli 2018.

37 Ronen Bergman, »The Hezbollah Connection«, in: *New York Times* vom 15. Februar 2015.

38 Anton Mardasov, »Russia Eyes Role in Formation of Syria's National Defense Forces«, in: *Al Monitor* vom 27. August 2018, https://www.al-monitor.com/pulse/originals/2018/08/russia-syria-idlib-ndf.html#ixzz68SJPmZ-Am.

39 Zu den Angriffen bis Ende 2017 vgl. »Israeli Missiles Hit Military Post near Damascus: Syrian State TV«, in: *Reuters* vom 2. Dezember 2017, https://www.reuters.com/article/us-mideast-crisis-syria-attack/israeli-missiles-hit-military-post-near-damascus-syrian-state-tv-idUSKBN1DW081.

40 Zu einem Überblick über die wichtigsten Militärschläge 2018 vgl. Gil Murciano, *Preventing a Spillover of the Iran-Israel Conflict in Syria,* Stiftung Wissenschaft und Politik, Juli 2018 (SWP Comment 27), S. 3.

41 *Die Rede des Premierministers bei der Münchner Sicherheitskonferenz im Wortlaut,* Botschaft des Staates Israel in Berlin, 19. Februar 2018, https://embassies.gov.il/berlin/NewsAndEvents/Pages/Netanyahu-bei-der-Mnchner-Sicherheitskonferenz-2018.aspx.

42 Alissa J. Rubin und Ronen Bergman, »Israel is Believed to Be Behind a July Airstrike on a Weapons Depot in Iraq«, in: *New York Times* vom 23. August 2019.

43 Oliver Holmes, »Airstrikes Kill 18 Pro-Iran Fighters in Eastern Syria«, in: *The Guardian* vom 9. September 2019, https://www.theguardian.com/world/2019/sep/09/hezbollah-says-it-has-downed-israeli-drone-over-lebanon.

44 »Russia Blames Israel after Military Plane Shot Down off Syria«, in: *BBC News* vom 18. September 2018, https://www.bbc.com/news/world-europe-45556290.

6 Irak: Iran bekämpft den Islamischen Staat

1 Ein Video der Rede von Karbala'i findet sich hier: http://videoalsada.net/ watch_video.php?v=OUUWX61HUD2B. Die wichtigsten Passagen der Rede finden sich auf der Webseite Sistanis: http://www.sistani.org/arabic/ archive/24918/.

2 Kenneth Katzman, *Iraq: Elections, Government, and Constitution*, Washington, Congressional Research Service (Report for Congress), 2006.

3 »Bekennerschreiben zur Ausspähung, Vorbereitung, Planung und Ausführung von 25 Anschlägen« (arabisch), in: *al-Hayat* vom 12. Februar 2004.

4 Patrick Cockburn, *Muqtada: Muqtada Al-Sadr, the Shia Revival, and the Struggle for Iraq,* New York, Scribner 2008, S. 165.

5 Zum Ablauf vgl. Joel Rayburn, *Iraq after America. Strongmen, Sectarians, Resistance,* Stanford, Hoover Institution Press 2014, S. 79–84.

6 Zitiert nach: Chulov, »His Power is Absolute«.

7 Alireza Nader, *Iran's Role in Iraq: Room for U.S.-Iran Cooperation?*, RAND Corporation 2015, S. 5f.; Terry Gross, »Leaked Intelligence Reports Reveal the Vast Power Iran Wields in Iraq«, in: *NPR* vom 16. Januar 2020, https:// www.npr.org/2020/01/16/796978484/leaked-intelligence-reports-reveal-the- vast-power-iran-wields-in-iraq.

8 Saud al-Faisal, *The Fight Against Extremism and the Search for Peace,* http:// www.cfr.org/publication/8908/fight_against_extremism_and_the_search_ for_peace_rush_transcript_federal_news_service_inc.html.

9 Interview des Autors mit saudi-arabischen Diplomaten, Riad, Januar 2008.

10 Thomas Hegghammer, »Saudis in Iraq: Patterns of Radicalization and Recruitment«, in: *Cultures & Conflits* (12. Juni 2008).

11 Helene Cooper, »Saudis Say they May Fund Iraqi Sunnis in War against Shiites«, in: *International Herald Tribune* vom 14. Dezember 2006.

12 Nawaf Obaid, »Stepping into Iraq; Saudi Arabia Will Protect Sunnis if the U.S. Leaves«, in: *Washington Post* vom 29. November 2006.

13 »Aufruf an die Sunniten (Ahl as-Sunna) im Irak und was die Gemeinschaft der Gläubigen zu ihrer Unterstützung tun muss« (arabisch), 7. Dezember 2006.

14 Renad Mansour, *Saudi Arabia's New Approach in Iraq,* Center for Strategic and International Studies, November 2018 (CSIS Analysis Paper), S. 2.

15 Mohamed Bazzi, »King Salman's War. Why the New Saudi Ruler Will Likely Ratchet up the Region-Wide Conflict with Iran«, in: *Politico Magazine* vom 25. Januar 2015, https://www.politico.com/magazine/story/2015/01/saudi-arabia-king-salman-114583.

16 Patrick Cockburn, *Muqtada*, S. 165f.

17 Matthew Levitt und Phillip Smyth, *Kataib al-Imam Ali,* The Washington Institute for Near East Policy (Policywatch 2352), 5. Januar 2015.

18 James Glanz und Marc Santora, »Iraqi Lawmaker Was Convicted in 1983 Bombings in Kuwait that Killed 5 Americans«, in: *New York Times* vom 7. Februar 2007.

19 Joseph Felter und Brian Fishman, *Iranian Strategy in Iraq. Politics and »Other Means«,* Combating Terrorism Center at West Point (Occasional Paper Series), 13. Oktober 2008, S. 43.

20 Michael Knights, »Shia Strength – Iraqi Militants Adapt to the US Drawdown«, in: *Jane's Intelligence Review* vom 30. September 2011, S. 14.

21 Felter/Fishman, *Iranian Strategy in Iraq,* S. 38.

22 Michael Ware, »Inside Iran's Secret War for Iraq«, in: *Time* vom 22. August 2005.

23 James Glanz und Mark Mazzetti, »Iran May Have Trained Attackers that Killed 5 American Soldiers, U.S. and Iraqis Say«, in: *New York Times* vom 31. Januar 2007; Felter/Fishman, *Iranian Strategy in Iraq,* S. 50.

24 Mona Mahmood, Maggie O'Kane und Guy Grandjean, »Revealed: Hand of Iran Behind Britons' Baghdad Kidnapping«, in: *The Guardian* vom 31. Dezember 2009.

25 Guido Steinberg, *Der Irak und der syrische Bürgerkrieg. Syrien ist Anlass für die Gewalteskalation im Irak, Ursache ist aber Malikis Autoritarismus,* Stiftung Wissenschaft und Politik, Berlin, August 2013 (SWP-Aktuell 46/2013), S. 3–4.

26 Ian Fisher, »In Rise of ISIS, Many Strands of Blame«, in: *New York Times* vom 19. November 2015.

27 Jabbar Yaseen und Liz Sly, »Prison Attacks in Iraq Amplify al-Qaeda Fears«, in: *Washington Post* vom 23. Juli 2013.

28 Patrick Cockburn, *The Rise of Islamic State. ISIS and the New Sunni Revolution,* London und New York, Verso 2015, S. 136; Dexter Filkins, »The Fight of Their Lives«, in: *New Yorker* vom 29. September 2014.

29 Kirk H. Sowell, »The Rise of Iraq's Militia State«, in: *Sada* vom 23. April 2015, http://carnegieendowment.org/sada/?fa=59888.

30 Akbar Shahid Ahmed und Ryan Grim, »What's Wrong with This Picture? For U.S. Fight against ISIS, Everything«, in: *Huffpost* vom 6. Dezember 2017, https://www.huffpost.com/entry/obama-isis-iran_n_6165352.

31 Jonathan Spyer, »Iraq Falls Apart along Sectarian Lines as Iran-Backed Forces Keep Islamic State at Bay«, in: *The Australian* vom 4. Juli 2015.

32 Bilgay Duman, *A New Controversial Actor in Post-ISIS Iraq: Al-Hashd al-Shaabi (The Popular Mobilization Forces)*, ORSAM Center for Middle Eastern Strategic Studies Report 198, Mai 2015, S. 10.

33 Ned Parker, Babak Dehghanpisheh und Isabel Coles, »Special Report: How Iran's Military Chiefs Operate in Iraq«, in: *Reuters* vom 24. Februar 2015.

34 Kirk H. Sowell, »Badr at the Forefront of Iraq's Shia Militias«, in: *Sada* vom 13. August 2015, http://carnegieendowment.org/sada/?fa=61016.

35 Susanna George, »Breaking Badr«, in: *Foreign Policy* vom 6. November 2014, http://foreignpolicy.com/2014/11/06/breaking-badr/.

36 Jonathan Spyer, »Shia's Dawn: Rise of Shia Militias Shapes the Future of Iraq«, in: *Jane's Intelligence Review*, Bd. 27, Nr. 8 (August 2015), S. 40–45 (S. 42). Die niedrigere Zahl stammt aus Duman, *A New Controversial Actor in Post-ISIS Iraq*, S. 14.

37 Knights, »Shia Strength«, S. 17.

38 Spyer, »Shia's dawn«, S. 43.

39 International Institute for Strategic Studies (IISS), *Iran's Networks of Influence*, November 2019, S. 129.

40 Auf der Startseite des Internetauftritts der Asaib Ahl al-Haqq wurde Ali Khamenei lange an prominenter Stelle neben Muhammad Sadiq as-Sadr und Qais al-Khazali gezeigt, http://www.ahlualhaq.com/.

41 Walter Posch, *Schiitische Milizen im Irak und in Syrien: Volksmobilisierungseinheiten und andere*, S. 20.

42 Siehe z. B. Amnesty International, *Absolute Impunity: Militia Rule in Iraq*, 2014.

43 W. G. Dunlop, »Despite Fears, Iraq Militiamen Joined Battle inside Fallujah«, in: *Agence France Presse* vom 27. Juni 2016.

44 »IS Conflict: Iraq Army Makes Advances on Tal Afar«, in: *BBC* vom 21. August 2017, https://www.bbc.com/news/world-middle-east-40998225.

45 Amnesty International, *Briefing: Iraq: Barwana Massacre – Botched Investigation, Families Waiting for Justice,* 10. Juni 2015, S. 9.

46 Human Rights Watch, *After Liberation Came Destruction. Iraqi Militias and the Aftermath of Amerli,* 18. März 2015.

47 Human Rights Watch, *Ruinous Aftermath. Militia Abuses Following Iraq's Recapture of Tikrit,* 20. September 2015.

48 Tim Arango, James Risen, Farnaz Fassihi, Ronen Bergman und Murtaza Hussain, »Leaked Intelligence Documents Show Tehran's Infiltration of Iraq«, in: *New York Times* vom 19. November 2019.

49 Toby Matthiesen, »Shia Militia Kata'ib Hizbullah Uses Symbolism of Nimr al-Nimr in Falluja Campaign (and Prints his Name on Rockets)«, 30. Mai 2016, Tweet, https://twitter.com/tobymatthiesen/status/737240656855375873.

50 Phillip Smyth, »Iran's Martyrdom Machine Springs to Life«, in: *Foreign Policy* vom 5. Januar 2016, https://foreignpolicy.com/2016/01/05/irans-martyrdom-machine-springs-to-life/.

51 IISS, *Iran's Networks of Influence,* S. 140.

52 Amnesty International, *Turning a Blind Eye: The Arming of the Popular Mobilization Units,* 5. Januar 2017, S. 14.

53 »Iraqi Protesters Set Fire to Iranian Consulate in Basra, in: *Al Jazeera* vom 7. September 2018, https://www.aljazeera.com/news/2018/09/iraqi-protesters-set-fire-iranian-consulate-basra-180907163050613.html.

54 Alissa J. Rubin, »Iraq's Quandary: Satisfying the People, the Politicians and Iran«, in: *New York Times* vom 21. Dezember 2019.

55 »The Great March of Return will Lead to the Liberation of Palestine«, 30. Oktober 2019, http://english.khamenei.ir/news/7129/The-Great-March-of-Return-will-lead-to-the-liberation-of-Palestine.

56 »Pointing to Iraq, Lebanon, Khamenei Recalls How Iran Put Down Unrest«, in: *Reuters* vom 30. Oktober 2019, https://www.reuters.com/article/us-iraq-protests-iran-lebanon/pointing-to-iraq-iran-lebanon-khamenei-recalls-how-iran-put-down-unrest-idUSKBN1X90XB.

57 Alissa J. Rubin, »Iraq's Quandary«.

7 Jemen: Saudi-Arabien bekämpft die Huthis

1 Eric Schmitt, »Iran Pipeline Is Sending Powerful Arms to Rebels in Yemen, Admiral Says«, in: *New York Times* vom 19. September 2017.

2 David D. Kirkpatrick, »Accusing Iran of ›Act of War‹, Saudi Arabia Raises Threat of a Military Clash«, in: *New York Times* vom 7. November 2017.

3 »Yemen War: Saudi-Led Coalition ›to Reopen Some Ports‹«, in: *BBC News* vom 13. November 2017, https://www.bbc.com/news/world-middle-east-41968111.

4 Peter Salisbury, »Yemen's Southern Intifada«, in: *Foreign Policy* vom 13. März 2013, https://foreignpolicy.com/2013/03/13/yemens-southern-intifada/.

5 Guido Steinberg, *Avantgarde des internationalen Terrorismus: Die jemenitische al-Qaida profitiert trotz Rückschlägen vom Bürgerkrieg*, Stiftung Wissenschaft und Politik, Berlin, Oktober 2015 (SWP-Aktuell 87/2015).

6 Theo Padnos, *Undercover Muslim: A Journey into Yemen*, London, Bodley Head 2011, S. 226–234.

7 »Yemen's Houthi: Ali Abdullah Saleh Killed for ›Treason‹«, in: *Al Jazeera* vom 4. Dezember 2017, https://www.aljazeera.com/news/2017/12/yemen-houthi-ali-abdulla-saleh-killed-treason-171204165531953.html.

8 Michael Horton, »Borderline Crisis: Saudi Arabia Intervenes in Yemen«, in: *Jane's Intelligence Review*, Bd. 22, Nr. 1 (Januar 2010), S. 12–17.

9 IISS, *The Military Balance 2017*, London 2018, S. 412f.

10 Interview des Autors mit saudi-arabischem Sicherheitsexperten, Doha, 28. Oktober 2013.

11 »Former Yemen Allies Furious as UAE Assassination Campaign Exposed«, in: *Middle East Eye* vom 18. Oktober 2018, https://www.middleeasteye.net/news/former-yemen-allies-furious-uae-assassination-campaign-exposed.

12 Emile Hokayem und David Roberts, »The War in Yemen«, in: *Survival*, Bd. 58, Nr. 6 (2016), S. 157–186 (S. 171).

13 Mareike Transfeld, »Iran's Small Hand in Yemen«, in: *Sada* vom 14. Februar 2017, https://carnegieendowment.org/sada/67988.

14 Scott Shane, »Ali Abdullah Saleh, Yemeni Strongman Who Helped Unite Yemen, and Divide It, Dies at 75«, in: *New York Times* vom 5. Dezember 2017.

15 Ghaith Abdul-Ahad, »Yemen on the Brink: How the UAE is Profiting from the Chaos of Civil War«, in: *The Guardian* vom 21. Dezember 2018.

16 Eleonora Ardemagni und Umberto Profazio, *New Armies for a New Era: Decrypting post-2011 Arab Military Reform Trends,* Research Division, NATO Defense College, Rom, März 2018, S. 8.

17 »Yemeni government Says Will not Talk to Separatists until Standoff Ends«, in: *Reuters* vom 21. August 2019, https://www.reuters.com/article/us-yemen-security/yemeni-government-says-will-not-talk-to-separatists-until-standoff-ends-idUSKCN1VB11W.

18 David Hearst, »Exclusive: Yemen president Says UAE Acting Like Occupiers«, in: *Middle East Eye* vom 3. Mai 2017, https://www.middleeasteye.net/news/exclusive-yemeni-president-says-emiratis-acting-occupiers-1965874493.

19 Osama Bin Javaid, »Yemen: Separatists Take over Government Headquarters in Aden«, in: *Al Jazeera* vom 28. Januar 2018, https://www.aljazeera.com/news/2018/01/yemen-separatists-government-headquarters-aden-180128135207416.html.

20 »Yemen War Death Toll Hits 100,000«, in: *Middle East Monitor* vom 1. November 2019, https://www.middleeastmonitor.com/20191101-yemen-war-death-toll-hits-100000/.

21 Nicolas Niarchos, »A Saudi-Backed ›Assassination‹ Could Worsen Yemen's Civil War«, in: *New Yorker* vom 1. Mai 2018, https://www.newyorker.com/news/news-desk/a-saudi-backed-assassination-could-worsen-yemens-war.

22 Robert F. Worth, »How the War in Yemen Became a Bloody Stalemate – and the Worst Humanitarian Crisis in the World«, in: *New York Times* vom 31. Oktober 2018, https://www.nytimes.com/interactive/2018/10/31/magazine/yemen-war-saudi-arabia.html.

23 International Crisis Group, *Yemen: Averting a Destructive Battle for Hodeida,* Middle East and North Africa Briefing No. 59, 11. Juni 2018.

24 Zitiert nach: Florence Gaub, *War of Words: Saudi Arabia v Iran,* European Union Institute for Security Studies (EUISS), Februar 2016, https://www.iss.europa.eu/sites/default/files/EUISSFiles/Brief_2_Saudi_Arabia___Iran_01.pdf.

25 Julian Lee, »Bab el-Mandeb, an Emerging Chokepoint for Middle East Oil

Flows«, in: *Bloomberg* vom 26. Juli 2018, https://www.bloomberg.com/news/articles/2018-07-26/bab-el-mandeb-an-emerging-chokepoint-for-middle-east-oil-flows.

26   *Iran Escalates Naval Threats Against U.S. In Persian Gulf,* Middle East Media Research Institute, 24. März 2015 (Special Dispatch No. 6004), https://www.memri.org/reports/iran-escalates-naval-threats-against-us-persian-gulf.

27   Eric Schmitt und Robert F. Worth, »With Arms for Yemen Rebels, Iran Seeks Wider Mideast Role«, in: *New York Times* vom 15. März 2012.

28   Thom Shanker und Robert F. Worth, »Yemen Seizes Sailboat Filled with Weapons, and U.S. Points to Iran«, in: *New York Times* vom 29. Januar 2013.

29   »Houthi-Hezbollah Meeting is Foreboding for Yemen's Future«, in: *The National* vom 20. August 2018, https://www.thenational.ae/opinion/editorial/houthi-hezbollah-meeting-is-foreboding-for-yemen-s-future-1.762027.

30   United Nations Security Council, *Final Report of the Panel of Experts on Yemen,* Januar 2017, https://reliefweb.int/sites/reliefweb.int/files/resources/N1700601_0.pdf, S. 19 und 21.

31   Matthew Rosenberg and Mark Mazzetti, »American Warship Fires Missiles at 3 Yemeni Rebel Installations«, in: *New York Times* vom 13. Oktober 2016.

32   IISS, *Iran's Networks of Influence,* S. 164.

33   United Nations Security Council, *Final Report of the Panel of Experts on Yemen,* S. 28f.

34   Vivian Yee, »Houthis Strike Saudi Airport, Wounding 26 and Escalating Yemen Conflict«, in: *New York Times* vom 13. Juni 2019.

35   Dion Nissenbaum und Isabel Coles, »U.S. Says Attacks on Saudi Pipeline Originated in Iraq«, in: *The Wall Street Journal Online* vom 29. Juni 2019.

36   Hokayem/Roberts, »The War in Yemen«.

37   Helene Cooper, »U.S., Concerned about Casualities in Yemen, Blocks Arms Sale to Saudi Arabia«, in: *New York Times* vom 14. Dezember 2016.

38   »Transcript of Trump's Speech in Saudi Arabia«, in: *CNN* vom 21. Mai 2017, http://edition.cnn.com/2017/05/21/politics/trump-saudi-speech-transcript/index.html.

39   »Trump to Resume Precision Munitions Deliveries to Saudis: Officials«, in: *Reuters* vom 13. Juni 2017.

40   Andrew England, Monika Pronczuk und Katrina Manson, »US Raises Pres-

sure on Saudi Arabia with Call for Yemen Peace Talks«, in: *Financial Times* vom 31. Oktober 2018, https://www.ft.com/content/822261a6-dce6-11e8-9f04-38d397e6661c.

41 David D. Kirkpatrick und Farnaz Fassihi, »Iran's Hard-Liners See Benefits to ›Maximum Resistance‹ Strategy«, in: *New York Times* vom 18. September 2019.

8 Die Golfstaaten: Katar gegen die Vereinigten Arabischen Emirate

1 Zu diesen Plänen aus katarischer Sicht vgl. *Al Jazeera,* »Qatar 1996 Coup Plot: New Details Reveal Saudi-UAE Backing«, 19. Dezember 2018, https://www.youtube.com/watch?v=Ig2wsUhIgVc, Zugriff am 27. Januar 2020.

2 Christopher M. Blanchard, *Qatar: Background and U.S. Relations,* Washington, Congressional Research Service 2007, S. 10.

3 Guido Steinberg, *Katar und der Arabische Frühling: Unterstützung für Islamisten und anti-syrische Neuausrichtung,* Stiftung Wissenschaft und Politik, Berlin, Februar 2012 (SWP-Aktuell 7/2012), S. 3f.

4 »Liqa' Khass: Shaikh Hamad Ibn Khalifa Al Thani: Die Situation in der arabischen Region« (arabisch), in: *Al Jazeera* vom 10. September 2011, http://bit.ly/2OWin9w.

5 Tom Perry und Suleiman Al-Khalidi, »Gulf Crisis Seen Widening Split in Syria Rebellion«, in: *Reuters* vom 14. Juni 2017, https://www.reuters.com/article/us-gulf-qatar-syria/gulf-crisis-seen-widening-split-in-syria-rebellion-idUSKBN19517O.

6 Imad K. Harb, *An Economic Explanation for Egypt's Alignment in the GCC Crisis,* Arab Center Washington DC, 9. August 2017, http://arabcenterdc.org/policy_analyses/an-economic-explanation-for-egypts-alignment-in-the-gcc-crisis/.

7 Robert F. Worth, »The M.B.Z. Moment«, in: *New York Times* vom 12. Januar 2020.

8 Mark Mazzetti und Emily B. Hager, »Secret Desert Force Set Up by Blackwater's Founder«, in: *New York Times* vom 15. Mai 2011.

9   Rajiv Chandrasekaran, »In the UAE, the United States Has a Quiet, Potent Ally Nicknamed ›Little Sparta‹«, in: *Washington Post* vom 14. November 2014.

10 Ryan Bohl, »The Weird Worries of Sheikh Mohammed bin Zayed«, in: *Atlantic Sentinel* vom 6. April 2017, https://atlanticsentinel.com/2017/04/the-weird-worries-of-sheikh-mohammed-bin-zayed/.

11 Kristian Coates Ulrichsen, *The United Arab Emirates. Power, Politics, and Policymaking*, London und New York, Routledge 2017, S. 54.

12 Jim Krane, *City of Gold. Dubai and the Dream of Capitalism*, New York, St. Martin's Press 2009, S. 80.

13 Kristian Coates Ulrichsen, »The UAE's Evolving Power Dynamics«, Houston Chronicle/Baker Institute Blog, 1. März 2016, https://www.bakerinstitute.org/research/uaes-shifting-power-dynamics/.

14 Simon Henderson und Kristian C. Ulrichsen, *MBZ and the Future Leadership of the United Arab Emirates*, The Washington Institute for Near East Policy, Juli 2019 (Policy Note 65), S. 9, https://www.washingtoninstitute.org/uploads/Documents/pubs/PolicyNote65-HendersonCoates.pdf.

15 *U/S Burns' January 22 Meeting with Abu Dhabi Crown Prince and UAE Foreign Minister*, 24. Januar 2007, https://wikileaks.org/plusd/cables/07ABUDHABI97_a.html.

16 *UAE Minimizing Influence of Islamist Extremists*, 10. November 2004, https://wikileaks.org/plusd/cables/04ABUDHABI4061_a.html.

17 Chandrasekaran, »In the UAE, the United States Has a Quiet, Potent Ally«.

18 Alex Mello und Michael Knights, *West of Suez for the United Arab Emirates*, Warontherocks.com, 2. September 2016, https://warontherocks.com/2016/09/west-of-suez-for-the-united-arab-emirates/.

19 Courtney Freer, *Rentier Islamism. The Influence of the Muslim Brotherhood in Gulf Monarchies*, Oxford, OUP 2018, S. 103.

20 Sultan Sooud Al Qassemi, »The Brothers and the Gulf«, in: *Foreign Policy* vom 14. Dezember 2012, https://foreignpolicy.com/2012/12/14/the-brothers-and-the-gulf/.

21 Zitiert nach: Freer, *Rentier Islamism*, S. 136.

22 David D. Kirkpatrick, »Recordings Suggest Emirates and Egyptian Military Pushed Ousting of Morsi«, in: *New York Times* vom 2. März 2015.

23 »Egypt's Muslim Brotherhood Declared ›Terrorist Group‹«, in: *BBC News* vom 25. Dezember 2013, https://www.bbc.com/news/world-middle-east-25515932.

24 Robert F. Worth, »Egypt Is Arena For Influence Of Arab Rivals«, in: *New York Times* vom 10. Juli 2013.

25 Kenneth Katzman, *The United Arab Emirates (UAE): Issues for U.S. Policy*, Washington, Congressional Research Service November 2019, https://fas.org/sgp/crs/mideast/RS21852.pdf, S. 12.

26 Zu den Truppenzahlen vgl. IISS, *The Military Balance 2018*, S. 329. Zur regulären Armee kommen in Ägypten noch 397 000 Mann Paramilitärs.

27 Hamza Hendawi, »Egypt, Gulf Arab Allies Considering Military Alliance to Take On Islamic Militants«, in: *570 News* vom 3. November 2014, https://www.570news.com/2014/11/03/egypt-gulf-arab-allies-discussing-anti-extremist-military-alliance-with-possible-joint-force/.

28 Ebd.

29 »List of Groups Designated Terrorist Organisations by the UAE«, in: *The National* vom 16. November 2014, https://www.thenational.ae/uae/government/list-of-groups-designated-terrorist-organisations-by-the-uae-1.270037.

30 Adam Entous, »The Enemy of My Enemy«, in: *The New Yorker* vom 1. Juni 2018.

31 »UAE Provided Military Aid for Haftar, Says Libyan Politician«, in: *Middle East Eye* vom 27. April 2017, https://www.middleeasteye.net/news/uae-provided-military-aid-haftar-says-libyan-politician.

32 Joyce Karam, »With Egypt's Withdrawal, Hopes for Mesa Alliance are Diminished but not Dead«, in: *The National* vom 15. April 2019, https://www.thenational.ae/world/mena/with-egypt-s-withdrawal-hopes-for-mesa-alliance-are-diminished-but-not-dead-1.849401.

33 Abigail Hauslohner, »For Some Brotherhood Leaders, Havens Abroad«, in: *Washington Post* vom 7. November 2013.

34 David D. Kirkpatrick, »Egypt Pulls Ambassador from Qatar«, in: *New York Times* vom 7. März 2014.

35 »Saudi Arabia, UAE and Bahrain End Rift with Qatar, Return Ambassadors«, in: *Reuters* vom 16. November 2014, https://www.reuters.com/article/

us-gulf-summit-ambassadors/saudi-arabia-uae-and-bahrain-end-rift-with-qatar-return-ambassadors-idUSKCN0J00Y420141116.

36 Sheera Frenkel und Maged Atef, »Al Jazeera is Shutting Down its Offices in Egypt and Firing its Staff«, in: *Buzzfeed* vom 18. Juni 2014, https://www.buzzfeednews.com/article/sheerafrenkel/al-jazeera-is-shutting-down-its-offices-in-egypt-and-termina.

37 Robert F. Worth, »Widening Gyre«, in: *New York Times* vom 18. März 2018.

38 »Qatar ›Maybe‹ Supported al-Qaeda in Syria, Says Former PM«, in: *Middle East Eye* vom 31. Oktober 2017, https://www.middleeasteye.net/news/qatar-maybe-supported-al-qaeda-syria-says-former-pm.

39 Declan Walsh, »Little Brother in an Arab Family Feud«, in: *New York Times* vom 22. Januar 2018.

40 Ben Hubbard, »Arab Nations Present Demands to Qatar, Including that it Close Down Al Jazeera«, in: *New York Times* vom 24. Juni 2017.

41 Ben Hubbard, »Qatar Adapts to Blockade with a Retooled Economy«, in: *New York Times* vom 20. Dezember 2018.

42 David D. Kirkpatrick und Sheera Frenkel, »International Espionage on a Budget: Qatar Cyberattacks Point to a New Reality«, in: *New York Times* vom 9. Juni 2017.

43 Kathy Gilsinan und Jeffrey Goldberg, »Emirati Ambassador: Qatar Is a Destructive Force in the Region«, in: *The Atlantic* vom 28. August 2017, https://www.theatlantic.com/international/archive/2017/08/yousef-al-otaiba-qatar-gcc/538206/.

44 Ryan Grim, »Diplomatic Underground: The Sordid Double Life of Washington's Most Powerful Ambassador«, in: *The Intercept* vom 30. August 2017, https://theintercept.com/2017/08/30/uae-ambassador-yousef-al-otaiba-double-life-prostitutes-sex-work/.

45 David D. Kirkpatrick, Ben Hubbard, Mark Landler und Mark Mazzetti, »Wooed by Saudis, Kushner Became Influential Friend«, in: *New York Times* vom 9. Dezember 2018.

46 Jodi Kantor, »Kushner and Israel: A Personal Bond«, in: *New York Times* vom 12. Februar 2017.

47 Donald J. Trump, Tweet vom 6. Juni 2017, https://twitter.com/realDonaldTrump/status/872062159789985792.

48 Zitiert nach: »Donald Trump Seeks Increased ›Anti-Terror Efforts‹«, in: *Al Jazeera* vom 10. Juni 2017, https://www.aljazeera.com/news/2017/06/donald-trump-seeks-increased-anti-terror-efforts-170609182255279.html.

9 Die Supermacht: Die USA gegen Iran

1 »Read the Full Transcript of Trump's Speech on the Iran Nuclear Deal«, in: *New York Times* vom 9. Mai 2018.

2 Zum Original der Rede vgl. Jimmy Carter, *State of the Union Address 1980*, 23. Januar 1980, http://www.jimmycarterlibrary.gov/documents/speeches/su80jec.phtml.

3 Jeffrey Goldberg, »The Obama Doctrine: The U.S. President Talks Through his Hardest Decisions about America's Role in the World«, in: *The Atlantic* vom April 2016, https://www.theatlantic.com/magazine/archive/2016/04/the-obama-doctrine/471525/.

4 Elisabeth Bumiller, »Words and Deeds Show Focus of the American Military on Asia«, in: *New York Times* vom 11. November 2012.

5 Christi Parsons und W. J. Hennigan, »The Obama Legacy; A Military at War for All Eight Years; Obama Had Wanted to Sow Peace, but Conflicts Became a Constant«, in: *Los Angeles Times* vom 13. Januar 2017.

6 Steven R. David, *Obama: The Reluctant Realist*, Bar-Ilan University, Begin-Sadat Center for Strategic Studies, Juni 2015 (Mideast Security and Policy Studies Nr. 113), S. 31.

7 Firouz Sedarat und Lin Noueihed, »Obama Says Ready to Talk to Iran«, in: *Reuters* vom 27. Januar 2009, https://www.reuters.com/article/us-obama-arabiya/obama-says-ready-to-talk-to-iran-idUSTRE50Q23220090127.

8 Goldberg, »The Obama Doctrine«.

9 Ebd.

10 Im Artikel wird der Name Otaibas nicht genannt. Vgl. David Rothkopf, »National Insecurity. Can Obama's Foreign Policy be Saved?«, in: *Foreign Policy* vom 9. September 2014, https://foreignpolicy.com/2014/09/09/national-insecurity/. Der Botschafter ließ aber keinen Zweifel an seiner Urheberschaft des Zitats aufkommen. Ryan Grimm und Akbar Shahid Ahmed, »His

Town«, in: *Huffingtonpost*, o. D., https://highline.huffingtonpost.com/articles/en/his-town/.

11 Goldberg, »The Obama Doctrine«.

12 Evan Osnos, »Fighting Words«, in: *New Yorker* vom 23. Oktober 2017.

13 Zu den Details der »Zertifizierung« vgl. Uri Friedman, »Trump Isn't Certifying the Iran Deal – What Happens Next?«, in: *The Atlantic* vom 12. Oktober 2017, https://www.theatlantic.com/international/archive/2017/10/iran-deal-trump-next/542379/.

14 » Remarks by President Trump on Iran Strategy«, 13. Oktober 2017, https://www.whitehouse.gov/briefings-statements/remarks-president-trump-iran-strategy/.

15 Kirkpatrick/Hubbard/Landler/Mazzetti, »Wooed by Saudis«.

16 Anne Barnard, David M. Halbfinger und Peter Baker, »Talk of a Peace Plan That Snubs Palestinians Roils the Middle East«, in: *New York Times* vom 4. Dezember 2017.

17 Mehul Srivastava, Andrew England und Katrina Manson, »US Hope for Mideast ›Ultimate Deal‹ Flounders«, in: *Financial Times* vom 6. August 2018.

18 David M. Halbfinger, »Israel Has Right to Annex Parts of West Bank, U.S. Envoy Says«, in: *New York Times* vom 9. Juni 2019.

19 Peter Baker und Mark Landler, »For Middle East Peace, U.S. Plans to Fund-Raise«, in: *New York Times* vom 20. Mai 2019.

20 »Egypt Hosts Arab Military Exercises in What Could Develop into an ›Arab NATO‹«, in: *Reuters* vom 31. Oktober 2018, https://www.reuters.com/article/us-egypt-military-arabs/egypt-hosts-arab-military-exercises-in-what-could-develop-into-an-arab-nato-idUSKCN1N52HS.

21 Dion Nissenbaum, »World News: Hopes Dim for a New ›Arab NATO‹«, in: *Wall Street Journal* vom 20. Februar 2019.

22 Adam Entous, »The Enemy of My Enemy«, in: *New Yorker* vom 1. Juni 2018.

23 Clifford Krauss, »Oil Sanctions against Iran Prove Potent«, in: *New York Times* vom 20. September 2018.

24 Austin Ramzy, »Trump Warns Iran of Dire ›Consequences‹«, in: *New York Times* vom 23. Juli 2018.

25 Robin Wright, »Trump Threatens a Showdown with Iran. But How?«, in:

New Yorker vom 24. Juli 2018, https://www.newyorker.com/news/news-desk/trump-threatens-showdown-with-iran.

26 Zack Beauchamp, »John Bolton, Mike Pompeo, and the Rise of Trump's War Cabinet«, in: *Vox* vom 23. März 2018, https://www.vox.com/world/2018/3/23/17155796/john-bolton-trump-mike-pompeo-war-cabinet.

27 Edward Wong und Clifford Krauss, »Trump Officials to Choke Iran Oil Exports«, in: *New York Times* vom 22. April 2019.

28 Edward Wong und Clifford Krauss, »Moving to Cut Iran's Oil Sales, U.S. Jumbles Ties with China«, in: *New York Times* vom 22. April 2019.

29 Thomas Erdbrink, »For Iran, a Grand Occasion to Bash ›Cruel Enemies‹«, in: *New York Times* vom 12. Februar 2019.

30 Max Fisher, »Iran's Risky Strategy: Try to Force the World to Rein in Trump«, in: *New York Times* vom 21. Juni 2019.

31 Patrick Wintour und Julian Borger, »Trump Says he Stopped Airstrike on Iran Because 150 Would Have Died«, in: *The Guardian* vom 22. Juni 2019.

32 Tim Hains, »Full Replay/Transcript: Donald Trump Speaks in Greenville, NC«, in: *Real Clear Politics* vom 6. September 2016, https://www.realclearpolitics.com/video/2016/09/06/full_replaytranscript_donald_trump_speaks_in_greenville_nc.html.

33 »Trump Orders US Troops out of Northern Syria as Turkish Assault Continues«, in: *The Guardian* vom 13. Oktober 2019, https://www.theguardian.com/world/2019/oct/13/trump-us-troops-northern-syria-turkish-assault-kurds.

34 »Trump Fires John Bolton as National Security Adviser«, in: *Al Jazeera* vom 10. September 2019, https://www.aljazeera.com/news/2019/09/trump-sacks-national-security-adviser-john-bolton-190910160524266.html.

35 David E. Sanger, Edward Wong, Steven Erlanger und Eric Schmitt, »New Threats from U.S. and Iran Revive Crisis«, in: *New York Times* vom 9. Mai 2019.

36 David E. Sanger, »Iran Breaches Nuclear Limit Set in '15 Deal«, in: *New York Times* vom 2. Juli 2019.

10 Der kommende Krieg am Golf

1 Farnaz Fassihi und Rick Gladstone, »Tehran Raises Fuel Prices as Much as 200%, and Protests Erupt«, in: *New York Times* vom 16. November 2019.

2 »›The US is With You‹: Pompeo Reaffirms US Support for Iranian Protesters«, in: *Al Arabiya* vom 17. November 2019, https://english.alarabiya.net/en/News/middle-east/2019/11/17/-The-US-is-with-you-Pompeo-reaffirms-US-support-for-Iranian-protesters.html.

3 Akbar Ganji, »Who is Ali Khamenei? The Worldview of Iran's Supreme Leader«, in: *Foreign Affairs*, Bd. 5 (September/Oktober 2013) S. 24–48.

4 Goldberg, »The Obama Doctrine«.

5 »Saudia [sic] Arabia Working on Secret Nuclear Program with Pakistan Help – Report«, in: *Forbes* vom 28. März 2006, https://web.archive.org/web/20120115022055/http://www.forbes.com/feeds/afx/2006/03/28/afx2629000.html.

Ausgewählte Literatur

Buchta, Wilfried, *Who Rules Iran? The Structure of Power in the Islamic Republic*, Washington Institute for Near East Policy und Konrad Adenauer Stiftung 2000.

Chubin, Shahram, und Charles Tripp, *Iran-Saudi Arabia Relations and Regional Order*, London, Routledge 2004.

Filkins, Dexter, »The Shadow Commander«, in: *New Yorker* vom 30. September 2013.

Fürtig, Henner, *Großmacht Iran: Der Gottesstaat wird Global Player*, Köln, Bastei Lübbe 2016.

Fürtig, Henner, *Iran's Rivalry with Saudi Arabia between the Gulf Wars*, Reading, Ithaca Press 2006.

Gause, F. Gregory, *Beyond Sectarianism: The New Middle East Cold War*, Brookings Doha Center, Doha, Juli 2014 (Analysis Paper Nr. 11).

Gause, F. Gregory, *The International Relations of the Persian Gulf*, Cambridge, Cambridge University Press 2010.

Henderson, Simon, und Kristian Coates Ulrichsen, *MBZ and the Future Leadership of the United Arab Emirates*, The Washington Institute for Near East Policy, Juli 2019 (Policy Note 65).

Hokayem, Emile, und David Roberts, »The War in Yemen«, in: *Survival*, Bd. 58, Nr. 6 (2016), S. 157–186.

International Institute for Strategic Studies (IISS), *Iran's Networks of Influence*, November 2019.

Khalaji, Mehdi, *Tightening the Reins: How Khamenei Makes Decisions*, Washington Institute for Near East Policy, 2014 (Policy Focus 126).

Knights, Michael, und Matthew Levitt, »The Evolution of Shi'a Insurgency in Bahrain«, in: *CTC Sentinel*, Bd. 11, Nr. 1 (Januar 2018), S. 18–25.

Krane, Jim, *City of Gold: Dubai and the Dream of Capitalism,* New York, St. Martin's Press 2009.

Louër, Laurence, *Transnational Shia Politics: Religious and Political Networks in the Gulf,* New York, Columbia University Press 2008.

Matthiesen, Toby, »Hizbullah al-Hijaz: A History of the Most Radical Saudi Shi'a Opposition Group«, in: *Middle East Journal,* Bd. 64, Nr. 2 (Frühling 2010), S. 179–197.

Matthiesen, Toby, *Sectarian Gulf: Bahrain, Saudi Arabia, and the Spring that Wasn't,* Stanford, Stanford University Press 2013.

Matthiesen, Toby, *The Other Saudis: Shiism, Dissent and Sectarianism,* Cambridge, Cambridge University Press 2015.

Ostovar, Afshon, *Vanguard of the Imam: Religion, Politics, and Iran's Revolutionary Guards,* Oxford, Oxford University Press 2016.

Posch, Walter, »Ideology and Strategy in the Middle East: The Case of Iran«, in: *Survival,* Bd. 59, Nr. 5 (September 2017), S. 69–98.

Posch, Walter, *Schiitische Milizen im Irak und in Syrien: Volksmobilisierungseinheiten und andere* (unveröffentlichtes Arbeitspapier), o. O. [Wien], September 2017, https://www.academia.edu/34182023/Schiitische_Milizen_im_Irak_und_in_Syrien.

Razoux, Pierre, *The Iran-Iraq War,* Cambridge und London, Belknap Press 2015.

Sanger, David, *Confront and Conceal: Obama's Secret Wars and Surprising Use of American Power,* New York, Crown 2012.

Smyth, Philipp, *The Shiite Jihad in Syria and its Regional Effects,* The Washington Institute for Near East Policy, 2015 (Policy Focus 138).

Soufan, Ali, »Qassem Soleimani and Iran's Unique Regional Strategy«, in: *CTC Sentinel,* Bd. 11, Nr. 10 (November 2018), S. 1–12.

Steinberg, Guido, »Der Kronprinz und der kalte Krieg«, in: *Republik* vom 31. August 2018, https://www.republik.ch/2018/08/31/der-kronprinz-und-der-kalte-krieg.

Steinberg, Guido, »Der Unerbittliche: Wie Irans Revolutionsführer Ali Khamenei zum mächtigsten Herrscher im Nahen Osten wurde«, in: *Cicero* Nr. 2 (Februar 2020), S. 62–65.

Steinberg, Guido, *Die schiitische Internationale: Irantreue Milizen weiten den Einfluss Teherans in der arabischen Welt aus*, Stiftung Wissenschaft und Politik, Berlin, Oktober 2018 (SWP-Aktuell 59/2018).

Steinberg, Guido, »Front im Regionalkonflikt. Der Jemen zwischen Iran und Saudi-Arabien«, in: *Aus Politik und Zeitgeschichte* Bd. 70, Nr. 1–3 (2020), S. 34–40.

Steinberg, Guido, *Regionalmacht Vereinigte Arabische Emirate: Abu Dhabi tritt aus dem Schatten Saudi-Arabiens*, Stiftung Wissenschaft und Politik, Berlin, Februar 2020 (SWP-Studie 2/2020).

Ulrichsen, Kristian Coates, *The United Arab Emirates. Power, Politics, and Policymaking*, London und New York, Routledge 2017.

Wehrey, Frederic M., et al., *Saudi-Iranian Relations Since the Fall of Saddam: Rivalry, Cooperation, and Implications for U.S. Policy*, Santa Monica u. a., RAND 2009.

Wehrey, Frederic M., *Sectarian Politics in the Gulf: From the Iraq War to the Arab Uprisings*, New York, Columbia University Press 2014.

Yvonne Hofstetter

Der unsichtbare Krieg

Wie die Digitalisierung Sicherheit und Stabilität in der Welt bedroht

Der Krieg mutiert wie ein Virus, um zu überleben

Die Spannungen zwischen den Supermächten nehmen deutlich zu, die Angst vor einem neuen Wettrüsten wächst. Grund dafür: die digitale Revolution, die neue Strategien und Formen der Kriegsführung ermöglicht.
Die renommierte KI-Expertin Yvonne Hofstetter legt offen, wie die Digitalisierung einst stabile Machtverhältnisse untergräbt und das Weltgeschehen zunehmend unberechenbar macht. Eine brisante Analyse der explosiven Weltlage.

»Wer verstehen will, wie sich Gegenwart in Zukunft transformiert und warum nun alles ›smart‹ wird – das Wohnen, das Autofahren und auch der Krieg –, muss dieses Buch lesen. Yvonne Hofstetter hat nichts Geringeres vorgelegt als ein Toolkit für das Überleben im 21. Jahrhundert.«

Gabor Steingart

Necla Kelek

Die unheilige Familie

Wie die islamische Tradition
Frauen und Kinder entrechtet

Frauenrechte sind Menschenrechte

Die bekannte Soziologin, Frauenrechtlerin und Bestseller-
autorin Necla Kelek klagt an: Muslimische Frauen erleiden
Unrecht inmitten unserer modernen Gesellschaft. Gefangen
in Zwangs- oder Kinderehe und als Opfer von Polygamie
oder Apartheid können sie ihre Grundrechte nicht wahrnehmen, und zugleich wird Kindern in diesen dysfunktionalen
Familien eine freie Entwicklung verwehrt. Kelek fordert deshalb einen radikalen Neuansatz in Politik und Migrationsfor-
schung, um echte Integration zu fördern und eine fortschrei-
tende Parallelgesellschaft zu vermeiden.

*Ein engagierter Aufruf zum Schutz der Menschenrechte
und eine dringende Mahnung zur Rechtsstaatlichkeit.*